거룩하지 않은
독서

거룩하지 않은 독서

첫판 1쇄 펴낸날 2019년 8월 25일

지은이 김광남
편집·발행인 김은옥
디자인 황지은
펴낸곳 올리브북스

주소 인천시 부평구 부평대로 153
전화 032-233-2427
이메일 olivebooks@naver.com
블로그 blog.naver.com/olivebooks
인스타그램 instagram.com/olivebooks_publisher

출판등록 제2019-000023호(2007년 5월 21일)

ISBN 978-89-94035-42-0 03230

이 도서는 한국출판문화산업진흥원의 〈2019년 출판콘텐츠 창작 지원 사업〉의 일환으로
국민체육진흥기금을 지원받아 제작되었습니다.

이 도서의 국립중앙도서관 출판예정도서목록(CIP)은 서지정보유통지원시스템 홈페이지
(http://seoji.nl.go.kr)와 국가자료종합목록 구축시스템(http://kolis-net.nl.go.kr)에서 이용
하실 수 있습니다. (CIP제어번호:CIP2019023221)

> 세상은 행동하는 사람에 의해 움직입니다. 소중한 경험, 따뜻한 시선을 가진 원고, 참
> 신한 기획의 소재가 있으신 분은 올리브북스와 의논해 주십시오. 그 원고가 세상의
> 소금과 빛이 될 수 있도록, 최고의 책으로 빛날 수 있도록 정성을 다하겠습니다.

총판 기독교출판유통 | 031-906-9191(전화), 0505-365-9191(팩스)

AN UNHOLY READING

거룩하지 않은 독서

즐겁고 깊이 있는 성경 읽기

김광남 지음

올리브 북스
Olive Books

저자에게서 강한 인상을 받은 것은 그가 우리 교회에 등록한 후 처음 했던 대표기도에서였다. 대개 주일예배 대표기도는 지난 한 주간을 돌아보고, 교회가 해야 할 일에 대해 도우심을 간구하고, 주어진 일주일을 신실하게 살겠다고 다짐하는 것이 일반적이다. 한데 저자의 기도에서는 교회를 넘어서 사회에 대한 예리한 질문과 통찰 그리고 신자로서 무엇을 해야 하는지에 대한 고민이 느껴졌다. 그의 기도를 들으면서 '아, 기도를 저렇게 할 수도 있구나' 하는 생각을 했었다.

지난 몇 년간 저자를 지켜보면서 그가 평신도이지만 목회자와 신학자로서 충분한 자질과 자격을 갖추었다고 생각해 왔다. 그런 그가 오랜만에 책을 낸다고 해서 기뻤다. 전작인《한국 교회, 예레미야에게 길을 묻다》처럼 한국 교회의 문제를 심도 있게 추적하고 대안을 찾는 책이 아닐까 했는데, 예상과 달리 성경 읽기에 관한 책이어서 놀랐고, 제목이《거룩하지 않은 독서》여서 호기심이 생겼다.

저자의 필력은 그의 저서와 여러 번역서를 읽어본 이들이라면 누구나 인정할 수밖에 없을 정도로 탁월하다. 그는 교회를 옹호하면서도 냉정하게 비판할 줄 알며, 목회자의 역할을 소중하게 생각하면서도 부작용을 말할 줄 아는 균형 잡힌 시선을 갖고 있다. 이 책에서도 그는 신자라면 누구나 하는 거룩한 독서의 장점을 인정하면서도 그것의 문제점을 적시하고 보완한다.

《거룩하지 않은 독서》는 "자신이 지으신 세상에 대한 하나님의 강고한 통치 의지라는 관점"으로 이전에 보지 못한 성경의 또 한 면을 보게 할 것이다. 이 책은 성경 읽기에 어려움을 겪고 있는 이들과 이미 잘 읽고 있는 이들 모두에게 성경의 중심을 흔들지 않으면서도 조금 낯설게 읽는 방법을 알려줄 것이다.

정성규 예인교회 담임목사

흔히 기독교를 "그 책의 종교"라고 부른다. 여기서 그 책은 물론 "성
경"이다. 그렇다! 기독교는 특별계시라 불리는 성경에 기초하여 존재의
근거, 방향, 목적을 갖는다. 하지만 오늘날 교회를 다니는 그리스도인들
가운데 성경을 제대로 알고 신앙생활하는 사람이 과연 몇이나 될까? 아
니, 성경을 아는 것은 고사하고 정기적으로 읽는 그리스도인이 몇이나
될까? 20년 가까이 지역교회를 목회하고, 10년 넘게 신학 서적을 만들
어 온 나는 이에 대해 매우 회의적이다. 사실 오늘날 한국 교회가 노정하
고 있는 크고 작은 병폐는 모두 성경에 대한 무지에서 비롯된 것이다.

그렇다고 해서 한국의 그리스도인들이 성경의 중요성이나 가치 자체
를 부정하거나 폄훼하는 것은 절대 아니다. 대다수의 그리스도인은 어떻
게든 성경을 곁에 두고 읽고자 애쓴다. 하지만 때로는 의지가 박약해서,
때로는 성경의 언어와 세계관이 우리 시대와 너무나 달라서, 때로는 성
경을 지나치게 단편적이고 주관적으로 해독하는 가벼운 교회 문화 때문

에, 그리고 보다 많은 경우에는 성경에 대한 친절한 지도가 부족해서 성경의 깊은 세계로 진입하는 데 어려움을 겪고 있다.

이 책은 그런 이들을 위한 저자의 알찬 선물이다. 저자는 "하나님의 통치"라는 대 주제 아래 구약과 신약을 어떻게 일관성 있게 읽어가야 할지를 논한다. 성경을 읽되 나무가 아닌 숲을 보는 힘을 키우자고 역설한다. 이 책에서는 오랫동안 기독교 출판인과 전문 번역가로 살면서 신학적 사유를 거듭해 왔던 저자의 내공과 성실함이 간결한 문장들을 통해 아주 잘 드러난다. 번역가로서 바쁜 와중에도 꼭 필요한 책을 저술한 저자의 수고에 감사하며 기쁜 마음으로 추천한다.

김요한 새물결플러스 대표

저자와의 인연이 꽤 오래다. 30대 초반에 만나서 지금까지 25년 이상 우정을 이어오고 있다. 함께 20년간 토요일마다 관악산을 등반했고, 8년간 독서 모임에 참여했다. 함께하는 시간에 우리가 나눈 주된 대화는 교회와 신학에 관한 것이었다.

저자는 한국의 신학교와 기독교 출판 시장의 수준은 꽤 높아졌는데 평신도의 성경 지식은 여전히 선교 초기의 수준에 머물러 있는 것을 안타까워했다. 오래전부터 그는 평신도를 위한 간단한 핸드북 수준의 성경 읽기 안내서와 방대하고 복잡한 성경 주석 사이 어디쯤에 있는 성경 개론서를 쓰고자 했다. 그리고 그 오랜 노력의 열매가 맺어졌다.

저자는 이 책을 쓰는 과정을 크게 즐겼다. 자주 자신이 쓰고 있는 내용을 이야기하며 나의 의견을 구했다. 매주 산을 오르면서 저자의 이야기를 듣는 것은 꽤 큰 즐거움이었다. 저자는 말과 글이 분명한 사람이다. 독자들은 이 책을 통해 어려운 성경의 이야기를 쉽게 풀어내는 저자의 음성을 듣게 될 것이다. 그리고 한 장 한 장 읽을 때마다 성경에 대한 새로운 깨달음을 얻게 될 것이다. 책의 내용을 미리 들었던 이의 입장에서 강력하게 일독을 권한다.

강효헌 ㈜에이클라우드 대표

성경의 행 읽기

교회에는 "거룩한 독서(Lectio Divina)"라는 오랜 전통이 있다. 거룩한 독서는 6세기에 누르시아의 베네딕토가 창안한 성경 읽기 방식이다. 베네딕토는 자신이 세운 수도원 공동체를 위한 규칙을 정했는데 그중 하나가 매일 일정한 시간을 성경에 대한 거룩한 독서에 할애하는 것이었다. 거룩한 독서는 네 단계로 이루어졌다. 읽기(lectio), 묵상(meditatio), 기도(oratio), 그리고 관상(contemplatio).

라틴어를 병기하고 네 단계를 언급하니 뭔가 꽤 어려워 보인다. 그러나 사실은 별거 아니다. 거룩한 독서는 성경 본문을 꼼꼼히 읽으며 묵상하고 그 과정에서 깨달은 것을 기도하는 마음으로 삶에 적용하는 것이다. 그렇다면 거룩한 독서는 신자 대부분이 이미 하고 있는 그 무엇이다. 실제로 우리는 그 용어를 알든 모르든 이미 오랫동안 그런 식으로 성경을 읽어왔고 지금도 읽고 있다.

오늘날 거룩한 독서는 주로 두 가지 방식으로 이루어진다. 첫째는 큐티다. 내가 마지막으로 다닌 회사는 기독교 신문사였다. 회사는 직원들에게 매일 아침 업무 시작 전에 팀별로 큐티를 하게 했다. 성경 한 장을 읽고 서로의 생각을 나눈 후 기도로 마무리하는 식이었다. 다른 팀은 어땠는지 모르나 우리 팀의 큐티는 꽤 재미있었다. 한번은 산상수훈에 나오는 "심령이 가난한 자는 복이 있나니"(마 5:3)라는 구절을 두고 열띤 토론을 하다가 업무 시작 시각을 훨씬 넘겨 주의를 받기도 했다. 그때 얻은 습관 때문인지 요즘도 나는 교회에서 나눠준 성경 읽기 표를 따라 성경을 읽으며 큐티를 한다. 큐티는 개인적 차원의 거룩한 독서다.

둘째는 설교 듣기다. 예배에 참석해 설교를 듣는 것 역시 거룩한 독서가 될 수 있다. 이 글을 쓰고 있는 오늘도 나는 출애굽기에 나오는 "마라의 쓴 물" 사건을 본문으로 한 설교를 들었다. 설교자는 우리의 삶에는 쓴 물 같은 어려운 시절이 있는데 그럴 때 이스라엘 백성처럼 원망할 것이 아니라 모세처럼 하나님께 부르짖어야 한다고 했다. 그러면 쓴 물이 단물로 변할 수도 있다고 했다. 또한 쓴 물이 나는 땅 마라에서 조금만 더 나아가면 열두 개의 샘물과 일흔 그루의 종려나무가 있는 풍요로운 땅 엘림이 있으니 어려운 일을 만나도 포기하지 말고 인내하라고 권면했다. 나는 설교자의 말에 "아멘"으로 응답했고, 그 내용을 페이스북에 올려 친구들과 공유했다. 설교는 공동체 차원의 거룩한 독서다.

물론 모든 신자가 매일 큐티를 하거나 매주 설교를 듣지는 않는다. 그러나 개인적으로 성경을 읽고 예배에 참석해 설교를 듣지 않으면서 신자 입네 할 수 있는 이는 없다. 있다면 가짜일 공산이 크다. 그렇다면 거룩한 독서는 신앙생활의 필수 요소라고 할 수 있다.

하지만 거룩한 독서는 성경을 읽는 유일한 방법이 아니며 최상의 방법은 더더욱 아니다. 오히려 그것은, 성경을 읽는 다른 방식에 의해 보완되지 않으면, 신자들의 성경 이해를 심각하게 제한하거나 왜곡할 수 있다. 두 가지 이유 때문이다.

첫째, 거룩한 독서는 나무를 보느라 숲을 보지 못한다. 본질상 거룩한 독서는 성경의 몇 구절이나 몇 문단 혹은 길어야 한 장 정도에 대한 집중적 읽기다. 실제로 내가 회사 동료들과 매일 큐티를 하면서 읽은 본문은 성경 한 장이었다. 때로는 그것도 많아서 한 장을 이틀이나 사흘에 걸쳐 나눠 읽기도 했다. 설교 역시 마찬가지다. 앞서 언급한 설교 본문은 출애굽기 15장 22-27절인데, 설교자는 6절짜리 짧은 본문으로 40여 분에 걸쳐 설교했다. 교회에서 예배 설교의 본문이 성경 한 장 이상을 넘기는 경우는 거의 없다.

이런 상황에서 거룩한 독서가 성경에 대한 바른 이해로 이어지기는 쉽지 않다. 거룩한 독서를 하는 이들은 대개 그날 읽은 본문에서 한두 가지 교훈을 얻어내려 한다. 그로 인해 톰 라이트(N. T. Wright)가 우려하는 일, 즉 교회에서 "복음"이 "훈계"로 바뀌는 일이 일어난다. 라이트는 성경은 하나님에 관한 "좋은 소식"을 담고 있는 책인데 오늘날 교회가 그것을 삶을 위한 "좋은 충고"로 변질시키고 있다고 우려한다.[1] 물론 그런 충고들은 대개 옳고 좋다. 가령, 오늘 내가 들은 "마라의 쓴 물"에 관한 설교에서 나온 권면만 해도 그렇다. 어려울 때 불평하지 말고 하나님께 부르짖으며 인내하라는 조언은 얼마나 훌륭한가! 그러나, 엄밀히 말하면, 그런 조언들이 항상 성경적이거나 오직 교회에서만 얻을 수 있는 것은 아니다. 사실 교회에서 이루어지는 충고 중 상당수는, 그것들에서 기독교적 용어와 표현을 덜어내면, 교회 밖에서 들을 수 있는 충고들과 크게 다르지 않다.

큐티나 설교를 통해 조언을 얻는 것이 잘못은 아니다. 문제는 신자들이 그런 것들에 몰두하느라 성경의 핵심적 메시지를 놓치는 것이다. 실제로 오늘 우리의 상황이 그렇다. 특정한 성경 구절의 의미에 대해서는 엄청난 말들을 쏟아내면서도 정작 그런 구절들이 모여 이루어진 성경의 각 책에 대해서는, 그리고 그 책들이 모여서 이루어진 성경 전체에 대해서는 거의 알지 못한다. 언젠가 가까운 교우들과의 모임에서 "하나님을 사랑하는 자 곧 그의 뜻대로 부르심을 입은 자들에게는 모든 것이 합력하여 선을 이루느니라"(롬 8:28)라는 유명한 구절을 두고 대화가 오갔다. 참석자 대부분이 그 구절을 기억했고, 몇몇은 그 구절을 통해 신앙적 위로를 받았던 것에 관해 말했다. 그런데 대화가 끝나갈 즈음에 어떤 이가 물었다. "그런데 바울이 로마서에서 왜 이 말을 했던 거죠?" 놀랍게도 아무도 답하지 못했다. 개인적 간증까지 섞어가며 그럴듯한 해석을 내놓았던 이들마저 정작 그 구절이 어떤 맥락에서 나왔는지는 알지 못했다. 그날 모임 참석자들은 수십 년간 성경을 읽어온 오래된 신자들이었다. 거룩한 독서가 신자들을 하나같이 근시(近視)로 만들어 놓은 것이다.

둘째, 거룩한 독서는 과도한 해석에 빠지기 쉽다. 청년 시절에 종교개

혁자 존 칼빈이 쓴 에베소서 강해집을 읽은 적이 있다. 상·하 두 권으로
된 책에서 칼빈은 에베소서에 실려 있는 거의 모든 단어와 표현과 문장들
의 의미를 설명해 나갔다. 책을 읽는 동안 나는, 에베소서에 대한 그 이상
의 책은 나오기 힘들 거라고 여겼다. 그런데 그로부터 얼마 후 서점에 들
렀다가 마틴 로이드 존스가 쓴 여덟 권짜리 에베소서 강해집이 서가에 꽂
혀 있는 것을 보았다. 세상에, 고작 여섯 장짜리 편지 하나를 설명하기 위
해 여덟 권짜리 책을 쓰다니!

하지만 이런 사정은 에베소서에만 국한되지 않는다. 로마서를 공부하
는 이들이 자주 하는 자조 섞인 농담이 있다. 지금껏 쓰인 로마서에 관한
책들만 모아도 도서관 하나를 채우고도 남으리라는 것이다. 그리고 이런
상황은 창세기나 이사야서나 복음서나 요한계시록 같은 다른 책들의 경
우에도 크게 다르지 않다. 실제로 지금 기독교 출판 시장에는 성경의 각
책을 해석하는 강해서나 주석서들이 차고 넘친다. 뿐만 아니라 그런 책들
은 지금도 계속 쓰이고 있으며, 아마도 세상 끝날까지 그럴 것이다.

물론 성경에 대한 새로운 해석은 언제나 필요하다. 시대와 상황이 바
뀌는데 화석화된 해석만 붙들고 있는 것은 성경을 대하는 올바른 태도가
아니다. 그럼에도 의문이 든다. 과연 우리에게는 도서관 하나를 채우고도
남을 정도의 로마서 관련 책들이 필요한가? 더 나아가 그 다양한 해석은
모두 정당한가? 여섯 장짜리 편지 하나를 여덟 권짜리 책으로 풀어내는
것은 성경 본문을 해석한 결과인가, 아니면 저자가 성경해석이라는 이름
으로 자기의 생각을 펼쳐낸 결과인가? 여덟 권짜리 책이 에베소서에 대
한 강해의 한계인가, 아니면 열 권이나 스무 권으로 늘어날 수도 있는가?
무엇보다도 중요한 의문은 이것이다. 그렇게 엄청난 해석을 듣고 나면,
과연 우리는 에베소서를 더 분명하게 이해하게 되는가? 혹시 망망한 해

석의 바다에서 길을 잃고 방황하지는 않는가?

책은 그나마 낫다. 정말 심각한 것은 설교다. 교회에서는 매주, 아니 거의 매일 설교가 행해진다. 그때마다 설교자들은 본문에 대한 나름의 해석을 시도한다. 대개 설교자들은 자신들의 성경해석이 교회가 오랫동안 고백해 온 신앙의 틀 안에서 이루어진다고 주장한다. 원칙적으로 옳은 말이다. 하지만 주장이 곧 현실은 아니다. 실제로 오늘날 많은 설교자들은 성경 본문을 자의적으로 해석해 선포한다. 심지어 같은 성경 본문을 서로 다르게 해석하기도 하고, 오랫동안 같은 성경을 읽어온 이들이 특정한 사안에 대해 완전히 상반되는 주장을 하기도 한다. 그럴 때 우리는 어느 쪽 해석을 옳다고 여겨야 하는가?

기독교 신앙은 성경의 계시 위에 세워져야 한다. 그렇지 않으면 아무리 뜨겁고 경건해도 기독교 신앙일 수 없다. 그러므로 성경을 바르게 읽는 것은 바른 신앙을 위해 꼭 필요하다. 성경 읽기가 잘못되면 모든 게 잘못될 수밖에 없다. 실제로 오늘날 한국 교회가 드러내는 모든 문제의 밑바탕에는 잘못된 성경 읽기가 있다. 그리고 거룩한 독서는 그런 잘못된 성경 읽기에 대해, 비록 일부이기는 하지만, 분명히 책임이 있다.

이 책의 목적은 두 가지다. 첫째, 성경을 하나의 숲으로 보고 그것의 윤곽을 그리는 것이다. 성경은 삶에 도움이 되는 훌륭한 말들의 모음집이 아니다. 성경은 하나의 이야기, 즉 하나님과 그분의 피조물인 세상에 관한 아주 큰 이야기다. 이 책의 일차적인 목적은 성경에 익숙하지 않은 독자들에게 그 이야기의 윤곽을 파악하게 하는 것이다. 그러기 위해 성경의 특정한 본문 행간(行間)에 숨어 있는 깊은 뜻을 헤아리기보다 행(行)에 드러나 있는 명백한 이야기를 차근차근 짚어나갈 것이다. 익숙한 이야기나 성경의 큰 줄거리에 별다른 영향을 주지 않는 사소한 이야기는 스치듯 지나갈 것이다. 대신 익숙하지 않거나 신경 써서 읽어도 이해하기가 쉽지 않은 것들에 대해서는 조금 상세하게 설명할 것이다. 하지만 그런 설명이 특정한 구절이나 문단의 심오한 뜻을 살피는 데까지 나아가지는 않을 것이다. 나에게는 그럴 능력이 없을 뿐 아니라, 내가 이 책을 쓰는 목적도 거기에 있지 않기 때문이다.

둘째, 성경 전체를 어느 하나의 관점으로 읽어나가는 것이다. 성경을 읽는 관점은 사람마다 혹은 상황마다 다를 수 있다. 나 역시 종종 이 책에서 택한 것과 다른 관점으로 성경을 읽는다. 하지만 이 책에서는 성경을 하나의 관점, 즉 자신이 지으신 세상에 대한 하나님의 강고한 통치 의지라는 관점에서 읽어나갈 것이다. 언젠가 가까운 교우들과 대화하다가 물었다. "성경이 어떤 책이라고 생각해요?" 어떤 이가 답했다. "성경은 하나님이 우리에게 보내신 연애편지예요." 나는 그 말에 고개를 끄덕였다. 분명히 성경에는 그런 측면이 있다. 하지만 그런 관점은 지나치게 우리 중심적이다. 그런 관점으로 성경을 읽을 때 우리는 우리의 사랑을 얻기 위해 전전긍긍하는 애처로운 하나님을 만난다. 하지만 성경을 꼼꼼히 읽어 보면 우리는 그와는 많이 다른 낯선 하나님을 만나게 된다. 하나님은 처음부터 자신이 지으신 세상을 자기 뜻대로 다스리고자 하셨다. 그분은 성경의 이야기가 전개되는 내내 단 한 번도 그런 뜻을 꺾지 않으신다. 그리고 숱한 실패에도 불구하고 마침내 그 뜻을 이루신다. 이 책에서 나는 바로 그 뜻에 초점을 맞출 것이다.

3년 전, 결혼과 동시에 교회를 떠났던 여동생 내외가 30여 년 만에 교회로 돌아왔다. 돌아온 직후부터 여동생 내외는 성경을 읽기 시작했다.

여동생이 자주 물었다. "오빠, 성경을 어떻게 읽어야 해?" 얼마 전에 교회에서 교우들을 대상으로 특강을 한 적이 있다. 특강 끝 무렵에 교우들에게 성경 읽기의 필요성에 대해 강조했다. 그러자 몇몇 교우들이 찾아와 물었다. "성경을 어떻게 읽어야 하나요? 수십 년간 교회를 다녔지만, 아직도 성경 읽는 게 어려워요." 이 책은 그런 이들을 위한 것이다. 성경 읽기를 어려워하는 이들이 이 책을 읽으면 좋겠다. 그런 이들이 이 책과 함께 잠시 거룩한 독서의 부담에서 벗어나 거룩하지 않은 독서를 하면 좋겠다. 그렇게 해서 성경의 행에 익숙해진 후 다시 거룩한 독서를 통해 행간에 숨어 있는 심오한 뜻을 찾아낼 수 있으면 좋겠다.

| 목차 |

1부

모세 오경

하나님의 실패 (창세기 1~11장)

하나님의 새로운 시작 (창세기 12~50장)

언약 백성의 탄생 (출애굽기)

언약 백성의 조건 (레위기, 민수기, 신명기)

하나님의 실패

창세기 1~11장

우리는 왜 성경을 "거룩하게" 읽을까? 간단하다. 성경을 "거룩한 책"이라고 여기기 때문이다. 책 자체가 거룩하니 읽는 방법 역시 거룩해야 한다고 믿는 것이다. 그러면 우리는 왜 성경을 거룩한 책이라고 믿는가? 그 질문에 대한 답 역시 간단하다. 성경이 "영감"을 받아 쓰였다고 여기기 때문이다. 무엇보다도 성경 자체가 그렇게 주장한다. 바울은 디모데에게 보낸 편지에서 이렇게 말한다. "모든 성경은 하나님의 감동으로 된 것으로 교훈과 책망과 바르게 함과 의로 교육하기에 유익하다"(딤후 3:16). 이 문장에서 바울이 말하는 성경은 우리가 보통 "구약"이라고 부르는 책들이다. 그러나 오늘 우리는 구약뿐 아니라 신약까지 성경으로 여긴다. 기독교 신자들에게 구약과 신약은 모두 하나님의 감동(영감)으로 쓰인 거룩한 책들이다. 그리고 거룩한 책들은 마땅히 거룩하게 읽어야 한다.

그런데 이런 주장에 동의하는 이들이 자주 간과하는 것이 있다. 성경이 하나님의 영감으로 쓰인 책인 동시에 세상의 다른 책들과 마찬가지로 인간 저자들에 의해 쓰인 책이라는 점이다. 성경은 역사의 어느 시점에 지금처럼 잘 편집된 상태로 하늘에서 뚝 떨어지지 않았다. 성경은 고대 이스라엘에서 오랜 세월 동안 여러 저자가 기록한 많은 문헌 중에서 선택되어 지금의 형태로 묶인 일종의 선집(選集)이다. 그 문헌의 저자들은 자기들이 성경을 쓰고 있다는 생각을 하지 않았다. 그들은 당면한 문제를 해결하기 위해 특정한 독자들을 대상으로 특정한 목적을 지닌 글을 썼을 뿐이다. 디모데에게 편지를 쓴 바울도 그랬다. 그는 자기가 쓴 편지가 훗날 성경이 되리라고는 상상조차 못 했을 것이다. 그저 자신의 제자이자 후계자에게 몇 가지 조언을 하려는 목적으로 붓을 들었을 뿐이리라.

그렇다면 우리는 성경의 이 두 요소, 즉 하나님의 영감과 인간의 목적을 어떻게 조화시킬 수 있는가? 근래에 나온 주장 하나가 특별히 흥미롭다. 피터 엔즈(Peter Enns)는 성경의 영감을 그리스도의 성육신과 같은 맥락에서 설명한다.[1] 엔즈는 그리스도가 인간을 구원하기 위해 땅으로 내려와 육신을 입고 살았듯이 성경 역시 인간에게 하나님의 뜻을 알리기 위해 인간의 옷을 입었다고 주장한다. 그는 이를 그리스도의 성육신과 비견되는 "성경의 성육신"이라고 부른다. 나사렛 예수가 완전한 하나님인 동시에 완전한 인간이듯이, 성경은 거룩한 책인 동시에 인간적인 책이라는 것이다.

실제로 하나님은 성경 각 책의 집필 과정에서 저자들을 타자기나 녹음기처럼 사용하면서 단어와 문장 하나하나에 영감을 불어넣지 않으셨다. 오히려 그분은 성경의 저자들이 속해 있던 이스라엘의 역사에 개입하셨다. 성경의 저자들은 그 역사를 통해 하나님을 인식했고, 그런 인식을 자신들에게 익숙한 언어와 개념들을 사용해 표현했다. 그리고 하나님은 그 표현들을 사용해 인간에게 자신의 뜻을 알리셨다. 그런 의미에서 성경의 영감은 성경의 "문자"에 대한 영감이라기보다는 성경 저자들의 "사상"에 대한 영감이라고 할 수 있다. 흔히 성경의 문자에 대한 영감을 "축자영감" 혹은 "언어적 영감"이라고 부르는데, 나는 그런 개념을 믿지 않는다. 오히려 나는 하나님이 성경의 각 책을 쓴 이들의 삶에 개입해 그들이 자신을 인식하게 하셨고, 그들이 그런 인식을 바탕으로 자유롭게 쓴 책들을 세상에 자신을 드러내는 수단으로 삼으셨다는 입장을 취한다. 이 입장에 굳이 이름을 붙이자면 "사상적 영감"이라고 할 수 있을 것이다.

‖ 창조 기사에 대한 거룩한 읽기

창세기 첫머리에 실려 있는 창조 기사 역시 언어적 영감이 아니라 사상적 영감의 산물이다. 창세기 저자는 하나님이 알려주신 태초의 비밀을 기계적으로 받아 적은 것이 아니다. 그런 식의 사고는 하나님에 대한 철저한 오해에서 비롯된다. 하나님은 자신이 지으신 인간에게 자신을 거역할 자유까지 허락하셨다. 만약 하나님이 인간을 자신의 뜻을 따라 기계적으로 사고하고 행동하도록 창조하셨다면, 인간이 그분의 뜻을 거역하는 일은 없었을 것이고, 세상에는 타락도, 죄도, 그로 인한 어떤 불행도 없었을 것이다. 그러나 하나님은 사람을 아무런 의지도 갖고 있지 않은 로봇이나 인형처럼 만들지 않으셨다. 그분은 그들에게 스스로 사고하고 행동할 자유를 주셨다.

창세기의 저자도 마찬가지다. 그는 하나님의 타자기나 녹음기가 아니었다. 그는 자기 의지와 목적을 지녔을 뿐 아니라, 대부분의 사람이 문맹이던 시절에 글을 통해 자기의 생각을 표현할 수 있었던 엘리트였다. 그렇다면 그가 쓴 글에는 틀림없이 그의 사상이 들어 있었을 것이다. 우리가 창조 기사를 읽을 때 유념해야 할 것이 그것이다. 창조 기사를 쓴 이는 그 글을 통해 독자들에게 무엇을 전하려 했을까? 이 질문을 간과한 채 성경이 하나님의 말씀을 받아쓴 책이라고 여긴다면, 이후의 모든 독서는 어처구니없는 문자적 해석의 연속이 될 수밖에 없다.

그런 문자적 해석이 오늘날 "창조과학"이라는 이름으로 불리는 이상한 과학이다. 나는 대학교 2학년 때인 1981년에 그 용어를 처음 접했다. 그해 가을, 당시 카이스트 교수였고 훗날 한동대 총장을 역임한 김영길 박사가 내가 다니던 대학에 와서 특강을 했다. 그 무렵에 그는 한국창조과학회라는 단체를 만들어 창조과학을 전하는 일에 앞장서고 있었다. 너무 오래전이라 상세히 기억하지는 못하나 그가 한 강의의 요지는 분명했다. 창세기 첫머리에 실려 있는 창조 기사가 과학적으로 입증 가능한 사실이라는 것이다. 나는 그 강의를 들으며 흥분했다. 내가 믿는 기독교 신앙이 미신이 아니라 세계적 수준의 과학자들도 인정하는 사실이었어!

1981년에 설립된 한국창조과학회는 지금도 활발하게 활동 중이다. 한국창조과학회는 전국에 여러 개의 지부를 두고 학술대회, 강연, 출판, 그리고 대학 강좌 개설 등을 통해 창조과학을 전파하는 일에 힘쓰고 있다. 그 학회가 그런 활동을 통해 전하는 핵심적 메시지는 세상은 우연히 나타난 것이 아니라 창조주 하나님의 뜻을 따라 창조되었으며 그것을 과학으로 입증할 수 있다는 것이다. 실제로 이 학회에 참여하는 학자들은 자신들의 주장을 입증하기 위해 여러 가지 과학적 설명을 제시한다.

하지만 그런 주장은 과학적이기보다 종교적 신념에 따른 것이다. 그들의 주장을 선뜻 받아들이기 어려운 것은 그것이 과학계의 통설과 상충하기 때문이다. 예컨대, 창조과학자들의 주장 중 대표적인 것으로 "젊은 지구론"이 있다. 지구의 나이가 약 6천 년쯤 된다는 것이다. 그러나 이것은 "오래된 지구론", 즉 우주의 나이가 약 137억 년, 지구의 나이가 약 46억

년이라는 과학계 일반의 주장과 상충한다. 물론 창조과학자들은 젊은 지구론을 주장하기 위해 나름의 과학적 증거를 제시한다. 하지만 그런 주장의 밑바탕에는 과학보다는 종교적 신념이 있다. 창조과학자들은 성경 자체가 젊은 지구론을 지지한다고 주장한다. 성경에는 이런저런 사건들의 연대와 인물들의 나이가 등장하는데 그것을 거꾸로 합산하면 지구가 창조된 시점을 알 수 있다는 것이다. 그런 주장의 배후에는 성경의 모든 언어는 하나님의 영감으로 쓰였기에 과학적으로 역사적으로 틀림없는 사실이라는 종교적 믿음이 있다. 그런 의미에서 창조과학이 주장하는 창조 기사에 대한 문자적 읽기는 과학적 읽기가 아니라 종교적 읽기라고 할 수 있다. 그리고 그런 식의 종교적 읽기는 거룩한 읽기의 변형이다.

오늘날 많은 성서학자들은 창세기가 이스라엘의 포로기인 주전 6세기에 포로지 바벨론에서 쓰였다고 여긴다. 아마도 창세기의 저자는 그곳에서 유대인 포로 공동체의 지도자 역할을 하던 제사장이나 서기관이었을 것이다. 그렇다면 창조 기사의 저자는 오늘날의 천체물리학자처럼 우주의 기원에 관해 연구했던 학자가 아니라 종교 지도자였을 것이다. 설령 그가 종교 지도자인 동시에 우주의 기원에 관심을 가진 과학자였을지라도, 지금으로부터 2천5백여 년 전에 그가 가졌던 우주의 기원에 대한 지식이 오늘날의 과학자들이 첨단 과학이론과 장비를 동원해 파악하고 있는 지식보다 정확했을 리 없다. 그런 이가 고대의 우주론을 바탕으로 쓴 창조 기사를 문자적으로 읽는 것은 과학적 읽기가 아니라 거룩한 읽기인 셈이다.

합리적 사고를 하는 이는 누구나 창조 기사가 과학적 서술이 아님을 알아차릴 수 있다. 실제로 창조 기사에서는 그것이 과학적 서술이 아님을 보여 주는 여러 가지 요소들이 발견된다. 몇 가지만 살펴보자.

첫째, 창조 기사에서 우리는 창조 첫날에 이미 땅과 물이 존재하고 있음을 발견한다. 성서학자들에 따르면, 창세기의 첫 절, "태초에 하나님이 천지를 창조하시니라"(1:1)는 창조 행위 자체에 대한 묘사가 아니라, 이후의 창조 기사 전체를 이끄는 일종의 서언이다. 이어서 나오는 "땅이 혼돈하고 공허하며 흑암이 깊음 위에 있고 하나님의 영은 수면 위에 운행하시니라"(2절)는 창조가 이루어지는 무대에 대한 설명이다. 그렇다면 창세기가 전하는 천지창조가 시작될 때 세상에는 이미 땅과 물이 존재하고 있었던 셈이다.

둘째, 창조 기사에서 둘째 날에 창조된 것으로 묘사되는 "궁창(穹蒼)"은 현대 과학으로는 설명이 되지 않는 개념이다. 궁창에 해당하는 히브리어 "라키아(rāqîaʻ)"는 아래 하늘과 위의 하늘 사이에 존재하며 해와 달 같은 광명체들이 매달려 있는 평평한 철판을 가리킨다.[2] 그러나 우리가 아는 한 우주에 그런 것은 존재하지 않는다. 궁창은 고대인들의 우주관을 반영하는 비과학적인 개념일 뿐이다.

셋째, 우리는 창조 기사에서 해와 달이 창조되기도 전에 날이 바뀌는 것에 관해 듣는다. 하나님이 두 큰 광명체인 해와 달을 만드신 것은 창조의 넷째 날이었다. 한데 창조 기사에서는 넷째 날 이전에 이미 "저녁이 되고 아침이 되니"라는 표현과 함께 사흘이 지나간다. 즉 달과 해가 뜨고 지는 일이 없이 날이 바뀌고 있다. 상식적으로 용납하기 어려운 비과학적 서술이다.

‖ 질문에 대한 응답

그렇다면 창세기 첫머리에 실려 있는 창조 기사는 어떤 성격의 글인가? 이 질문에 답하기 위해서는 창조 기사의 내용보다 그것이 쓰인 정황에 주목할 필요가 있다. 앞에서 우리는 창조 기사가 주전 6세기에 바벨론에서 쓰였다고 말했다. 이스라엘은 주전 586년에 바벨론에 의해 패망했고 백성 중 많은 이가 바벨론으로 잡혀갔다. 포로지 바벨론에서 이스라엘의 여호와 신앙을 보존하고자 했던 이들은 이스라엘 안에서 구전되어 오던 조상들의 이야기를 모아서 편집했다. 이것은 일제 강점기에 우리 역사에 관심이 높아졌던 것을 생각하면 충분히 이해할 만한 일이다.

이스라엘 이야기는 아주 큰 이야기였다. 거기에는 하나님이 아브라함을 택하신 것, 야곱(이스라엘)이 열두 아들을 낳은 것, 야곱과 그의 자손이 애굽으로 내려가 큰 민족을 이룬 것, 그 민족이 출애굽한 것, 출애굽한 이스라엘이 가나안 족속을 정복하고 강력한 왕국을 이룬 것 등이 포함되어 있었다. 그리고 그 장대한 이야기의 배후에는 이스라엘의 하나님 여호와가 있었다. 그런데 성경 저자들이 이런 이야기들을 편집하고 있던 바벨론에는 그 나라의 주신인 마르둑을 비롯해 수많은 신들의 이야기가 넘치고 있었다. 그런 신들과 비교하면 이스라엘의 하나님 여호와는 아주 열등해 보였다. 어쨌거나 마르둑을 섬기는 바벨론은 여호와를 섬기는 이스라엘을 이겼고 그들을 포로로 삼지 않았는가? 게다가 바벨론 신화에 의하면, 그 신들은 세상과 인간을 만들고 지배하는 강력한 존재였다. 반면에 여호와는 패망한 민족의 부족신에 불과해 보였다.

창세기 저자들은 이런 상황을 여호와께서 천지를 창조하신 이야기를 통해 극복하려 했다. 그들은 당시에 널리 알려져 있던 중동 지역의 신화들을 창조적으로 변용해 나름의 창조 기사를 만들어냈다. 창세기의 창조 기사가 그것보다 시기적으로 앞선 신화들, 가령 마르둑이 주인공으로 등장하는 바벨론의 창조 신화인 〈에누마 엘리쉬〉나 메소포타미아 지역의 또 다른 창조 신화이자 대홍수 설화인 〈아트라하시스〉 등과 유사한 내용을 지닌 것은 그런 이유 때문이다. 사실 이런 신화들과 창세기의 창조 기사 사이의 유사성은 너무나 커서 누구라도 쉽게 무시하기 어려울 정도다. 예컨대, 〈아트라하시스〉에서 신들은 자기들의 일을 대신할 인간을 만든다. 그들은 신들 중 하나를 죽여 그의 살과 피를 진흙과 섞어 인간을 만든다. 그리고 그들에게 그동안 신들이 해왔던 잡일을 떠넘긴다. 6백여 년 후, 세상을 가득 채운 인간들이 떠드는 소리 때문에 신들이 잠을 이루지 못한다. 짜증이 난 신들은 홍수를 일으켜 인간들을 없애 버리기로 한다. 그러나 신들 중 하나인 엔키가 인간들 중 현자로 알려진 아트라하시스에게 계획을 누설한다. 아트라하시스는 홍수가 시작되기 전에 방주를 만들어 홍수에서 살아남는다. 비가 그친 후 아트라하시스는 물이 빠졌는지를 알아보기 위해 방주에서 새들을 날려 보낸다. 물이 빠진 것을 확인한 그는 땅으로 내려와 신들에게 제사를 올린다.[3]

오늘날 성서학자들은 창세기의 창조 기사와 고대 중동의 신화들 사이의 차이에 주목한다. 실제로 그 둘 사이에는 여러 가지 차이가 있다. 하지만 그런 차이들이 그 둘 모두가 신화, 즉 인간이 신에 관해 지어낸 이야기라는 사실을 없애주지는 않는다. 창세기의 창조 기사는 세상에 유례가 없는 독특한 이야기가 결코 아니다. 그것은 고대 중동에서 그것보다 앞서 사람들 사이에서 널리 회자되던 창세 신화들에 대한 유대교적 변형이다. 그런 의미에서 그것은 우주의 기원에 대한 과학적 서술이 아니라 포로지에서 하나님과 이스라엘 백성에 대해 숙고를 거듭했던 창세기 저자들의 신학적 사상이 담겨 있는 종교문학이라고 할 수 있다.

현대인들은 신화를 현실과 아무 상관이 없는 허구로 여기는 경향이 있다. 그러나 고대인에게 신화는 겨울밤에 화롯가에 모여 앉아 나누던 옛날이야기가 아니었다. 엔즈는 신화를 "인간과 우주의 기원 그리고 그것의 궁극적 의미에 대한 질문을 다루는 고대인들의 대답 방식"이라고 정의한다.[4] 신화는 "우리는 누구인가, 우리는 어디에서 왔는가 등과 같은 질문들에 고대인들이 이야기 형식으로 답한 것이다." 그리고 "그 이야기는 당연히 고대인의 세계관, 즉 근대적 사유나 과학적 사고가 생겨나기 이전의 세계 인식을 반영하고 있다." 그런 의미에서 신화의 관심사는 과거가 아니라 현재다. 즉 신화는 지금 우리가 어째서 이런 상황에 있는가 하는 질문에 답하려 한다.

실제로 창조 기사를 포함하고 있는 원역사(창 1~11장) 이야기는 이스라엘 백성이 포로지에서 제기한 질문에 대한 신화 형태의 답이다. 창세기에 따르면, 원역사 이야기는 이스라엘이 아니라 온 세상의 이야기다. 원역사 시대의 두 주인공인 아담과 노아는 이스라엘이 아니라 온 인류의 조상이다. 그러니 만약 그 이야기가 실제 역사였다면, 아마도 그들은 역사 기간 내내 이스라엘뿐 아니라 세계 곳곳에서 회자되었을 것이다. 그런데 어째서 그들은 온 세상이 아니라 오직 이스라엘에서만 기억되었을까? 더 나아가, 어째서 이스라엘 백성조차 포로기 이전에는 그 두 인물에 대해 아무런 언급을 하지 않는 것일까? 실제로 구약 성경에서 아담과 노아는 원역사 이야기에서 언급된 후 역사의 뒤편으로 완전히 사라진다. 구약 성경에서 그들이 다시 언급되는 것은 에스겔과 역대상에서 뿐인데(겔 14:14; 대상 1:1, 4), 거기에서조차 그들은 성경의 다른 인물들과 함께 스치듯 언급될 뿐이다. 그리고 무엇보다도 그 두 책은 모두 포로기 이후에 편집되었다. 그렇다면 포로기 이전에 이스라엘 백성은 사실상 아담과 노아라는 인물에 대해 알지 못했을 수도 있다. 그들에 관한 이야기가 존재했음에도 알지 못했던 것이 아니라, 아예 이야기 자체가 존재하지 않아서 알지 못했을 가능성이 크다. 그렇다면 그들에 관한 이야기는 포로기에 바벨론에서 이스라엘 백성이 제기했던 질문에 대한 응답으로 만들어진 신화일 가능성이 크다.

‖ 하나님의 실패

이런 전제하에서 창세기의 원역사 이야기를 간략하게 살펴보자. 원역사 이야기는 크게 세 부분으로 나뉜다. 아담 이야기, 노아 이야기, 그리고 원역사에서 역사로 옮겨가는 이야기.[5] 그렇다면 그 세 이야기(신화)는 어떤 질문에 대한 답이었을까?

첫째, 아담 이야기(2-4장)는 인간의 기원에 관한 서술이 아니라 하나님과 인간의 관계 문제에 대한 답이다. 존 월튼(John H. Walton)에 따르면, 아담은 역사 속에 살았던 실제 인물이기는 하나 그에 대한 창세기의 서술은 그의 생물학적 기원에 대한 역사적 서술이 아니라 "원형적 서술"이다.[6] 월튼은 창세기가 "아담"이라는 이름으로 부르는 이가 존재했다는 것을 인정한다. 누가 되었든 최초의 인간은 존재했을 것 아닌가? 그런 의미에서 아담은 실제 인물이다. 그러나 창세기가 실제로 말하고자 하는 것은 아담이 어떻게 생겨났느냐가 아니다. 아담은 인간 전체를 대표하는 원형적(archetypal) 인물로서 하나님과 인간의 관계가 어떻게 해서 어그러지게 되었는지를 설명하는 역할을 한다.

천지를 만드신 후에 하나님은 자신이 지으신 그 선하고 아름다운 세계를 자기 뜻대로 다스리고자 하셨다. 그 목적을 위해 그분은 자신의 형상을 따라 인간을 지으시고 그들에게 명령하셨다. "생육하고 번성하여 땅에 충만하라. 땅을 정복하라. 바다의 물고기와 하늘의 새와 땅에 움직이는 모든 생물을 다스리라"(1:28). 만약 우리가 이 구절을 하나님이 당시에 지구상에 존재했던 유일한 인간인 아담과 하와에게 세상의 동물과 식물이나 다스리며 살라고 명령하시는 것으로 해석한다면, 그것은 그야말로 성경에 대한 일차원적이고 문자적인 읽기다. 흔히 "문화 명령"이라고 불리는 이 구절의 참된 의미는 원형적 인간인 아담과 하와에게 동료 인간들을 포함해 세상의 모든 피조물을 하나님의 뜻대로 이끌면서 살아가라는 것이다. 즉 하나님을 대신해 그분이 창조하신 세상을 그분의 뜻에 따라 관리하고 보존하며 완성시키라는 것이다. 그러나 아담과 하와는 스스로 하나님과 같아지려는 욕망 때문에 그분의 뜻을 거역했다. 결국 그들은 하나님이 그들에게 주신 지위를 잃고 낙원에서 쫓겨났고, 노동과 출산의 고통을 겪게 되었고, 하나님이 경고하신 것처럼 죽음을 맛보아야 했다.

아담 이야기는 창세기 저자가 포로지에서 고통의 문제를 제기했던 이스라엘 백성에게 제시한 답이었다. 답의 요지는 분명했다. 너희의 하나님 여호와는 세상을 선하고 아름답게 창조하셨다. 그분은 너희에게 선하고 아름다운 삶을 제공하고자 하셨다. 그분은 너희를 통해 자신이 지으신 세상을 자기 뜻대로 다스리고자 하셨다. 그러나 너희가 그분의 뜻을 거역하고 타락했기에 모든 것이 망가졌고 그분의 뜻도 좌절되었다. 지금 세상이 이렇게 된 것은 하나님의 뜻도 아니고, 그분의 모자람 때문도 아니다. 상황이 이렇게 된 것은 하나님의 뜻을 거역한 너희들 때문이다.

둘째, 노아 이야기(6-9장)는 하나님이 인간의 반역 때문에 좌절된 그분의 뜻을 다시 펼치시는 이야기다. 에덴에서 쫓겨난 아담과 하와의 후손들은 타락과 죄악을 반복하며 점점 더 하나님의 뜻에서 멀어졌다. 자신의 대리자로 세웠던 이들이 그 지경이 되자 세상을 자기 뜻대로 다스리고자 하셨던 하나님의 계획은 물거품이 되었다. 인간에게서 더는 아무런 가능성도 발견할 수 없었던 하나님은 그들을 지으신 것을 한탄하시고 그들을 멸하기로 하셨다. 다행히 하나님은 타락한 인간 중에서 자기 뜻에 맞는 한 사람을 발견하셨다. 노아였다. 하나님은 노아와 그의 가족을 제외하고 모든 인간을 물로 쓸어버리셨다. 자신의 실패를 인정하신 것이다. 그분은 홍수가 끝나고 방주에서 나온 노아에게 이렇게 말씀하셨다. "너희는 생육하고 번성하며 땅에 가득하여 그 중에서 번성하라"(9:7). 애초에 아담에게 주셨던 명령과 동일하다. 원역사의 저자가 노아 이야기를 통해 포로지의 이스라엘 백성에게 하려고 했던 말은 이것일 수 있다. 하나님은 인간의 죄를 심판하시는 분이다. 하지만 그분은 포기하지 않으신다. 그러니 그분을 의지하라.

셋째, 원역사에서 역사로 옮겨가는 이야기(10~11장)는 노아의 후손이 아담의 후손처럼 타락하는 것에 관한 이야기다. 홍수에서 구출된 노아의 후손은 하나님의 명령대로 생육하고 번성하며 온 세상으로 퍼져나갔다. 그러나 세월이 흐르면서 그들은 아담의 후손만큼이나 타락하기 시작했다. 이 부분에서 인간의 타락은 그들이 아담과 하와처럼 스스로 하나님만큼 높아지려고 했던 것을 통해 드러난다. 그들은 시날 땅 바벨에서 탑을 세우기 시작한다. 그들이 탑을 세우는 목적은 그들의 말을 통해서 잘 드러난다. "자, 성읍과 탑을 건설하여 그 탑 꼭대기를 하늘에 닿게 하여 우리 이름을 내고 온 지면에 흩어짐을 면하자"(11:4).

하나님은 이 맹랑한 계획을 좌절시키기 위해 그들의 언어를 뒤섞으신다. 그러자 사람들은 탑 쌓기를 그치고 세계 전역으로 흩어진다. 바벨탑 사건은 하나님의 또 다른 실패를 의미한다. 노아의 후손은 아담의 후손만큼이나 하나님의 뜻을 받들지 않았다. 그로 인해 하나님은 이번에도 그분의 꿈을 포기하셔야 했다. 그리고 세상의 상황은 더 나빠졌다. 이제 사람들은 서로 언어를 달리하는 민족으로 분열되었고 서로를 적대시했다. 어쩌면 원역사의 저자는 바벨론 포로지에서 고통당하고 있는 이스라엘 백성에게 이 이야기를 하고 싶었던 것일지도 모른다. 지금 너희가 이방 민족에게 당하는 고통은 너희의 잘못 때문이다.

종합해 보면, 결국 원역사 이야기는 "하나님의 실패"에 관한 것이다. 그 실패는 그분의 뜻대로 살지 못한 인간의 실패 때문이었다. 하나님을 대신해 세상을 다스려야 할 인간이 그분의 뜻을 거역했기에 그분의 꿈이 좌절되었다. 그분은 아담과 그의 후손으로 인해 실패하셨다. 그리고 기대를 걸었던 노아와 그의 후손으로 인해 또 한 번 실패하셨다. 거듭된 실패로 인해 좌절하셨던 것일까? 바벨탑 사건 이후 하나님은 오랫동안 깊은 침묵에 잠기신다. 그분이 침묵하시는 동안 긴 세월이 흐른다. 그 사이에 사람들이 세상 곳곳으로 퍼져나간다.

거룩한 독서를 하는 이들은 노아의 아들 중 셈의 족보(11:10-26)에 등장하는 연수를 합산하는 방식으로 원역사 시대와 역사 시대 사이의 세월을 계산해 낸다. 하지만 이는 무망한 일이다. 앞에서 우리는 원역사 이야기가 실제 역사가 아니라 신화 곧 종교문학임을 주장했다. 아담도 노아도 역사 속의 실제 인물이 아니라 신화적 인물들이다. 그들은 포로지에서 이스라엘 백성이 제기한 질문에 대한 답으로 주어진 신화의 주인공이다. 그렇다면 그런 신화적 인물들의 후손의 연수를 헤아리는 것은 의미가 없다. 셈의 족보에 등장하는 연수는 창세기 저자가 원역사 시대와 역사 시대를 연결하기 위해 고안해 낸 문학적 장치일 뿐이다. 창세기 저자는 셈의 족보를 열거하는 방식으로 원역사 시대를 마감하고 역사 시대를 연다. 성경에서 역사 시대를 여는 첫 인물은 아브라함이다.

하나님의
새로운 시작

창세기 12~50장

아브라함 이야기는 그의 아버지 데라가 가족을 이끌고 갈대아 우르를 떠나 가나안으로 이주하는 것에서 시작된다(창 11:26-32). 우르에는 만신전을 비롯한 온갖 신전이 있었다. 우르 주민이었던 데라의 가족은 다른 이들처럼 우상을 섬겼다. 훗날 여호수아는 이스라엘 백성에게 이렇게 말한다. "옛적에 너희의 조상들 곧 아브라함의 아버지, 나홀의 아버지 데라가 강 저쪽에 거주하여 다른 신들을 섬겼으나…"(수 24:2). 그렇다면 데라의 아들 아브라함은 어떠했을까? 그런 상황에서도 그는 "믿음의 조상"답게 우상이 아닌 하나님을 섬겼을까? 아닐 것이다. 십중팔구 그의 아버지와 주변의 모든 이들이 그랬던 것처럼 우상들을 섬겼을 것이다.

데라의 가족은 가나안으로 이주하던 중 어떤 이유에서인지 하란에 정착한다. 그런데 그곳에서 하나님이 아브라함을 불러 이렇게 말씀하신다. "너는 너의 고향과 친척과 아버지의 집을 떠나 내가 네게 보여 줄 땅으로 가라"(창 12:1). 우르를 떠나 이제 겨우 새로운 땅에 정착했는데 다시 다른 곳으로 가라는 것이다. 그런데 놀랍게도 아브라함은 그 말씀을 따라 다시 미지의 땅 가나안으로 떠난다. 그의 나이 75세 때였다. 거룩한 독서는 이 것을 믿음의 행위로 여긴다. 아브라함이 하나님을 믿었기에 그런 무모한 모험을 했다는 것이다. 사실 성경도 그렇게 전한다. 훗날 히브리서 저자 는 아브라함의 믿음을 이렇게 설명한다. "믿음으로 아브라함은 부르심을 받았을 때에 순종하여 장래의 유업으로 받을 땅에 나아갈새 갈 바를 알지 못하고 나아갔으며…"(히 11:8).

이렇게 말하는 성경을 그대로 믿어야 할까? 아브라함은 하나님의 부르 심을 받았을 때 이미 믿음의 사람이었을까? 그래서 어처구니없는 명령에 아무런 토도 달지 않고 순종했던 것일까? 분명히 히브리서는 그렇게 주 장한다. 하지만 이 주장은 사실에 관한 판단이기보다 훗날의 덧붙임일 가 능성이 크다. 도날드 헤그너(Donald A. Hagner)는 히브리서에서 미드라쉬적 성경해석이 자주 사용되고 있음을 지적한다.[1] 유대인의 성경해석 방법인 미드라쉬는 성경 본문의 원래의 의미에 집착하지 않는다. 그것은 성경 본 문에는 저자가 의도하지 않았던 "더 깊은 의미(sensus plenior)"가 숨어 있다 고 여기며 그 본문에 독자의 해석을 쌓아 올린다. 요즘 말로 하면, 독자 반응 비평 같은 것이다. 즉 미드라쉬에서는 성경 본문 원래의 의미보다 읽는 이의 관심이 더 중요하다. 그렇다면 히브리서의 저자가 아브라함에 대해 하는 말은 창세기 본문의 원뜻이기보다 저자의 바람이 섞인 해석일 수 있다.

‖ 하나님의 돌보심

그렇다면 아브라함은 어째서 하나님의 부르심에 순종했을까? 어쩌면 그의 행위는 아내 사라의 불임으로 인한 것이었을 수도 있다(11:30). 고대 씨족 사회에서 불임은 한 가족의 사활이 걸린 심각한 문제였다. 그런 엄중한 상황에서 아브라함은 낯선 신 여호와로부터 놀라운 약속의 말씀을 듣는다. "내가 너로 큰 민족을 이루고 네게 복을 주어 네 이름을 창대하게 하리니 너는 복이 될지라"(12:2). 아브라함은 여호와로부터 약속의 말씀을 듣고 그 말씀을 따른다. 즉 아브라함을 움직인 것은 여호와에 대한 믿음이 아니라 그분이 하신 약속에 대한 기대였을 수 있다. 사실, 당시의 아브라함으로서는 여호와를 믿고 말고 할 것이 없었다. 우리가 아는 한 그는 하나님의 부르심을 받기 전에는 여호와에 대해 아무것도 알지 못했다. 아마도 자기에게 말씀하시는 여호와를 우르 시절부터 섬겼던 세상의 수많은 신 중 하나라고 여겼을 것이다. 한데 그 신이 다른 어떤 신도 하지 않았던 약속, 즉 "큰 민족"에 대한 약속을 했다. 불임이라는 벽 앞에 서 있던 아브라함은 솔깃했을 것이다.

아브라함은 타고난 믿음의 사람이 아니었다. 실제로 창세기가 그려내는 그의 모습은 특별히 인상적이지 않다. 그는 낯선 땅에서 발붙이고 살아가기 위해 애쓰는 평범한 유목민들 중 하나에 불과했다. 여호와께 부르심을 받았을 무렵에 그는 그분에 대해 아는 것이 거의 없었다. 하기야 교회는 고사하고 회당도, 성경도, 심지어 이스라엘 백성마저도 존재하지 않았던 시절에 도대체 그가 무슨 수로 이스라엘의 하나님 여호와에 대해 알 수 있었겠는가? 게다가 그는 남다르게 거룩하고 윤리적인 사람도 아니었다. 그는 이방 땅에서 살아남기 위해 두 번이나 아내 사라를 다른 남자의 침실로 밀어 넣었다. 그뿐 아니라 사라의 불임이 계속되자 자식을 얻기 위해 아내의 여종과 동침해 아이를 낳았다. 물론 이것은 그 시대에는 흔한 일이기에 비난할 것은 아니지만, 우리가 이른바 "믿음의 조상"에게서 기대할 만한 일도 아니다.

　오히려 우리가 아브라함 이야기에서 그의 신앙보다 눈여겨보아야 할 것은 그에 대한 하나님의 돌보심이다. 그분은 아브라함이 두 번씩이나 다른 남자에게 팔아넘긴 사라를 구해 내시고 그 과정에서 큰 재산을 얻게 하신다(12, 20장). 그분은 아브라함이 그에게 불리해 보이는 선택을 했을 때도 그 선택이 복이 되게 하셨다(13~14장). 그분은 아브라함이 사라를 통해 아들 얻는 것을 포기했을 때조차 거듭 그에게 나타나셔서 사라가 아들을 낳을 것이라고 약속하셨다(15장, 17:1~18:15). 그리고 마침내 약속하신 아들을 얻게 하셨다(21:1-7). 하나님은 아브라함의 불신과 실패에도 불구하고 그에게 하신 약속을 지키셨다. 그 과정에서 우상숭배자였던 아브라함이 차츰 여호와 하나님을 신뢰하는 믿음의 사람으로 변화되어 갔다.

　하나님에 대한 그의 믿음을 가장 잘 보여 주는 사건은 그가 하나님의 명령을 따라 뒤늦게 얻은 아들 이삭을 제물로 바치려 했던 일이다(22장). 사실 이 이야기는 너무나 충격적이어서 보통 사람들은 상상하기조차 어렵다. 실제로 하나님마저 아브라함의 행동에 크게 당황하셨다. 그분은 이삭의 목에 칼을 들이대는 아브라함을 향해 다급한 목소리로 말씀하셨다. "아브라함아, 아브라함아, 그 아이에게 네 손을 대지 말라. 그에게 아무 일도 하지 말라"(11, 12절). 철학자 키르케고르는 이 사건을 다룬 그의 책의 제목을 《공포와 전율》이라고 지었다.[2] 우상숭배자였던 아브라함이 말년에 여호와 하나님께 보인 믿음은 모든 세대의 신자들에게, 심지어 그의 믿음을 시험하신 하나님에게도 공포와 전율을 일으킬 만큼 완전한 것이었다. 그러나 아브라함이 그처럼 완전한 믿음에 이르게 된 것은 그를 택하여 부르시고 그에게 약속하신 모든 것을 이루어 가신 하나님 자신의 신실하심 때문이었다.

아브라함 이야기는 원역사 이야기를 배경으로 펼쳐지는 하나님의 새로운 시작에 관한 이야기다. 원역사 이야기에서 인간의 반역 때문에 실패를 거듭하신 하나님은 역사 시대 초입에서 자신에게 온전히 순종하는 한 인간을 발견하셨다. 이로써 그분은 아름답게 창조되었으나 인간의 죄악으로 인해 망가져 가는 세상을 회복하기 위한 실마리를 얻으셨다. 그러나 우리가 기억해야 할 것은 아브라함의 믿음은 먼저 그를 택하고 그의 삶을 통해 섭리하신 하나님의 애쓰심의 결과였다는 점이다. 그분의 특별한 노력이 없었다면, 아마도 아브라함은 고대 문명의 발상지인 메소포타미아에서 문명 밖으로 내몰렸던 수많은 이주자 중 하나로 살다가 죽었을 것이다. 그러나 하나님은 특별한 목적을 갖고서 그를 택하고 섭리하셨다.

이쯤에서 한 가지 의문이 생긴다. 도대체 하나님은 왜 그를 택하시고 그렇게 섭리하셨던 것일까? 그 이유는 아브라함이 이삭을 번제물로 바치려 했던 사건 직후에 하나님이 그에게 하신 말씀을 통해 드러난다. "내가 나를 가리켜 맹세하노니 네가 이같이 행하여 네 아들 네 독자도 아끼지 아니하였은즉, 내가 네게 큰 복을 주고 네 씨가 크게 번성하여 하늘의 별과 같고 바닷가의 모래와 같게 하리니 네 씨가 그 대적의 성문을 차지하리라. 또 네 씨로 말미암아 천하 만민이 복을 받으리니 이는 네가 나의 말을 준행하였음이니라"(22:16-18). 하나님은 아브라함에게 처음으로 말씀하셨던 때처럼(12:3) 이때도 "천하 만민"에게 관심을 보이셨다. 하나님이 아브라함을 택하신 목적은 그에게만 특별한 복을 주시기 위함이 아니라, 그를 통해 온 세상의 모든 이를 구원하시기 위함이었다.

‖ 이스라엘을 위한 자궁

아브라함 이야기에 이어서 나오는 이삭과 야곱 이야기는 숱한 신앙의 교훈들로 가득 차 있다. 예컨대, 이삭은 여호와께 복을 얻어 거부가 되는데, 그가 그런 복을 얻은 것은 그가 어떤 경우에도 다투지 않고 화평을 추구했기 때문이다.[3] 이삭 이야기의 뒤를 잇는 야곱 이야기는 성경 전체에서도 가장 많은 신앙적 교훈을 제공하는 이야기들 중 하나다. 그런 교훈들 중 대표적인 것은 야곱이 밧단아람 생활을 마치고 귀향하던 중 얍복 강가에서 밤새도록 하나님과 씨름한 끝에 결국 복을 얻어낸 사건이다. 이 사건은 신자들에게 하나님께 끈질기게 간구하면 결국 그분이 주시는 복을 얻을 수 있다는 교훈을 제공한다. 하지만 그런 개별적인 교훈들에 집착하다 보면 창세기 저자가 그 모든 이야기를 통해 전하고자 하는 핵심적인 메시지를 놓치기 쉽다. 거듭 말하지만, 그것은 나무에 집중하느라 숲을 보지 못하는 것이다.

그렇다면 창세기 저자가 아브라함과 이삭과 야곱의 이야기를 통해 전하고자 하는 메시지는 무엇일까? 잠시 소소한 교훈에 관한 관심을 접고 그 모든 이야기의 줄거리를 따라가 보자. 그러면 한 가지 사실이 아주 또렷하게 드러난다. 그것은 하나님의 약속을 유업으로 받은 아브라함의 자손들의 수가 점차 늘어나고 있다는 것이다. 아브라함은 사라의 여종 하갈에게서 아들 이스마엘을 얻었다. 하지만 이스마엘은 약속의 자녀가 아니다. 이스마엘은 사라에게서 약속의 아들 이삭이 태어나자 아브라함의 집에서 쫓겨난다. 이스마엘 역시 아브라함의 자손이기는 하지만, 창세기에서 그는 하나님의 관심의 대상이 아니다. 하나님의 관심은 그분의 약속을 받은 이삭에게 배타적으로 집중된다. 이삭은 수동적이다. 그는 자기가 판 우물을 다른 이에게 빼앗겨도 다투지 않고 자리를 옮긴다. 번번이 그런다. 그럼에도 그는 창대하고 왕성하여 마침내 거부가 된다(26:12).

이삭에게서 쌍둥이 아들들이 태어난다. 에서와 야곱이다. 이번에도 하나님의 약속은 둘째인 야곱에게 주어진다. 야곱은 아버지 이삭과 달리 적극적이었다. 그는 속임수를 써서 아버지 이삭에게서 장자의 축복을 얻어낸다. 그리고 형의 보복이 두려워 외삼촌이 있는 밧단아람으로 피신한다. 그곳에서 야곱은 두 아내 레아와 라헬, 그리고 그녀들의 몸종인 실바와 빌하를 통해 열두 아들을 얻는다(29:31~30:24). 그 열둘은 훗날 이스라엘 민족을 이루는 족장들이 된다. 어쩌면 이것이 창세기에서 가장 중요한 내용일 수 있다. 훗날 하나님의 언약 백성을 이룰 족장들의 출생이야말로 다른 모든 사건과 그 사건들을 통해 배울 수 있는 자잘한 신앙적 교훈보다 훨씬 더 중요할 수 있다. 실제로 창세기에서 가장 중요한 창조는 하늘과 땅이 아니라 이스라엘이다.

하나님께는 꿈이 있었다. 그 꿈은 그분이 아브라함과 이삭과 야곱에게 주셨던 약속의 말씀을 통해 반복적으로 드러난다(12:2; 18:18; 26:4; 28:14). 그 약속의 핵심은 그들로 인해 온 세상의 모든 이가 복을 받게 되리라는 것이다. 하나님은 원역사의 저자가 그리는 세상, 즉 인간의 죄로 인해 타락하고 악에 물들어 망가진 세상을 아브라함과 그의 후손을 통해 회복하고자 하셨다. 회복의 방법은 세상에 복을 내리시는 것이다. 아브라함의 후손은 그 복의 통로가 되어야 했다. 그들은 그들의 삶을 통해 하나님의 뜻을 예시하고, 그런 예시를 통해 온 세상에 하나님 통치의 아름다움을 드러내야 했다. 세상의 참된 복은 세상을 지으신 하나님의 뜻을 따라 살아가는 데 있다. 세상을 지으신 하나님이야말로 세상에 무엇이 가장 좋은지를 누구보다도 잘 알고 계시기 때문이다.

그런데 아브라함의 후손이 그들의 삶을 통해 하나님의 뜻과 바람을 예시하기 위해서는 일정한 규모를 갖춰야 했다. 한 개인이나 소수의 사람이 온 세상을 상대로 그런 일을 할 수는 없기 때문이다. 그래서 아브라함의 후손은 "큰 민족"이 되어야 했다. 하나님은 그 일을 위해 밧단아람을 택하셨다. 야곱은 그 안전한 곳에서 훗날 하나님의 백성을 이룰 족장들을 낳았다. 그런 의미에서 밧단아람은 하나님의 백성 이스라엘을 위한 "자궁"이었다.

‖ 이스라엘을 위한 인큐베이터

야곱의 열두 아들 중 열한 번째인 요셉은 유별난 아이였다. 그는 형들의 잘못을 아버지에게 고자질하고 자신이 꾼 꿈 이야기로 가족들의 심기를 건드렸다. 야곱의 아들들이 세겜에서 양을 칠 때 야곱은 요셉을 보내 형편을 살피려 했다. 그런데 들에서 요셉을 만난 형들이 그를 이스마엘 상인들에게 팔아넘겼다. 이스마엘 사람들은 그를 애굽으로 데려갔다. 애굽에서 요셉은 우여곡절 끝에 총리가 된다.

요셉이 총리직에 있을 때 온 세상에 가뭄이 든다. 가나안에 살던 야곱 가족도 가뭄의 고통에 시달린다. 야곱은 식량을 구해 오도록 아들들을 애굽으로 내려보낸다. 형들은 자기들이 팔아넘긴 동생 요셉이 애굽의 총리가 되어 있는 것을 알고 크게 놀란다. 요셉은 두려움에 떠는 형들을 향해 이렇게 말한다. "하나님이 큰 구원으로 당신들의 생명을 보존하고 당신들의 후손을 세상에 두시려고 나를 당신들보다 먼저 보내셨나니 그런즉 나를 이리로 보낸 이는 당신들이 아니요 하나님이시라"(45:7, 8).

우리는 요셉의 말에서 그의 성숙한 인격 혹은 가족 간의 화해를 가능케 하는 용서의 힘을 볼 수 있다. 그러나 그보다 훨씬 더 중요한 것은 하나님의 섭리에 대한 그의 이해다. 그는 자신이 당한 고난을 두고 하나님이 "당신들(훗날 이스라엘의 족장들)의 생명을 보존하고 당신들의 후손을 세상에 두시려고…"라고 말한다. 이는 요셉의 말인 동시에 창세기 저자의 말이다. 창세기 저자는 요셉 사건에서 어려운 시절에 자신의 백성 이스라엘을 지키고 보호하시려는 하나님의 의지를 보았다. 이런 하나님의 의지에 비하면 요셉이 애굽에서 얼마나 그럴듯한 인간으로 성숙해 갔는지는 부차적인 문제일 뿐이다.

요셉은 형들과 화해한 후 가나안에 있는 아버지 야곱을 애굽으로 모셔 오게 한다. 아들 요셉이 살아 있음을 알게 된 야곱은 모든 소유를 이끌고 애굽으로 내려간다. 야곱은 애굽으로 내려가던 중에 브엘세바에서 하나님께 희생제사를 드린다. 그날 밤에 하나님이 야곱에게 나타나셔서 말씀하신다. "나는 하나님이라. 네 아버지의 하나님이니 애굽으로 내려가기를 두려워하지 말라. 내가 거기서 너로 큰 민족을 이루게 하리라. 내가 너와 함께 애굽으로 내려가겠고 반드시 너를 인도하여 다시 올라올 것이며 요셉이 그의 손으로 네 눈을 감기리라"(46:3, 4). 하나님은 야곱 가족이 약속의 땅 가나안을 떠나는 것이 하나님 약속의 파기를 의미하지 않는다는 것을 보증하셨다.[4] 아브라함의 후손이 약속의 땅에서 큰 민족을 이루고 살리라는 그분의 약속은 그들이 잠시 그 땅을 떠날지라도 여전히 유효하다는 것이었다. 그때 야곱과 함께 애굽으로 내려간 그의 가족은 모두 70명이었다(46:27).

애굽에 도착한 야곱의 가족은 고센 땅에 정착한다. 그곳에서 그들은 애굽의 2인자인 요셉의 보호 하에 안전하게 살아간다. 온 세상에 가뭄이 들어 많은 이가 굶주리고 그로 인해 죽어가던 시절의 일이다. 애굽으로 내려가지 않았다면 야곱의 가족은 척박한 가나안 땅에서 소멸했을 수도 있다. 그런 의미에서 애굽은 갓 태어난 이스라엘을 위한 "인큐베이터" 역할을 한 셈이다.

그러나 야곱은 임종 자리에서 자기를 아브라함이 헷 사람 에브론에게서 산 막벨라 밭에 있는 굴에 묻으라고 명한다. 그는 자기가 있어야 할 곳이 어디여야 하는지 알고 있었다. 훗날 요셉은 임종 자리에서 형제들에게 이스라엘 백성이 아브라함과 이삭과 야곱에게 맹세하신 땅에 이르게 될 것을 예언하고 그날에 자신의 해골을 메고 올라가 달라고 부탁한다(50:24, 25). 그 역시 그의 아버지 야곱처럼 자기가 있어야 할 곳이 약속의 땅 가나안임을 알고 있었던 것이다.

그렇게 해서 창세기가 끝난다. 원역사에 이어 등장하는 아브라함, 이삭, 야곱 이야기의 핵심은 하나님이 원역사 시대의 실패를 만회하기 위해 새로운 일을 시작하셨다는 것이다. 그분은 세상에 대한 자신의 통치를 이루기 위해 자기의 뜻을 받들며 살아가는 한 민족을 만들고자 하셨고 결국 그 일을 해내셨다. 그런 의미에서 창세기는 우주의 기원에 관한 이야기라기보다 하나님의 백성 이스라엘의 기원에 관한 이야기라고 할 수 있다.

언약 백성의
탄생

출애굽기

출애굽기는 창세기의 후속편이다. 실제로 출애굽기는 창세기 끝부분에서 애굽으로 내려갔던 이스라엘 자손이 애굽에서 탈출하는 이야기로 시작된다. 그러나 두 책 사이에 존재하는 4백여 년의 세월은 그 책들이 다루는 대상을 바꿔놓았다. 창세기는 아브라함, 이삭, 야곱으로 이어지는 믿음의 조상들의 이야기에 집중한다. 반면에 출애굽기는 그들의 후손인 이스라엘 백성의 이야기에 집중한다. 물론 출애굽기에서 가장 많이 언급되는 인물은 모세다. 하지만 그조차 하나님과 이스라엘 백성 사이를 중재하는 인물일 뿐이다. 처음부터 끝까지 출애굽기의 주된 관심사는 민족 공동체로서의 이스라엘이다.

그런데 이런 사정은 출애굽기만의 것이 아니다. 구약 성경 전체가 민족 공동체 이스라엘과 관련되어 있다. 모세 오경 전체는 결국 이스라엘 민족의 탄생에 관한 이야기다. 역사서들은 이스라엘 민족이 독립된 왕국을 세웠다가 멸망하는 이야기를 다룬다. 성문서들은 이스라엘 백성이 그들의 역사 속에서 찾아낸 지혜를 모아놓은 책이다. 예언서들은 이스라엘 왕국이 멸망하는 과정에서 예언자들이 쏟아냈던 말들의 모음집이다. 그러니 구약 성경 전체가 민족 공동체 이스라엘의 역사에 관한 이야기인 셈이다.

이것은 성경을 읽는 많은 이들을 당혹스럽게 한다. 대개 사람들은 자신의 삶에 도움이 될 만한 것을 얻을 요량으로 성경을 읽는다. 가령, 구원에 관한 신령한 지식, 지치고 부서진 삶에 대한 따뜻한 위로, 혹은 성공적인 삶을 위한 지혜 같은 것들이다. 하지만 그런 기대를 품고 구약 성경을 펼치는 이들은 크게 실망한다. 그들 앞에 전개되는 내용이 뜬금없게도 온통 고대 이스라엘의 역사에 관한 이야기뿐이기 때문이다. 그 이야기를 읽다 보면 "도대체 내가 왜 이런 이야기를 읽어야 하나?" 하는 의문이 든다. 그래서 성미 급한 독자들은 인간의 창조와 타락에 관한 창세기 처음 장들을 읽은 후 구약 성경 전체를 건너뛰어 예수의 십자가 사건이 실려 있는 복음서나 하나님의 구속에 관한 서술이 등장하는 바울의 서신들로 직행한다.[1] 그런 이들에게 구약 성경의 대부분을 이루는 이스라엘 이야기는 예수라는 유대인 구원자를 등장시키기 위해 펼쳐지는 장황한 삽입구에 지나지 않는다.

또 어떤 이들은 이스라엘 이야기를 신령한 영적 교훈을 숨기고 있는 밭처럼 여긴다. 그들에게 중요한 것은 길고 지루한 이스라엘 이야기가 아니라 그 속에 들어 있는 교훈이다. 그래서 그들은 성경의 행(行)은 대충 읽고 그것의 행간(行間)을 파헤친다. 그리고 그곳에서 자신들에게 도움이 되는 온갖 교훈과 지혜를 발견한다. 여러 해 전에 나는 당시 다니던 교회의 부흥회에 참석했다가 고개를 갸웃했다. 그날 부흥회 강사는 사르밧의 과부가 자신의 마지막 음식으로 예언자 엘리야를 공궤한 이야기(왕상 17:8-24)를 본문으로 설교했다. 강사는 그 과부가 엘리야를 섬긴 까닭에 온 세상에 가뭄이 창궐하던 시절에 집안에 밀가루와 기름이 떨어지지 않는 특별한 복을 받았음을 언급하며 이렇게 강조했다. "그러니 여러분의 목사님을 잘 섬기십시오. 주의 종을 물질로 섬겨야 주님이 주시는 물질의 복을 받습니다!" 그날 그는 예언자 엘리야가 우상숭배에 빠져 있던 북왕국 이스라엘을 개혁하기 위해 했던 일들에 대해서는 아무것도 말하지 않았다. 그의 유일한 관심은 신자들이 목회자를 물질로 섬김으로써 얻게 되는 물질의 복뿐이었다. 즉, 그에게 엘리야가 타락한 북왕국 백성들을 그들의 하나님 여호와께 되돌리기 위해 목숨 걸고 싸웠던 이야기는 오늘날 신자들이 물질의 복을 얻는 비법을 알려주기 위한 한가로운 배경 이야기에 불과했다.[2]

이런 식의 성경 읽기는 성경의 핵심적 메시지를 놓친다. 그러고 나면 이후의 성경 읽기는 완전히 엉뚱한 방향으로 흘러간다. 성경에서 민족 공동체 이스라엘 이야기는 쓸데없이 긴 삽입구도 아니고, 이런저런 교훈이나 지혜를 알려주기 위한 배경도 아니다. 오히려 그 이야기야말로 성경의 핵심적 메시지 그 자체다. 성경은 독자들이 당혹감을 느낄 정도로 이스라엘 이야기에 집중한다. 성경이 그렇게 하는 이유는 명백하다. 하나님께 이스라엘은 오늘 우리가 생각하는 것보다 훨씬 더 중요했기 때문이다. 그러니 이스라엘 이야기를 차근차근 따라가지 않으면서 성경을 제대로 이해하는 것은 불가능하다. 거듭 강조하지만, 이스라엘 이야기는 구약 성경의 핵심이다. 그리고 그 이야기가 본격적으로 시작되는 곳이 출애굽기다.

‖ 출애굽, 창시적 사건

앞에서 우리는 창조 기사가 이스라엘 백성이 포로지에서 제기한 물음에 답하기 위해 만들어진 신화였음을 살펴보았다. 창조 기사 다음에 실려 있는 아브라함과 이삭 그리고 야곱의 이야기는 신화가 아닌 역사였다. 아마도 그들의 이야기는 이스라엘 백성 사이에서 구전되다가 창세기 저자에 의해 수집되고 편집되었을 것이다. 물론 그 과정에서 "사상적 영감"이 작용했을 것이다. 순진한 이들의 바람과 달리, 있는 그대로의 역사적 사실은 존재하지 않는다. 모든 역사적 사실은 역사를 기록하는 이들에 의해 주석된 사실일 뿐이다.[3] 아브라함, 이삭, 야곱이 살았던 때와 창세기가 쓰였던 때 사이의 시간적 간격을 고려한다면, 그들의 이야기가 있는 그대로의 사실이라고 믿는 것은 지나치게 순진한 것이다.

특정한 인물들의 역사에 대한 기록이 그러하다면, 그보다 단위가 큰 민족의 역사에 대한 기록은 어떨까? 하비 콕스(Harvey Cox)는 자신이 어느 성지순례단의 가이드 역할을 했던 이야기를 전한다.[4] 순례단은 나일강에서 시나이 광야를 거쳐 요단강에 이르는 출애굽 여정을 밟아나갔다. 콕스는 과정 내내 단원들에게 아주 조심스럽게 그러나 또한 아주 정직하게 말했다. 그의 말의 요지는, 출애굽기는 매우 감동적인 이야기이지만 역사성은 희박하다는 것이었다. 콕스에 따르면, 그동안 고고학자들이 현대의 첨단 기술을 사용해 출애굽기에 등장하는 지역들을 조사했지만 출애굽 시기의 캠프 흔적을 찾을 수 없었다.[5] 심지어 가데스 바네아처럼 이스라엘 백성이 오랫동안 머물렀던 곳에서조차 그러했다. 일부 지역에서 사람들이 거주한 흔적이 발견되기는 했으나, 출애굽이 있었던 주전 13세기가 아니라, 그보다 수백 년 이전이거나 이후의 것들이었다. 그러므로 출애굽은 역사적 사실일 수 없다는 것이다.

콕스는 출애굽기가 주전 7세기, 즉 유다 왕 요시야 시절에 편집되었다는 사실에 주목한다.[6] 당시에 요시야는 앗수르 제국의 세력이 약화된 틈을 타 국토 확장에 매진했다. 그런데 그 무렵에는 남쪽의 강대국 애굽 역시 유다만큼이나 국토 확장에 열을 올리고 있었다. 그로 인해 인접한 두 나라는 갈등할 수밖에 없었다. 요시야는 통치 기간 내내 유다의 남부를 위협하는 애굽과 맞서야 했다. 그 과정에서 백성들에게 신앙심과 애국심을 고취할 필요가 있었다. 그런 이유로 요시야 왕궁의 서기관들은 아주 오래된, 그러나 아마도 실제로 있었던 사건의 조각들을 하나로 엮어 이스라엘 민족이 하나님의 도우심으로 애굽의 지배에서 벗어나는 거대한 서사시를 만들어냈다. 그리고 그 이야기에 사실성을 부여하기 위해 주전 7세기에 사용되던 지명들을 섞어 넣었다. 콕스의 결론은, 출애굽기는 주전 7세기의 이스라엘 백성이 자신들의 필요를 위해 주전 13세기를 배경으로 만들어낸 "역사 소설"이라는 것이다.

하지만 이런 주장이 출애굽기의 역사성을 부정할 만한 확실한 근거가 되지는 못한다. 구약 성경 전체에서 드러나는 이스라엘의 여호와 신앙은 출애굽 사건을 배제하고는 설명이 되지 않는다. 이스라엘의 신앙은 무엇보다도 출애굽 사건이라는 토대 위에 서 있다. 이스라엘의 신앙이 역사 소설 위에 세워져 있다는 주장은 그 사건이 문자적으로 사실이라는 주장만큼이나 터무니없다. 사실 콕스 자신도 출애굽기가 완전한 허구라고 주장하지는 않는다. 그 역시 어떤 사건의 조각들이 있었음을 인정한다. 다만 그 사건의 실상이 출애굽기가 묘사하는 정도였는지는 따져볼 여지가 있다는 것이다.

가령, 출애굽기에 따르면 모세와 함께 애굽을 떠난 이스라엘 자손은 장정만 60만 명이었다(12:37). 여기에 여자와 노약자들까지 합하면 그 규모는 대략 250만에서 300만 명에 이를 것이다.[7] 이는 그때보다 훨씬 더 많은 인구가 살고 있는 오늘날에도 받아들이기가 쉽지 않은 숫자다. 사실 그 많은 사람이 광야에서 40년간 방황하며 살았다는 주장도, 또한 그렇게 엄청난 규모의 사람들이 진을 치고 살았음에도 그들이 머물렀다는 지역들에서 사람들이 거주한 흔적이 발견되지 않는 현실도 그냥 무시하고 넘기기 어렵다. 그래서 어떤 학자들은 여러 가지 복잡한 방식을 사용해 출애굽 사건에 참여했던 이들의 실제 숫자를 계산했다. 그들의 계산에 따르면, 모세와 함께 애굽에서 나온 실제 인구는 적게는 5,550명에서부터 많게는 49,152명에 이른다.[8] 그러나 이 숫자들은 신빙성이 입증되지 않은 자료와 가설에 의존하고 있기에 출애굽기 자체의 주장만큼이나 믿기 어렵다. 아마도 출애굽의 실제 규모는 학자들이 추산한 것과 출애굽기가 주장하는 것 사이 어디쯤에 있을 것이다.

한 가지 확실한 것은 훗날 이스라엘 백성이 "출애굽"이라고 불렀던 어떤 사건이 있었다는 것이다. 사실 출애굽이라는 주제는 구약 성경에 너무나 깊숙이 뿌리를 내리고 있어서 구약 성경에서 그것을 삭제하면 다른 모든 것이 무너질 정도다.[9] 존 브라이트(John Bright)는 출애굽을 오합지졸이었던 이스라엘 자손이 하나의 민족 공동체로 탈바꿈한 "창시적 사건"이라고 부른다.[10] 브라이트에 따르면, 출애굽 사건은 이스라엘 민족의 초창기부터 그들의 신앙의 중심에 있었다. 그 사건에 대한 이스라엘 백성의 믿음은 너무나 확고해서 실제로 그 놀라운 사건이 일어났고 그들의 기억에 영원히 새겨졌다는 것 말고는 다른 설명이 불가능할 정도다.

우리가 내릴 수 있는 결론은 이렇다. 실상이 어떠했든 이스라엘 백성이 하나의 민족으로서 자신들의 출발점이라고 여겼던 어떤 사건들이 있었다. 그리고 훗날 출애굽기의 저자들이 그 사건들에 이스라엘 민족 특유의 신앙, 즉 전능하신 하나님이 자신들을 종살이에서 해방해 주셨다는 신앙을 담아 하나의 장대한 서사시를 만들어냈다. 이스라엘 백성은 그 서사시를 통해 하나님에 대한 자신들의 신앙을 고백하고 민족의 정체성을 위한 토대를 마련했다. 그런 측면에서 보면, 출애굽기도 창세기만큼이나 "사상적 영감"에 의한 작품이라고 할 수 있다.

‖ 제사장 나라와 거룩한 백성

이제 출애굽기의 내용을 살펴보자. 창세기는 야곱의 직계 가족 70명이 애굽으로 내려가 정착하는 것으로 끝난다. 그들은 애굽이라는 인큐베이터 안에서 무럭무럭 성장한다. 그로부터 약 4백여 년이 흐른 후 그들은 애굽 온 땅에 가득하게 되었다. 더는 요셉을 기억하지 못하는 새 왕이 그들에 대해 "이 백성 이스라엘 자손이 우리보다 많고 강하도다"(1:9)라고 말하며 경계할 정도였다. 애초에 그들이 애굽으로 내려간 이유가 무엇이든, 그로 인한 결과는 그들이 하나의 민족을 이룰 만큼 수적으로 성장한 것이었다. 하나님이 그들의 조상 아브라함에게 주셨던 "큰 민족"에 대한 약속이 이루어진 것이다.

한데, 출애굽기 서두에서 그 민족은 종살이를 하고 있다. 종살이는 매우 고통스러웠고 그들은 고통 중에 부르짖었다. 그러자 하나님이 그 부르짖음에 응답하셨다. 그분은 그들을 종살이에서 해방하기로 하셨고, 그 일을 위해 한 사람을 택하셨다. 레위 지파 사람 모세였다. 하나님은 호렙산 부근에서 양을 치던 모세에게 나타나셨다. 불타는 떨기나무 가운데서 그분은 두려워 떠는 모세를 향해 이렇게 말씀하신다. "나는 네 조상의 하나님이니 아브라함의 하나님, 이삭의 하나님, 야곱의 하나님이니라"(3:6). 아마도 모세는 조상들의 하나님에 대해 들어서 알고 있었을 것이다. 하지만 그의 앎은 매우 제한적이었다. 하나님이 조상들과 관계하셨던 것은 이미 오래전이었다. 게다가 당시에 이스라엘 자손들은 고통스러운 종살이를 하고 있었다. 그런 처지에 있는 이들이 자기들 나름의 종교나 문화나 전통을 만들거나 보존하기는 어려웠을 것이다.

그런 상황에서 느닷없이 나타나 자신을 그의 조상들의 하나님이라고 밝히신 이가 모세에게 놀라운 명령을 내리셨다. 이스라엘 자손을 이끌고 애굽에서 떠나라는 것이었다. 그리고 그 자손들을 호렙산으로 데려와 자신을 섬기라는 것이었다. 터무니없는 명령에 놀란 모세가 그분의 이름을 물었다. "내가 이스라엘 자손에게 가서 이르기를 너희의 조상의 하나님이 나를 너희에게 보내셨다 하면 그들이 내게 묻기를 그의 이름이 무엇이냐 하리니 내가 무엇이라고 그들에게 말하리이까?" 맙소사! 모세는 자기 조상들의 하나님의 이름조차 알지 못했다. 모세의 질문에 하나님이 답하신다. "나는 스스로 있는 자이니라"(3:14). 우리말 개역개정역이 그렇게 번역하는 히브리어는 자음으로만 이루어진 "야웨(YHWH)"라는 단어다. 하나님은 자신의 이름을 "야웨"(우리에게는 "여호와"라는 발음이 익숙하다)라고 알리셨다. 하나님과 이스라엘 자손 사이의 최초의 통성명이었다. 모든 관계의 기본이 통성명이라면, 이는 하나님과 이스라엘 자손 사이에 공식적인 관계가 시작되는 역사적인 순간이었다.

모세는 하나님의 지시대로 바로를 찾아가 이스라엘 자손을 애굽에서 내보내라고 요구한다(5:1). 당연히 바로는 거절한다. 그러자 애굽에 열 가지 재앙이 내린다. 바로는 처음 난 모든 것이 죽는 열 번째 재앙을 겪고서야 항복한다. 그는 이스라엘 자손이 애굽에서 나가는 것을 마지못해 허락한다. 그러나 이스라엘 자손이 홍해에 이를 즈음에 그의 마음이 바뀐다. 그는 군대를 동원해 이스라엘 자손을 뒤쫓는다. 절체절명의 상황에서 모세가 하나님의 명령에 따라 바다 위로 지팡이를 내밀자 바다가 갈라져 길이 생긴다(14:21). 이스라엘이 그 길을 따라 홍해를 건너자 갈라졌던 물이 합쳐지고 이스라엘을 뒤쫓던 애굽의 군사들이 수장된다. 그렇게 해서 이스라엘 자손은 4백여 년간 종살이하던 애굽에서 극적으로 탈출한다.

이스라엘 자손이 출애굽 과정에서 겪은 기적은 그들을 향한 하나님의 자기 계시였다. 하나님이 택하신 종 모세가 그분을 잘 알지 못했다면 다른 백성은 말할 것도 없다. 그들이 희미하게나마 알던 하나님은 그들의 조상들의 하나님이었을 뿐이다. 지난 4백여 년 동안 그분은 이스라엘 자손에게 자신을 알리신 적이 없었다. 그저 멀찍이서 그들이 번성하는 것을 지켜보고만 계셨을 뿐이다. 그런데 이제 그분이 그들에게 자기를 드러내 보이셨다. 자신의 이름이 야웨라는 것을 알리시고 그들을 억압에서 해방해 주셨다.

그런데 도대체 왜 하나님은 이스라엘 자손을 애굽에서 이끌어내셨을까? 그들이 고통 중에 부르짖는 것이 안타까워서였을까? 물론 그럴 수도 있다. 하지만 출애굽기 자체의 증거는 그것과는 다르다. 그분의 목적은 그분이 불타는 떨기나무 가운데서 모세에게 하신 말씀을 통해 드러난다. "네가 그 백성을 인도하여 낸 후에 너희가 이 산에서 하나님을 섬기게 될 것이다"(3:12). 그분은 이스라엘 백성이 자기를 섬기기를 바라셨던 것이다.

애굽을 떠난 지 3개월 되던 날, 드디어 이스라엘 자손은 시내 광야에 이른다(19:1). 백성들이 시내산 아래에 머물면서 하나님께 예배할 준비를 하는 동안 모세는 산 위로 올라가 하나님을 뵙는다. 그곳에서 하나님은 모세에게 이스라엘 자손을 향한 자신의 계획을 구체적으로 밝히신다. "내가 애굽 사람에게 어떻게 행하였음과 내가 어떻게 독수리 날개로 너희를 업어 내게로 인도하였음을 너희가 보았느니라. 세계가 다 내게 속하였나니 너희가 내 말을 잘 듣고 내 언약을 지키면 너희는 모든 민족 중에서 내 소유가 되겠고, 너희가 내게 대하여 **제사장 나라**가 되며 **거룩한 백성**이 되리라"(4–6절).

하나님은 종살이하는 그들이 불쌍해서 그들을 구해 내신 것이 아니다. 하나님은 그들을 세상 모든 민족 중에서 자신의 특별한 소유로 삼고자 하셨다. 고대에 제사장은 신과 인간 사이의 중재자로 간주되었다. 하나님은 이스라엘을 자신과 세상 사이를 중재하는 나라로 만들고자 하셨다. 하나님이 아브라함을 택하시고 큰 민족을 약속하신 이유가 거기에 있었다. 그들은 잊었는지 모르나, 하나님은 자신의 약속을 잊지 않으셨다. 이스라엘 자손은 하나님이 자기를 위해 택하신 "제사장 나라"였다.

그런데 그 나라는 그냥 될 수 있는 것이 아니었다. 그 나라가 되기 위해서는 특별한 조건이 필요했다. 하나님은 자신의 제사장 나라가 될 이들에게 "거룩한 백성"이 되라고 요구하셨다. 그리고 거룩한 백성이 되는 데 필요한 지침을 마련하셨다. 이후로 이스라엘이 목숨처럼 지켜야 할 율법이었다. 시내산에서 하나님은 모세에게 율법의 내용을 차근차근 알려주셨다. 모세가 하나님께 받은 율법은 크게 둘로 나뉜다. 첫째는 율법의 대강(大綱)이라고 할 수 있는 "십계명"이고(20:3–17), 둘째는 십계명을 구체적으로 적용하는 "계약 법전"이다(20:22~23:33).[11] 십계명이 모법(母法)이라면, 계약 법전은 시행령(施行令)인 셈이다. 하나님은 자신의 백성 이스라엘이 하나의 민족과 국가로 살아가는 데 필요한 모든 법률적 체계를 제공하셨다.

‖ 언약식

하나님은 이스라엘 백성에게 율법을 수여하신 후 그들과 더불어 언약을 체결하신다(24:1–11). 언약식은 모세가 하나님께 받은 율법의 내용을 백성에게 알리는 것으로 시작된다. 율법의 내용을 전해 들은 백성은 자기들이 그 모든 것을 행하겠노라고 맹세한다. 그러자 모세가 산 아래에 제단을 쌓고 열두 기둥을 세운다. 청년들을 보내 여호와께 번제와 화목제를 드린 후 제물에서 나온 피를 제단과 백성에게 뿌린다. 그렇게 언약식을 마친 후 모세는 이스라엘의 장로들과 함께 시내산 위로 올라간다. 그들은 산 위에서 이스라엘의 하나님을 뵙고 그분 앞에서 먹고 마신다. 언약 체결을 축하하는 잔치였다.

언약식을 통해 애굽에서 종살이하던 이스라엘 자손은 "하나님의 백성"이라는 새로운 신분을 얻었다. 대개 학자들은 이 언약식을 고대의 "종주-봉신 조약"에 비추어 이해한다.[12] 이 조약은 강대국과 약소국 사이에 맺어지는 비대칭적 조약이다. 조약의 핵심은 종주(宗主)는 봉신(封臣)에게 은혜(적들로부터의 보호)를 베풀고, 봉신은 종주에게 충성을 바친다는 것이다. 하나님과 이스라엘의 경우에, 하나님은 이스라엘을 애굽에서 해방하셨고 앞으로도 그들의 하나님으로서 그들을 지켜주실 것이다. 대신 이스라엘은 하나님이 원하시는 삶을 살아야 했다. 그분이 그들에게 원하시는 삶은 앞서 말한 십계명과 계약 법전을 통해 구체적으로 드러난다.

한 가지 의문이 생긴다. 왜 하나님은 이스라엘에게 고대의 그 어떤 종주도 자신의 봉신에게 요구하지 않았던 특별한 삶을 요구하셨을까? 이 질문의 답은 하나님이 이스라엘의 조상 아브라함에게 하셨던 약속의 말씀에서 찾을 수 있다. "내가 너로 큰 민족을 이루고 네게 복을 주어 네 이름을 창대하게 하리니 너는 복이 될지라. 너를 축복하는 자에게는 내가 복을 내리고 너를 저주하는 자에게는 내가 저주하리니 땅의 모든 족속이 너로 말미암아 복을 얻을 것이라"(창 12:2, 3). 하나님이 아브라함을 부르신 것은 그를 통해 땅의 모든 족속에게 복을 내리시기 위함이었다. 하나님은 자신이 택한 민족이 세상을 힘으로 정복하기를 바라지 않으셨다. 오히려 다른 민족들이 이스라엘에게 내린 복을 보고 그 동일한 복을 얻기 위해 하나님께 나아오기를 바라셨다. 이스라엘이 하나님의 복을 얻기 위한 기본 조건은 그들이 하나님처럼 거룩해지는 것이다. 결국 이스라엘이 제사장 나라로서 거룩한 백성이 되는 것은 땅의 모든 족속이 복을 얻기 위한 첫걸음이었다.

‖ 성막

언약식이 끝난 후 하나님은 모세에게 성막을 지으라고 명하신다(25:1-9). 성막은 훗날 솔로몬이 세우게 될 예루살렘 성전의 원형이다. 하나님이 모세에게 성막을 지으라고 하신 이유는 그분이 성막을 가리켜 "내가 그들 중에 거할 성소"(9절)라고 하신 말씀을 통해 드러난다. 성막은 하나님이 제사장 나라로 임명된 이스라엘 안에 거하기 위해 세우신 그분의 거처였다. 이제 하나님은 세상 속으로 들어와 세상을 직접 통치하실 계획이셨다. 언약 백성 이스라엘은 세상에 대한 그분의 통치를 위한 거점이었다. 그리고 하나님은 그 거점 안에 자신의 지휘본부를 마련하고자 하셨다.

위대한 영웅 모세의 활약상을 기대하고 출애굽기를 펼치는 이들은 그 책의 삼 분의 일이 성막과 관련된 내용으로 채워져 있는 것에 당혹감을 느낀다. 실제로 출애굽기 25~31장은 성막의 물적, 인적 인프라를 다룬다. 그리고 35~40장은 실제적인 성막 건축 과정과 제사장 위임식을 다룬다.[13] 그 장들의 내용은 오늘 우리가 읽기에는 아주 지루하다. 그럼에도 출애굽기는 그것을 모세의 활약상보다 훨씬 더 길고 상세하게 묘사하면서 출애굽 이야기를 지연시킨다. 이유는 분명하다. 하나님이 이스라엘을 출애굽시킨 것은 자신이 그들 안에 거하시고 또한 그들이 자신을 섬기게 하시기 위함이었다. 그 무렵의 다른 신전들에 비해 초라하기 이를 데 없는 길이 50미터, 폭 25미터 규모의 성막[14]은 하나님이 이스라엘 안에 임재하심을 보여 주는, 또한 그들을 통해 세상을 통치하고자 하셨던 그분의 의지를 보여 주는 가시적 증거였다.

출애굽기는 완성된 성막 위에 구름이 덮이고 하나님의 영광이 그곳으로 임재하는 광경에 대한 묘사로 끝난다. 약속의 땅 가나안으로 향하는 이스라엘은 성막 위의 구름이 떠오르면 길을 떠나고 내려앉으면 그곳에 머물렀다(40:34-38). 이제 그들은 정말로 하나님의 인도하심을 받는 그분의 백성이 된 것이다.

언약 백성의
조건

레위기, 민수기, 신명기

모세 오경의 나머지 책들인 레위기, 민수기, 신명기는 쉽게 읽히지 않는다. 가장 큰 이유는 그 책들에 들어 있는 율법에 대한 지루한 서술 때문이다. 레위기는 책 전체가 율법과 관련되어 있다. 민수기는 책의 절반 이상이 각종 율법에 대한 소개와 두 차례에 걸친 인구조사에 관한 서술로 채워져 있다. 신명기는 출애굽 이후 이스라엘의 광야 여정에 대한 회고와 함께 그 과정에서 주어진 율법을 다시 소개한다. 그러니 그 세 권의 책을 하나로 묶는 핵심 요소는 "율법"이다. 우리가 그 책들에서 주목해야 할 것도 이런저런 사건들이 아니라 바로 율법이다.

율법을 설명하기에 앞서 간략하게나마 각 책들의 구조를 살펴보자. 책의 구조를 이해하면 내용을 이해하기가 훨씬 쉬워진다. 성경의 행간 읽기를 강조하는 거룩한 독서는 그럴 필요가 없으나, 성경의 행을 읽고자 하는 거룩하지 않은 독서에서 이 과정은 필수적이다. 또한 그러기 위해서는 성서학자들의 도움이 필요하다.[1] 거룩하지 않은 독서는 혼자서 본문을 붙잡고 끙끙거리는 것이 아니라 성서학의 결과를 적극 활용하는 독서다.

레위기

레위기는 크게 두 부분으로 나뉜다. 전반부(1~16장)는 제사장을 위한 각종 제사 규정을 다루고, 후반부(17~27장)는 이스라엘 백성의 거룩한 삶을 위한 규정을 다룬다. 좀 더 세분해 보면 다음과 같다. 1) 1~7장은 번제, 소제, 화목제, 속죄제, 속건제 등 각종 제사법에 관해 설명한다. 2) 8~16장은 아론과 그의 아들들을 제사장으로 세우는 과정에 대한 설명이다. 특별히 16장은 대제사장이 이스라엘 백성 전체의 죄를 속하기 위해 일 년에 한 번 지성소 안으로 들어가 제사를 드리는 속죄일 규례를 다룬다. 3) 17~20장은 이스라엘이 거룩한 백성이 되는 데 방해가 되는 악한 행실을 열거하고 금한다. 여기에는 근친상간, 수간, 도둑질, 그리고 우상 숭배에 대한 단죄가 들어 있다. 4) 21~23장은 특별히 제사장에게 요구되는 성결 요건을 다룬다. 5) 24~27장은 언약 공동체 이스라엘을 건강하게 유지하기 위한 공동체의 규례를 다룬다. 특히 여기에는 안식년, 희년, 노예 해방 같은 사회적 차원의 규례들이 포함되어 있다. 레위기는 이스라엘이 제사장 나라와 거룩한 백성이 되기 위해 지켜야 할 지침과 법의 묶음이다.[2]

민수기

  민수기는 이스라엘 백성의 광야 여정을 서술한다. 민수기의 원제목이 "광야에서"인 것은 그 책의 내용을 잘 반영한다. 민수기는 크게 세 부분으로 나뉜다. 1) 1~9장은 가나안 정복 전쟁에 대비해 인구조사를 실시하고 그렇게 파악된 이스라엘 백성을 성막을 중심으로 배치하는 문제를 다룬다. 이 부분에서 성막을 유지하는 방법, 나실인 제도, 레위인이 성막에서 봉사하는 방법 등이 다뤄진다. 2) 10~25장은 이스라엘의 본격적인 광야 여정을 다룬다. 이 부분에서 그 유명한 가데스 바네아 사건이 발생한다. 이스라엘 백성은 가나안 사람들의 위용을 보고 겁에 질려 자기들을 애굽에서 끌어내신 하나님을 원망하다가 그분을 진노하시게 한다. 그로 인해 가나안에 들어가지 못한 채 광야를 떠돈다. 3) 26~36장은 가나안 정복을 위한 마지막 준비 상황을 다룬다. 이스라엘 백성은 두 번째 인구조사를 실시하고 전열을 정비한 후 미디안과 요단강 동편 지역을 격파한다. 그러는 과정에서 딸들이 아버지의 땅을 상속하는 것에 관한 판례를 만들고, 가나안에서 땅을 분배하는 방법과 도피성 제도에 관한 지침을 받는다.

신명기

  신명기는 이스라엘 백성이 광야 생활을 마치고 가나안 경계에 있는 모압 평지에 모였을 때 모세가 그들에게 했던 세 차례의 강론을 모아놓은 책이다. 신명기는 크게 네 부분으로 나뉜다. 1) 1~4장은 모세의 첫 번째 강론으로 지나온 광야 시절을 회고한다. 2) 5~28장은 모세의 두 번째 강론으로 출애굽 2세대를 위해 증보된 율법을 전한다. 그중에서도 12~26장은 십계명의 시행세칙인 "신명기 법전"을 다룬다. 3) 29~32장은 모세의 세 번째 강론으로 여기에서 그는 출애굽 2세대에게 그들의 조상들이 시내산에서 맺었던 언약을 갱신하도록 요구한다. 그리고 자신의 지위를 여호수아에게 물려준다. 4) 33~34장은 모세가 가나안에 들어가 살게 될 이스라엘 백성을 축복한 후 죽는 모습을 그린다. 크게 보아 신명기는 이스라엘이 광야 시절에 받은 율법을 다시 확인하고 강조하는 내용이다. 그런 의미에서 "거듭 신[申]"을 포함하는 신명기(申命記)라는 우리말 제목은 책의 내용을 잘 반영하는 셈이다.

‖ 율법의 내용

모세의 뒤를 이은 여호수아는 모세에게 버금가지 못했다. 훗날 여호수아가 죽은 후 이스라엘 백성의 지도자 노릇을 했던 사사들 역시 마찬가지였다. 신명기의 마지막 구절이 이 사실을 확인해 준다. "그 후에는 이스라엘에 모세와 같은 선지자가 일어나지 못하였나니 모세는 여호와께서 대면하여 아시던 자요"(34:10). 결국 모세라는 걸출한 지도자 이후에 이스라엘 백성에게 남겨진 것은 모세급의 다른 지도자가 아니라 율법이었다. 가나안에 정착한 이스라엘 백성은 탁월한 지도자가 아니라 하나님이 주신 율법과 더불어 살아야 했다.

오늘날 그리스도인들은 율법에 대해 비판적이다. 그럴 만한 이유가 있다. 예수는 사역 기간 내내 당대의 율법 수호자들인 바리새인과 서기관들과 충돌했다. 사역 후반에는 율법의 공식적인 대표자인 사두개인들과 충돌했고 결국 그로 인해 죽임을 당했다. 율법의 열렬한 추종자였던 바울 역시 회심한 이후에는 유대교의 율법주의를 통렬하게 비난했다. 그는 사람의 구원이 율법을 지키는 것을 통해서가 아니라, 하나님에 대한 믿음을 통해서 온다고 주장했다. 훗날 종교개혁자 마르틴 루터는 바울의 가르침에 근거해 중세 교회의 율법주의에 도전했다. 그러니 오늘날 기독교 신자들이 율법에 대해 부정적인 것은 아주 자연스러운 것일 수 있다.

그러나 애초에 이스라엘 백성에게 율법이 주어진 과정을 고려하면 율법에 대한 기독교 신자들의 부정적인 태도는 쉽게 정당화되지 않는다. 율법은 이스라엘 백성이 자신들의 공동체를 위해 임의로 만든 것이 아니었다. 율법은 하나님이 직접 제정하셔서 모세를 통해 그들에게 주신 것이다.[3] 이스라엘은 율법을 따름으로써 당시 고대 중동의 모든 이들이 빠져있던 타락한 삶에서 벗어날 수 있었다. 그런 의미에서 율법은 이스라엘이 제사장 나라와 거룩한 백성으로 도약하기 위한 발판이었다. 그들은 시내산 언약을 통해 하나님의 언약 백성이라는 지위를 얻었지만, 그 지위는 그들 편의 아무런 노력 없이도 유지될 수 있는 것이 아니었다. 그들이 그 지위를 유지하기 위해서는 하나님이 명하신 율법을 지켜야 했다.

하지만 율법은 이스라엘 백성을 속박하기 위한 장치가 아니었다. 오히려 그것은 하나님이 자기 백성에게 주신 "선물"이었다.[4] 실제로 유대인들은 율법을 하나님과 자신들을 연결해 주는 거룩한 장치, 혹은 자신들을 영적 영역으로 이끌어주는 수단으로 여긴다. 유대교 랍비 예키엘 엑스타인(Yechiel Eckstein)은 유대인에게 율법은 "짐이라기보다 아주 큰 기쁨"이라고 말한다. 또한 "율법은 하나님께서 이스라엘 백성이 그것을 따라 살아가게 하신 귀한 선물이다."[5]

그렇다면 도대체 율법이란 무엇일까? 율법이 무엇이기에 그것을 지키는 것이 하나님의 백성이 되기 위한 전제조건이 되고, 더 나아가 "아주 큰 기쁨"과 "귀한 선물"까지 되는 걸까? 그리스도인들이 착각하는 것이 하나 있다. 대개 그들은 "율법" 하면 번제, 소제, 화목제, 속죄제, 속건제 같은 각종 제사법과 먹을 수 있는 것과 먹어서는 안 되는 것을 구분하는 음식에 관한 규례를 떠올린다. 그들이 생각하는 율법은 거의 다 개인의 성결과 관련되어 있다. 하지만 그것은 율법의 일부이지 전체가 아니다. 하나님이 이스라엘에게 주신 율법은 그보다 훨씬 더 포괄적이다. 성경의 어느 한 책도 율법 전체를 체계적으로 설명하지 않는다. 하지만 모세 오경에 흩어져 있는 법전들을 살펴보면 율법이 이스라엘 백성이 이뤄가야 할 삶을 아주 상세하게 규정하고 있음을 알게 된다. 특히 눈여겨보아야 할 것은 율법이 개인의 성결 못지않게 공동체의 건강성을 강조한다는 점이다.

율법은 크게 셋으로 나뉜다.[6] 첫째, 도덕법(moral law)이다. 도덕법은 구약 시대뿐 아니라 오늘날에도 유효한 삶의 규범이다. 율법 중 도덕법을 대표하는 것은 십계명이다. 십계명은 출애굽기와 신명기 두 곳에서 언급된다(출 20:1-17; 신 5:1-21). 존 칼빈(John Calvin)은 십계명을 도덕법으로 분류하고 특히 그것이 "자연법에 대한 진술"이라고 강조한다.[7] 인간의 내면에는 누가 가르쳐 주지 않아도 알 수 있는 자연법이 새겨져 있다. 예컨대, 사람을 죽여서는 안 된다는 것은 인간이라면 누구나 본능적으로 알고 있다. 그러나 어떤 이들은 아둔하거나 오만해서 그 분명한 법을 깨닫지 못하거나 알면서도 무시한다. 하나님은 자기 백성이 법을 분명히 깨닫도록, 또한 몰라서 지키지 못했다고 변명하지 못하도록 직접 그것을 두 개의 돌판에 새겨 주셨다. 그런 의미에서 십계명으로 대표되는 도덕법은 자연법에 대한 매우 의도적인 진술이다.

십계명은 크게 둘로, 즉 인간이 하나님을 어떻게 섬겨야 하는지에 관한 계명들과 동료 인간을 어떻게 대해야 하는지에 관한 계명들로 나뉜다. 하나님은 십계명을 통해 언약 백성에게 자신에 대한 배타적 충성을 요구하신다. 그분이 이스라엘 백성에게 그렇게 요구하실 수 있는 것은 그분이 그들을 위해 하신 일 때문이다. 출애굽기와 신명기 두 곳에 실려 있는 십계명의 서두는 모두 이렇게 시작된다. "나는 너를 애굽 땅, 종 되었던 집에서 인도하여 낸 네 하나님 여호와니라"(출 20:2; 신 5:6). 하나님은 자신의 선행 은총에 근거해 자기 백성에게 충성을 요구하신다. 이어서 그분은 이스라엘 백성이 그들의 동료 인간들에게 사랑을 베풀 것을 명하신다. 십계명의 처음 네 계명은 하나님의 성품을, 나머지 여섯 계명은 하나님이 원하시는 이상적인 사회를 떠올리게 한다.[8]

둘째, 제의법(ritual law)이다. 제의법은 각종 제사 및 속죄일 규례와 연례적으로 지켜야 하는 절기에 관한 규정을 가리킨다. 레위기 1~7장에 실려 있는 각종 제사와 관련된 규정은 성막에서 제사를 주관하는 제사장들을 위한 것이다. 최근에는 한국 교회 안에서도 레위기에 관한 책들이 많이 출간되어 제의법에 관한 관심이 높아지고 있다.[9] 그럼에도 기독교 신자들에게 제의법은 여전히 어렵고 지루하고 낯설다. 그러니 교회 일각에서 레위기 본문에서 문자적 의미보다 상징적 의미를 찾으려 하는 알레고리적 해석이 나타나는 것은 이해할 만한 일이다.[10] 그러나 그런 해석이 확대되다 보면 이단적 주장이 나오기 쉽다.

오늘 우리가 제의법을 접할 때 유의해야 할 것은 그 법의 세부사항에 대한 해석이 아니라 그 법이 제정된 이유에 대한 고찰이다. 제의법이 수행되는 무대는 성막이다. 성막은 초월적 하나님이 이스라엘 백성 가운데 임재하심을 상징하는 징표다. 하지만 그곳은 거룩해서 사람들이 함부로 접근할 수 없는 곳이기도 하다. 그런 의미에서 성막은 하나님의 초월성과 포용성 사이의 변증법적 긴장을 보여 준다.[11] 레위기가 제시하는 제사법은 인간의 죄를 전제한다. 이스라엘은 시내산 언약을 통해 하나님의 백성이라는 새로운 지위를 얻었지만, 인간이기에 여전히 죄 가운데서 살아갈 수밖에 없다. 죄 가운데 사는 인간이 거룩하신 하나님과 교제하는 것은 불가능하다. 레위기의 제사법은 거룩하신 하나님과 죄 가운데 있는 인간의 교제를 가능하게 하고 이스라엘이 제사장 나라와 거룩한 백성으로 존속하는 것을 가능하게 하는 일종의 안전장치였다.

셋째, 시민법(civil law)이다. 시민법은 이스라엘 언약 공동체를 건강하게 유지하기 위한 각종 사회적 의무 규정과 범죄나 재판에 관한 법을 가리킨다. 시민법은 그 중요성에 비해 자주 간과된다. 레위기의 후반부(18~27장)는 이스라엘 백성이 거룩한 공동체를 이루며 살아가는 방법을 세밀하게 규정한다. 물론 그중에는 개인의 경건과 관련된 도덕법에 해당되는 것들도 있으나 이스라엘 공동체 전체의 거룩성과 건강성을 위한 중요한 법도 꽤 있다. 그중 대표적인 것으로 안식년, 희년, 토지 임대와 무르기, 그리고 노예 해방 등에 관한 법을 꼽을 수 있다(25장). 사실 이런 법은 그때나 지금이나 가히 혁명적이다.

그런 혁명성을 가장 잘 보여 주는 것이 안식년(면제년)과 희년 제도다. 레위기의 안식년(면제년) 제도를 좀 더 자세하게 설명하는 신명기에 따르면, 7년마다 돌아오는 면제년에 이스라엘 백성은 이웃에게 꾸어준 돈을 면제해 주어야 하고 빚을 갚도록 독촉하지 말아야 한다(15:1, 2). 이것은 하나님이 자신들을 노예 상태에서 해방시켜 주셨음을 주기적으로 그리고 집단적으로 기억함으로써 공동체 내의 약자들을 곤경에서 해방시키는 제도적 장치였다.[12]

안식년을 일곱 번 지낸 다음 해가 희년(稀年)이다. 희년에 이스라엘 백성은 하나님의 인도하심으로 가나안에 들어와 최초로 땅을 얻었던 상태, 즉 모두에게 골고루 땅이 나누어지고 아무도 아무에게 종속되지 않았던 상태로 되돌아간다. 그해에는 그동안 삶에서 실패해 자기 땅을 다른 이들에게 넘겨야 했던 이들이 땅을 무를 수 있다(레 25:8-28). 희년이 안식년의 확장이었음을 생각하면, 아마도 이런 일은 빚의 탕감을 통해서 이루어졌을 것이다.[13] 실제로 가난한 자들이 빚 탕감 없이 땅을 무를 방법은 없었다. 그런 의미에서 희년은 이스라엘 언약 공동체가 약자들의 빚을 탕감하고 땅을 되돌려 줌으로써 그들이 다시 살아갈 길을 열어주는 혁명적인 사회복지 제도였다.

이처럼 레위기와 민수기와 신명기의 법전들에는 하나님의 언약 백성 이스라엘이 다른 나라와 민족들과 달리 거룩하고 건강하게 살아가는 데 필요한 각종 규례와 법이 실려 있다. 그런 규례와 법 중에는 사소한 것들도 있다. 먹을 수 있는 짐승과 먹어서는 안 되는 짐승들에 관한 지침, 피부병에 걸리거나 집에 곰팡이가 피었을 때 대처하는 법, 곡식을 추수할 때 떨어진 이삭을 줍지 말고 남겨두어 가난한 자와 나그네들이 먹게 하는 것 등이다. 반면에 엄중한 것들도 있다. 우상숭배, 간음, 근친상간, 수간, 접신 등의 죄를 범한 자들은 반드시 죽여야 한다거나, 앞서 말한 안식년과 희년 그리고 토지 무르기 같은 것이다. 또한 현실적인 것들도 있다. 유월절, 칠칠절, 초막절 같은 각종 절기를 지키는 법, 이혼과 재혼에 관한 법, 각종 재판에 관한 법, 부당한 죽음을 방지하기 위한 도피성 제도, 길 잃은 이웃의 소나 양을 보았을 때 처리하는 법, 땅을 상속할 아들이 없을 경우 딸들이 그 땅을 상속할 수 있게 하는 법 등이 그러하다.

‖ 율법의 목적

모든 율법의 목적은 분명하다. 언약 백성 이스라엘을 세상의 다른 나라들과 구별되는 제사장 나라와 거룩한 백성으로 만드는 것이다. 그러나 율법의 목적은 거기에서 그치지 않는다. 율법은 시내산 언약을 통해 제공되었고, 시내산 언약은 하나님이 그보다 앞서 아브라함과 맺으셨던 언약의 연장선상에 있다. 아브라함과 맺으신 언약에서 하나님은 그가 자신에게 순종하면 큰 민족과 복을 주실 것이고 결국 그를 통해 땅의 모든 족속이 복을 얻게 하시겠노라고 확언하셨다. 그렇다면 율법의 궁극적 목적은 하나님이 아브라함에게 약속하신 복을 세상에 매개하는 것이다.

그런데 그런 일은 어떻게 가능할까? 이스라엘이 율법을 지키는 것이 어떻게 해서 세상의 복이 되는 것일까? 사실 성경의 이 단계에서는 그 질문에 대해 답하기가 쉽지 않다. 그러나 이사야서를 보면 그 질문에 대한 답을 얻을 수 있다. 주전 8세기의 예언자 이사야는 "말일"에 대한 꿈을 꾼다. "말일에 여호와의 전의 산이 모든 산 꼭대기에 굳게 설 것이요 모든 작은 산 위에 뛰어나리니 만방이 그리로 모여들 것이라. 많은 백성이 가며 이르기를, 오라 우리가 여호와의 산에 오르며 야곱의 하나님의 전에 이르자 그가 그의 길을 우리에게 가르치실 것이라 우리가 그 길로 행하리라 하리니 이는 **율법**이 시온에서부터 나올 것이요, 여호와의 말씀이 예루살렘에서부터 나올 것임이니라"(사 2:2, 3). 말일에 열방이 시온산으로 모여드는 이유는 율법을 배우기 위해서다. 이는 열방이 율법을 따라 사는 이스라엘의 삶에 매료되었음을 의미한다. 그들이 율법을 배움으로써 나타나는 결과는 세상 모든 나라가 칼을 쳐서 보습을 만들고 다시는 전쟁을 연습하지 않는 것이다(4절). 즉 율법이 전쟁으로 가득 찬 세상에 평화를 가져온다는 것이다.

하나님은 자신의 언약 백성 이스라엘이 세상에 이 평화를 매개하기 바라셨다. 그러기 위해서는 먼저 그들이 세상 한가운데 굳건하게 자리 잡을 필요가 있었다. 그들은 세상의 복이 되기 위해 세상의 일부가 되어야 했다. 모세가 죽은 후 이스라엘 백성은 하나님이 그들에게 약속하신 땅 가나안으로 진입한다. 그곳에 뿌리를 내리고 살면서 하나님이 꿈꾸시는 공동체를 이루기 위해서였다. 하지만 그 땅에는 이미 여러 이방 민족이 뿌리를 내리고 살고 있었다. 그로 인해 불가피하게 전쟁이 시작되었다.

2부

역사서

가나안
정복 전쟁

여호수아

모세가 죽은 후 여호수아가 이스라엘의 지도자가 되었다. 여호수아에게 주어진 가장 큰 임무는 가나안 정복 전쟁을 이끄는 것이었다. 이스라엘의 첫 번째 공략 대상은 여리고였다. 정탐꾼들은 여리고의 기생 라합을 통해 그곳 백성들이 겁에 질려 있다는 사실을 알게 되었다(2장). 여호수아가 군사를 이끌고 여리고 부근에 이르렀을 때 손에 칼을 쥔 여호와의 군대장관이 나타나 그를 맞이했다. 여호수아는 그와의 대화를 통해 이 전쟁이 이스라엘의 싸움이 아니라, 그들의 하나님 여호와의 싸움이라는 것을 알게 되었다(5:13-15).

여리고 성은 낯선 방식으로 무너졌다(6장). 이스라엘 백성은 언약궤를 멘 제사장들을 앞세워 여리고 성 주위를 매일 한 바퀴씩 돌았다. 일곱째 날에는 성 주위를 일곱 바퀴 돈 후 제사장들이 양각 나팔을 불었다. 나팔 소리에 맞춰 온 백성이 고함을 지르자 성벽이 무너져 내렸다. 이스라엘은 성 안으로 진입해서 살아 있는 모든 것, 즉 남녀노소와 소와 양과 나귀를 진멸했다. 여리고 거민 중 유일하게 살아남은 이들은 이스라엘의 정탐꾼을 숨겨준 기생 라합과 그의 가족뿐이었다.

다음으로 정복할 성은 인근에 있는 아이였다(7장). 작은 규모의 아이 성 공략을 이스라엘은 만만하게 여겼다. 그런데 어찌 된 일인지 그들은 정복에 실패했고 군사 중 일부가 전사했다. 그로 인해 백성의 마음이 녹아내렸다. 낙심한 여호수아가 한탄하자 하나님은 그에게 백성 중에 하나님께 바쳐야 할 물건을 숨긴 자가 있다고 알려주셨다. 그런 일을 한 자를 알아내기 위해 제비를 뽑자 유다 지파에 속한 갈미의 아들 아간이 뽑혔다. 이스라엘 백성은 그를 돌로 쳐죽인 후 다시 아이 성을 공격했다. 이번에는 대승을 거두었다. 그들은 아이 성의 모든 주민을 진멸했다.

가나안 중부에 속한 여리고와 아이에서 승리를 거둔 이스라엘은 남쪽으로 향했다. 이스라엘의 진군에 겁을 먹은 예루살렘 왕 아도니세덱은 인근 아모리 족속의 네 왕, 즉 헤브론 왕 호함, 야르뭇 왕 비람, 라기스 왕 야비아, 그리고 에글론 왕 드발과 함께 연합군을 형성했다. 하지만 여호수아가 군대를 이끌고 나아가 그들을 모두 제압했다. 여호수아는 그들을 숨어 있던 막게다 굴에서 끌어내 쳐죽였다. 이어서 그는 막게다, 립나, 라기스, 에글론, 헤브론, 드빌 그리고 가데스 바네아까지 파죽지세로 쳐나갔다. 이스라엘 군대는 모든 성읍에 사는 사람들을 하나도 남기지 않고 진멸했다(9~10장).

이스라엘이 가나안 남부 지역을 접수했다는 소식이 가나안 북부 지역의 왕들을 두렵게 했다. 갈릴리 지역의 가장 큰 성읍인 하솔의 왕 야빈이 북부 지방의 여러 족속을 모아 가나안 북부 동맹을 결성하고 이스라엘을 공격했다. 동맹군의 규모가 엄청나서 여호수아마저 위축될 정도였다. 그러나 하나님은 여호수아에게 지혜와 용기를 주셨고 그는 메롬 물가에 진을 치고 있던 가나안 북부 동맹 연합군을 모두 격퇴했다. 이어서 여호수아는 군대를 이끌고 하솔로 진격했다. 그는 하솔을 시작으로 동맹에 가담한 모든 왕의 성읍을 정복하고 그곳 주민들을 진멸했다(11장).

‖ 이식 수술

이상은 여호수아가 이끌었던 가나안 정복 전쟁에 대한 개략이다. 이스라엘은 아이 성 전투에서 한 차례 실패한 것 외에는 전승을 거두며 가나안 전역을 휩쓸었다. 그러나 이스라엘이 가나안 족속을 이처럼 간단하게 정복한 것은 이해하기가 쉽지 않다. 가나안 족속은 이스라엘의 정복 전쟁이 시작되기 전부터 이미 철기 문명 상태에 있었다.[1] 반면에 이스라엘은 그보다 훗날인 왕정 시대 초기까지도 제대로 된 철기를 갖고 있지 않았다.[2] 객관적으로 보면 이스라엘이 가나안 족속을 이길 가능성은 거의 없었다. 그럼에도 이스라엘이 전쟁에서 계속 승리할 수 있었던 것은 그 싸움이 여호와의 것이기 때문이었다. 한마디로, 가나안 정복 전쟁은 역사상 끊임없이 되풀이되어 온 민족들 간의 영토 싸움이 아니라 하나님이 주도하신 성전(聖戰)이었다.

그런데 이 성전에는 선뜻 받아들이기 어려운 요소가 하나 있다. 앞서 보았듯이, 여리고를 함락시킨 이스라엘은 성의 거민 모두를 죽였다. 아이 성을 함락시킨 후에도, 가나안 남부와 북부를 정벌했을 때도 마찬가지였다. 그들은 가나안 족속을 인종 청소 수준으로 진멸했다. 심지어 여호수아는 아모리 족속을 진멸하기 위한 시간을 벌기 위해 여호와께 간청해 태양을 멈추기까지 했다(10:12, 13). 김용옥은 이스라엘의 가나안 정복 전쟁을 "깡패짓"이라고 부르며 구약의 하나님이 이스라엘의 그런 깡패 행위를 부추겼다고 비난한다.[3] 그러나, 엄밀히 말해, 여호수아서가 전하는 이스라엘의 가나안 정복 전쟁은 단순한 깡패짓 정도가 아니었다. 그것은 현대사에서 아돌프 히틀러나 폴 포트에 의해 자행된 인종 청소 수준의 집단 학살이었다. 그래서 오늘날 어떤 이들은 이스라엘의 가나안 정복 전쟁을 거론하면서 구약의 하나님을 사납고 흉포한 신으로 여긴다. 그들이 보기에 그렇게 흉포한 하나님은 훗날 예수가 전한 사랑의 하나님과 동일한 존재일 수 없다.

이런 시각은 가나안 정복 이야기를 보다 큰 이야기 안에서 보지 못해서 나타나는 결과다. 여호수아서는 신명기가 끝나는 곳에서 시작되며 그런 이유로 자연스럽게 모세 오경 전체와 연결된다. 게르하르트 폰 라트(Gerhard von Rad)는 여호수아서와 모세 오경의 이 같은 연관성에 주목하면서 "육경(六經)의 신학"을 주장했다.[4] 폰 라트에 따르면, 창세기부터 여호수아서에 이르는 모세 육경은 약속의 땅을 중심으로 한 거대한 서사시다. 창세기에서 하나님은 아브라함에게 큰 민족과 함께 땅을 주시겠노라고 약속하셨는데, 그 약속은 여호수아가 이끄는 정복 전쟁을 통해 성취된다. 아브라함이 가나안으로 이주해 처음으로 정착한 곳은 세겜이다(창 12:6-8). 하나님은 그곳에서 아브라함에게 나타나셔서 그 땅을 그의 자손에게 주시겠다고 약속하셨다. 그리고 여호수아는 정복 전쟁을 마친 후 바로 그 세겜에서 이스라엘과 하나님 사이의 언약을 갱신했다(수 24장). 그런 의미에서 창세기와 여호수아서는 가나안 땅에 대한 하나님의 약속과 성취라는 틀 안에서 서로 묶여 있다. 그리고 이스라엘의 가나안 정복 전쟁은 바로 그 틀 안에서 이루어진다.

그럼에도 여전히 의문이 남는다. 이스라엘이 가나안 땅을 정복하는 것까지는 좋은데 도대체 왜 그들은 그 땅의 원주민들을 진멸해야 했을까?

항복시킨 후 종으로 부리면서 함께 살면 안 되었을까? 이 질문에 대한 답을 얻으려면, 반복의 위험을 무릅쓰고 다시 한번 아브라함 이야기로 거슬러 올라가야 한다. 하나님에게 아브라함은 원역사 시대의 실패를 만회하기 위한 대안이었다. 거듭 실패하셨음에도 그분은 자신이 지으신 세상을 포기할 생각이 없으셨다.[5] 하나님이 세우신 계획은 타락해 병든 세상 안에서 온전하게 자신의 뜻을 따라 살아가는 거룩한 백성을 만드시는 것이었다. 그분은 그 계획을 위해 아브라함을 택하셨다. 하나님은 아브라함의 자손을 애굽이라는 인큐베이터에 넣어 성장시키셨다. 그들이 큰 민족을 이뤘을 때 하나님은 그곳에서 그들을 빼내시고 언약을 통해 자기 백성으로 삼으셨다. 그렇게 하심으로써 세상에서 자신의 백성으로 살아갈 이들을 얻으셨다. 굳이 비유하자면, 하나님에게 이스라엘은 병든 세상을 고치기 위해 세상 안에 이식할 건강한 장기(臟器)였다. 하나님은 그 장기가 죄로 인해 죽어가는 세상을 살려내기를 바라셨다.

그러나 하나님이 자기 백성을 만드시는 동안에도 세상은 점점 더 깊은 수렁 속으로 빠져들어 갔다. 약속의 땅 가나안 역시 마찬가지였다. 이스라엘의 정복 전쟁이 시작될 즈음에 그 땅은 악으로 가득 차 있었다(창 15:16). 그 땅의 거주민은 온 세상을 죽음으로 이끌어가는 암세포와 같았다. 그래서 하나님은 정복 전쟁이 시작되기 직전에 모세를 통해 이스라엘 백성에게 명하셨다. "이 민족들의 성읍에서는 호흡 있는 자를 하나도 살리지 말지니 곧 헷 족속과 아모리 족속과 가나안 족속과 브리스 족속과 히위 족속과 여부스 족속을 네가 진멸하되 네 하나님 여호와께서 네게 명령하신대로 하라"(신 20:16, 17).

하나님에게 가나안 족속의 진멸은 세상을 살리기 위한 이식 수술의 한단계였다. 세상에 이스라엘이라는 새로운 장기를 이식하기 위해서는 그곳에 있는 암세포를 도려낼 필요가 있었다. 흥미롭게도 여호수아서 저자는 가나안 족속이 이스라엘 백성에게 계속해서 싸움을 걸어온 이유를 다음과 같이 설명한다. "그들의 마음이 완악하여 이스라엘을 대적하여 싸우러 온 것은 여호와께서 그리하신 것이라. 그들을 진멸하여 바치게 하여 은혜를 입지 못하게 하시고 여호와께서 모세에게 명령하신 대로 그들을 멸하려 하심이었더라"(11:20). 즉 가나안 족속을 진멸하는 것은 하나님의 계획이었다는 것이다. 그분은 이 세상에서 자신의 통치를 위한 공간을 만드시기 위해 악한 민족을 진멸하고자 하셨다. 그리고 그렇게 만들어진 공간에 자신의 언약 백성 이스라엘을 이식하고자 하셨다.

‖ 가나안 땅의 도상 분배

여호수아서는 가나안 정복 전쟁이 성공적으로 끝난 것처럼 묘사한다. "그 땅에 전쟁이 그쳤더라"(11:23). 심지어 이스라엘은 가나안 땅을 지파별로 분배하기까지 한다. 어느덧 늙어 이제 곧 세상을 떠나야 할 여호수아는 이스라엘의 족장들을 모아놓고 가나안 땅을 분배한다(13~19장). 여호수아서의 이 부분은 출애굽기의 성막 관련 규정이나 레위기의 제사법만큼이나 읽기가 쉽지 않다. 어려워서라기보다 지루해서다. 각 지파별로 분배받은 땅의 이름들이 장황하게 열거된다. 이 단락에서 눈여겨보아야 할 것은, 앞서 전개된 파죽지세의 정복 이야기와 달리, 아직도 가나안에는 이스라엘이 정복하지 못한 지역이 많이 남아 있다는 점이다(13:1-7). 그러므로 각 지파에 대한 땅 분배는 실제로 점령한 땅에 대한 분배라기보다 앞으로 점령해야 할 땅에 대한 도상(圖上) 분배였다. 각 지파는 자기들에게 분배된 땅을 싸워서 얻어야 했다.

한 가지 의문이 생긴다. 어째서 여호수아서는 한편으로는 전쟁이 끝난 것처럼 말하고, 다른 한편으로는 여전히 계속되어야 하는 것처럼 말하는가? 두 진술 모두가 사실일 수는 없다. 이어서 살펴볼 사사기가 전하는 이야기를 고려한다면, 아마도 실제 상황은 후자일 것이다. 즉 이스라엘은 가나안 땅을 완전히 정복하지 못했을 것이다. 분명히 그들이 정복해 얻은 성읍들이 있었겠지만, 아마도 대부분의 지역에서는 여전히 싸움이 계속되고 있거나 심지어 패해서 밀리고 있었을 가능성이 크다.

좀 더 정확히 말하면, 어쩌면 가나안 정복 전쟁 자체가 크게 부풀려진 허구일 수도 있다. 실제로 하비 콕스는 여호수아서가 전하는 여리고 성 전투의 역사성을 부정한다.[6] 그는 여리고 정복을 입증할 만한 고고학적 증거가 없음을 지적한다. 현대 고고학자들은 여호수아서가 전하는 여리고 성 전투가 벌어졌을 시기에 그런 성 자체가 존재하지 않았다고 주장한다. 어쩌면 그 이야기는 이스라엘 백성이 가나안에 진입하기 오래전에 폐허가 된 어느 산기슭 작은 마을에 관한 민간 전설일지도 모른다. 훗날 여호수아서를 쓴 이들이 그 이야기를 가져다가 다른 지방의 전설들과 합쳐서 여호와의 능력을 칭송하기 위해 책을 쓴 것인지도 모른다. 빈센트 브래닉(Vincent P. Branick) 역시 여호수아서가 역사적 사실에 대한 기록이 아니라 후대에 특정한 목적을 갖고 쓰인 이야기라고 여긴다.[7] 그런 의미에서 여호수아서의 내용은 "역사"라기보다 신학"이다. 그 신학의 내용은 하나님이 어떤 특별한 목적 때문에 이스라엘을 택하셨고 택하신 그 백성을 그분의 권능으로 가나안 땅에 심으셨다는 것이다.

폰 라트의 주장처럼, 여호수아서는 모세 오경과 분리될 수 없다. 모세 육경에서 가장 분명하게 드러나는 것은 세상을 자신의 뜻대로 다스리고자 하시는 하나님의 강고한 통치 의지다. 그분은 원역사 시대부터 거듭된 실패에도 불구하고 자신의 뜻을 포기하지 않으신다. 그리고 여호수아서의 결말 부분에 이르러 마침내 그 뜻을 구현하기 위한 기초 작업을 완성하시는데, 그것은 회복 불가능할 정도로 병든 세상에 건강한 장기, 즉 언약 공동체 이스라엘을 이식하시는 것이었다. 하나님은 그렇게 이식된 건강한 장기가 악으로 인해 속절없이 죽어가는 세상을 살려내기를 바라셨다. 여호수아서는 하나님의 그런 바람이 성취되기 시작했음을 선언하는 책이다.

여호수아서는 전쟁이 그친 후 어느 시점에 늙고 쇠약해진 여호수아가 세겜에서 온 이스라엘을 향해 마지막 훈시를 하는 것으로 끝난다(23~24장). 훈시 내용은 하나님이 이스라엘을 위해 행하신 일을 기억하고 오직 그분만을 섬기라는 것이다. 훈시를 들은 백성은 자기들이 오직 여호와만 섬기겠노라고 맹세한다. 이른바 "세겜 언약"이 체결된 것이다. 여호수아는 백성의 맹세를 들은 후 그들을 각기 기업으로 돌려보낸다.

그 일 후에 여호수아는 기력이 다해 죽는다. 그런데 모세와 달리 여호수아는 죽기 전에 후계자를 세우지 않는다. 그로 인해 이스라엘 백성은 다시는 모세나 여호수아 같은 강력한 카리스마를 지닌 지도자의 영도를 받지 못하게 되었다. 그들에게 남아 있는 것은 강력하고 현명한 지도자가 아니라 모세가 그들에게 전해 준 율법이었다. 이제 그들은 율법을 따라 하나님이 원하시는 삶을 살아야 했다. 그것은 이스라엘에게는 완전히 새로운 상황이었다. 그리고 유감스럽게도 그 새로운 상황은 혼란으로 이어졌다.

이스라엘의
가나안화

사사기

여호수아서는 이스라엘의 가나안 정복 전쟁과 땅 분배의 문제를 다뤘다. 여호수아서만 읽는다면 가나안 정복 전쟁은 마무리된 것처럼 보인다. 하지만 사사기가 전하는 상황은 여호수아서의 그것과 다르다. 사사기에서 이스라엘은 여전히 전쟁 중이다. 싸움의 양상 역시 여호수아서의 그것과 다르다. 여호수아서에서 이스라엘은 한 덩어리가 되어 특정한 가나안 족속과 싸운다. 반면에 사사기에서 그들은 지파별로 흩어져 단독으로 혹은 이웃 지파와 연합해 가나안의 여러 족속과 싸운다. 아마도 싸움은 여호수아가 그들에게 분배한 땅을 얻기 위한 것으로 여러 곳에서 동시다발적으로 이루어졌을 것이다.

여호수아서와 달리 사사기는 싸움이 순탄치 않았음을 보여 준다. 실제로 사사기는 도입부에서 유다와 시므온을 비롯해 몇 지파가 가나안 족속을 정복한 것에 대해 언급한 후 곧이어 므낫세, 에브라임, 스불론, 아셀,

납달리 등이 가나안 족속과의 싸움에서 패했음을 전한다(1:27–33). 그로 인해 가나안 전역으로 흩어진 이스라엘의 각 지파는 하나가 되지 못한 채 지역별로 갈라져 고립된다. 여호수아서와 사사기의 전언들을 종합해 보면, 사사 시대에 이스라엘은 다음과 같이 세 지역으로 갈라졌던 것으로 보인다. 먼저 곡창지대인 이스르엘 평야를 정복하지 못함으로 북쪽 지파와 중앙 지파가 갈라졌다. 그리고 중부 산악지대에 속한 예루살렘, 아얄론, 게셀 등을 정복하지 못함으로 중앙 지파와 남쪽 지파가 갈라졌다.[1]

여호수아는 후계자를 남기지 않았다. 두 가지 이유에서였을 것이다. 하나는, 이제 이스라엘은 더 이상 단일한 공동체로 살아갈 수 없었기 때문이다. 가나안은 광활한 지역이었다. 그곳에서 그들은 지파별로 흩어져 느슨한 부족 연맹체로 살아야 했다. 그런 상황에서 단 한 명의 강력한 지도자는 필요하지 않았다. 다른 하나는, 이제 그들에게는 강력한 지도자 대신 그들을 이끌어줄 율법이 있었다. 그들은 이미 세 차례나 하나님과 언약을 체결했다. 시내산에서, 모압에서, 세겜에서 그렇게 했다(출 24; 신 29; 수 24). 언약식의 내용은 늘 같았다. 이스라엘이 율법을 지키면 하나님이 그들의 하나님이 되어 그들을 지켜주시겠다는 것이었다. 그러므로 이제 그들에게 필요한 것은 강력한 지도자가 아니라 하나님이 그들에게 주신 율법을 지키는 것이었다.

하지만 이스라엘 백성은 가나안에 들어온 이후 급속하게 우상숭배에 빠져들었다. 그들은 가나안의 대표적인 우상인 바알과 아스다롯을 섬기기 시작했고 지역 거민들과 통혼했다(3:6). 율법의 첫 번째 조항을 어기기 시작한 것이다.

‖ 사사기의 사이클

이스라엘의 사사들은 이런 상황을 배경으로 출현한다. 사사들의 출현에는 다섯 단계로 이루어진 사이클이 나타난다. 첫째, 이스라엘 백성이 가나안 문화에 동화되어 우상을 숭배하고 타락한다. 둘째, 하나님이 그들을 괘씸히 여겨 벌을 내리시는데, 대개 그 벌은 적의 침입이다. 셋째, 백성이 자신들의 잘못을 회개하고 구원을 요청한다. 넷째, 하나님이 그들을 위해 구원자(사사)를 일으키신다. 다섯째, 구원이 이루어지고 평화가 찾아온다.

한 예로 옷니엘의 경우를 살펴보자(3:7-11). 이스라엘이 하나님 여호와를 버리고 바알과 아세라를 섬긴다. 여호와께서 그들에게 진노하사 메소보다미아 왕 구산 리사다임으로 하여금 그들을 치게 하신다. 이스라엘은 그에게 8년간 지배당한다. 이스라엘이 고통 중에 부르짖는다. 그러자 여호와께서 옷니엘을 사사로 삼아 구산 리사다임과 싸우게 하신다. 옷니엘이 구산 리사다임을 물리친다. 그 후 40년 동안 이스라엘 땅에 평화가 이어진다. 학자들은 사사기에서 반복해서 나타나는 이런 패턴을 "사사기의 사이클"이라고 부른다.[2]

사사기에서는 이런 사이클이 여섯 차례 나타난다. 사이클의 주인공은 여섯 명의 대사사인 옷니엘, 에훗, 드보라, 기드온, 입다, 그리고 삼손이다. 그런데 이 사이클은 큰 틀에서는 유지되나 뒤로 갈수록 점차 무너진다.[3] 가령, 드보라와 기드온의 사이클에는 "여호와께서 [구원자]를 일으키셨다"는 정형화된 문구가 나타나지 않는다. 드보라에 대한 부르심은 암시될 뿐 명시되지 않는다. 심지어 기드온은 부르심을 받고도 그 부르심에 선뜻 응하지 않는다. 그 유명한 삼손의 경우에서는 사이클이 거의 완전하게 무너진다. 이스라엘은 블레셋에게 고통당하면서도 하나님께 도움을 요청하지 않는다. 하나님은 삼손을 구원자로 세우시지도 않는다. 다만 하나님의 사자가 그의 어미에게 나타나 그녀가 낳을 아이가 이스라엘을 블레셋의 손에서 구할 것이라고 통지할 뿐이다. 성장한 삼손은 예견된 것처럼 블레셋 사람들을 닥치는 대로 무찌른다. 하지만 그는 블레셋 여인의 꼬임에 빠져 눈이 뽑히고 노예 신세가 된다. 죽는 순간에 그는 살았을 때보다 훨씬 더 많은 블레셋 사람을 죽인다. 하지만 그것은 그저 인상적인 사건일 뿐 이스라엘에 평화를 가져다주지 못한다.

사사기의 사이클이 무너지는 것과 함께 이스라엘 공동체도 무너진다. 실제로 사사기는 시간이 흐르면서 이스라엘 언약 공동체가 붕괴하는 모습을 보여 준다. 붕괴의 주된 원인은 이스라엘 공동체가 가나안화되는 것이었다.[4] 그런데 이스라엘의 가나안화는 백성에게만 영향을 주었던 것이 아니다. 백성의 구원자 역할을 하는 사사들마저 그 영향을 받았다. 사사들은 모세나 여호수아처럼 견고한 지도자가 아니었다. 사사들의 가나안화를 보여 주는 몇 가지 예를 살펴보자.

기드온은 미디안 족속을 물리친 후 백성으로부터 대를 이어 자기들을 다스려 달라는 요청을 받는다(8:22). 자신들의 왕이 되어 달라는 것이었다. 그때 이스라엘에는 왕이라는 지위가 존재하지 않았다. 왕은 가나안의 부족 국가들에게나 있던 지위였다. 어찌 된 이유에선지 기드온은 백성의 요청을 거절한다. 하지만 그 후에 그는 사실상 왕처럼 행동한다. 그는 백성이 바친 금을 모아 자기의 성읍에 둘 에봇을 만들었다. 또한 여러 아내를 두어 70명이나 되는 아들을 낳았다. 모두 가나안의 왕들이 하는 풍습이었다. 기드온의 아들들 중 아비멜렉은 가나안의 풍습을 거침없이 받아들였다. 그는 형제들을 모두 죽이고 스스로 왕이 되었다. 아비멜렉은 폭정을 거듭하다가 반란군을 진압하던 중에 어느 여자가 던진 맷돌에 맞아 죽었다.

길르앗의 사사 입다 역시 마찬가지였다. 입다는 암몬과 싸우러 나가기 직전에 여호와께 엉뚱한 서원을 한다. 만약 하나님이 싸움에서 이기게 해 주신다면 돌아올 때 자기 집 문에서 가장 먼저 자기를 반기는 이를 번제물로 바치겠다는 것이었다(11:30, 31). 공교롭게도 싸움에서 승리하고 돌아오는 날 가장 먼저 그를 반긴 사람은 그의 무남독녀였다. 결국 그는 서원대로 딸을 번제물로 바쳤다. 하나님이 율법을 통해 인신 제사를 엄하게 금하셨음에도(레 20:2-5) 입다는 하나님의 법보다 가나안에 만연해 있던 인신 제사 풍습에 기대었던 것이다.

사사 삼손 역시 마찬가지다. 그는 출생 전부터 나실인으로 지목되었다. 나실인은 포도주를 마시거나, 시체를 만지거나, 머리카락을 자르거나 해서는 안 되었다(민 6:1-21). 나실인 제도는 이스라엘 백성이 가나안의 문화에 동화되지 않게 하기 위한 종교적 안전판 같은 것이었다.[5] 그런데 이스라엘 최초의 나실인인 삼손은 그 규례 중 두 가지를 어겼다. 그는 시체를 만졌고 머리카락이 잘렸다. 그로 인해 사사 역할을 하지 못하고 죽었다(16:30). 성경 독자들은 삼손이 죽을 때 큰 건물을 무너뜨려 수많은 블레셋 사람을 죽인 것에 깊은 인상을 받지만, 엄밀히 말해 그는 사사의 임무를 완수하지 못했다. 그는 이스라엘을 블레셋으로부터 지켜내지 못했다. 그는 승리한 게 아니었다.

‖ 자기 소견에 옳은 대로

사사기의 부록(17~21장)에 실려 있는 두 이야기는 공교롭게도 모두 레위인과 상관이 있다. 에브라임 산지에 미가라는 이가 살고 있었다(17:1). 그는 자기 집에 은으로 만든 신상과 제사장의 의복인 에봇 그리고 일종의 수호신인 드라빔 신상까지 갖춘 신당을 마련했다. 그로부터 얼마 후 베들레헴 출신의 레위인 청년 하나가 거류할 곳을 찾아 헤매다가 그의 집에 이르렀다. 그가 레위인임을 알게 된 미가는 그에게 자기 집을 위한 제사장이 되어 달라고 요청한다. 해마다 은 열 개와 의복 한 벌 그리고 먹을 것을 주겠다는 약속과 함께였다. 마땅히 거처할 곳이 없었던 청년은 마다할 이유가 없었다. 그는 미가 집안을 위한 제사장으로 고용되었다.

그 무렵에 단 지파는 아직 어디에도 정착하지 못한 상태였다(18:1). 그들은 지파 중에서 다섯 사람을 선발해 거처할 땅을 정탐하게 했다. 그들이 에브라임 산지에 있는 미가의 집에 이르렀을 때 레위인 청년이 기도하고 찬양하는 소리가 들렸다. 그들은 그에 대해 물었고 그가 미가 집안에 소속된 제사장임을 알게 되었다. 그들은 정탐을 마친 후 자신들의 지파로 돌아가 북쪽에 있는 라이스가 새로운 거처로 적격이라고 보고했다. 단 지파는 6백 명의 용사를 라이스로 파견했다. 그들은 라이스로 가던 중에 에브라임 산지에 있는 미가의 집을 방문했다. 그리고 그곳에서 신상과 에봇과 드라빔을 탈취한 후 레위인 청년에게 거절하기 힘든 제안을 했다. "네가 한 사람의 집의 제사장이 되는 것과 이스라엘의 한 지파 한 족속의 제사장이 되는 것 중에서 어느 것이 낫겠느냐"(19절). 청년은 단 지파의 제사장직을 제안한 이들을 따라나섰다. 언약 백성의 영적 지도자 노릇을 해야 했던 레위인이 먹고살기 위해 한 집안의 제사장이 되었다가 좀 더 나은 조건을 제시하는 집단의 제사장 자리로 옮겨가는 상황에 대한 씁쓸한 묘사였다.

부록의 두 번째 이야기는 어느 레위인의 첩에 관한 이야기다. 에브라임 산지에 사는 어느 레위인에게 첩이 있었다(19:1). 그녀가 바람을 피운 후 베들레헴에 있는 자기 집으로 돌아가자 레위인이 그녀를 찾아 장인 집을 방문했다. 그는 장인의 극진한 환대를 받은 후 첩을 데리고 집으로 돌아가던 중 베냐민 지파 기브아 족속의 마을에 들어가 하룻밤을 보내려 했다. 어느 친절한 노인의 집에 들어가 대접을 받는 동안 그 성읍의 불량배들이 그에게 시비를 걸어왔다. 레위인은 자기 첩을 그들에게 내주었다. 이것은 오래전 소돔에서 있었던 사건, 즉 천사들이 롯의 집에 묵었을 때 벌어진 사건을 떠올리게 한다(창 19장 참조). 그때 롯이 소돔 사람들에게 내주려 했던 딸들은 천사들의 도움으로 해를 입지 않았으나 이번에는 사정이 달랐다. 레위인의 첩은 기브아 족속 남자들에게 밤새 능욕당했다. 아침에 문을 열어보니 레위인의 첩이 문가에 쓰러져 있었다. 레위인은 그녀를 나귀에 싣고 집으로 돌아갔다. 그리고 그녀의 몸을 열두 덩이로 나눠 이스라엘 각 지파에게 보냈다. 사사기 본문만으로는 그녀가 그날 아침에 살아 있었는지 죽었는지 알 수가 없다. 우리로서는 그녀가 이미 죽은 상태였기를 바랄 뿐이다.[6]

레위인의 첩의 끔찍한 모습을 보고 경악한 이스라엘 모든 족속이 미스바에 모였다. 자초지종을 파악한 이스라엘 지파 연합군은 베냐민 지파를 향해 선전포고했다. 몇 차례의 공방 끝에 베냐민 지파 사람들은 남자 6백 명 외에 모두 죽었다. 연합군에 참여했던 이들은 이스라엘에서 한 지파가 사라지게 된 것을 안타까워했다. 그들은 자신들의 처사를 후회하면서 전투에서 살아남은 베냐민 지파 남자들에게 아내를 마련해 주기로 했다. 하지만 앞서 그들은 자신들의 딸을 베냐민 지파 남자들에게는 주지 않기로 결의했다. 그래서 그들은 연합군에 참여하지 않은 야베스 길르앗 거민을 진멸하고 처녀 4백 명을 사로잡아 베냐민 지파 남자들에게 주었다. 부족한 여자 2백 명은 편법을 써서 보충하기로 했다. 그들은 아직 아내를 얻지 못한 베냐민 지파 남자들에게 실로에서 열리는 여호와의 명절에 춤추러 나오는 여자들을 납치해 아내로 삼으라고 귀띔했다. 그렇게 하면 베냐민 지파에게 딸들을 아내로 주지 않기로 한 맹세를 어기지 않고도 그들에게 아내를 얻게 할 수 있다는 계산이었다. 그렇게 해서 베냐민 지파 남자들은 아내를 얻었고 이스라엘의 한 지파로서의 명맥을 유지할 수 있었다.

사사기 저자는 부록의 도입부와 결말부에서 "그 때에는 이스라엘에 왕이 없었으므로 사람마다 자기 소견에 옳은 대로 행하였더라"는 말을 반복한다(17:6; 21:25). 이것은 사사기 저자가 그 시대의 모든 혼란의 원인을 이스라엘 백성에게 왕이 없었던 것에서 찾고 있음을 보여 준다. 이런 판단은 현실 정치적 측면에서 보면 옳다. 강력한 국가적 통제 시스템이 없는 상태에서 사람들은 그렇게 살아갈 수밖에 없었을 것이다. 하지만 하나님의 백성에게 주어진 율법을 고려하면 옳지 않았다. 그들에게는 명백하게 옳은 길, 즉 모세가 그들에게 전해 준 율법이 있었다. 그러니 그들에게 왕이 없어서 자기 소견에 옳은 대로 행했다는 것은 핑계일 뿐이다. 오히려 그들은 왕이신 하나님의 율법을 통한 통치를 거부하고 인간 왕의 임의적인 통치를 바랐던 것이다. 그들은 자기들을 애굽에서 끌어내 자기 백성으로 삼으신 그들의 참된 왕 여호와를 버렸다. 아니, 가나안 문화에 물든 그들의 행위를 통해 자신들의 왕을 시해(弑害)했다.[7] 왕이 없었던 것이 아니라, 그들이 왕을 죽인 것이다.

애초에 하나님이 이스라엘에게 품으셨던 꿈은 그들이 자신의 율법을 따라 살아가는 것이었다. 그분은 율법이 이스라엘 공동체를 아름답고 건강하고 안정되게 만드는 데 충분하다고 여기셨다. 이스라엘 백성이 율법을 지키면 모든 민족 위에 뛰어나게 될 것이고 모든 복이 그들에게 임할 것이었다(신 28:1-6). 그러나 그 백성은 율법은 물론 율법을 주신 그들의 참된 왕까지 버리고 "자기 소견에 옳은 대로" 행하고 있었다. 그로 인해 이스라엘을 통해 세상을 통치하시려 했던 하나님의 계획은 다시 한번 심각한 위기를 맞게 되었다.

왕정 시대의
개막

사무엘상

사사기는 불길한 말로 끝난다. "그 때에는 이스라엘에 왕이 없었으므로 사람마다 자기 소견에 옳은 대로 행하였더라." 평온한 시기라면 각 사람이 자기 뜻대로 살아가는 것이 꼭 나쁜 것은 아니다. 그러나 사사 시대에 이스라엘 백성은 가나안 족속들과 전쟁 중이었다. 그들은 힘을 하나로 합쳐도 모자랄 판에 사분오열되어 지리멸렬하고 있었던 것이다. 사사기 저자는 당시에 이스라엘이 그렇게 된 이유가 그들에게 왕이 없었기 때문이라고 말한다.

이스라엘의 마지막 사사는 사무엘이다. 한나의 아들 사무엘은 당시의 성소였던 실로에서 제사장 엘리의 양아들로 키워졌다. 그가 성장하던 무렵에 이스라엘은 가나안 해안 지역을 기반으로 세력을 펼쳐나가던 블레셋과 자주 싸웠다. 에벤에셀에서 전투가 벌어졌을 때 이스라엘은 언약궤를 앞세우고 출전했다. 그들은 그 궤가 자기들에게 승리를 가져다주리라고 믿었다. 하지만 이스라엘은 패했고 언약궤마저 빼앗겼다. 제사장 엘리는 전투에 참여했던 그의 두 아들이 죽었고 언약궤마저 빼앗겼다는 소식을 듣고는 의자에서 자빠져 목이 부러져 죽었다(삼상 4장).

다행히 언약궤는 일곱 달 만에 이스라엘로 돌아왔다. 여호와께서 그것이 블레셋 사람들의 신전에 놓여 있는 것을 허락하지 않으셨기 때문이다. 궤가 자기들에게 재앙을 일으키고 있음을 알게 된 블레셋 사람들은 그것을 이스라엘로 돌려보냈다. 궤는 오지 마을 기럇여아림에 있는 아비나답의 집으로 옮겨졌다(7:1).

엘리와 그의 두 아들이 죽은 까닭에 사무엘이 엘리의 자리를 이어받았다. 사무엘은 제사장이자 예언자이자 사사로 활동했다. 그가 활동하는 동안 블레셋은 이스라엘을 침범하지 못했다. 여호와의 손이 그들을 막으셨기 때문이다. 사무엘은 사는 날 동안 라마에 거주하면서 해마다 벧엘과 길갈과 미스바를 순회하며 이스라엘을 다스렸다(15–17절).

그러나 사무엘이 늙어가자 백성은 불안해지기 시작했다. 그를 대신할 만한 지도자가 나타나지 않았기 때문이다. 사무엘이 자기의 아들들을 사사로 삼아 백성을 다스리게 했으나, 그들은 뇌물을 받고 판결을 굽게 했다. 백성은 사무엘의 아들들을 믿지 못했다. 결국 그들은 사무엘에게 몰려가 자기들에게도 이웃 나라들처럼 왕을 세워 달라고 요구했다. 사무엘로서는 받아들이기 힘든 요구였다. 이는 그들의 참된 왕이신 하나님을 거부하는 것이었다. 실제로 하나님도 그렇게 말씀하셨다(8:7). 그럼에도 백성은 간절했다. 블레셋의 세력이 점점 강성해지는 상황에서 사무엘을 대신할 지도자가 보이지 않았기 때문이다. 결국 하나님은 사무엘에게 백성의 요구를 들어주라고 명령하셨다.

‖ 사울의 실패

사무엘이 여호와의 지시를 받아 세운 이스라엘의 초대 왕은 베냐민 지파 출신의 사울이었다(9~10장). 앞서 보았듯이, 베냐민 지파는 레위인의 첩 사건 때문에 다른 지파 연합군의 공격을 받아 전멸 직전까지 갔던 이스라엘에서 가장 약한 지파였다. 여호와께서 그런 지파 출신의 사울을 왕으로 택하신 것은 그가 자신의 지파를 등에 업고 권력을 휘두르지 못하게 하기 위함이었을 것이다.

정치적 기반 없이 왕으로 임명된 사울은 자기 힘으로 백성에게 인정을 받아야 했다. 그가 백성에게 인정받을 방법은 이스라엘을 위협하는 이방 족속을 물리치는 것이었다. 애초에 백성이 사무엘에게 왕을 요구했던 것도 그런 이유에서였다. 불행인지 다행인지 기회는 많았다. 최초의 기회는 요단강 동편에 있는 길르앗 야베스로부터 왔다. 암몬 왕 나하스가 야베스를 치러왔던 것이다. 소식을 들은 사울은 즉각 군사를 동원해 암몬 군대를 물리쳤다. 백성은 사울의 지도력을 인정하고 길갈에 모여서 그를 자신들의 왕으로 삼았다(11장).

그 후로도 사울은 계속해서 이방 족속과 싸우면서 왕으로서의 입지를 굳혀 나갔다. 하지만 그 과정에서 문제가 발생했다. 사무엘과의 갈등이 시작된 것이다. 사울이 왕위에 오르고 이 년째 되던 해에 이스라엘과 블레셋 사이에 큰 싸움이 벌어졌다(13:1). 사울은 싸움터로 나가기 전에 길갈에서 여호와께 제사를 드리고자 했으나 제사장 사무엘이 약속했던 이레가 지나도록 오지 않았다. 백성이 동요하기 시작하자 사울은 더 기다리지 못하고 직접 제사를 드렸다. 제사가 끝날 즈음에 마치 기다렸다는 듯 나타난 사무엘이 사울을 책망했다. 당황한 사울이 전후 사정을 설명했으나 사무엘은 들은 척도 않고 그에게 무서운 선언을 했다. "여호와께서 왕에게 명령하신 바를 왕이 지키지 아니하였으므로 여호와께서 그의 마음에 맞는 사람을 구하여 여호와께서 그를 그의 백성의 지도자로 삼으셨느니라"(14절). 이 대목에서 우리는 어리둥절해질 수밖에 없다.[1] 이것이 왕을 폐할 만한 이유가 되는가? 교통신호 한번 위반했다고 운전면허 빼앗는 격 아닌가? 어쨌거나 사무엘은 이 말을 남기고 기브아로 올라갔고, 사울은 자기와 함께한 자들과 힘을 합쳐 블레셋을 물리쳤다.

그로부터 얼마 후, 사무엘이 사울에게 아말렉 족속을 진멸하라는 여호와의 말씀을 전했다(15:1-3). 그렇다면 아직 사울에게 기회가 남아 있었던 것일까? 싸움에 임한 사울은 아말렉을 물리치고 아말렉 왕 아각을 사로잡았다. 여호와께 드릴 제물로 쓰기 위해 살진 짐승도 몇 마리 남겨 두었다. 전장으로 찾아온 사무엘이 다시 사울을 질책했다. 어째서 아말렉을 진멸하지 않았느냐는 것이었다. 그러면서 다시 한번 사울에게 여호와께서 그를 버리셨다는 선언을 하고 돌아섰다. 당황한 사울이 떠나려는 사무엘의 옷자락을 붙잡았다. 옷자락이 찢어졌다. 그러자 사무엘이 찢어진 옷자락을 바라보며 말했다. "여호와께서 오늘 이스라엘 나라를 왕에게서 떼어 왕보다 나은 왕의 이웃에게 주셨나이다"(28절). 사무엘은 사울이 사로잡은 아말렉 왕 아각을 직접 처형한 후 자기 집이 있는 라마로 돌아갔다. 그날 이후 사무엘은 죽는 날까지 사울을 보지 않았다.

아무리 봐도 사무엘의 처사는 터무니없어 보인다. 사울이 아말렉을 진멸하라는 여호와의 명령을 지키지 않은 것은 사실이다. 하지만 이는 훗날 다윗과 그의 후계자들이 한 패악한 짓들과 비교하면 애교 수준이다. 질책과 징벌 정도라면 모를까 폐위까지는 무리다. 그럼에도 사무엘은 그에게 가차 없이 심판을 선언한다. 작심한 듯한 인상을 주기까지 한다. 어째서일까? 몇 가지 이유를 떠올릴 수 있다. 사회학적 측면에서 생각해 보면,

그것은 신정(神政)이 왕정(王政)으로 넘어가는 전환기에 나타났던 신·구 세력 간의 갈등이었을 수 있다. 신정 체제를 대표하는 "지는 별" 사무엘은 왕정 체제를 대표하는 "뜨는 별" 사울로 인해 영향력을 잃고 사회적 위상이 낮아졌을 것이다.[2] 애초에 사무엘은 왕정을 원치 않았다. 그는 어떻게든 구체제를 유지하려 했으나 백성의 강력한 요구에 굴복할 수밖에 없었다. 그러니 백성의 요구로 만들어진 신체제의 우두머리에게 좋은 감정은 아니었을 것이다. 그런 이유로 사무엘은, 오늘날 설교자들이 자주 그렇게 하듯이, 자신의 생각을 하나님의 뜻으로 선포했을 수 있다.

또 다른 요소로는 편집의 문제를 꼽을 수 있다. 오늘날 학자들은 사무엘서가 솔로몬 시절에 최초로 문서 형태를 갖추었고, 히스기야 시절에 재편집되었다가, 유배기인 주전 6세기에 최종적으로 편집되었을 것이라고 여긴다.[3] 그렇다면 사무엘서의 편집자는 어떻게든 이스라엘의 초대 왕 사울이 몰락하고 다윗 왕조가 일어서는 이유를 제시해야 했을 것이다. 타당한 이유 없이 왕조가 바뀌는 것은 다윗 왕조로서도 부담스러운 일이었을 테니 말이다. 그런 이유로 사무엘서의 편집자는 사울의 잘못을 과장하고 사무엘로 하여금 심판을 선언하게 했을 수도 있다. 즉 사울에 대한 사무엘의 심판 선언은 실제로는 다윗 왕권의 수립을 정당화하는 편집사적 결과일 수 있다.[4]

실제 내막이 어떠하든, 사무엘서는 사울이 폐위된 이유를 아주 분명하게 제시한다. 사울이 자기가 아말렉 족속의 양과 소를 죽이지 않고 남긴 것은 여호와께 제사를 드리기 위함이었다고 변명했을 때 사무엘은 즉각 그의 말을 받아쳤다. "여호와께서 번제와 다른 제사를 그의 목소리를 청종하는 것을 좋아하심 같이 좋아하시겠나이까. 순종이 제사보다 낫고 듣는 것이 숫양의 기름보다 나으니 이는 거역하는 것은 점치는 죄와 같고 완고한 것은 사신 우상에게 절하는 죄와 같음이라. 왕이 여호와의 말씀을 버렸으므로 여호와께서도 왕을 버려 왕이 되지 못하게 하셨나이다"(15:22, 23).

이 말대로라면, 사울은 도덕적 악행이나 파렴치한 범죄 때문이 아니라, 여호와의 명령에 불순종해서 폐위된 것이다. 이것은 사무엘서의 신학, 더 나아가 사무엘서가 속해 있는 신명기계 역사서(여호수아서-사사기-사무엘서-열왕기)[5]의 핵심적 주장을 보여 준다. 그 주장은 이스라엘이 주님께 복종하면 복을 받고, 불순종하면 벌을 받는다는 것이다. 그리고 이런 주장은 사울의 행위를 우리가 지금껏 살펴보았던 성경의 주제, 즉 이 세상을 자기 뜻대로 다스리고자 하셨던 하나님에 대한 인간의 거역이라는 주제와 연결시킨다. 그런 의미에서 사울의 행위는 선악과를 먹지 말라는 하나님의 금지 명령에 대한 위반과 동일한 맥락에서 해석되어야 한다. 즉 이스라엘의 초대 왕 사울의 폐위는 그의 도덕적 잘못에 대한 심판이 아니라, 그를 통해 이스라엘을 다스리고자 하셨던, 더 나아가 이스라엘을 통해 세상을 다스리고자 하셨던 하나님의 원대한 뜻을 거역한 것에 대한 심판이었던 셈이다.

‖ 다윗의 등장

사무엘의 주장대로라면, 하나님은 사울을 버리셨다. 그리고 사무엘에게 다른 인물에게 기름을 부어 이스라엘의 왕으로 세우라고 명하셨다. 그분이 사울 대신 택하신 이는 유다 지파에 속한 다윗이었다. 사무엘은 유다 베들레헴을 방문해 이새의 막내아들 다윗에게 기름을 부었다(16:1-13).

다윗이 등장한 장면에서부터 사무엘상 마지막까지의 이야기는 기존의 왕 사울과 미래의 왕 다윗 사이의 갈등에 관한 것이다. 사무엘서에는 사울과 다윗의 첫 만남에 관한 두 개의 이야기가 병존한다. 하나는 사울의 귀신 들림과 연관되어 있다. 사울은 하나님이 부리시는 악한 영 때문에 고통을 당한다. 다윗은 사울에게 악한 영이 덮칠 때 수금을 타서 내쫓는 음악치료사로 고용되어 사울 곁에 머문다(16:14-23). 다른 하나는 블레셋의 장수 골리앗과의 싸움과 연관되어 있다. 아버지의 심부름으로 형들이 나가 있는 전쟁터를 찾아간 다윗은 골리앗이 하나님의 군대를 모욕하는 것을 보았다. 이스라엘의 모든 군사가 거인 장수의 위세에 눌려 있던 상황에서 다윗은 물매를 사용해 그를 쓰러뜨리고 목을 베었다. 다윗이 골리앗의 목을 들고 사울 앞에 서자 사울이 부하에게 묻는다. "이 청년이 누구의 아들인가?" 그날 사울은 다윗을 자기 곁에 머물게 하고 아버지의 집으로 돌아가는 것을 허락하지 않았다(18:2).

어느 쪽 이야기가 옳은 것일까? 성경을 문자적으로 믿는 이들에게는 유감스러운 일이지만, 오늘날 성서학자들은 대개 골리앗 이야기가 왜곡된 것이라고 여긴다. 설령 골리앗이라는 거인 장수와의 대결이 역사적 사실일지라도, 그를 죽인 것은 다윗이 아닐 수 있다. 실제로 사무엘서 편집자는 부록 부분에서 다윗의 부하들 중 하나인 야레오르김의 아들 엘하난이 블레셋의 장수 골리앗(의 아우 라흐미)[6]을 죽였다고 전한다(삼하 21:19). 그렇다면 다윗이 골리앗을 죽인 이야기는 어쩌면 사무엘서의 주인공인 다윗을 영웅으로 만들기 위해 후대에 왜곡된 것일 수 있다.[7]

실제 사정이 어떠하든 사무엘서가 전하는 골리앗 사건 이야기에는 단순한 영웅 이야기 이상의 무언가가 들어 있다. 객관적으로 보면 다윗이 골리앗을 이길 가능성은 거의 없었다. 골리앗은 신장이 3미터가 넘는 거인이고 놋 투구와 비늘 갑옷과 놋 각반을 차고 거대한 놋 창을 들고 있었다. 반면에 다윗은 성인의 갑옷조차 버거운 소년에 불과했고 무기라고는 손에 익은 막대기와 물매가 전부였다. 다윗은 절대 불리한 상황에서도 담대하게 그를 향해 돌진했다. 그가 그렇게 했던 이유는 그가 골리앗에게 한 말을 통해 잘 드러난다. "너는 칼과 창과 단창으로 내게 나아 오거니와 나는 만군의 여호와의 이름 곧 네가 모욕하는 이스라엘 군대의 하나님의 이름으로 네게 나아가노라"(17:45). 우리가 이 이야기에서 듣는 다윗의 말은 다윗 자신이 아니라 사무엘서 편집자의 말일 가능성이 크다. 그럼에도 다윗의 입을 통해 나온 이 말은 신학적으로 아주 중요하다. 이 말은 다윗이 어떤 악조건에서도 이스라엘을 지켜내기 위해 분연히 일어나는 하나님의 백성 공동체의 수호자임을 보여 주기 때문이다.

실제 사정이 어떠했든 이제 사울의 부하가 된 다윗은 장수로서 승승장구했다. 그는 적들과 싸울 때마다 승리를 거뒀다. 그로 인해 이스라엘 백성은 사울이 아니라 다윗을 자신들의 수호자로 여겼다. 이스라엘 여자들은 이런 노래를 불렀다. "사울이 죽인 자는 천천이요 다윗은 만만이로다"(18:7). 백성에게 사울은 "지는 해"였고, 다윗은 "뜨는 해"였다. 사울의 자녀들조차 다윗에게 매료되었다. 사울의 딸 미갈은 다윗을 연모했고, 아들 요나단은 다윗을 자기 생명처럼 사랑했다. 이 모든 상황이 사울을 불안하게 만들었다. 그래서였을까? 악한 영이 그를 사로잡는 횟수가 많아졌다. 그때마다 사울은 다윗을 향해 창을 던졌다(18:10; 19:10).

사울의 광기가 심해지자 다윗은 목숨을 보전하기 위해 도망쳤다. 그는 당시의 성소였던 놉으로 가서 제사장 아히멜렉에게서 음식과 무기를 얻어냈다. 그리고 잠시 블레셋의 가드로 넘어갔다가 그곳에서 쫓겨나 다시 이스라엘과 블레셋 경계에 있는 아둘람 광야의 어느 굴속에 숨었다. 소식을 들은 그의 형제와 친척들 그리고 사울이 다스리는 세상에서 온갖 억울한 일을 당한 이들이 그를 찾아왔다. 그렇게 모여든 이들의 수가 4백여 명에 이르렀다(22:2).

대개 우리는 사울이 다윗을 집요하게 추적해 죽이려 했던 이유가 다윗에 대한 질투심 때문이라고 여긴다. 그러나 실제 사정은 그렇지 않을 수도 있다. 도망친 다윗은 그가 원했든 원치 않았든, 사울의 통치에 불만을 품은 반체제적 성향의 무리를 이끄는 지도자였다. 사울이 다윗에게 음식과 무기를 내준 놉의 제사장 아히멜렉의 집안을 도륙하고 다윗이 어디에 있다는 소식을 들을 때마다 무장한 군사들을 이끌고 그곳으로 달려간 것은 바로 그런 이유 때문일 수도 있다.

실제로 다윗의 무리는 상당히 강력한 무력 집단이었다. 그들이 사울을 피해 블레셋으로 넘어가 가드 왕 아기스에게 몸을 의탁했을 때, 아기스는 그들에게 지방 성읍 시글락을 거주지로 내주었다(27:6). 왜 그는 전처럼 그를 미치광이로 여겨 쫓아내거나 죽이지 않았을까? 아마도 그럴 수 없었을 것이다. 당시에 다윗의 휘하에는 이미 6백여 명의 사람들이 있었다(2절). 사울의 군대만큼은 아니지만, 아기스로서는 다윗의 무리를 가볍게 다룰 수 없었을 것이다. 다윗은 아기스에게 자신들을 용병으로 써달라고 부탁했을 것이고, 아기스는 위험한 무리와 척을 지기보다는 가까이 두고 부리는 쪽이 나았을 것이다.[8]

다윗이 블레셋으로 넘어갔다는 소식을 들은 사울은 더는 다윗을 쫓지 않았다. 다윗의 무리는 시글락에서 1년 4개월 동안 머물렀다. 그 시절에 그들이 한 일은 비적질이었다. 그들은 그술 사람과 기르스 사람과 아말렉 사람들을 공격해 전리품을 챙겼다. 그술, 기르스, 아말렉은 모두 유다의 적이었다. 그러나 아기스가 다윗에게 오늘은 누구를 공격했느냐고 물으면 그는 자기가 유다의 남쪽 지역, 여라무엘의 남쪽 지역, 겐의 남쪽 지역을 쳤다고 답했다. 모두 유다와 그 동맹들이다. 실제로는 유다의 적들을 치고 아기스에게는 유다의 동맹들을 쳤다고 거짓 보고를 한 것이었다.[9] 그로 인해 아기스는 다윗이 그의 동족 유다에게 미움을 받게 되었다고 여겨 안심했다(27:8-12).

하지만 유다 사람들은 다윗이 하는 일을 들어서 알고 있었을 것이다. 뿐만 아니라 다윗은 비적질을 해서 챙긴 전리품의 일부를 자기와 왕래하던 유다 지파의 장로들에게 보냈다(30:26-31). 이는 다윗이 자신의 지파인 유다 사람들을 상대로 원거리 정치를 하고 있었음을 보여 준다. 도망자 시절의 다윗은 한 무리 군사들의 우두머리였던 동시에 치밀한 계산을 하고 미래를 내다보는 정치가였던 것이다.[10]

도망자 시절에 다윗은 두 차례나 사울을 죽일 수 있었음에도 살려 주었다. 첫 번째는 엔게디 광야의 굴에서였고, 두 번째는 십 광야에 있는 사울의 진영에서였다(24, 26장). 두 경우 모두에서 다윗은 자기가 "여호와의 기름 부음을 받은 내 주"를 죽일 수 없다고 말한다. 그러면서 사울에 대한 자신의 충성심을 고백한다. 두 경우 모두에서 사울은 다윗이 자신을 선대한 것에 감사하며 그를 축복한다. 심지어 자기도 다윗이 왕이 될 것을 안다고 하면서 왕이 된 후에 자신의 후손을 해치지 말아 달라는 부탁까지 한다. 얼핏 매우 감동적이다. 그러나 이런 장면의 역사성은 매우 의심스럽다. 어째서 다윗은 사울과 화해한 후에 다시 사울의 신하로 살아가지 않는가? 어째서 그들은 감동적인 화해를 하고도 즉시 각자의 길(요새)로 나아가는가? 도무지 현실성이 없다. 그렇다면 이런 이야기는 훗날 사무엘서 편집자가 다윗이 왕위를 찬탈한 것이 아님을 강조하기 위해 지어낸 것일 수도 있다.[11]

여기서 우리는 사무엘서가 엄밀한 의미의 역사서가 아니라 인간의 해석과 주장 혹은 더 나아가 정치적 선전이 포함된 매우 인간적인 책일 수

도 있음을 발견한다. 백번 양보해서 화해가 실제로 있었다고 해도 사정
은 달라지지 않는다. 다윗이 사울과 화해한 후에도 자신의 무리와 요새를
포기하지 않았던 것은 단순히 사울의 말을 믿지 못해서가 아니라, 자신
의 권력 의지 때문일 수도 있다. 어쨌거나 그는 사무엘을 통해 이스라엘
의 왕으로 기름 부음을 받지 않았는가? 만약 그가 이스라엘의 왕위에 대
한 꿈을 키우고 있었다면, 사울을 살려주는 편이 훗날 자신에게 정치적으
로 유리할 것이라고 여겼을지도 모른다. 성경의 인물들은 전적으로 성결
하고 완전한 신적인 인물들이 아니다. 하나님의 역사는 그런 인물들이 아
니라 피와 살과 모든 인간적 정념을 지닌 이들에 의해 이루어진다.

사무엘상의 마지막 부분은 이스라엘의 초대 왕 사울과 그의 법적 후계
자인 요나단의 죽음을 다룬다. 다윗이 시글락에 체류하고 있을 때 이스르
엘 골짜기 동편에 있는 길보아산에서 블레셋과 이스라엘 사이에 큰 싸움
이 벌어졌다. 이 싸움에서 사울과 그의 세 아들이 죽는다(31:6). 사울이 왕
으로 기름 부음을 받은 후에 처음으로 이스라엘 군대를 이끌고 참전해 암
몬 왕에게서 구해 냈던 요단강 동편 길르앗 야베스의 주민들이 밤새도록
달려가 사울과 그의 아들들의 시체를 수습했다. 이스라엘 역사상 처음으
로 왕조 시대를 열었던 사울의 시대가 끝난 것이다.

하나님의 마음에
합한 자

사무엘하

　사울은 말이 왕이지 실제로는 구시대의 사사들과 별 차이가 없었다. 사울 왕 시절에 이스라엘의 지파 조직은 여전히 남아 있었고 행정기구나 관료제도는 발달하지 않았다. 사울에게는 호화로운 왕궁도 없었고 친척인 아브넬 외에는 휘하에 지휘관도 없었다. 그가 머물던 기브아는 궁궐이라기보다 요새였다. 사울은 전쟁시에 군사를 동원할 수 있었지만 상비군을 유지하지는 못했다. 한마디로 사울은 전통적 의미의 왕이기보다 군사지휘관이었다.[1] 아마도 전시를 제외하고 사울이 이스라엘 전체에 왕권을 행사하기는 어려웠을 것이다.

　그런 불안정한 상황에서 사울이 죽었다. 소식을 들은 다윗은 무리를 이끌고 자신의 출신 지파인 유다로 올라가 헤브론에 자리를 잡았다. 그 전부터 다윗과 왕래해 왔던 유다 사람들은 다윗에게 기름 부어 유다의 왕으로 삼았다(삼하 2:1–4). 다윗을 유다의 왕으로 세우는 데에는 유다 인근의 시므온 지파, 갈렙족, 옷니엘족, 여라므엘족, 그리고 겐족 등도 참여했던 것으로 보인다(삼상 27:10; 30:14; 삿 1:1-21)[2]. 그로 인해 유다 인근 지역은 하나의 독립적인 왕국이 되었다. 사울이 죽은 후 그의 아들 이스보셋이 왕권을 이어받기는 했으나, 이제 이스라엘은 이스보셋이 이끄는 이스라엘과 다윗이 이끄는 유다로 분열되었다.

분열된 이스라엘과 유다는 다툴 수밖에 없었다. 싸움이 계속되는 동안 유다는 점점 강성해지고 이스라엘은 점점 약해졌다. 어느덧 노련한 정치가로 변신한 다윗은 그런 상황에서도 이스라엘 사람들의 마음을 얻기 위해 최선을 다했다. 반면에 이스라엘은 분열에 빠졌다. 결국 이스보셋이 휘하의 지휘관들에 의해 살해되는 일이 발생했다(4장). 그 지휘관들은 다윗을 찾아와 이스보셋의 머리를 바쳤다. 개인의 영달을 위해 자신들의 주군의 머리를 잘라 경쟁자에게 바친 것이다. 다윗은 이스보셋의 머리를 들고 찾아온 자들을 죽이고 이스보셋의 머리를 가져다가 정중하게 장사지냈다(12절).

왕을 잃은 이스라엘 백성은 다윗에게 나아와 자신들의 왕이 되어 달라고 요청했다. 그동안 다윗이 자기들에게 한 일로 미루어 보아 그를 왕으로 삼아도 되겠다는 판단이었을 것이다. 그렇게 해서 다윗은 큰 싸움 없이 이스라엘을 얻을 수 있었다. 다윗은 헤브론에서 통일 왕국 이스라엘의 왕으로 추대되었다. 주전 1010년, 그의 나이 30세 때의 일이다. 다윗은 7년 6개월 동안 유다의 왕으로, 33년 동안 온 이스라엘의 왕으로 모두 40년 6개월 동안 통치했다(5:1-5).

‖ 다윗이 하나님의 마음에 합한 이유

그동안 다윗은 여러 모양으로 우리에게 신앙의 모범으로 제시되었다. 그가 소년 시절에 블레셋의 장수 골리앗을 물리친 것은 하나님을 위한 의

분(義憤)을 지니고 그분을 의지하는 자에게 주어지는 승리에 대한 예시가 되었다. 그가 기회가 있었음에도 두 차례나 사울을 살려준 것은 주님이 택하신 자에 대한 존중이 어떤 복을 가져다주는지에 대한 예시가 되었다. 심지어 그가 밧세바와 간음하고 그녀의 남편이자 자신의 부하인 우리아를 죽인 것조차 참된 회개가 하나님의 용서를 초래할 수 있음을 보이는 사례가 되었다. 그는 몇 가지 치명적인 죄를 범했음에도 모든 시대의 신자들을 위한 모범으로 남아 있다.

그래서였을까? 사무엘서는 다윗을 "여호와의 마음에 맞는 사람"이라고 표현한다(삼상 13:14). 훗날 바울도 그 말을 받아 다윗을 "내 마음에 맞는 사람"이라고 부른다(행 13:22). 열왕기는 거듭 다윗을 이스라엘의 모든 왕이 따라야 할 모범으로 제시한다(왕하 14:3; 16:2; 18:3; 22:2 등). 이사야서는 이새의 아들 다윗을 인류의 죄를 대속하기 위해 오실 메시아의 선구자이자 직계 조상으로 묘사한다(사 11:1). 마태복음은 다윗의 동네인 유다 베들레헴에서 나신 예수 그리스도를 "유대인의 왕으로 나신 이"라고 부른다(마 2:2).

그러나, 이 모든 표현에도 불구하고, 다윗은 아무리 좋게 보아도 우리가 본받을 만한 인물이 결코 아니다. 그는 성전을 지을 수 없을 만큼 손에 많은 피를 묻혔다(대상 22:8-10). 그는 부하의 아내와 간통했고 그 죄를 덮기 위해 자신의 충성스러운 부하를 죽였다(삼하 11장). 그는 자신의 가정도 온전히 지키지 못했다. 그의 아들 암몬은 배다른 누이 다말을 강간했다. 놀랍게도 다윗은 그 소식을 듣고도 아무런 조치도 취하지 않았다. 그로 인해 다말의 친오라비이자 다윗의 또 다른 아들인 압살롬은 복수심에 불타 암몬을 죽였다. 도망쳤던 압살롬이 3년 만에 돌아왔을 때 다윗은 그토록 그리워했던 아들과 화해하지 못했다. 결국 압살롬은 아버지에 대한 원한 때문에 반역을 일으켰다. 충성스러운 신하들 덕분에 겨우 왕권을 되찾기는 했으나 자칫 그는 아들의 손에 죽을 뻔했다. 그리고 왕권을 되찾는 과정에서 그의 아들 압살롬이 살해당했다(삼하 13-18). 다윗은 도덕적으로 파탄한 사람이었고, 가정적으로 실패한 사람이었다. 그가 참된 회개를 통해 여호와의 은혜를 회복하는 모범을 보였다고는 하나, 성경에는 그런 실패와 회개 없이도 여호와의 뜻을 따라 살며 은혜를 유지했던 이들이 얼마든 있다. 다윗은 어떤 의미에서도 오늘 우리가 본받을 만한 인물이 결코 아니다. 사무엘서의 기록만으로 보면, 인간적으로 그는 사울보다 나은 사람이 결코 아니다.

그렇다면 도대체 왜 하나님은 이런 자를 자신의 "마음에 맞는 사람"이라고 하셨을까? 혹시 왕이 되기 이전의 순수한 소년 다윗을 두고 하신 말씀이었을까? 그랬을 수도 있으나, 다윗의 생애 전체에 걸쳐 나타난 하나님의 지속적인 은혜를 고려하면, 그렇지 않을 가능성이 더 크다. 만약 그분이 다윗의 인간적인 결함에도 불구하고 그를 흡족하게 여기셨다면, 도대체 그 이유는 무엇일까? 이 질문에 대한 답을 찾는 일은 생각보다 어렵지 않다. 그가 이스라엘의 왕으로서 이룬 업적을 살펴보면 된다. 열왕기의 저자들과 훗날 신약 성경의 저자들이 계속해서 다윗을 언급하며 그를 미화하고 칭송하는 이유는 그가 참된 회개의 모범을 보였기 때문이 아니라, 그가 통치하던 시절이 이스라엘의 황금기였기 때문이다. 사실 어떤 이가 그의 성품이나 특정한 자질(죄를 지은 후 즉각 회개하는 것 같은) 때문에 그의 민족에게서 오랜 세월 동안 기림을 받는다는 것은 아주 우스운 개념이다. 우리가 세종대왕을 기리는 것은 그가 이룬 업적 때문이지 그의 인품 때문이 아니다. 그렇다면 다윗은 이스라엘의 왕으로서 무슨 일을 했을까? 얼핏 살펴도 꽤 많다.

첫째, 그는 예루살렘을 이스라엘의 영원한 수도로 삼았다. 유다 헤브론에서 온 이스라엘의 왕으로 등극한 직후에 다윗은 여부스족이 점유하고 있던 예루살렘을 공격해 빼앗았다. 그리고 그 성을 온 이스라엘의 수도로 삼았다(삼하 5:6-10). 예루살렘은 과거의 남왕국 유다와 북왕국 이스라엘의 중간 지점이었고 무엇보다도 이스라엘의 어느 지파에도 속해 있지 않았다. 그런 까닭에 예루살렘은 통일 왕국 이스라엘의 수도로 최적지였다. 다윗은 통일된 왕국을 안정적으로 유지하기 위한 기본적인 인프라를 구축한 것이다.

둘째, 다윗은 기럇여아림 아비나답의 집에 있던 언약궤를 예루살렘으로 옮겨왔다(6장). 모세가 시내산에서 받은 십계명 두 돌판이 들어 있는 언약궤는 이스라엘에서 가장 귀한 물건이었다. 그 귀한 것이 사사 시대 말기와 왕정 초기의 혼란 속에서 20년간이나 오지 마을 기럇여아림에 방치되어 있었다. 다윗이 궤를 예루살렘으로 옮긴 것은 주님에 대한 그의 신실한 믿음의 행위이자 매우 전략적인 행위였다. 언약궤는 여호와의 임재를 상징했다. 그러므로 궤를 예루살렘으로 옮기는 것은 이제부터 예루살렘이 이스라엘의 종교적 중심지가 된다는 것을 의미했다. 다윗에게 반감을 품고 있는 구체제의 사람들조차 순례를 위해 예루살렘을 찾아올 수밖에 없었다.[3]

셋째, 다윗은 예루살렘 성전을 세우려 했다(7:1-3). 비록 그 일이 그의 치세에 이루어지지는 않았으나, 그는 아들 솔로몬이 성전을 세울 수 있도록 만반의 준비를 했다(대상 22:2-5). 고대 세계에서 신전은 신의 통치의 중심지였다.[4] 신전을 세운다는 것은 세상에 대한 신적 질서의 확립을 의미했다. 그러므로 예루살렘에 성전이 세워지고 그 안에 언약궤가 안치된다면, 예루살렘은 세상 속에 존재하는 하나님의 통치를 위한 사령부가 되는 셈이다. 물론 다윗이 예루살렘에 성전을 세우려 한 것은 나름의 정치적 목적 때문일 수도 있다. 그러나 그의 개인적 야심이 무엇이었든, 결과적으로 예루살렘 성전의 건축은 죄로 물들어 망가져 가는 세상에 자신의 언약 백성을 심고자 하신 하나님의 계획의 정점이 될 것이다.

하나님이 다윗의 성전 건축 계획을 얼마나 흡족하게 여기셨는지는 다윗이 그 뜻을 밝힌 직후에 선지자 나단을 통해 그에게 주신 말씀을 통해 잘 드러난다(7:4-17). 그분은 다윗이 그 일을 수행할 적임자가 아니라는 이유로 그 계획을 허락하시지 않았지만, 대신에 자신이 그에게 "영원한 왕조"를 주시겠노라고 약속하셨다. 그분의 약속은 놀랄 만큼 파격적이다. 그분은 다윗의 후손들이 죄를 지을지라도, 그들을 징계는 하겠지만, 사울의 경우처럼 왕위를 빼앗지는 않고 그의 왕조를 영원히 지켜주시겠다고 말씀하셨다. 이른바 "다윗 언약"이었다. 그 이전의 언약들이 조건부 언약이었다면, 다윗 언약은 무조건적 언약이었다. 실제로 다윗의 왕위를 물려받은 그의 후손들은 사울보다 훨씬 더 패악한 짓을 했음에도, 다윗 왕조는 없어지지 않았다. 사울로서는 억울하겠지만, 하나님은 그런 비난을 감내하시면서까지 다윗에게 은혜를 베풀고자 하셨다. 그가 품은 계획이 그분의 마음에 맞았기 때문이다.

넷째, 다윗은 이스라엘 왕국의 영토를 넓히고 나라를 안정시켰다. 그는 블레셋, 모압, 다메섹, 에돔, 암몬, 아말렉 등 이스라엘 주변 국가들을 쳐서 이스라엘에 복속시켰다(8, 10장; 12:26-31). 이스라엘의 왕이 되기 전에 다윗 치른 전쟁은 방어를 목적으로 한 것이었다. 하지만 왕이 된 후에 그는 영토 확장을 위한 전쟁에 나섰다. 그는 많은 나라를 이스라엘에 복속시켜 나름의 제국을 이루었다. 그가 이룬 제국의 크기는 이집트가 전성기 때 아시아에서 영유했던 땅의 크기와 맞먹는다.[5]

또한 그는 관료제를 도입해 나라를 안정시켰다(8:15-18). 그는 군사령관과 사관, 제사장과 서기관 그리고 용병을 관리하는 지휘관과 대신들을 세웠다. 사무엘서의 저자는 다윗이 국가 체제를 통해 수행했던 일을 다음과 같이 전한다. "다윗이 모든 백성에게 정의와 공의를 행할새"(15절). 이 구절에서 "정의"와 "공의"로 번역된 히브리어는 "미슈파트(공평)"와 "체다카(정의)"인데, 이 두 단어는 하나님의 주권적 통치의 가장 중요한 요소이며[6], 훗날 이스라엘의 예언자들이 이스라엘 공동체의 회복을 위해 줄기차게 강조했던 것들이다.

우리는 왕 다윗이 백성을 어떻게 다스렸는지에 대해 구체적으로 알지 못한다. 그러나 그가 블레셋에서 무리를 이끌던 시절에 했던 한 가지 일을 통해 추측해 볼 수 있다. 다윗과 그의 무리 6백 명이 전장에서 돌아와 보니 아말렉 족속이 여자들과 재산을 탈취해 달아났다(삼상 30:1). 다윗은 아말렉 족속을 추격하기로 했다. 하지만 막 전장에서 돌아온 무리 중에는 전투가 불가능할 만큼 지친 자들이 2백 명이나 되었다. 다윗은 그들을 브솔 시냇가에 머물게 하고 나머지 4백 명을 이끌고 아말렉을 쳤다. 다윗의 무리는 승리했고 빼앗겼던 여자들과 재산을 되찾았다. 다윗은 되찾은 전리품을 브솔 시냇가에 머물고 있던 이들에게까지 나눠주려 했다. 그러자 전투에 나섰던 자들 중 어떤 이들이 불평하며 이의를 제기했다. 참전하지 않은 자들에게 전리품을 나눠주는 것은 부당하다는 것이었다. 하지만 다윗은 그들을 설득해 참전하지 않은 이들에게도 전리품을 나눠주고 이를 이스라엘의 율례와 규례로 삼았다. 사무엘서의 저자는 그 율례와 규례가 "그때부터 오늘날까지 지켜지고 있다"고 말한다(30:25). 브솔 시냇가에서 있었던 일은 이스라엘 왕 다윗이 백성을 어떻게 다스렸을지를 짐작케 하는 일화다.

‖ 다윗 언약의 의미

하나님이 다윗을 흡족해 하신 이유가 그의 남다른 인격이나 성품 때문이 아님은 사무엘하의 나머지 부분에 실려 있는 그의 연속적인 실패에 관한 이야기를 통해서 잘 드러난다. 앞서 언급했듯이, 다윗은 윤리적으로 실패했고(11장), 가장으로도 실패했으며(13~14장), 무엇보다도 아들 압살롬의 반역에 적절하게 대처하지도 못했다(15~20장). 그 과정에서 그는 계속해서 신하들에게 끌려다녔다. 심지어 최측근 장수인 요압은 그가 아들을 잃고 슬퍼하는 것을 보다 못해 그를 질책하기까지 했다(19:1-8). 이제 다윗은 더는 이전의 다윗이 아니었다. 그는 추악하고, 늙고, 유약했다.

사무엘하의 부록 부분(21~24장)은 다윗의 통치 기간에 있었던 몇 가지 에피소드와 다윗이 지은 승전가와 유언 그리고 부하들의 명단 등을 모아 놓은 것이다. 실제로 열왕기상 1~2장은 사무엘하 20장의 이야기로부터 이어진다. 그렇다면 우리는 지금까지 살펴본 것을 통해 이스라엘의 통일 왕 다윗의 이야기에 대한 결론을 내릴 수 있다.

밧세바 사건 이후의 다윗은 누가 봐도 훌륭하다고 할 만한 인물이 결코 아니다. 엄밀하게 말해, 유다의 왕이 되기 이전에도 다윗은 우리가 흔히 떠올리는 시를 짓는 목동이거나 물매 하나 들고 무모하게 골리앗을 향해 덤벼드는 의분으로 가득 찬 소년이 아니었다. 사울을 피해 도망 다니던 시절부터 그는 왕좌를 향해 집요하게 전진하는 정치가였다. 어찌 보면 우리가 성경에서 읽고 감동하는 그의 모습은 그런 권력 의지에서 나온 철저하게 계산된 행동이었을 수도 있다. 하기야 한 나라를 통일하고 나름의 제국까지 세운 인물을 오늘 우리가 본받을 만한 모범적인 신자로 여기는 것 자체가 어불성설일 수도 있다. 그럼에도 하나님은 그를 택하셨고 은혜를 베푸셔서 통일 왕국을 이루게 하셨다. 어째서일까?

아마도 우리가 이 책의 첫머리에서부터 계속 강조해 왔던 것, 즉 이 세상에 대한 하나님의 강고한 통치 의지 때문이었을 것이다. 그분은 그 뜻을 실현하기 위해 이스라엘을 택하셨고 그 민족을 죄로 인해 죽어가는 세상에 이식하려 하셨다. 이식 작업은 간단한 것이 아니었다. 갓 태어난 언약 백성 이스라엘을 세상 한가운데 심는 것도 어려웠고, 그렇게 심어 놓은 백성이 제 역할을 할 수 있을 때까지 지켜내는 것도 어려웠다. 처음에 하나님은 그 일을 사사들에게 맡기셨으나 실패하셨다. 그 후에는 사울에게 맡겼지만 역시 실패하셨다. 그래서 다시 택하신 인물이 다윗이었다.

다행히 다윗은 하나님의 기대에 부응하는 사람이었다. 하지만 그 역시 완벽한 인간이 아니었다. 하나님은 이를 잘 알고 계셨다. 어쩌면 그분이 다윗과 터무니없는 언약을 맺으신 이유가 그것 때문인지도 모른다. 그분은 다윗의 약함을 아셨고 그의 후계자들의 약함을 아셨기에, 그들의 약함을 이유로 그들을 포기하지 않기 위해 자신을 그 언약에 묶으셨던 것일 수도 있다. 여호와께서 다윗에게 주신 언약의 내용은 이러하다. "네 수한이 차서 네 조상들과 함께 누울 때에 내가 네 몸에서 날 네 씨를 네 뒤에 세워 그의 나라를 견고하게 하리라. 그는 내 이름을 위하여 집을 건축할 것이요, 나는 그의 나라 왕위를 영원히 견고하게 하리라. 나는 그에게 아버지가 되고 그는 내게 아들이 되리니, 그가 만일 죄를 범하면 내가 사람의 매와 인생의 채찍으로 징계하려니와, 내가 네 앞에서 물러나게 한 사울에게서 내 은총을 빼앗은 것처럼 그에게서 빼앗지는 아니하리라. 네 집과 네 나라가 내 앞에서 영원히 보전되고 네 왕위가 영원히 견고하리라"(7:12-16). 어떤 상황에서든 이스라엘을 보존해 그들을 통해 온 세상에 자신의 선한 통치를 확대시키려는 하나님의 뜻은 그만큼 강고했던 것이다.

북왕국의 멸망

열왕기

열왕기는 약 400여 년에 걸친 이스라엘 왕국의 분열과 멸망의 역사를 다룬다. 이스라엘은 왕국 역사 초기에 북과 남으로 분열된다. 두 왕국 모두 타락을 거듭하다가 각각 앗수르와 바벨론에 의해 멸망한다. 열왕기는 두 왕국의 왕들의 이야기를 중심으로 전개된다. 몇 사람의 훌륭한 왕들이 등장하기는 하나, 대부분은 비난과 정죄의 대상이다. 그러니 열왕기를 읽으면서 종교적 위안이나 삶의 지혜를 얻는 것은 불가능하다. 열왕기와 비교하면, 다윗 이야기를 다루는 사무엘서는 동화나 다름없을 정도다. 그렇다면 도대체 우리는 왜 그런 음울한 책을 읽어야 하는 걸까?

‖ 분열

열왕기는 다윗의 아들 솔로몬의 즉위에 관한 이야기로 시작된다. 다윗이 늙어 죽을 날이 가까이 오자 아들 아도니야가 아버지의 자리를 이어받을 준비를 한다. 그러나 선지자 나단과 밧세바의 계략으로 아도니야가 아니라 밧세바의 아들 솔로몬이 왕위를 이어받는다. 솔로몬은 왕으로 즉위한 직후 아도니야를 비롯해 자신의 통치에 방해가 될 만한 모든 인물을 제거한다(왕상 1~3장).

솔로몬(주전 970-930년)[1]은 초기에는 선정을 베풀면서 나라를 강성하게 이끌었다. 그가 이룬 여러 일 중 가장 중요한 것은 예루살렘 성전의 건축이었다. 솔로몬이 7년에 걸쳐 건축한 예루살렘 성전은 이후 이스라엘 역사의 중심에 놓인다. 솔로몬은 언약궤를 성전에 안치하는 자리에서 길고 장황한 기도를 드렸다. 기도의 핵심은 자기가 주님을 위해 집을 지어 드렸으니 여호와께서도 자기와 백성에게 복을 내려 달라는 것이었다(8장). 성전 봉헌이 끝난 후 하나님이 솔로몬에게 나타나셨다. 그분이 솔로몬에게 하신 말씀의 요지는 두 가지다. 하나는 자신이 예루살렘 성전을 거룩하게 구별하고 자신의 이름과 눈길과 마음을 항상 그곳에 두시겠다는 것이었다(9:3). 다른 하나는 자신이 주신 법도와 율례를 지키라는 것이었다. 그렇게 하면 그의 왕위를 영원히 견고하게 하겠지만, 그렇게 하지 않으면 이스라엘을 세상에서 끊어낼 뿐 아니라 예루살렘 성전이라도 던져 버리시겠다는 것이었다(4-9절). 묘한 긴장이 느껴지는 말씀이다.

안타깝게도 성전 건축 이후에 솔로몬이 변한다. 그는 여전히 지혜롭고 강력한 군주였으나 그의 마음은 하나님의 법도와 율례에서 떠나기 시작했다. 무엇보다도 그는 우상숭배를 금하라는 그분의 엄중한 명령을 어겼다. 그는 애굽 왕 바로의 딸 외에도 수많은 이방 여인과 결혼했다. 아마도 왕국의 번영을 위한 정략결혼이었을 것이다. 하지만 그것은 하나님이 분명하게 금하신 것이었다. 결국 이방 여인들이 솔로몬을 우상숭배로 이끌었다. 그는 그 여인들을 위해 이방 신들을 위한 산당을 세우고 그 신들에게 분향했다. 하나님은 그에게 두 번이나 경고하셨지만 그는 돌이키지 않았다. 결국 그분이 그에게 말씀하셨다. "네가 이러한 일을 하였고 내 언약과 내가 너에게 명령한 내 법규를 지키지 아니하였으니, 내가 반드시 네게서 왕국을 떼어서 네 신하에게 주겠다"(11:11). 사무엘이 사울에게 했던 말을 떠올리게 하는 말씀이었다.

그로부터 얼마 후 선지자 아히야가 솔로몬의 신하인 느밧의 아들 여로보암을 찾아간다(29절). 들에서 여로보암을 만난 아히야는 자기가 입고 있던 옷을 열두 조각으로 찢은 후 그중 열 조각을 그에게 주면서 하나님께서 이스라엘 열 지파를 그에게 주실 것이라고 말한다. 그 말을 들은 여로보암이 일어나 솔로몬에게 대적하지만 실패한다. 그는 애굽으로 도망쳐 솔로몬이 죽을 때까지 그곳에 머물렀다(40절).

솔로몬이 죽고 그의 아들 르호보암이 왕이 되었다. 애굽으로 피신했던 여로보암이 돌아와 북쪽의 열 지파 백성들과 함께 르호보암을 찾아갔다. 그들은 솔로몬 시절부터 시작된 백성의 고역과 부담을 덜어 달라고 요구했지만 르호보암은 그 요구를 거절했다. 그러자 북쪽 열 지파가 독립을 선언했다. 그들은 세겜에 모여 여로보암을 자신들의 왕으로 삼았다(12장). 다윗이 통일한 왕국이 다시 북과 남으로 분열된 것이다. 이후로 북왕국은 "이스라엘"(혹은 에브라임)로, 남왕국은 "유다"로 불렸다.

이 부분에서부터 열왕기의 서술이 아주 복잡해진다. 저자가 남왕국과 북왕국의 역사를 동시연대법(synchronization)을 사용해 서술하기 때문이다.[2] 동시연대법이란 병존하는 두 왕국의 역사를 시기적으로 먼저 통치한 왕의 이야기를 전한 후에 같은 시대에 통치한 다른 왕의 이야기를 해나가는 것을 가리킨다. 예컨대, 어느 역사가가 분단 이후 한반도의 두 국가인 남한과 북한의 역사를 동시에 써나가는 것을 상상해 보라. 남한의 이승만 이야기하다가 북한의 김일성 이야기하고, 김일성 이야기하다가 다시 남한의 윤보선, 박정희, 최규하, 전두환, 노태우, 김영삼 이야기하고, 김영삼 이야기하다가 다시 북한의 김정일 이야기하고, 김정일 이야기하다가 다시 남한의 김대중, 노무현, 이명박 이야기하고……. 마치 컴퓨터 화면에 두 개의 왕국 폴더를 열어 놓고 이리저리 왔다갔다하며 그 안에 있는 왕들의 파일을 열었다 닫았다 하는 것과 같다.[3] 그러니 열왕기를 읽을 때 머리가 복잡해지지 않는다면 오히려 이상할 정도다. 게다가 열왕기의 이야기는 오늘 우리와 아무 상관도 없는 고대 중동의 어느 작은 왕국의 이야기다. 열왕기는 대단한 결심과 인내가 없으면 읽기 어려운 책이다.

편의상 이 책에서는 동시연대법을 따르지 않고 열왕기의 본문을 분해해 북왕국과 남왕국의 역사를 따로 살필 것이다. 우선 북왕국의 역사를 살핀 후 이어서 남왕국의 역사를 살필 것이다. 두 왕국의 역사 중 상호작용하는 부분이 없지 않으나, 대개는 사소한 것들이어서 그냥 넘어갈 만하다. 그러나 필요한 경우에는 양쪽의 역사를 함께 다룰 것이다.

‖ 여로보암의 죄

북왕국의 초대 왕 **여로보암**(주전 930-909년)은 백성이 제사를 드리기 위해 남왕국 예루살렘을 찾아갈 것을 우려했다. 그는 백성을 북왕국에 붙들어 두기 위해 꾀를 냈다. 금송아지 두 개를 만들어 단과 벧엘에 두고 백성에게 예루살렘까지 갈 것 없이 그곳에서 제사 지내라고 명령했다. 그리고 레위 지파가 아닌 사람들을 제사장 삼아 그곳에서 섬기게 했다(12:25-33). 십계명 중 두 번째 계명뿐 아니라 중앙 성소 밖에서의 제사를 금지하는 법과 레위인이 아닌 제사장들의 임명을 금지하는 법까지 모두 어긴 셈이다.[4] 열왕기의 저자는 이 일을 이후 북왕국의 모든 왕을 죄에 빠지게 한

"여로보암의 죄"라고 표현한다(왕상 15:34; 16:19; 왕하 15:18, 24, 25; 16:31 등). 그 죄에 대한 벌로 주님은 선지자 아히야를 시켜 그의 집안의 몰락을 선언하셨다(14:1-16). 여로보암은 세겜에서 22년간 다스리다 죽었다. 여로보암이 죽은 후 그의 아들 **나답**(주전 909-908년)이 왕위를 이어받았다. 하지만 나답의 재위 둘째 해에 아히야의 아들 바아사가 반란을 일으켜 나답을 살해하고 왕위에 오른다. 예언자 아히야의 예언이 실현된 것이다(15:33).

북왕국의 두 번째 왕조를 연 **바아사**(주전 908-886년)는 세겜이 아닌 디르사에서 24년간 다스렸다. 하지만 그 역시 여로보암의 길을 갔고 그로 인해 선지자 예후로부터 심판에 대한 예언을 들었다. 바아사의 뒤를 이어 왕위에 오른 그의 아들 **엘라**(주전 886-885년)는 이스라엘을 다스린 지 둘째 해에 북왕국의 병거 절반을 지휘하던 장수 시므리에 의해 살해된다(16:10). 북왕국의 첫 번째와 두 번째 왕조가 같은 패턴으로 멸망한 것이다.[5] **시므리**(주전 885년)는 엘라를 죽이고 왕위에 올랐으나 그의 치세는 7일에 불과했다. 이스라엘의 군대 중 일부가 군사령관 오므리를 왕으로 삼았다. 오므리는 군대를 거느리고 엘라와 시므리가 머물고 있는 디르사를 에워쌌다. 기세에 눌린 시므리는 왕궁에 불을 지르고 자살했다.

북왕국의 세 번째 왕조를 연 **오므리**(주전 885-874년)는 디르사에서 12년간 다스렸다. 그는 재위 중에 북왕국의 수도를 디르사에서 사마리아로 옮겼다(16:24). 오므리의 뒤를 이은 그의 아들 **아합**(주전 874-853년)은 왕세자 시절에 시돈 왕 엣바엘의 딸 이세벨과 결혼했다. 그것이 북왕국의 화근이 되었다. 앞서 보았듯이, 북왕국의 우상숭배는 초대 왕 여로보암 때부터 시작되었고 열왕기의 저자는 우상숭배를 "여로보암의 죄"라고 불렀다. 그러나 지금까지의 우상숭배는 애교 수준이었다. 아합과 이세벨은 이스라엘의 여호와 신앙을 아예 바알 종교로 대체하려 했다. 그는 수도 사마리아에 바알을 위한 신전을 건축하고 제단을 쌓았으며 여호와의 예언자들을 죽였다. 엘리야라는 걸출한 선지자가 등장해 목숨 걸고 싸워 인상적인 승리를 거뒀음에도 북왕국에서 바알 신앙은 사라지지 않았다(17~20장).

아합 재위 시절에 시리아(아람)가 막강한 군사력을 앞세워 연이어 두 차례나 이스라엘로 쳐들어왔다. 두 차례 모두 절대적으로 불리한 상황이었지만, 주님은 아합에게 선지자를 보내 자신이 그들을 물리쳐 주겠노라고 말씀하셨고 실제로 그렇게 하셨다. 아마도 그가 업신여기는 자신이 막강한 능력으로 세상을 주관하시는 분임을 알리시려는 것이었으리라. 하지만 아합은 그런 은혜를 입고도 주님께로 돌아서지 않았다. 오히려 그는 바알 신자답게 백성 나봇의 포도원을 탐내다가 결국 그를 죽이고 포도원을 빼앗았다. 그 일 후에 엘리야가 아합을 찾아가 오므리 집안이 여로보암과 바아사 집안처럼 멸망할 것이라고 예언했다(21장). 아합은 사돈인 남왕국 왕 여호사밧과 함께 시리아에 빼앗긴 땅 길르앗 라못을 되찾기 위한 전쟁을 벌였다. 예언자 미가야가 만류했음에도 그는 전쟁터에 나갔다가 적군이 무심코 쏜 화살에 맞아 죽었다(22:36).

아합이 죽은 후 그의 아들 **아하시야**(주전 853-852년)가 뒤를 잇는다. 하지만 아하시야는 왕위에 오른 지 얼마 안 되어 사마리아에 있는 난간에서 떨어져 부상을 입는다. 그는 에그론의 신 바알세붑에게 도움을 요청했지만, 엘리야의 예언대로 병상에서 앓다가 죽었다. 아하시야에 대한 예언을 끝으로 엘리야는 활동을 그친다. 그는 제자 엘리사에게 예언자의 직위를 넘기고 불수레와 불말을 타고 승천한다(왕하 1~2장).

아하시야가 아들이 없이 죽자 그의 동생 **여호람**(주전 852-841년)이 뒤를 이어 왕위에 오른다. 여호람(요람)은 그의 아비 아합처럼 바알을 섬기지는 않았다. 오히려 바알의 우상들을 철거했다. 하지만 그는 북왕국을 우상 숭배에 빠뜨렸던 여로보암의 죄를 따랐다. 그가 재위하던 시절에 속국 모압이 배신했다. 여호람은 유다 왕 여호사밧과 이름이 알려지지 않은 에돔 왕과 연합군을 편성해 모압을 공격했다. 연합군은 싸움이 시작된 초기에 물이 떨어져 곤경에 처했으나 엘리사의 도움으로 싸움에서 승기를 잡았다. 하지만 모압 왕이 자기 아들을 번제로 바치는 과격한 행동에 놀란 연합군은 각자의 고국으로 돌아갔다(3:27).

훗날 여호람은 유다 왕 아하시야와 연합해 시리아와 싸웠다. 그는 길르앗 라못 전투에서 부상을 입고 치료를 위해 이스르엘로 돌아갔다(8:25-29). 그러는 사이에 엘리사가 제자를 시켜 길르앗 라못에서 전투를 지휘하던 여호사밧의 아들 예후에게 기름을 부어 북왕국의 새로운 왕으로 세운다. 예후는 병거를 몰아 이스르엘로 올라가 여호람을 죽인다. 그리고 여호람과 함께 있던 유다 왕 아하시야도 죽인다. 이어서 여호람의 어미이자 아합의 아내이고, 이스라엘을 바알 신앙으로 물들인 이세벨을 창 밖으로 내던져 죽인다. 또한 계략을 꾸며 아합의 아들 칠십 명과 유다 왕 아하시야와 그의 형제들, 그리고 북왕국에서 바알을 섬기는 모든 신자를 죽인다.

그렇게 해서 **예후**(주전 841-814년)가 북왕국의 네 번째 왕조를 연다. 예후는 북왕국을 물들인 바알 숭배에 종지부를 찍었으나, 애초에 북왕국을 우상숭배에 빠지게 했던 여로보암의 죄에서는 떠나지 않았다(10:28, 29). 예후가 죽은 후 그의 아들 **여호아하스**(주전 814-798년)가 뒤를 이었다. 그 역시 아비처럼 여로보암의 죄에서 떠나지 않았다. 하나님은 시리아 왕 하사엘을 시켜 북왕국을 치게 하셨다. 여호아하스가 주님께 간청하자 주님은 "구원자"를 보내 시리아의 손에서 벗어나게 하셨다. 아마도 이 구원자는 그 무렵에 활동한 예언자 엘리사였을 것이다.[6] 하지만 그는 여전히 여로보암의 죄에서 떠나지 않았고, 그로 인해 다시 시리아가 쳐들어왔다. 시리아는 여호아하스의 백성을 타작마당의 먼지처럼 털었고 결국 여호아하스에게는 기마병 오십 명과 병거 열 대와 보병 만 명만이 남게 되었다. 여호아하스가 죽고 그의 아들 **요아스**(주전 798-782년)가 왕위에 올랐다. 그 역시 여로보암의 죄에서 떠나지 않았다. 요아스가 다스리던 시절에 예언자 엘리사가 죽는다(13:14-21).

‖ 앗수르에 의한 파멸

요아스의 뒤를 이은 이는 북왕국의 초대 왕과 이름이 같은 **여로보암 2세**(주전 782-753년)였다. 그는 사마리아에서 41년간 다스리면서 시리아에게 **빼앗겼던** 북왕국의 영토를 되찾았다(14:23-27). 아마도 당시 중동의 강국으로 떠오르고 있던 앗수르(앗시리아)가 아람(시리아)을 압박하고 있어서 가능했을 것이다. 역사적으로 보면 여로보암 2세는 북왕국 이스라엘의 전성기 혹은 호시절을 이끈 위대한 왕이었다. 그럼에도 열왕기는 그의 치세를 아주 간략하게 다룬다. 아마도 그가 앞선 왕들처럼 느밧의 아들 여로보암의 모든 죄에서 떠나지 않았기 때문일 것이다. 여로보암 2세의 뒤를 이은 이는 그의 아들 **스가랴**(주전 753-752년)였다. 그는 겨우 6개월간 통치했다. 야베스의 아들 살룸이 반역을 일으켜 백성 앞에서 그를 쳐 죽였기 때문이다. 이로써 이스라엘의 네 번째 왕조인 예후 왕조가 끝난다(15:8-12).

예후 왕조 이후 북왕국은 말 그대로 무정부 상태가 된다. 아주 빠른 속도로 파일들이 열렸다가 닫힌다.[7] 스가랴를 죽이고 왕위에 오른 **살룸**(752년)은 한 달 만에 므나헴에 의해 살해된다. **므나헴**(752-742년)은 사마리아에서 10년간 다스렸는데, 그 기간에 여지없이 여로보암의 죄에 **빠져들었다.**

그의 치세에 앗수르의 왕 불(디글랏빌레셀 3세)이 북왕국을 공격하고 블레셋은 불에게 은 천 달란트를 주어 돌려보낸다. 이때부터 북왕국에는 멸망의 그림자가 어른거리기 시작한다. **브가히야**(742–740년)가 므나헴의 뒤를 이어 왕이 되지만, 그는 재위 2년째 되던 해에 베가에 의해 살해된다.

베가(주전 752–732년)[8] 시절에 앗수르 왕 디글랏빌레셀이 다시 쳐들어 왔다. 이번에 그는 북왕국의 북부 지역을 점령하고 그 지역의 백성을 앗수르로 잡아갔다. 이것은 이른바 "시리아–에브라임 전쟁"의 여파로 인한 것이었다. 베가는 그 무렵 중동에서 세력을 확장하던 앗수르에 맞서려고 했다. 그는 시리아 왕 르신과 동맹을 맺고 남왕국 유다에게도 동맹에 가담하기를 요구했다. 남왕국 왕 요담은 요구를 거절했다. 그러자 시리아–에브라임 연합군이 남왕국을 공격했다(15:37). 전쟁이 시작될 즈음에 요담의 뒤를 이어 남왕국 유다의 왕이 된 아하스는, 예언자 이사야의 반대에도 불구하고(사 7:1~8:18), 앗수르의 디글랏빌레셀에게 도움을 요청했다. 디글랏빌레셀은 요청을 받아들여 북왕국을 공격했다. 만약 엘라의 아들 호세아가 베가를 죽이고 항복하여 공물을 바치지 않았다면, 북왕국은 이때 멸망했을 것이다.

북왕국의 마지막 왕 **호세아**(주전 732–722년)는 앗수르의 봉신이었으나 애굽과 손을 잡고 앗수르에 반기를 들었다. 그러자 앗수르 왕 살만에셀이 쳐들어와 사마리아를 에워쌌다. 사마리아는 3년간 버티다가 무너졌다(17:1–6). 살만에셀은 북왕국 백성을 앗수르로 끌어가고, 앗수르 사람들을 사마리아로 이주시켰다(24–33절). 주전 722년의 일이었다.

‖ 신학적 역사

열왕기하 17장은 북왕국 이스라엘에 대한 소장(訴狀)이다. 그 소장에 따르면, 북왕국 백성은 벌을 받아야 마땅했다. 그들은 그들을 애굽의 종 살이에서 해방시켜 자기 백성으로 삼으신 하나님을 배신하고 우상을 숭 배했다(7-12절). 그들은 엘리야와 엘리사 그리고 (열왕기가 분명하게 언급하 지는 않으나) 아모스와 호세아 같은 예언자들의 경고를 무시하고 계속해서 우상을 숭배했다(13-18절). 열왕기의 저자는 북왕국의 우상숭배를 "여로 보암의 죄"라고 부르며 거듭 정죄해 왔다. 북왕국의 왕들 중 여로보암의 죄에서 자유로운 사람은 하나도 없었다. 북왕국을 바알 종교로 물들였던 오므리 왕조를 무너뜨리고 바알 숭배자들을 모두 죽였던 예후조차 여로 보암의 죄에서는 떠나지 않았다(10:28, 29). 열왕기의 저자는 바로 그 죄가 북왕국 멸망의 근본 원인이었다고 밝힌다. "이스라엘 자손이 여로보암이 행한 모든 죄를 따라 행하여 거기서 떠나지 아니하므로 여호와께서 그의 종 모든 선지자를 통하여 하신 말씀대로 드디어 이스라엘을 그 앞에서 내 쫓으신지라. 이스라엘이 고향에서 앗수르에 사로잡혀 가서 오늘까지 이 르렀더라"(17:22, 23).

오늘날 성경 독자들이 북왕국 이스라엘의 멸망 원인이 우상숭배 때문 이라는 열왕기의 주장을 받아들이기는 쉽지 않다. 인간의 역사 속에는 숱 한 국가들의 흥망성쇠가 나타난다. 그리고, 우리가 아는 한, 한 나라가 망 하는 이유는 대개 강대국의 침략이다. 성경의 기록만 봐도 그렇다. 오랫 동안 이스라엘을 괴롭혔던 앗수르는 그보다 강한 바벨론에 의해 망했고, 바벨론은 그보다 강한 페르시아에 의해 망했다. 그런데 열왕기의 저자는 북왕국이 멸망한 원인을 엉뚱한 데서 찾는다. 북왕국은 국력이 약해서가 아니라 여로보암의 죄, 즉 우상숭배 때문에 망했다는 것이다. 어째서일까?

학자들은 대개 열왕기가 구약 성경의 대부분의 책들과 마찬가지로 이스라엘의 포로기인 주전 6세기에 쓰였다고 여긴다. 이것이 거의 확실한 것은 열왕기가 남왕국 유다가 주전 586년에 바벨론에 의해 멸망한 이야기와 바벨론으로 잡혀갔던 여호야긴 왕이 주전 561년에 석방되는 이야기를 전하고 있기 때문이다(25장). 그렇다면 열왕기는 나라를 잃고 유배 상태에 있던 이스라엘 백성을 위해 쓰인 책이다. 그리고 우리가 창세기를 논하며 말했듯이, 당시 성경 저자들의 목적은 그 당시에 제기되었던 이스라엘 백성의 질문에 답하기 위함이었다. 그 백성의 일관된 질문은 아마도 이것이었을 것이다. 하나님을 섬기던 우리가 왜 망했는가? 열왕기의 저자도 창세기의 저자와 동일한 답을 제시한다. 하나님이 열등한 신이어서가 아니라, 우리가 그분께 죄를 지었기 때문이다.

그런 의미에서 열왕기는 엄밀한 의미의 역사서라기보다 "신학적 역사" 혹은 "신학적 목적을 가진 역사"다.[9] 물론 열왕기가 전하는 사건들은 허구가 아니라 분명한 역사적 사실이다. 실제로 열왕기는 그 책의 내용이 이스라엘의 실제 역사에 기반한 것임을 강조하기 위해 출처를 거듭해서 밝힌다. 그 출처는 1) 솔로몬의 행장(왕상 11:41), 2) 이스라엘 왕 역대지략(왕상 14:19; 15:31 등등), 3) 유다 왕 역대지략(왕사 15:29; 15:7, 23 등등)이다.[10] 아마도 이 문서들은 이스라엘이 국가 체계를 갖춘 후 왕실에 고용된 서기관들에 의해 작성되었을 것이다. 그런 의미에서 열왕기는 성경에 등장하는 최초의 제대로 된 역사서라고 할 수 있다. 하지만 그럼에도 열왕기는 오늘날의 역사서 기준에 미치지 못한다. 그것은 특별한 시대에 아주 특별한 목적으로 쓰인, 시종일관 저자의 주관적 해석이 명백하게 드러나는 아주 특별한 역사서다.[11] 그 책의 저자는 이렇게 말한다. 이스라엘은 그들의 삶의 모범을 통해 세상을 다스리고자 하셨던 하나님께 반역하다가 멸망했다. 그리고 오늘 우리는 그 저자의 주장을 우리의 신앙으로 고백한다.

남왕국의 멸망

열왕기

북왕국 이스라엘에서는 208년 동안 여러 차례 왕조가 바뀌면서 19명의 왕들이 나라를 다스렸다. 그러나 남왕국 유다에서는 왕조의 교체 없이 344년 동안 20명의 왕들이 나라를 다스렸다. 남왕국이 북왕국보다 136년 더 존속한 셈인데, 이는 남왕국이 북왕국보다 더 나아서가 아니라 하나님이 다윗에게 하신 약속, 즉 자신이 그의 왕조를 영원토록 튼튼하게 해주시겠다는 약속 때문이었다(삼하 7:13). 하지만 하나님은 그 약속을 끝까지 지키지 못하셨다. 남왕국의 죄가 그분의 인내를 넘어섰기 때문이었다.

남왕국 역사의 전반부는 특기할 만한 내용이 거의 없다. 실제로 열왕기는 북왕국 이스라엘이 멸망할 때까지 주로 북왕국의 이야기에 집중하며 사이사이에 남왕국 유다의 이야기를 곁들일 뿐이다. 북왕국 이야기의 초점은 왕들이 "여로보암의 죄"를 따른 것에 맞춰지는 반면, 남왕국 이야기의 초점은 왕들이 "다윗의 길"을 따랐는지에 집중된다.[1] 결론부터 말하면, 몇을 제외하고 유다의 왕들 대부분은 다윗의 길을 따르지 않았다.

남왕국 왕들의 이야기를 살피는 것은 지루하다. 열왕기는 왕들의 이야기를 어떤 정형화된 패턴을 따라 전한다. 누가 언제 왕이 되었고 무슨 일을 하다가 죽었다는 식이다. 북왕국과 달리 남왕국에서는 왕조가 교체되지 않았다. 아달랴의 경우가 있기는 하나, 그것조차 북왕국의 빈번한 정변에 의한 왕조의 교체에 비하면 사소할 정도다. 그럼에도 그들의 이야기를 하나로 연결해 살펴보는 것은 의미가 있다. 연결된 이야기에서 다윗 언약을 통해 영원한 존속에 대한 약속을 받은(삼하 7:14-16) 남왕국 유다가 어떻게 멸망하게 되었는지를 알 수 있기 때문이다.

‖ 다윗의 길

남왕국 유다의 왕 **르호보암**(주전 930-913년)은 왕국이 분열된 직후 베냐민 지파와 힘을 합쳐 18만 명의 군사를 일으켜 북왕국을 되찾으려 했다. 그러나 예언자 스마야가 북왕국과 싸우지 말라고 권하자 그 말을 받아들여 싸움을 중단한다(왕상 12:21-24). 그는 자신이 온 이스라엘의 왕이 아니라 유다 왕으로 강등되었음을 받아들인다. 어쩌면 이것은 조만간 드러나게 될 북왕국 왕 여로보암의 불순종과 대비해 다윗의 후계자인 르호보암을 좋게 보이게 하려는 열왕기 저자의 의도일 수도 있다.[2] 그러나 르호보암 시대에 유다 백성은 솔로몬이 시작한 우상숭배에 빠져들었다. 심지어 그들 중에는 남색하는 자들까지 있었다. 가나안 문화가 이스라엘 안으로 침투한 것이다. 그에 대한 징벌이었을까? 르호보암 재위 5년째 되던 해에 애굽 왕 시삭이 올라와서 예루살렘을 쳤다. 시삭은 예루살렘 성전과 왕국의 보물을 탈취한 후 물러갔다(14:25, 26).

르호보암이 죽고 그의 아들 **아비얌**(주전 913-910년)이 왕이 되었다. 그는 다윗의 길을 따르지 않았다. 하지만 주님은 다윗에게 하신 약속 때문에 유다 왕의 왕위를 견고하게 하셨다(15:1-5).

아비얌이 죽고 그의 아들 **아사**(주전 910-869년)가 왕이 되었다. 아사는 다윗의 길을 따라 정직하게 행하며 그 땅에서 남색하는 자들을 쫓아내고 모든 우상을 없앴다. 그러나 그는 재위 내내 북왕국 왕 바아사와 전쟁을 했다. 상황이 불리해지자 시리아 왕 벤하닷에게 조공하고 북왕국을 쳐달라고 부탁했다(15:16-22). 훗날 아하스가 앗수르의 디글랏빌레셀에게 조공을 바치고 북왕국을 쳐달라고 부탁함으로 북왕국을 멸망에 이르게 하고 결국 남왕국마저 위태롭게 했던 일의 선례를 남긴 셈이다.

아사가 죽은 후 그의 아들 **여호사밧**(주전 872-848년)[3]이 왕이 되었다. 그는 북왕국을 다스리던 아합과 동맹을 맺었다(22:44). 그는 동맹의 징표로 자신의 아들 여호람을 아합의 딸 아달랴와 혼인시켰다. 여호사밧은 다윗의 길로 행하였으나 아합의 딸을 며느리로 맞아들임으로 훗날의 화를 자초했다.

여호사밧이 죽은 후 그의 아들 **여호람**(주전 852-841년)이 왕이 되었다. 여호람 치세에 그의 아내 아달랴로 인해 북왕국에서 성행하던 바알 종교가 유다 왕실로 유입되었다. 그는 주님이 보시기에 악을 행했으나 주님은 그의 조상 다윗에게 하셨던 약속 때문에 그를 멸하지 않으셨다(왕하 8:18, 19). 대신 에돔이 반역을 일으켜 그를 괴롭혔다.

여호람이 죽은 후 그의 아들 **아하시야**(주전 841년)가 왕이 되었다. 그는 아비와 어미의 길을 따라 주님이 보시기에 악을 행했다. 북왕국 왕 아합의 아들 요람과 함께 길르앗 라못에서 시리아 왕 하사엘과 전쟁을 벌였다. 그리고 그 와중에 반란을 일으킨 북왕국의 장수 예후에 의해 요람과 함께 죽임당했다(8:25~9:28).

아하시야가 죽은 후 그의 어미 **아달랴**(주전 841-835년)가 왕이 되었다. 아달랴는 왕이 되기 위해 아하시야의 아들들을 모두 죽였다. 할머니가 왕이 되기 위해 손자들을 죽인 것이다. 다행히 아하시야의 누이 여호세바가 조카들 중 요아스를 **빼내어** 숨겼다. 아달랴의 치세는 오래 가지 못했다. 6년 후 제사장 여호야다가 계략을 꾸며 아달랴를 죽이고 요아스를 왕위에 올린 것이다. 유다 왕들의 잘못으로 인해 왕조가 끊어질 **뻔했지만**, 주님께서 다윗에게 주신 언약에 충실하셨던 것이다(11장).

아달랴에 이어 왕위에 오른 **요아스**(주전 835-796년)는 주님이 보시기에 정직하게 행했다. 그는 오랜 세월 동안 방치되었던 성전 수리를 시작한다. 하지만 그 과정은 쉽지 않았다. 여호람과 아하시야와 아달랴 시절을 거치는 동안 성전이 너무 오래 방치되어 훼손이 심했고(대하 24:7), 성전 보수의 책임을 맡은 레위인들이 게을렀기 때문이다. 요아스 재위 23년째 되던 해에 대제사장 여호야다와 제사장들을 불러 한바탕 야단을 친 후에야 겨우 성전이 보수되었다. 하지만 그의 이런 치적은 시리아 왕 하사엘이 올라와 예루살렘을 쳤을 때 훼손되고 말았다. 하사엘을 달래기 위해 성전과 왕궁에 있는 모든 금을 거둬 그에게 바친 것이다. 그 일 후에 신하들이 반역을 일으켜 그를 죽이고 그의 아들 아마샤를 왕으로 옹립했다(12장).

요아스에 이어 **아마샤**(주전 796-767년)가 왕이 되었다. 아마샤는 에돔과의 전쟁에서는 승리했으나 북왕국과의 전쟁에서는 패했다. 그는 패배 후 유증으로 백성의 신임을 잃었고 결국 백성들에게 살해당했다(14:1-22).

아마샤의 뒤를 이어 그의 아들 **아사랴**(주전 792-740년)가 왕이 되었다. 아사랴는 웃시야라는 이름으로 더 알려져 있다. 아사랴는 16세에 왕위에 올라 52년간 유다를 다스렸다고 전해진다(15:2). 아마도 그 52년에는 먼저

는 선왕인 아마샤와 나중에는 그의 아들 요담과 함께 통치했던 기간이 포함되어 있는 듯하다.[4] 역대기에 따르면(대하 26:16-23), 웃시야는 나라가 강성해지지 교만해져서 제사장이 아님에도 여호와의 성전에 들어가 분향하려 했다. 그러자 제사장 아사랴가 왕을 저지하려 했고, 웃시야는 그에게 화를 내다가 나병에 걸렸다. 아사랴는 율법에 따라 즉시 웃시야를 성전에서 쫓아냈다. 그 후로 웃시야는 별궁에 살았고 그의 아들 요담이 왕직을 수행했다(15:1-7). 이것은 남왕국 유다 안에 이스라엘 역사에서 나타났던 오랜 갈등, 즉 제사장과 세속 권력 간의 갈등(예컨대, 사무엘과 사울의 갈등)이 여전히 존재하고 있었음을 보여 준다. 웃시야가 죽던 해에 이사야가 예언자로 부르심을 받았다(사 6:1-5).

아사랴 뒤를 이어 그의 아들 **요담**(주전 750-732년)이 왕이 되었다. 요담은 25세 때 나병에 걸린 아비 아사랴를 대신해 왕위에 있었고 16년간 유다를 다스렸다(15:32-38).

‖ 바벨론에 의한 파멸

요담이 죽은 후 그의 아들 **아하스**(주전 732-716년)가 왕이 되었다. 아하스 시절부터 남왕국 유다는 역사의 격랑에 휩싸이기 시작한다. 아하스는 하나님이 보시기에 악한 왕이었다. 열왕기는 그가 다윗의 길이 아니라 이스라엘의 여러 왕들의 길을 따랐다고 명시한다(16:3). 실제로 그는 자기 아들을 불 가운데로 지나가게 하고 산당과 푸른 나무 아래에서 우상들에게 제사하며 분향했다. 그가 즉위한 이듬해에 시리아와 에브라임(이스라엘) 연합군이 유다를 침략했다. 아하스가 시리아와 북왕국의 제안, 즉 반(反)앗수르 동맹을 맺어 앗수르에 대항하자는 제안을 거부했기 때문이었다. 다급해진 아하스는 예언자 이사야의 만류에도 불구하고(사 7:1-9) 앗수르 왕 디글랏빌레셀에게 조공을 바치며 도움을 요청했다. 자청해서 앗수르의 속국이 된 것이다. 아하스는 앗수르에게 조공하기 위해 성전의 은금을 내어다가 바쳤다. 또한 앗수르 왕을 알현하기 위해 갔던 다메섹에서 본 우상의 제단을 본떠 예루살렘에 제단을 세우고 그 위에서 제사를 드렸다. 역대기는 그가 죽은 후에 열왕의 묘실에 들어가지 못했다고 전한다 (대하 28:27). 그가 조공을 바쳐가며 불러들인 앗수르는 그의 치세였던 주전 722년에 북왕국 이스라엘을 멸망시켰다. 북왕국이 망하자 남왕국 유다는 아무런 완충지대 없이 앗수르와 마주하게 되었다.

아하스가 죽은 후 그의 아들 **히스기야**(주전 716–687년)가 왕이 되었다. 히스기야는 부왕의 정책을 따르지 않았다. 그는 아세라 목상을 찍고, 느후스단이라고 불리며 숭배의 대상이 되었던 놋뱀을 부수고, 모세의 율법을 지켰다(18:1–6). 또한 앗수르에 반기를 들었다. 그가 조공을 중단하자 앗수르 왕 산헤립이 대군을 이끌고 남유다를 공격했다. 주전 701년의 일이었다. 산헤립은 유다의 성읍들을 하나씩 정복한 후 예루살렘을 포위했다. 히스기야는 성전과 왕궁의 곳간을 털어 은 300달란트와 금 30달란트를 내주고 참화를 면했다. 하지만 앗수르는 다시 돌아와 예루살렘을 포위했다. 이때 앗수르는 예루살렘을 완전히 함락시킬 작정이었다. 고립무원 상태에서 히스기야는 예언자 이사야에게 도움을 청했다. 이사야는 히스기야에게 하나님이 앗수르를 물리치실 것이라고 예언했고, 그의 예언은 기적적인 방식으로 성취되었다(19장). 그 사건 후에 히스기야는 죽을병에 걸렸으나 기도를 통해 생명을 연장받아 15년을 더 살다가 죽었다(20장).

히스기야의 뒤를 이어 그의 아들 **므낫세**(주전 696–642년)가 왕이 되었다. 므낫세는 히스기야의 개혁을 후퇴시켰다. 그는 히스기야가 헐었던 산당을 다시 세우고, 바알을 위해 제단을 쌓고, 아세라 목상을 만들고, 하늘의 일월성신에게 경배하고, 자기 아들을 불 가운데로 지나게 하고, 신접한 자와 박수를 신임했다. 므낫세의 우상숭배는 하나님의 진노를 초래했다. 하나님은 예언자(아마도 이사야)를 통해 이렇게 말씀하셨다. "내가 사마리아를 잰 줄과 아합 궁을 달아 본 추를 사용하여 예루살렘을 심판하겠다. 사람이 접시를 닦아 엎어 놓는 것처럼, 내가 예루살렘을 말끔히 닦아내겠다. 내가 내 소유인 내 백성 가운데서 살아남은 사람을 모두 내버리겠고 그들을 원수의 손에 넘겨주겠다"(21:13, 14). 오래전 하나님이 다윗에게 하신 언약, 즉 설령 그의 후손이 잘못을 저질러도 그에게서 왕위를 빼앗지는 않겠다는 약속에 대한 취소 선언이었다. 열왕기는 유다가 멸망하게 된 가장 큰 원인이 므낫세 시절의 우상숭배 때문이라고 거듭 주장한다(23:12, 26; 24:3. 렘 15:4 참조). 므낫세는 유다에서 무려 55년간이나 다스리다 죽었다(21:1-18).

므낫세가 죽은 후 그의 아들 **아몬**(주전 642-640년)이 왕이 되었다. 그는 선왕 므낫세만큼이나 악했고, 왕위에 오른 지 2년 후에 신복들에 의해 죽임당했다(21:19-26).

아몬의 뒤를 이어 그의 아들 **요시야**(주전 640-608년)가 왕이 되었다. 요시야는 불과 8세 때 왕위에 올랐다. 어린 나이에 즉위한 그가 31년간 유다를 다스릴 수 있었던 것은 당시의 국제 정세 때문이었다. 북왕국과 달리 왕조가 안정되어 있던 남왕국에서 가장 큰 정치적 혼란 요소는 외적인 앗수르였다. 앗수르가 신흥 제국 바벨론에 의해 혼란에 빠짐으로 다른 나라를 침탈할 여력이 없었다. 덕분에 남왕국은 독립 아닌 독립을 누릴 수 있었다.

요시야는 재위 18년째 되던 주전 622년에 대대적인 성전 수리 공사를 시작했다(22:3-7). 공사 과정에서 오래된 율법책이 발견되었다. 우리는 애초에 그 책이 언제 어떻게 상실되었는지에 대해 알지 못한다. 다만 그것이 그제야 발견되었다는 사실은 남왕국에서 아주 오랫동안 율법이 시행되지 않았음을 의미한다. 요시야는 율법책 발견을 기점으로 또한 그것에 근거해 유다 역사상 가장 철저한 종교개혁을 시도했다.

우선 온 백성을 불러모아 율법에 순종하겠다는 언약을 하게 했다. 그는 바알과 아세라와 하늘의 일월성신을 섬기는 데 쓰이는 모든 그릇을 내어다가 불살랐다. 유다 각 성읍에서 모든 제사장을 불러오고 지방의 산당들을 헐었다. 인신 공양을 하던 힌놈의 아들 골짜기를 더럽혔다. 북왕국의 초대 왕 여로보암이 벧엘에 세웠던 제단과 산당을 헐고 사람들의 해골을 가져다가 제단을 더럽혔다. 사마리아에 있는 산당을 제거하고 섬기던 제사장들을 죽였다. 그렇게 모든 것을 깨끗이 한 후에 유다에서 오랫동안 잊혀진 유월절을 지켰다. 또한 유다 전역에서 신접한 자와 점쟁이와 드라빔과 모든 가증한 것을 제거했다. 요시야의 개혁은 전무후무한 것이었다. 실제로 열왕기 저자는 이렇게 전한다. "이와같이 마음을 다 기울이고 생명을 다하고 힘을 다 기울여 모세의 율법을 지키며 주님께로 돌이킨 왕은 이전에도 없었고 그 뒤로도 다시 나타나지 않았다"(23:25).

하지만 열왕기 저자의 그런 상찬(賞讚)에도 불구하고 요시야는 개혁을 완수하지 못했다. 그가 유다를 개혁할 수 있었던 원인이 당시의 국제 정세 때문이었다면, 개혁을 완수하지 못하고 불행하게 죽은 것 역시 국제 정세 때문이었다. 주전 608년, 애굽의 바로 느고가 바벨론과 맞서고 있는 앗수르를 지원하기 위해 군대를 이끌고 북상했다. 요시야는 예루살렘 북쪽에 있는 므깃도에서 애굽 군대와 맞섰다. 앗수르가 애굽의 지원을 받아 살아남을 경우 유다가 남쪽의 애굽과 북쪽의 앗수르로부터 동시에 착취당할 것을 우려해서였다. 그러나 안타깝게도 요시야는 그 전투에서 전사했다

(23:28-30). 그즈음에 예언자 예레미야의 활동이 시작되었다(렘 1:1-3).

요시야는 이스라엘과 유다의 모든 왕 중 가장 온전하게 주님을 섬긴 자였다. 그런 인물의 갑작스러운 죽음은 당황스럽다. 그것은 신명기계 역사가들의 일관된 주장, 즉 주님께 순종하면 복을 받고 불순종하면 벌을 받는다는 주장과 상충한다. 요시야는 어째서 그렇게 죽어야 했을까?

요시야의 뒤를 이어 그의 아들 **여호아하스**(주전 608년)가 왕이 되었다. 하지만 그는 불과 석 달밖에 다스리지 못했다. 앗수르와 함께 바벨론 군대를 물리치고 돌아가던 애굽의 바로 느고가 그를 폐위하고 애굽으로 끌고 갔기 때문이다. 느고는 여호아하스 대신 요시야의 또 다른 아들인 엘리아김을 유다의 왕으로 삼고 그의 이름을 여호야김이라고 고쳐 불렀다. 여호아하스는 잡혀간 애굽에서 죽었다(23:31-34).

여호아하스의 뒤를 이어 그의 형제 **여호야김**(주전 608-597년)이 왕이 되었다. 여호야김은 애굽의 꼭두각시였을 뿐 아니라 어리석은 왕이었다. 그는 당시의 국제 정세를 읽지 못해 신흥 강자인 바벨론 대신 애굽을 섬기다가 화를 자초했다. 그는 처음에는 앗수르를 무너뜨리고 중동의 강자가 된 바벨론 제국을 섬겼으나 이내 자신을 왕으로 만들어준 애굽에게 돌아섰다. 그로 인해 통치 기간 내내 바벨론에 굴복하라고 외쳤던 예언자 예레미야와 갈등했다. 주전 598년 12월, 바벨론 군대가 유다로 진격해 왔다. 열왕기는 여호야김의 죽음에 대해 상세히 전하지 않는다. 아마도 그는 왕국을 위기 상황으로 몰아넣은 것 때문에 신하들에 의해 죽임을 당했을 것이다(24:1-4).

여호야김의 뒤를 이어 그의 아들 **여호야긴**(597년)이 왕이 되었다. 하지만 그는 고작 석 달밖에 다스리지 못했다. 바벨론 군대가 그를 유다의 여러 지도자와 함께 바벨론으로 끌고 갔기 때문이다(12절). 바벨론은 여호야긴 대신 그의 숙부 맛디야를 유다의 왕으로 삼고 이름을 시드기야라고 고쳐 불렀다.

유다의 마지막 왕 **시드기야**(주전 597–586년)는 유약하고 줏대 없는 사람이었다. 주전 597년 이후 바벨론의 속국이었던 유다는 바벨론의 손아귀에서 벗어날 길을 모색했다. 그들이 믿는 것은 이미 이빨 빠진 호랑이 상태가 된 애굽이었다. 예레미야는 시드기야와 유다 백성에게 애굽을 의지하지 말라고 경고했으나 시드기야 주변의 매파들은 계속해서 그를 부추겼다(렘 28장). 줏대 없는 시드기야는 바벨론에게 등을 돌렸다. 그러자 주전 587년에 바벨론의 왕 느부갓네살이 군대를 이끌고 쳐들어왔다. 유다는 저항했지만 국운은 이미 기운 상태였다. 시드기야는 신하들과 도망치다 잡혀 두 눈이 뽑힌 채로 바벨론으로 끌려갔다. 586년 7월, 마침내 성벽이 무너지고 바벨론 군사들이 예루살렘 성 안으로 밀려들어 왔다. 온 이스라엘을 대표하는 상징이었던 성전은 무너지고, 백성 중 유력한 자들은 모두 바벨론으로 잡혀갔다. 하나님의 언약 공동체 이스라엘의 최종적 멸망이었다(24:18~25:21).

바벨론은 유다에 왕이 아닌 총독을 두기로 했다. 사반의 손자이자 아히감의 아들인 그달리야가 총독으로 임명되어 유다를 다스렸다. 비(非) 다윗 계열의 통치자가 등장한 셈이다. 그달리야는 선정을 베풀며 그 땅에 남아 있는 백성을 다독였다. 그런데 왕족 중 이스마엘이라는 자가 그를 살해하고 도망쳤다. 총독 살해에 대한 보복이 두려웠던 백성들은 유다를 떠나 애굽으로 내려갔다. 출애굽으로 시작된 역사가 환애굽으로 끝난 것이다(25:22–26). 원역사 시대에 실패를 거듭하다가 아브라함을 택하시고 그의 후손인 이스라엘 백성을 통해 세상을 자기 뜻대로 다스리고자 하신 하나님의 계획이 또 다시 실패로 끝난 것이다.

‖ 신명기계 역사관을 넘어서

그러나 열왕기의 끄트머리에서 희미한 희망의 불씨 하나가 솟아오른다. 바벨론 왕 에윌므로닥이 즉위 원년에 37년간이나 감옥에 갇혀 있던 여호야긴을 석방하고 그의 지위를 회복시켰다. 그는 여호야긴에게 일평생 자기 앞에서 음식을 먹게 하고 쓸 것을 공급했다(25:27-30). 이 사건은 하나님의 신실하심에 대한 표징이다. 망한 나라의 왕 여호야긴은 그런 대접을 받을 만한 인물이 아니다. 그에 대한 열왕기 저자의 유일한 해설은 그가 그의 아비 여호야김처럼 악을 행했다는 것이다(24:9).[5] 그런 그가 바벨론의 왕에게서 그런 대접을 받는 것은 신명기계 역사서의 일관된 주장, 즉 하나님께 순종하면 복을 받고 불순종하면 벌을 받는다는 주장과 다시 상충한다. 앞서 우리는 순전한 왕 요시야가 불의의 죽음을 당한 것을 살펴보았다. 요시야는 이스라엘과 유다의 모든 왕 중 가장 온전하게 율법을 지킨 인물이었음에도 인생의 절정기에 어이없이 죽고 말았다.

어째서 선한 왕이 비참하게 죽고 악한 왕이 끝까지 살아남는가? 우리가 지금까지 살펴보았던 신명기계 역사서(여호수아-사사기-사무엘서-열왕기)의 주장은 잘못된 것일까? 아니다. 크게 보면 신명기계 역사가들의 주장은 옳다. 지금까지 살펴본 북왕국과 남왕국의 역사가 그것을 입증해 준다. 결국 북왕국과 남왕국 모두 하나님이 그토록 금하신 우상숭배에 빠져 율법을 어기고 예언자들의 호소를 멸시하다가 멸망에 이르렀으니 말이다. 사실 이스라엘의 멸망은 시내산 언약과 솔로몬 언약에 따른 것이기도 했다. 두 언약은 모두 이스라엘의 순종을 전제로 하나님의 돌보심을 약속하는 "조건부 언약"이었다. 그들이 순종하지 않았으니 하나님이 버리시는 것은 당연했다.

그럼에도 하나님은 자신을 신명기계 역사가들의 주장이나 시내산 언약이나 솔로몬 언약에 속박시키지 않으셨다. 오히려 자신이 다윗에게 하셨던 "무조건적인 언약"을 기억하셨다. 그리고 그 약속에 충실하셨다. 여호야긴은 그의 장점 때문에 살아남은 것이 아니다. 하나님이 자신의 언약에 충실하시고 유다에게 은혜를 베푸셨기에 살아남은 것이다. 그리고 하나님은 그를 통해 상황을 바꿀 계획을 갖고 계셨다. 하나님이 이런 계획을 품으신 이유는 단 하나였다. 자신이 지으신 세상을 포기하지 못하셨기 때문이다. 그분은 "이스라엘"이 아니라 그 나라를 통해 구원하고자 하신 "세상"을 포기하지 못하셨던 것이다.

유진 피터슨(Eugene Peterson)은 열왕기의 내용을 설명하면서 세상에 대한 하나님의 강고한 통치 의지를 강조한다. "열왕기를 읽는 유익은 실로 엄청나다. 무엇보다 하나님의 통치는 힘 있고 경건한 사람들을 통해 효과적으로 구현된다고 생각했던 억측이 무너지면서, 그분의 주권을 한층 깊이 이해하고 경험하게 된다. 온갖 유토피아적 계획이나 망상들의 현혹에서 벗어나게 된다. 그에 따라, 아무리 문제 많고 죄 많은 지도자들(왕들)이 우리 사회와 교회를 농단할지라도, 그것 때문에 하나님의 통치가 무효화될 수는 없으며, 그 어떤 현실과 상황 속에서도 여전히 (은밀히) 행사되는 하나님의 주권을 마음껏 기뻐하고 즐거워할 수 있다는 사실을 깨닫게 된다."[6] 오늘날 우리가 우리와 별 상관이 없는 고대 이스라엘의 왕들의 이야기를 읽으며 유념해야 할 것이 바로 이것이다.

유다 공동체의 형성

에스라, 느헤미야

주전 586년에 남왕국 유다가 멸망함으로 하나님의 언약 백성 이스라엘의 역사는 완전히 끝났다. 시드기야 왕을 비롯해 유다의 엘리트 모두가 바벨론으로 압송되었고 유다 땅에는 농사에 필요한 무지렁이 백성만 남았다. 그런데 그 백성조차 그달리야 사건 직후에 애굽으로 내려갔다. 그로 인해 유다 땅은 예레미야가 예언했던 것처럼 "황무지"가 되었다(렘 4:26). 당시 바벨론이 단순히 유다만이 아니라 전통적 강국인 애굽을 포함해 중동 지역 전체를 지배하고 있었음을 고려하면, 유다가 다시 일어나 나라를 회복할 가능성은 전혀 없었다.

그럼에도 유다의 예언자들은 나라가 멸망하기 전부터 줄곧 나라의 회복에 관해 예언했다. 예레미야는 유다의 멸망이 피할 수 없는 현실임을 강조하고 왕과 백성 모두에게 현실을 받아들일 것을 촉구하면서도 다른 한편으로는 나라의 회복에 대해 말했다. 구체적으로 그는 유다가 70년간의 포로생활을 마친 후 회복될 것이라고 주장했다(렘 25:11, 12). 포로기에 바벨론에서 활동했던 에스겔과 제2이사야 역시 유다의 회복에 대해 예언했다. 특히 제2이사야는 유다의 회복을 이끌 인물로 당시 바벨론의 변방에서 기지개를 켜고 있던 고레스라는 인물을 직접 거명하기까지 했다(사 43:14-21; 45:1).

역사서의 마지막 책들인 에스라와 느헤미야는 바로 그 회복에 관한 이야기를 다룬다. 히브리어 성경에서 에스라와 느헤미야는 하나의 책이다. 그러므로 우리는 그 두 책을 하나의 연속된 이야기로 읽을 수 있다. 에스라와 느헤미야는 포로기 이후에 한 무리의 서기관들에 의해 쓰였다.[1] 아마도 그 무리가 역대기도 썼을 것이다. 실제로 에스라-느헤미야는 많은 점에서 역대기와 동일한 관심을 드러낸다. 그 둘은 모두 레위인의 활동과 제사를 강조하면서 예루살렘 성전과 율법에 깊은 관심을 보인다. 학자들은 역대기와 에스라-느헤미야의 공통점에 주목하면서 그 두 책을 "신명기계 역사서"와 구별되는 "역대기계 역사서"라고 부른다.

하지만 역대기와 에스라-느헤미야의 저자가 동일 인물은 아닐 것이다. 둘 사이에 분명한 차이가 존재하기 때문이다. 역대기는 다윗 왕조의 정통성에 깊은 관심을 보인다. 역대기는 열왕기와 달리 북왕국의 이야기를 다루지 않는다. 역대기 저자에게 북왕국 백성은 다윗 왕가와 예루살렘 성전에서 떨어져 나간 자들에 불과하다. 역대기 저자의 관심사는 이스라엘이 망한 이유가 아니라 어디에서 희망을 찾을 수 있느냐 하는 것이다. 그는 그 희망을 하나님의 언약의 대상인 다윗과 그의 왕조에서 찾는다. 그런 점에서 역대기 저자의 관점은 이스라엘이 망한 이유를 찾고자 했던 열왕기 저자의 그것과 다르다. 반면에 에스라-느헤미야는 다윗 왕조에 관심이 없다. 에스라-느헤미야의 저자는 여호야긴 왕의 아들로 알려진

"유다 총독 세스바살"(스 1:8)에 대해 짧게 언급하는 것으로 다윗 왕조에 관한 이야기를 끝낸다. 이후 그의 관심사는 철저하게 예루살렘 성전, 제사장, 그리고 율법이다. 그러고 보면 포로기와 포로기 이후 이스라엘 안에는 몇 가지 서로 다른 관점을 지닌 사상가들이 있었던 셈이다. 이 책에서 우리는 역대기를 살피지 않을 것이다. 관점과 해석이 다를 뿐 역대기는 열왕기와 동일한 시기의 동일한 이야기를 다루고 있기 때문이다.

에스라

에스라서는 주전 538년에 페르시아 왕 고레스가 유다 백성에게 예루살렘으로 돌아가 성전을 건축하라고 명하는 조서를 내리는 것으로 시작된다(1:1, 2). 주전 538년이면 유다가 바벨론에게 멸망한 후 48년째 되던 해였다. 50년이 채 못 되어 영원할 것 같았던 대제국 바벨론이 무너지고 페르시아라는 새로운 제국이 등장한 것이다. 고레스는 방대한 제국을 다스리기 위해 제국에 속한 각 민족의 문화와 종교를 존중하는 관용 정책을 폈다. 예루살렘 성전을 재건하라는 조서가 내려진 것도 그런 정책의 일환이었다.

고레스의 칙령에 따라 유다로 돌아갈 팀이 꾸려졌다. 팀의 수장은 고레스가 유다 총독으로 임명한 세스바살이었다(1:8). 세스바살은 주전 598년에 바벨론으로 끌려간 유다 왕 여호야긴의 아들로 알려져 있는데,[2] 고레스는 그에게 오래전 바벨론 왕 느부갓네살이 유다 백성을 사로잡아 올 때 탈취해 온 성전 기물들을 넘겨주었다. 세스바살은 자기와 함께 예루살렘으로 돌아가고자 하는 이들의 수를 헤아렸다. 모두 42,360명이었다

(2:64). 그들은 바벨론에 머물러 살기로 한 유다 백성들이 바친 막대한 헌물과 함께 유다로 귀환했다.

귀환한 이들은 7개월여에 걸쳐 삶의 터전을 마련한 후 예루살렘에 모였다(3:1). 그런데 어찌 된 사정인지 이 무렵에 귀환 공동체의 지도자는 세스바살에서 스룹바벨로 바뀌어 있다. 스룹바벨은 여호야긴의 손자로 알려져 있다.[3] 예루살렘의 유다 백성은 스룹바벨의 지도하에 건축을 시작했다. 우선 고레스의 명령에 의지해 레바논에서 건축에 필요한 백향목을 실어왔다. 그리고 20세 이상의 레위인을 세워 공사를 감독하게 했다. 성전의 터를 닦았을 때 사람들은 기뻐하며 여호와께 찬양을 드렸다. 하지만 애초 성전의 모습을 기억하고 있던 나이 많은 백성들은 새 성전 터의 초라함을 보고 통곡했다(12절).

첫 삽을 뜨기는 했으나 성전 건축은 간단한 일이 아니었다. 당시의 상황은 솔로몬이 성전을 세울 때의 그것과는 완전히 달랐다. 솔로몬 시절은 이스라엘 역사의 황금기였을 뿐 아니라, 강력한 왕 다윗이 이미 오랜 세월에 걸쳐 건축에 필요한 막대한 물자를 마련해 둔 상태였다. 하지만 지금 귀환 공동체의 상황은 열악하기 짝이 없었다. 대부분의 땅은 폐허나 다름없었고 땅을 경작할 사람도 없었다. 게다가 가뭄으로 인한 흉작까지 겹쳐 사람들은 기본적인 음식과 옷도 없이 빈곤에 허덕였다(학 1:9-11; 2:15-17). 고레스가 고향으로 돌아가도 좋다는 칙령을 내렸음에도 불구하고 계속해서 바벨론에 머물러 살기로 했던 이들은 유다 땅에서 겪어야 할 이런 어려움을 예상했을 것이다.

경제적 어려움보다 심각한 것은 주변 사람들의 훼방이었다. 포로지에서 귀환한 자들이 성전을 건축한다는 소식을 들은 사마리아인들은 스룹바벨에게 자기들도 그 일에 참여하게 해달라고 요청했다(4:1, 2). 스룹바벨과 귀환 공동체의 지도자들은 성전 건축은 유다 백성의 일이라며 그들의 요청을 거절했다. 그러자 그들은 페르시아 왕에게 유다 백성을 고발하는 글을 올렸다. 글의 요지는 유다 백성이 예루살렘에 성읍을 건축하고 있는데 그 목적이 페르시아에 반역하기 위함이라는 것이었다. 그들이 이런 글을 보낸 것은 그 무렵에 페르시아를 다스리던 왕이 고레스의 칙령에 대해 알지 못한다고 여겼기 때문일 것이다. 사마리아인의 글을 받은 페르시아 왕은 성전 건축의 중단을 명령했다. 공사는 다리오 왕 2년인 주전 521년까지 중단되었다.

공사 중단 상태가 지속되자 예언자 학개와 스가랴가 일어나 백성에게 성전 건축을 재개하도록 촉구했다(5:1). 그 도전을 받아들인 총독 스룹바벨과 대제사장 예수아가 다시 공사를 시작했다. 페르시아 왕의 금지 명령이 내려진 상태에서 공사 재개는 목숨을 거는 일이었다.[4] 실제로 위기가 닥쳤다. 유브라데강 건너편 지역 총독인 닷드내가 페르시아 왕 다리오에게 편지를 보내 예루살렘의 상황을 알리고 왕의 처결을 요청한 것이다. 다행히 닷드내는 편지에서 고레스의 조서에 대해 언급하며 왕의 보물전각에 있는 조서를 살펴보라고 권했다(6-17절). 편지를 받은 다리오는 조서를 살펴보았고, 지금 예루살렘에서 진행되고 있는 일이 실제로 고레스의 명령에 의한 것임을 알게 되었다. 다리오는 닷드내에게 성전 공사를 막지 말고 오히려 그들에게 필요한 물자를 제공하라고 명령했다(6:1-12).

다리오 왕의 지원에 힘입어 공사는 순조롭게 진행되었다. 성전은 다리오 왕 6년인 주전 515년 3월에 완공되었다(6:15). 성전이 봉헌된 후 제사장과 레위인들이 분반과 순차를 정해 성전에서 직무를 시작했다. 이어서 백성은 유월절 행사를 치르고 무교절을 지켰다. 나라는 잃었지만, 민족 공동체의 유지를 위한 최소한의 장치가 마련되었음을 경축하는 행사였다.

주전 458년, 성전이 준공된 후 57년의 세월이 흐른 시점에 바벨론에서 율법학자이자 제사장인 에스라가 예루살렘으로 올라왔다(7:7). 아론의 16대손인 에스라는 여호와의 율법에 정통한 사람이었다. 그는 페르시아 왕 아닥사스다의 조서를 들고 왔다. 조서에서 왕은 그에게 예루살렘의 이스라엘 사람들이 하나님의 율법을 따라 살아가고 있는지 알아보라고 명령했다. 또한 하나님의 법을 아는 자를 법관과 재판관으로 삼아 하나님의 명령을 준행하지 않는 자를 처벌하라고 명령했다. 물론 이것은 아닥사스다가 여호와 신앙을 갖고 있었다거나 이스라엘 백성의 영적 상황에 관심이 있었다는 의미는 아니다. 아마도 그는 제국 안에 있는 모든 신들을 기쁘게 함으로써 그들에게서 은혜를 입고자 했을 것이다.[5]

세스바살이 이끌었던 1차 귀환 때와는 비교가 되지 않지만, 에스라도 큰 무리의 사람들을 이끌고 왔다. 그중에는 에스라가 일부러 찾아서 귀환 팀에 동참시킨 레위인 38명과 그들을 도울 220명의 성전 일꾼들이 포함되어 있었다(8:15-20). 전에 세스바살의 임무가 성전을 건축하는 것이었다면, 이번에 에스라에게 주어진 임무는 유다 백성이 하나님의 명령을 따라 살아가도록 만드는 것이었다. 에스라는 그 막중한 일이 자기 혼자서 이룰 수 있는 것이 아님을 알고 있었다. 그래서 레위인과 성전 일꾼들을 귀환 팀에 포함시킨 것이다.

에스라는 여호와에 대한 신뢰의 표시로 호위하는 군사 없이 길을 떠났다(8:22). 그는 무리 중 제사장의 우두머리 열두 명에게 페르시아 왕과 그의 보좌관들과 권세 있는 방백들에게서 얻은 막대한 금과 은을 나눠 맡기고 예루살렘으로 향했다. 에스라의 무리는 4개월간의 여행 끝에 예루살렘에 무사히 도착했다. 그는 제사장들에게 맡겨두었던 금과 은을 예루살렘 성전의 제사장과 레위인들에게 인계한 후 이스라엘의 하나님께 번제를 드리고 왕의 조서를 총독에게 전달했다(8:31-36).

에스라는 예루살렘에 도착한 지 얼마 안 되어 그곳의 이스라엘 백성이 심각한 잘못에 빠져 있음을 알게 되었다. 그들이 그 지역의 이방 족속 사람들과 통혼하고 있었던 것이다. 그것은 출애굽한 이스라엘 백성이 가나안으로 들어가기 직전에 여호와께서 모세를 통해 금지 명령을 내리신 일이었다(신 7:1-4). 여호와께서 이스라엘 백성에게 이방인과의 통혼을 금하신 것은 이방의 악한 관습이 언약 백성 안으로 틈입하는 것을 방지하기 위해서였다.

그런 상황을 알게 된 에스라는 겉옷을 찢고 머리털과 수염을 뜯었다(9:3). 종일 망연히 앉아 있던 그는 저녁 제사를 드릴 무렵에 일어나 속옷과 겉옷을 찢으며 하나님께 회개의 기도를 올렸다. 그는 하나님이 이스라엘 백성에게 베푸신 은혜에도 불구하고 그 백성이 거듭 하나님께 범죄하는 상황에 대해 면목 없어 하며 통회했다.

에스라가 슬픔에 잠겨 있을 때 여히엘의 아들 스가냐가 그에게 나아와 그 상황에 대한 해결책을 제안했다. 백성과 언약을 세워 이방 여인들 및 자녀들과 결별하고 그들을 내쫓게 하라는 것이었다(10:3). 그는 에스라에게 낙심만 하지 말고 일어나 상황을 바로잡으라고 촉구했다. 에스라는 스가냐의 조언을 받아들였다. 그는 온 백성을 성전 앞 광장에 모은 후 그들을 향해 명령했다. "너희 조상들의 하나님 앞에서 죄를 자복하고 그의 뜻대로 행하여 그 지방 사람들과 이방 여인을 끊어 버리라." 이 명령을 들은 백성들이 답했다. "당신의 말씀대로 우리가 마땅히 행할 것이니이다." 물론 이것은 백성들이 에스라의 말에 감복했음을 의미하지 않는다. 당시 에스라는 "여호와의 율법을 따르지 않는 자들을 벌할 수 있는 왕의 권위를 갖고 있었다."[6] 이것은 역사의 아이러니일 수 있다. 에스라는 이방인 왕이 자신에게 부여한 권위를 사용해 자기 백성을 여호와의 길로 이끌었던 것이다.

하지만 그 과격한 명령은 즉시 이행될 수 있는 것이 아니었다. 백성은 말미를 요구했고 에스라는 요구를 받아들였다. 에스라는 각 고을의 지도자들로 하여금 이방 여인과 결혼한 남자들에 대한 조사를 실시하게 했다. 3개월여의 조사 끝에 이방 여자와 결혼한 남자들의 명단이 작성되었다(10:18-43). 에스라서가 명시하지는 않았으나, 아마도 그들은 가족을 잃는 희생을 감수해야 했을 것이다.

느헤미야

느헤미야서는 에스라의 귀환이 있은 후 13년이 지난 시점에 예루살렘에 도착한 유다 총독 느헤미야의 이야기를 다룬다. 이스라엘 백성의 유다 귀환이라는 측면에서 보면, 주전 538년 세스바살의 귀환이 1차, 458년 에스라의 귀환이 2차, 그리고 445년 느헤미야의 귀환이 3차인 셈이다.

느헤미야는 페르시아 왕 아닥사스다(주전 465-424년)의 술 관원이었다 (1:11). 술 관원은 왕의 술 시중을 드는 자다. 당시에는 술에 독을 타 왕을 살해하는 경우가 많아서 술 관원은 왕의 절대적인 신임을 받는 사람일 수밖에 없었다. 당시의 관습을 고려하면, 아마도 그는 환관(宦官)이었을 것이다. 느헤미야는 오늘날의 이란 남서부 울라이강 평야에 위치한 수산궁에서 아닥사스 왕의 시중을 들던 중에 유다에서 온 사람들에게서 유다와 예루살렘의 처참한 형편에 관한 이야기를 들었다. 상황을 들은 느헤미야는 울며 금식했다. 그리고 자신이 왕에게 은혜를 입게 해달라고 간구했다.

그의 간구가 응답되었던 것일까? 그가 아닥사스다 왕에게 포도주를 바칠 때 왕이 그에게 무슨 근심이 있느냐고 물었다(2:2). 그는 자기가 슬퍼하는 것은 조상들의 성읍이 황폐해지고 성문이 불에 탔기 때문이라고 말했다. 그러면서 왕에게 자기를 유다로 보내 조상들의 성읍을 건축할 수 있게 해달라고 청했다. 왕은 그의 청을 수용했다. 느헤미야는 용기를 내어 더 많은 것을 요구했다. 그는 유다까지의 안전한 통행과 예루살렘에서 성읍을 건축하는 데 필요한 물자를 달라고 요구했다. 왕은 그것까지도 허락했다.

느헤미야는 군사들의 호위를 받으며 예루살렘에 도착했다. 그리고 즉시 예루살렘의 상황을 살폈다. 그가 돌아본 예루살렘의 상황은 심각했다. 시찰을 마친 후 그가 백성에게 말했다. "자, 예루살렘 성을 건축하여 다시 수치를 당하지 말자"(2:17). 백성은 크게 호응했다. 하지만 당시 사마리아 지역을 다스리던 호론 사람 산발랏과 그의 종 도비야 같은 이들은 유다 백성의 움직임을 못마땅하게 여겼다.

성벽을 중수하는 작업이 시작되었다. 느헤미야는 성벽을 여러 부분으로 분할해 각 가족에게 공사를 맡겼다(3장). 그러나 스룹바벨의 지도하에 성전을 건축할 때처럼 이번 성벽 중수 작업에도 훼방꾼이 나타났다. 호론 사람 산발랏이었다. 산발랏은 자신의 군대 앞에서 유다 백성의 시도를 비웃었다(4:2). 하지만 느헤미야는 그의 조롱을 무시하고 백성을 독려해 성벽을 중수해 나갔다. 성벽이 전부 연결되고 높이가 절반쯤에 이르자 산발랏은 직접 예루살렘을 공격하기로 작정했다. 산발랏의 의도를 사전에 알게 된 느헤미야는 밤낮으로 보초를 세워 적들을 경계하며 작업을 계속해 나갔다.

마침내 성벽 쌓는 일이 마무리되고 성문에 문짝을 달 때가 되었다(6:1).

문짝만 달면 예루살렘은 성벽을 통해 완벽하게 보호받는 성읍이 될 수 있었다. 이 상황이 산발랏을 초조하게 했다. 그는 느헤미야를 살해하기 위해 꾀를 냈다. 그는 느헤미야에게 봉하지 않은 편지를 보내 오노 평지에서 만나자고 전했다. 봉하지 않은 편지는 누구라도 볼 수 있었다. 산발랏이 보낸 편지의 내용은, 느헤미야가 유다 사람들을 이끌어 반란을 도모하고 있다는 소문이 돌고 있으니 그 문제에 대해 논의하자는 것이었다. 산발랏의 의도는 느헤미야가 그 소문에 대해 해명하기 위해 오노 평지로 내려오면 그를 잡아 죽이는 것이었다. 하지만 느헤미야는 협박에 굴하지 않았다. 그는 산발랏의 제안을 거부하고 계속해서 성벽 중수 작업을 해 나갔다.

유다 공동체 내부에도 심각한 문제가 있었다. 백성들 중 몇 사람이 느헤미야를 찾아와 한탄했다(5:1). 먹고살 길이 없어 밭과 집을 저당 잡히고 자녀들을 종으로 팔 수밖에 없다는 것이었다. 그 말을 들은 느헤미야는 분개했다. 그가 가장 분노한 것은 여유 있는 사람들이 동족들에게 높은 이자를 받는 것이었다. 느헤미야는 그들을 꾸짖은 후 한 가지 제안을 했다. 형제들에게 꾸어준 돈과 양식의 이자 받기를 그치고, 저당 잡은 밭과 포도원과 집을 원래 주인들에게 돌려주자는 것이었다. 백성은 그의 제안에 적극적으로 호응했다. 느헤미야는 경제적 어려움 속에서 살아가는 백성을 위해 총독 녹봉을 받지 않았다.

온갖 어려움을 무릅쓰고 작업을 계속한 끝에 마침내 성벽 중수가 완료되었다. 느헤미야는 그 즉시 관심을 성의 질서를 세우는 문제로 돌렸다. 그는 하나님을 경외하는 자들을 백성의 지도자로 삼았다. 그리고 밤에는 성문을 닫고 해가 높이 뜬 후에 열도록 했고, 주민들이 각각 자기 집 맞은편을 지키게 했다(7:3). 이는 성 안에 거주하는 백성을 적들의 공격에서 보호하기 위해서였다. 기본적인 조치를 한 후 느헤미야는 바벨론에서 유다로 돌아온 이들의 명단을 기록하게 했다. 느헤미야는 이것이 하나님이 자신의 마음을 감동시켜서 한 일이라고 말했다. 그 일은 다윗이 임의로 인구조사를 했던 것(삼하 24:1-9)과 대비된다. 아마도 하나님이 느헤미야에게 인구조사를 시키신 것은 다윗 시절과 달리 얼마 안 되는 사람들로 이루어진 언약 공동체의 구성원들을 좀 더 잘 보살피기 위함이었을 것이다. 조사 결과, 유다의 총 인구는 42,360명으로 밝혀졌다(66절). 그들 외에 7,337명의 종과 245명의 노래하는 자들이 있었다. 신약 시대에 이르러 "유대인"으로 불리게 될 이들의 모집단이었다.

일곱째 달 초하루, 즉 이스라엘의 새해 첫날에 온 백성이 수문 앞 광장에 모였다(8:1, 2). 학사 에스라가 특별히 세운 나무 강단 위에 올라가 새벽부터 정오까지 사람들에게 모세의 율법책을 읽어 주었다. 가르침을 받은 백성은 무릎을 꿇고 울며 회개했다. 다음날에도 백성은 율법의 말씀을 듣기 위해 모였다. 그리고 율법이 새해 축제 기간에 초막에서 지낼 것을 명령하고 있음(레 23:43 참고)을 깨닫고 즉시 초막절 행사를 치렀다. 그들은 나뭇가지를 가져다가 지붕 위, 뜰 안, 성전 뜰, 수문 광장 등에 초막을 짓고 그 안으로 들어갔다. 팔 일째 되는 날에는 큰 성회를 열었다.

일곱째 달 스무나흘 날이 되었을 때 백성들은 금식하며 기도하고, 율법책을 읽고, 죄를 고백하고, 하나님 여호와께 경배를 드렸다(9:1-3). 레위인들이 주도한 하나님께 대한 경배는 그분이 자기 백성 이스라엘을 위해 행하신 일들을 열거하는 방식으로 이루어졌다. 그분은 백성의 온갖 실패에도 불구하고 끝까지 그들을 지키고 보호하셨다. 그들은 자신들의 잘못으로 하나님이 주신 땅 안에서 종살이하고 있음을 고백하고 하나님의 은총을 빌었다. 그리고 은총을 얻기 위해 하나님의 말씀에 순종하기로 결의하는 언약을 맺었다. 보다 구체적으로 그들은 이방 족속과 통혼하지 않고, 안식일과 안식년을 지키고, 성전을 유지하는 데 필요한 재물을 바치기로 결의했다(10장).

기념비적인 행사를 치른 후, 느헤미야는 백성 중 십 분의 일을 제비 뽑아 예루살렘에 거주하게 했다(11:1). 이는 명예로운 일인 동시에 위험한 일이었다. 예루살렘의 거주민은 성의 이전의 영광을 회복하기 위해 일해야 했을 뿐 아니라, 유대인의 회복을 바라지 않는 적들의 공격에 맞서야 했다. 명예롭고도 위험한 일을 감당하기 위해 제비를 뽑은 사람들 외에도 다수의 제사장이 자원해서 예루살렘에 남기로 했다. 그들을 돕기 위해 다수의 레위인과 성전 일꾼과 문지기들도 예루살렘에 남았다.

성벽이 완공되고 성의 질서가 회복되었을 때, 느헤미야는 성벽 봉헌식을 거행했다(12:27). 이때부터 주전 586년에 유다가 바벨론에게 멸망한 이후로 중단되었던 성전의 활동이 재개되었다. 이 모든 일은 훗날 "유대인"이라고 불리게 될 공동체의 탄생을 알리는 신호탄이었다. 그 공동체는 매우 특이했다. 공동체의 기반은 "국가"가 아니라 "율법"이었다. 유대인은 나라를 잃은 상태에서 율법을 토대로 민족 공동체를 재건했다. 애초에 그 일을 시작한 이는 에스라였다(스 7:11-26). 하지만 일의 완성을 위해서는 느헤미야의 역할이 필요했다. 에스라는 율법을 강제할 충분한 권한을 페르시아 정부로부터 부여받긴 했지만, 실제로 그의 개혁을 효과적으로 수행하기 위해서는 행정 장관의 후원이 필요했던 것이다.[7] 그러나 그보다 앞서 그 모든 일을 가능하게 했던 기본적인 상황은 이방인 군주 페르시아 왕 고레스에 의해 마련되었다. 바벨론 포로지에서 사역했던 제2이사야의 예언이 이루어진 셈이다(사 45:1-7).

느헤미야는 성벽 봉헌을 마친 후 페르시아로 돌아갔다. 하지만 그는 곧 다시 예루살렘으로 돌아왔다(13:6, 7). 그런데 돌아와서 살펴보니 그가 자리를 비운 사이에 예루살렘의 상황이 크게 악화되어 있었다. 다섯 가지 문제가 있었다. 첫째, 암몬 사람과 모압 사람들이 이스라엘의 총회에 들어와 있었다. 느헤미야는 그들을 총회에서 내쳤다. 둘째, 산발랏과 함께 성벽 중수 작업을 방해했던 암몬 사람 도비야가 유다 귀족들의 호의를 얻어 성전 경내의 방을 사용하고 있었다. 느헤미야는 즉시 도비야의 세간을 밖으로 내던졌다. 셋째, 성전에서 섬기는 일꾼들이 받아야 할 몫이 지급되지 않고 있었다. 백성들이 십일조를 바치지 않았기 때문이다. 느헤미야는 백성의 우두머리들을 꾸짖어 십일조를 거두게 했다. 넷째, 안식일에 술틀을 밟거나 장사하는 자들이 있었다. 느헤미야는 안식일 준수를 명하고 안식일에 성문을 닫아걸었다. 다섯째, 이방 여인과 결혼한 사람들이 있었다. 느헤미야는 그들을 책망하고 때리고 머리털을 뽑았다. 특히 대제사장 엘리아십의 손자 요야다의 아들 중 하나가 산발랏의 사위가 된 것을 알고 그를 이스라엘 백성 가운데서 내쫓았다.

‖ 율법 공동체로의 이행

이로써 느헤미야의 이야기가 끝난다. 또한 창세기에서 시작된 구약 이야기 전체가 끝난다. 우리가 지금까지 살펴본 것처럼, 그 이야기는 "이스라엘의 이야기"였다. 엄밀한 의미에서 구약의 이야기는 하나님이 이스라엘(야곱)의 할아버지인 아브라함을 부르시는 것에서부터 시작된다(창 12:1-3). 하나님이 아브라함을 부르신 까닭은 그를 통해 땅의 모든 족속에게 복을 내리시기 위함이었다. 하나님은 아브라함의 후손인 이스라엘 민족이 자신의 다스림을 받으며 살아간다면 온 세상이 그것을 보고 자신에게 나아올 거라고 여기셨다. 그 일을 위해 애굽에서 종살이하던 이스라엘 민족을 끌어내어 자신의 언약 백성으로 삼으시고 가나안 땅에 들어가 하나의 독립된 왕국을 설립하게 하셨다.

하나님은 그 공동체가 자신의 뜻을 따라 살아가게 하시려고 율법을 제공하셨다. 공동체의 구성원들이 율법을 따라 살기만 하면, 그들은 스스로 복될 뿐 아니라, 온 세상에 복이 될 수 있었다. 하지만 이스라엘 공동체는 율법을 무시하고 세상의 풍습을 따라 살아갔다. 그리고 세상처럼 타락해서 세상과 전혀 구별되지 않는 존재가 되었다. 하나님은 거듭 경고하고 질책하셨으나 소용이 없었다. 아담과 노아의 후손들이 실패했듯이, 이스라엘 언약 공동체 역시 실패했다. 하나님은 그들을 두고 보실 수 없어 심판하셨다. 이스라엘 왕국은 주전 930년에 남과 북으로 분열되었다. 분열된 이스라엘 언약 공동체는 주전 722년에 북왕국이, 그리고 주전 586년에 남왕국이 멸망함으로써 역사의 뒤안길로 사라지고 말았다.

하지만 하나님은 그들의 실패에도 불구하고 그들을 포기하지 않으셨다. 하나님은 이방인 군주 고레스를 사용해 그들이 조상의 땅으로 돌아올 수 있게 하셨고, 비록 예전과 같은 독립된 민족 국가는 아니지만, 율법을 중심으로 한 언약 공동체를 이루며 살아가게 하셨다. 존 브라이트는《이스라엘의 역사》라는 책에서 구약 성경의 이 마지막 이야기와 관련해 다음과 같은 결론을 내린다. "국가에서 율법 공동체로 향하는 이스라엘의 이행이 완료되었다. 이때부터 이스라엘은 율법 공동체로 존속하게 되었고, 국가 체제 없이 전 세계에 흩어져 살더라도 이러한 공동체로서 존속할 수 있었다. 유대인을 구별하는 증표는 정치적 국적도 아니고, 근본적으로는 인종상의 출신도 아니고, 성전 제의에 대한 정기적 참여도 아니고, 오직 모세의 율법을 고수하는 데 있을 것이다. 이스라엘은 그 역사의 대분수령을 넘었고, 앞으로 올 모든 시대에서 이스라엘의 미래는 확보되었다."[8]

3부

예언서

주전 8세기의
예언자들

아모스, 호세아, 제1이사야, 미가

열왕기는 하나님의 언약 백성 이스라엘이 망해가는 과정에 대한 우울한 서술이다. 이스라엘 백성은 그들의 하나님 여호와의 뜻을 저버리고 악한 길로 치닫다가 결국 멸망하고 말았다. 그러나 하나님은 자신의 백성이 멸망하는 과정에서 그냥 손놓고 지켜보지만은 않으셨다. 어떻게든 그 백성을 돌이켜 살려내기 위해 애쓰셨다. 특히 그분은 이스라엘의 국운이 기울기 시작한 주전 8세기부터 계속해서 그 백성에게 예언자들을 보내셨다. 그리고 그들을 통해 거듭 심판을 경고하시고 이제라도 자신에게 돌아와 구원을 얻으라고 끈질기게 호소하셨다. 예언자들의 활동은 이스라엘이 멸망한 후에도 계속되었다. 하나님은 바벨론에 있던 포로 공동체 사람들에게도, 나중에는 예루살렘으로 귀환해 유다 공동체를 만들고 있던 이들에게도 계속해서 예언자들을 보내셨다.

예언자들은 자기들이 받은 말씀을 기계적으로 선포했던 하나님의 마이크가 아니었다. 그들은 그 시대의 가장 날카로운 사상가들이었다. 그들의 예민한 정신이 그들에게 다가온 하나님의 말씀과 부딪혀 만들어낸 소리가 그들이 쏟아낸 예언이었다. 그들의 예언은 구약 시대에 이스라엘 공동체 안에서 나타난 가장 빛나는 말들이었다. 우리는 그들의 말을 통해 자기 백성을 향한 하나님의 뜻을 분명하게 들을 수 있다.

아모스

아모스는 남왕국 유다 사람이었는데 북왕국 이스라엘로 내려가 예언했다. 그가 예언할 무렵에 북왕국을 다스렸던 이는 여로보암 2세(주전 782–753년)였다. 여로보암은 강력한 왕이었고 당시의 국제 정세도 유리해서 북왕국은 한껏 기지개를 켜고 있었다. 한데 뜬금없이 남왕국 사람 아모스가 찾아와 그 나라가 곧 여호와의 심판을 받아 망할 것이라고 선언했다.

아모스는 북왕국이 심판받는 이유는 그 나라 백성이 짓고 있는 "서너 가지 죄" 때문이라고 말했다. 그들은 신 한 켤레 값에 가난한 자를 팔았고, 힘없는 자의 머리를 티끌 먼지 속에 넣어 밟았고, 아버지와 아들이 한 젊은 여인에게 다녔고, 전당 잡은 옷 위에 누우며 신전에서 벌금으로 얻은 포도주를 마셨다(2:6–8). 아모스가 보기에 그런 일들은 이스라엘을 택해 자기 백성으로 삼으신 하나님에 대한 반역이었다. 아모스는 그 백성을 향해 여호와의 심판을 선언했다. "이 땅 사면에 대적이 있어 네 힘을 쇠하게 하며 네 궁궐을 약탈하리라"(3:11). 지금껏 그분은 그 백성을 자신에게 돌이키기 위해 온갖 노력을 하셨으나 소용이 없었다. 결국 그분은 그들에게 회복의 가능성이 없는 최종적인 멸망을 선언하셨다. 아모스는 북왕국에 대한 심판을 선포하며 안타까운 애가를 불렀다. "처녀 이스라엘이 엎드러졌음이여. 다시 일어나지 못하리로다"(5:2).

그러나 하나님은 그런 심판을 선언하시고도 여전히 그들에게 살 길을 제시하셨다. 그 길은 이제라도 그들의 주님을 찾는 것이었다. 그런데 주님을 찾는다는 것은 벧엘이나 길갈이나 브엘세바 같은 성소를 찾아가 제사를 드리는 것이 아니었다. 하나님의 관심사는 제사가 아니라 그 백성의 삶이었다. 그분은 그 백성이 악을 버리고 선을 구하기 바라셨다. 그들이 제단에 나와서 기름진 제물을 바치기보다 서로를 바르게 대하며 살아가기를 바라셨다. 그분은 그런 삶을 "정의"와 "공의"라는 단어로 표현하셨다. "네 노랫소리를 내 앞에서 그칠지어다. 네 비파 소리도 내가 듣지 아니하리라. 오직 정의를 물 같이, 공의를 마르지 않는 강 같이 흐르게 할지어다"(5:23, 24).

"공의"와 "정의"는 아모스서뿐 아니라 예언서 전체에서 자주 등장하는 단어들이다. 예언자들은 이스라엘 백성에게 주어진 모세의 율법 핵심을 이 두 단어로 요약했다. 우리말에서 이 두 단어는 비슷하게 보이지만 히브리 원어는 다른 뜻을 갖고 있다. "공의(미슈파트)"는 백성들 가운데 있어야 할 사법적 공정성이고, "정의(츠다카)"는 하나님의 백성이 서로에게 보여야 할 자비와 친절이다.[1] 하나님이 북왕국 백성에게 바라시는 것은 제사가 아니라, 그들이 서로 자비와 친절을 베풀고 공동체 안에서 발생하는 문제를 법에 따라 공정하게 처리하는 것이었다.

하지만 여로보암 2세 시절에 북왕국 백성은 그렇게 하지 않았다. 그로 인해 북왕국은 흥청거렸으나 안에서부터 무너져 내리고 있었다. 물론 이런 상황에 대한 책임은 그 나라 백성 모두에게 있었다. 하지만 아모스의 책망은 일차적으로 그 나라의 지도자들을 향했다. 그들은 상아 상에 누워 기지개를 켜고, 어린 양과 송아지를 잡아먹고, 비파 소리에 맞추어 노래를 지절거리고, 대접으로 포도주를 마시고, 귀한 기름을 몸에 바르면서도, 나라의 환난에 대해서는 근심하지 않았다(6:1-6). 그러나 이제 그들의 그런 삶은 끝날 것이다. 그들은 적에게 사로잡힐 것이다. 적은 북쪽에 있는 하맛 어귀로부터 남쪽에 있는 아라바 시내에 이르기까지 나라 전역을 유린할 것이다(14절).

이어서 아모스는 자기가 북왕국의 미래와 관련해 받은 다섯 차례의 환상에 대해 말한다(7:1-9; 8:1-3; 9:1-4). 환상은 모두 북왕국에 임박한 여호와의 무서운 심판에 관한 것이었다. 아마도 그 환상이 남왕국 사람인 그가 북왕국으로 내려가 예언하도록 이끌었을 것이다. 그러나 북왕국 백성은 아모스의 불편한 예언을 견딜 수 없었다. 아모스 예언에 대한 북왕국 백성의 반응의 일단이 벧엘의 대제사장 아마샤가 여로보암 2세에게 올린 보고를 통해 드러난다. "이스라엘 족속 중에 아모스가 왕을 모반하나니 그 모든 말을 이 땅이 견딜 수 없나이다. 아모스가 말하기를 여로보암은 칼에 죽겠고 이스라엘은 반드시 사로잡혀 그 땅에서 떠나겠다 하나이다"(7:10, 11). 예언자 아모스는, 훗날 예수가 그랬던 것처럼(마 10:34-36), 사람들 사이에 칼을 던지고 있었던 것이다.

그러나 아모스는 그의 예언을 회복에 관한 말로 끝낸다. "그 날에 내가 다윗의 무너진 장막을 일으키고 그것들의 틈을 막으며 그 허물어진 것을 일으켜서 옛적과 같이 세우고 그들이 에돔의 남은 자와 내 이름으로 일컫는 만국을 기업으로 얻게 하리라"(9:11, 12). 앞에서 그는 이스라엘의 돌이킬 수 없는 파멸에 대해 말했다. 하지만 여기서는 이스라엘의 회복에 대해 말하고 있다. 회복은 북왕국이 아니라 "다윗의 초막"이라고 불리는 남왕국으로부터 시작될 것이다. 게르하르트 폰 라트(Gerhard von Rad)는 아모스가 이런 예언을 한 이유를 그가 남왕국 사람인 것에서 찾는다. 틀림없이 아모스는 주님께서 다윗에게 주신 언약(삼하 7:11-16)에 대해 알고 있었을 것이다. 그런 까닭에 그는 북왕국에 여호와의 심판을 선포하는 동안에도 그 언약을 떠올리며 이렇게 생각했을 것이다. "여호와께서는 자신이 세우신 것을 결코 무너뜨리지 않으실 것이다. 특히 그분은 자신의 이름으로 일컬어지는 백성에 대한 권리를 포기하지 않으실 것이다."[2]

호세아

호세아는 아모스보다 조금 늦게 사역을 시작했다. 아모스가 남왕국 출신이었음을 감안하면, 호세아는 북왕국 출신의 유일한 문서 예언자였다. 그는 "브에리의 아들"로 불리지만, 우리는 브에리가 누구인지 알지 못한다. 자주 거론되는 그의 불행한 결혼생활 이야기(1~3장) 역시 그에 대한 별다른 정보를 제공하지 않는다. 어쩌면 그의 결혼생활 이야기는 "사랑의 예언자"라고 불리는 그가 선포한 예언을 예시하는 일종의 시청각 교재 같은 것이었을 수 있다.

호세아는 북왕국이 멸망하기 직전에 예언자로 활동했다. 그 무렵에 북왕국 이스라엘은 혼란의 도가니였다. 혼란의 일차적 원인은 국내 정치였다. 주전 753년에 북왕국 역사상 가장 강력한 왕이었던 여로보암 2세가 죽었다. 그 후 나라가 망한 주전 722년까지 무려 여섯 명의 왕이 교체되었는데 그중 네 명이 정적에 의해 살해당했다.

하지만 그보다 더 심각한 원인은 전쟁이었다. 주전 732년에 앗수르 왕 디글랏빌레셀이 시리아를 멸망시킨 후 북왕국으로 쳐들어왔다. 앞서 살펴보았던 "시리아-에브라임 전쟁"의 여파였다. 만약 호세아(주전 732-722년, 예언자 호세아와 동명이인이다)가 즉각 항복하고 공물을 바치지 않았다면, 북왕국은 그때 시리아와 동일한 운명을 맞았을 것이다. 간신히 살아남기는 했으나 북왕국 백성은 매년 앗수르에 바치는 공물 때문에 허리가 휘었다. 결국 호세아 왕은 디글랏빌레셀이 죽자 조공을 중단했다. 그러자 앗수르의 새 왕 살만에셀 5세가 대군을 이끌고 북왕국으로 쳐들어왔다. 그는 주전 722년에 북왕국의 수도 사마리아를 함락시키고 그곳 주민들을 메소포타미아와 메디아 등지로 끌어갔다. 이로써 북왕국은 역사의 무대에서 완전히 사라지고 말았다.

호세아는 그런 역사적 격변기에 예언자로 활동했다. 그는 국내외의 극심한 혼란 속에서 자신의 조국에 대해 하나님의 심판을 선포했다. 하나님의 백성에게 심판을 선포했다는 점에서 그는 아모스와 유사했다. 하지만 그의 예언은 몇 가지 점에서 아모스의 그것과 달랐다. 아모스는 북왕국의 실패 원인을 그 사회 안에 정의와 공의가 없는 것에서 찾았다. 호세아도 북왕국의 윤리적·도덕적 타락에 대해 한탄하기는 했으나, 그가 그것보다 더 주목한 것은 제사의 타락이었다(4:12, 13). 그런 점에서 그의 비난은 그 나라의 제사장들에게 집중된다.

호세아는 북왕국 백성이 망하게 된 이유가 그들이 하나님의 율법을 잊었기 때문이라고 지적했다(4:6). 그런데 하나님의 율법을 알지 못하는 것은 일반 백성이나 그들을 이끌어야 할 제사장이나 매한가지였다. 아마도 그것은 북왕국의 초대 왕 여로보암이 레위 자손이 아닌 이들을 제사장으로 삼았기 때문일 것이다(왕상 12:31). 그로 인해 레위 지파의 제사장 전승이 끊어지고 북왕국의 제사장 집단 안으로 가나안 지역의 우상숭배 행습이 들어와 자리를 잡았다. 우상숭배에 빠진 무지한 제사장들로 인해 하나님에 대한 지식이 사라진 것이야말로 북왕국을 망친 근본 원인이었다.

그러나 문제는 제사장들에게만 있었던 것이 아니다. 호세아가 "왕족들"(5:1)이라고 부르는 정치인들은 권력투쟁을 하느라 나라를 회복 불가능한 위기 속으로 몰아넣었다. 앞에서 살펴보았듯이, 여로보암 2세 이후 북왕국 왕궁에서는 정치인들의 음모와 반란이 끊이지 않았다. 호세아는 그 상황을 다음과 같이 설명한다. "그들의 마음은 간교하여 화덕 같으니 그들의 분노는 밤새도록 자고 아침에 피우는 불꽃 같도다. 그들이 다 화덕 같이 뜨거워져서 그 재판장들을 삼키며 그들의 왕들을 다 엎드러지게 하며 그들 중에는 내게 부르짖는 자가 하나도 없도다"(7:6, 7). 그로 인해 수시로 쿠데타가 일어났고 왕들이 바뀌었다. 그 왕들은 하나님과는 아무 상관이 없는 자들이었다. 하나님은 자신이 그들을 모른다고 단호하게 말씀하셨다(8:4).

많은 이들이 호세아에게 따라다니는 "사랑의 예언자"라는 별칭 때문에 그의 메시지를 오해한다. 호세아가 그런 별칭으로 불리는 것은 그가 하나님의 무조건적인 사랑을 선포했기 때문이 아니다. 사실 호세아는 북왕국 백성에게 아모스 못지않게 무서운 심판을 선언했다. 호세아가 그의 아내 고멜과의 결혼생활을 통해 예시했던 하나님의 사랑은 무조건적인 용서가 아니었다. 자기 백성에 대한 하나님의 사랑은 "모든 것을 덮는 사랑"이 아니라 "포기하지 않는 사랑"이었다. 실제로 하나님은 호세아를 통해 북왕국 백성을 향한 자신의 사랑을 다음과 같이 표현하셨다. "에브라임이여, 내가 어찌 너를 놓겠느냐. 이스라엘이여, 내가 어찌 너를 버리겠느냐. 내가 어찌 너를 아드마 같이 놓겠느냐. 어찌 너를 스보임 같이 두겠느냐. 내 마음이 내 속에서 돌이키어 나의 긍휼이 온전히 불붙듯 하도다. 내가 나의 맹렬한 진노를 나타내지 아니하며, 내가 다시는 에브라임을 멸하지 아니하리니, 이는 내가 하나님이요 사람이 아님이라. 네 가운데 있는 거룩한 이니 진노함으로 네게 임하지 아니하리라"(11:8, 9).

그러나 이런 말씀조차 에브라임의 멸망을 이미 전제하고 있다. "내가 다시는 에브라임을 멸하지 아니하리니." 하나님의 말씀의 요지는 심판이 끝이 아니라는 것이다. 북왕국 백성의 역사는 끝나겠지만 그 백성에 대한 자신의 사랑은 끝나지 않으리라는 것이다. 그 나라를 하나님의 진노 때문에 소돔과 고모라와 함께 멸망했던 아드마와 스보임처럼 멸절 상태로 내버려 두지 않으시겠다는 것이다. 실제로 호세아서 말미에서 하나님은 이렇게 말씀하신다. "내가 그들의 반역을 고치고 기쁘게 그들을 사랑하리니 나의 진노가 그에게서 떠났음이니라. 내가 이스라엘에게 이슬과 같으리니 그가 백합화 같이 피겠고 레바논 백향목 같이 뿌리가 박힐 것이라"(14:4, 5).

선뜻 믿기지 않을 수도 있으나, 하나님은 이제 곧 멸망할 그 백성의 미래에 유념하고 계셨다. 그분은 언젠가는 그들을 회복시키기 위해 그들 위에 이슬처럼 내리실 것이다. 폰 라트는 호세아서 말미에 등장하는 자연계에 관한 이런 은유의 의미를 이렇게 설명한다. "그토록 단호하게 구속사의 맥락에서 사고하는 예언자가 동시에 이스라엘과 여호와의 관계를 식물의 자연스러운 성장과 꽃 피움이라는 지평 안으로 옮겨 놓을 수 있었다는 것은 주목할 만하다. 그 지평 안에서 구속사의 모든 드라마는 심원한 고요함 속에서 해소된다."[3]

북왕국 말기에 활동한 두 명의 예언자 아모스와 호세아의 사역은 실패했다. 그로 인해 북왕국은 멸망했고 백성은 포로가 되어 흩어졌다. 그럼에도 그 두 사람은 이것을 끝으로 여기지 않았다. 그들은 언약 백성의 거듭된 실패에 대한 징벌로서 심판이 있겠지만, 심판 이후에는 회복이 있을 것이라고 믿었다. 언약의 한쪽 당사자인 이스라엘 백성은 언약에 신실하지 않았지만, 다른 쪽 당사자인 그들의 하나님 여호와는 신실한 분이기 때문이었다.

제1이사야

북왕국에서 아모스와 호세아가 예언하던 즈음에 남왕국에서는 제1이사야가 활동하고 있었다. 방금 나는 "제1이사야"라는 표현을 사용했다. 오늘날 대부분의 성서학자들은 이사야서가 정황상 적어도 둘 혹은 많게는 세 개의 서로 다른 예언들로 이루어져 있다고 여긴다. 그들에 의하면, 첫 번째 예언(1~39장)은 주전 8세기에 예루살렘에서 활동했던 아모스의 아들 이사야가 한 것이다. 두 번째 예언(40~55장)은 주전 6세기 중반에 바벨론 포로지에서 활동했던 무명의 예언자가 한 것이다. 그리고 세 번째 예언(56~66장)은 주전 6세기 후반에 예루살렘 귀환 공동체 안에서 역시 어느 무명의 예언자가 한 것이다(학자들 중에는 두 번째와 세 번째 예언자가 동일인이라고 여기는 이들도 있다). 주전 6세기 중반과 후반에 활동했던 예언자들은 주전 8세기의 예언자 이사야의 사상을 충실하게 이어받고 있다. 그래서 훗날 편집자들은 그들의 모든 예언을 이사야라는 한 예언자의 이름으로 묶어 놓았다.

‖ 서론

제1이사야서(1~39장)의 내용 중 1~5장은 사실상 모두 66장에 이르는 이사야서 전체의 서론이다. 서론 부분에는 이스라엘에 대한 하나님의 심판과 회복의 메시지가 압축되어 들어 있다. 이사야의 예언은 자기 백성에 대한 하나님의 탄식으로 시작된다. "슬프다. 범죄한 나라요 허물 진 백성이요 행악의 종자요 행위가 부패한 자식이로다. 그들이 여호와를 버리며 이스라엘의 거룩하신 이를 만홀히 여겨 멀리하고 물러갔도다"(1:4). 이스라엘이 "범죄한 나라"이자 "허물 진 백성"이 되었다는 하나님의 탄식은 그들이 하나님이 시내산에서 그들에게 요구하신 "제사장 나라"와 "거룩한 민족"이 되는 데 실패했음을 의미한다.

이사야는 이스라엘이 실패한 원인이 그들 가운데 정의와 공의가 존재하지 않았기 때문이라고 단언한다(21절). 흔히 우리는 정의와 공의가 아모스의 전문 용어라고 여기지만, 사실 그것들은 예언서 전체에서 수없이 반복된다. 이사야의 예언에서도 그 두 단어가 수시로 등장하는데, 대개 유다 백성이 그런 가치들을 상실했음을 지적할 때 등장한다. 이사야는 하나님이 정의와 공의를 잃어버리고 범죄한 나라와 허물 진 백성이 된 남왕국 유다를 심판하실 것이라고 선언한다. 그분은 그들의 찌꺼기를 잿물로 씻듯이 씻어낼 것이고, 그들의 혼잡물을 제거하실 것이다(25절).

물론 하나님은 자신의 언약에 충실한 분이시기에 결국 그 백성을 회복시키실 것이다(2:1-4). 그분이 그들을 회복시키시는 날에는 그들뿐 아니라 세상의 모든 백성이 시온에 이르러 그분을 경배할 것이다. 그때가 이르면 열방의 모든 민족이 칼을 쳐서 보습을 만들고, 창을 쳐서 낫을 만들 것이다. 아무도 전쟁을 하지 않기에 온 땅에 평화가 찾아올 것이다. 그러나 그런 날이 오기 전에 여호와의 심판이 있을 것이다. 그 심판으로 인해 예루살렘과 유다의 거민들이 의지하는 모든 것이 제거될 것이다. 그중에는 그 나라의 모든 엘리트가 포함될 것이고, 그로 인해 사람들은 어린 소년들을 고관으로 삼아야 할 것이다(3:4). 힘을 쓸 만한 남자들도 모두 죽어서 일곱 여자가 한 남자를 붙잡고 자신들과 결혼해 주기를 청할 것이다(4:1).

애초에 하나님은 그 백성이 자신의 포도원이 되기를 바라셨다. 하나님은 그 포도원이 좋은 포도 맺기를 기대하며 온갖 정성을 들여 가꾸셨다. 하지만 그들은 하나님의 소망과 달리 그분에게 들포도를 내밀었다(5:1-3). 하나님은 자신의 소망을 저버리고 퇴락한 백성을 심판하기로 하셨다. 심판은 먼 곳의 민족들을 불러들이는 것이 될 것이다. 그들이 오는 날에 그 땅에는 "흑암과 고난만 있고, 빛 마저 구름에 가려져 어두울 것이다"(30절).

‖ 시리아-에브라임 전쟁 때 선포한 예언

이사야는 웃시야가 죽은 해인 주전 740년에 예언자로 부르심을 받았다(6:1). 이사야는 웃시야와 히스기야의 서기관이었다(대하 26:22). 그래서인지 그의 예언은 백성보다는 남왕국 유다의 권력층을 향했다. 주전 734년, 시리아(아람)-에브라임 연합군이 유다를 침공했다. 유다 왕 아하스와 백성은 숲이 바람에 흔들리듯 흔들렸다(7:2). 하지만 이사야가 보기에 그것은 남왕국에 대한 여호와의 심판이 아니었다. 오히려 남왕국으로 하여금 다시 한번 자신을 의지하게 하시려는 여호와의 계획이었다.

그런 위기 상황에서 이사야는 아하스 왕을 만났다. 그리고 그에게 지금 유다를 침략한 자들은 "연기 나는 두 부지깽이 그루터기에 불과하니 두려워하지 말며 낙심하지 말라"고 말했다(4절). 이어서 그는 아하스에게 확신을 주기 위해 무엇이든 좋으니 여호와께 징조를 구해 보라고 제안했다. 아마도 그는 오래전에 기드온 사사가 하나님께 징조를 구했던 것을 떠올렸을 것이다(삿 6:36-40). 하지만 아하스는 이사야의 제안을 거절했다. 대신 하나님이 아닌 인간을 의지하기로 했다. 그는 디글랏빌레셀에게 사람을 보내 도움을 청했다. 열왕기는 그때 아하스가 디글랏빌레셀에게 한 말을 이렇게 전한다. "나는 왕의 신복이요 왕의 아들이라. 이제 아람 왕과 이스라엘 왕이 나를 치니, 청하건대 올라와 그 손에서 나를 구원하소서"(왕하 16:7). 여우를 내쫓기 위해 호랑이를 불러들인 격이었다.

아하스의 처사를 본 이사야는 자신의 사역이 실패했음을 알았다. 그는 여호와 대신 앗수르의 도움을 택한 아하스가 남왕국에 초래할 무서운 심판에 대해 예고했다. "여호와께서 에브라임이 유다를 떠날 때부터 당하여 보지 못한 날을 너와 네 백성과 네 아버지 집에 임하게 하시리니 곧 앗수르 왕이 오는 날이니라"(7:17). 아하스가 의지했던 앗수르가 결국 유다를 삼키리라는 것이었다.

첫 번째 사역에서 실패한 이사야는 한동안 무대에서 사라진다. 우리는 그가 그로부터 30여 년 후인 주전 701년에 다시 무대에 등장할 때까지 어떻게 지냈는지 알지 못한다. 이사야서는 그가 공백기에 주로 자신의 측근들에게 말했을 법한 예언들을 기록하고 있다. 그 내용이 이사야 9장부터 12장까지에 실려 있다. 심판 후에 있을 회복에 관한 예언들이다. 이사야를 생각하면 떠오르는 유명한 예언, 즉 메시아가 이끌 "평화의 나라"에 관한 예언이 바로 이곳에서 등장한다. 예언의 핵심은 이러하다. "그 때에 이리가 어린 양과 함께 살며 표범이 어린 염소와 함께 누우며 송아지와 어린 사자와 살진 짐승이 함께 있어 어린아이에게 끌리며 암소와 곰이 함께 먹으며 그것들의 새끼가 함께 엎드리며 사자가 소처럼 풀을 먹을 것이며 젖 먹는 아이가 독사의 구멍에서 장난하며 젖 뗀 어린 아이가 독사의 굴에 손을 넣을 것이라. 내 거룩한 산 모든 곳에서 해 됨도 없고 상함도 없을 것이니 이는 물이 바다를 덮음 같이 여호와를 아는 지식이 세상에 충만할 것임이니라. 그 날에 이새의 뿌리에서 한 싹이 나서 만민의 기치로 설 것이요 열방이 그에게로 돌아오리니 그가 거한 곳이 영화로우리라"(11:6-10).

이사야 13~27장은 유다 주변의 열방들에 관한 예언이다. 이 단락에서 이사야는 바벨론, 블레셋, 모압, 다메섹, 구스, 애굽 등 여러 나라에 대해 심판을 선언한다. 사실 오늘날의 독자들에게 이런 내용은 뜬금없어 보일 수 있다. 이스라엘 이야기만 따라가기도 힘든데 어째서 그런 나라들의 이야기까지 들어야 하나? 두 가지 이유 때문이다. 첫째, 하나님의 주권이 이스라엘뿐 아니라 온 세상 모든 나라에 미친다는 것을 알리기 위함이다. 둘째, 구원을 얻기 위해 강력한 다른 나라를 의지하는 것은 헛되다는 것을 알리기 위함이다. 이사야가 언제 어떤 상황에서 누구를 상대로 이런 예언을 했는지는 명확하지 않다.

‖ 앗수르 단락

이사야 28~33장은 이른바 "앗수르 단락"이다. 이 단락은 주전 705-701년에 있었던 유다의 반앗수르 봉기 전후의 긴박한 상황에 대한 신학적 분석을 담고 있다.[4] 이사야는 그 무렵에 유다를 다스리던 히스기야와 그의 측근들을 비난한다(28:14). 그들은 어리석게도 애굽과 밀약하고 앗수르에 대적하기로 결의했다. 이사야가 보기에 당시 남왕국을 괴롭히던 앗수르는 하나님이 자기 백성을 연단하기 위해 사용하시는 그분의 "진노의 막대기"(10:5)였다. 하나님은 그 막대기를 사용해 시온을 벌하실 것이다

(29:1-4). 하지만 결국에는 그들을 회복시키시고 다시 그들이 자신을 경외하게 하실 것이다.

히스기야와 그의 측근들은 자기들이 봉기해서 앗수르가 쳐들어오면 애굽이 자신들을 지원해 줄 것이라고 믿었다. 하지만 이사야는 그들의 그런 믿음을 일축한다. "바로의 세력이 너희의 수치가 되며 애굽의 그늘에 피함이 너희의 수욕이 될 것이라"(30:3). 이사야는 남왕국 유다가 앗수르의 핍박을 받는 것을 그들의 잘못에 대한 하나님의 정당한 징계로 여겼다. 그리고 때가 되면 징계가 끝날 것으로 믿었다. 따라서 그 상황에서 남왕국이 취해야 할 태도는 잠잠히 하나님을 신뢰하는 것이었다. 이런 태도는 30여 년 전에 시리아-에브라임 연합군이 쳐들어왔을 때 이사야가 당시의 왕 아하스에게 요구했던 것이기도 하다(7:4).

이사야는 남왕국을 향한 하나님 진노의 막대기인 앗수르는 시효가 끝나면 폐기될 것이라고 믿었다. 유다에 대한 징계가 끝나고 회복이 이루어질 즈음에 여호와께서는 돌이켜 앗수르를 심판하실 것이다(30:27-33). 앗수르는 쓰다 버린 막대기처럼 불살라질 것이다. 반면에 하나님의 징계의 대상이었던 예루살렘은 구원을 얻을 것이다(31:1-9). 여호와께서 직접 젊은 사자처럼 으르렁거리며 시온산 위에서 싸우실 것이다. 혹은 큰 새가 날개를 치며 새끼를 보호하듯 예루살렘을 보호하실 것이다.

앗수르는 남왕국 유다의 지배층을 초토화시킬 것이다. 그리고 그 파괴와 공허가 메시아적 공동체가 들어설 공간을 만들 것이다.[5] 때가 이르러 한 왕이 나타날 것이다(32:1). 그는 백성을 공의와 정의로 다스릴 것이다. 그로 인해 그가 이끄는 나라에는 화평과 평안과 안전이 있을 것이다. 백성은 화평한 집과 안전한 거처와 조용히 쉬는 곳에서 살아갈 것이다. 그들이 씨를 뿌리는 곳마다 댈 물이 넉넉할 것이고 어디에서나 안심하고 소와 나귀를 놓아 키울 수 있을 것이다. 무엇보다도 백성은 이제 더 이상 앗수르에 바칠 세금을 징수하는 이들을 보지 않게 될 것이고, 알아듣지 못할 방언으로 자신들을 위협하던 강포한 백성도 더 이상 보지 않을 것이다(33:18, 19).

‖ 히스기야에 대한 예언

주전 701년, 히스기야가 반앗수르 동맹을 주도한 것에 분개한 앗수르왕 산헤립이 대군을 이끌고 남왕국 유다를 침공했다(36:1). 그는 유다 대부분의 지역을 점령한 후 점령 사령부격인 라기스에 머물면서 휘하의 장군 랍사게를 예루살렘으로 보내 히스기야에게 항복을 요구했다. 랍사게는 히스기야와 그의 백성을 조롱하며 협박했다.

고립무원 상태에 빠진 히스기야는 옷을 찢고 성전으로 올라가 여호와께 기도를 드렸다. 그리고 이사야에게 도움을 요청했다. 이사야는 오래전에 아하스에게 했던 것처럼 히스기야에게도 앗수르를 두려워하지 말라고 말했다(37:33-35). 하나님이 그들을 물리치시리라는 것이었다. 그리고 실제로 그런 일이 일어났다. 앗수르 군대가 예루살렘을 포위하고 있던 어느날, 여호와의 사자가 앗수르 진영을 쳐서 십팔만 오천 명의 군사를 죽였다. 산헤립은 겨우 살아남은 군사들을 이끌고 자기 나라로 돌아가야 했다(왕하 19:35-37 참조).

그로부터 얼마 후에 히스기야가 죽을병에 걸렸다. 하지만 그는 간절한 기도를 통해 15년간 생명을 연장받았다(38:1-6). 그리고 다시 얼마 후에 바벨론에서 사절단이 방문했다. 당시 바벨론은 앗수르의 봉신 국가들 중 하나였지만, 점차 세력을 확장하던 중이었다. 그들이 히스기야를 찾아온 것 역시 동맹을 제의하기 위해서였을 것이다. 그 즈음 앗수르를 물리치고 죽을병에서 회복된 히스기야는 잔뜩 들떠 있었다. 그는 바벨론 사절단에게 자신의 보물창고를 열어 온갖 귀한 것들을 보여 주며 부를 한껏 과시했다. 바벨론의 동맹 제의에 대한 화답인 셈이었다. 그 소식을 들은 이사야가 히스기야를 찾아가 여호와의 말씀을 전했다. 그의 모든 소유물이 바벨론으로 옮겨가고 그의 후손들이 바벨론 왕궁의 환관이 되리라는 것이었다(39:6, 7). 이런 선언은 오늘 우리에게는 느닷없어 보인다. 하지만 하나님은 히스기야가 얼마 전에 절체절명의 상황에서 오직 하나님만 의지했던 것과 달리 이제 자신의 힘을 의지하려는 것으로 여기셨던 것이다.

주전 8세기의 예언자 이사야(제1이사야)는 히스기야에게 유다가 바벨론 포로가 될 것을 예언하고 무대에서 사라진다.

미가

미가는 이사야와 동시대를 살았던 인물이다. 이사야가 예루살렘 출신으로 왕실의 내부자였던 반면, 미가는 예루살렘 남서쪽 35킬로미터 지점에 위치한 농촌 모레셋 출신이었다(1:1). 미가의 아버지에 대한 언급이 없는 것으로 보아, 아마도 그는 미천한 출신이었을 것이다. 미가는 가난한 농민들 편에 서서 그들을 착취하던 부자들을 비난하고 정죄했기에 종종 "남왕국의 아모스"라는 별명으로 불린다.

미가는 무엇보다도 당시 남왕국에서 발생하고 있는 토지의 집중이라는 문제에 주목한다. 미가는 나라의 힘 있는 자들이 다른 이들의 밭을 빼앗고 탐나는 집을 제 것으로 만든다고 한탄한다(2:2). 이스라엘의 율법에 따르면 땅은 사거나 팔아서는 안 되는 것이고, 심지어 희년이 되면 빚 때문에 압류했던 것조차 원래의 주인에게 돌려주어야 했다(레 25:23, 28). 이것은 이스라엘 언약 공동체의 바탕을 이루는 기본적인 전통 중 하나였다. 그런데 그 아름다운 전통이 북왕국 왕 아합에 의해 깨졌다. 아합은 자기의 지위를 이용해 선량한 백성 나봇을 죽이고 그의 포도원을 강탈했다(왕상 21장 참조). 그 악한 일이 이제 남왕국 유다에까지 전염되었다. 미가는 다른 이들의 땅과 집을 빼앗는 유다의 힘 있는 자들을 향해 독설을 퍼붓는다. "너희가 선을 미워하고 악을 기뻐하여 내 백성의 가죽을 벗기고 그 뼈에서 살을 뜯어 그들의 살을 먹으며 그 가죽을 벗기며 그 뼈를 꺾어 다지기를 냄비와 솥 가운데에 담을 고기처럼 하는도다"(3:2, 3).

미가는 남왕국의 힘 있는 자들의 잘못 때문에 하나님이 그 나라를 밟으실 것이라고 선언했다(1:3). 미가의 심판 선언 중 주목할 것은 예루살렘에 관한 것이다. 동시대의 예언자 이사야는 설령 하나님이 유다를 심판하실지라도 시온은 무너지지 않을 것이라고 믿었던 반면, 미가는 예루살렘이 폐허가 되리라고 예언했다. "너희로 말미암아 시온은 갈아엎은 밭이 되고 예루살렘은 무더기가 되고 성전의 산은 수풀의 높은 곳이 되리라"(3:12).

하지만 미가는 그 나라가 극심한 심판을 겪은 후에 회복될 것을 내다보았다. 그는 그때를 "끝날"이라고 부르는데, 그날이 오면 시온산이 다른 모든 산들 위로 솟아오르고 모든 민족이 그리로 몰려갈 것이다. 그때에는 사람들이 서로를 향해 칼과 창을 겨누며 전쟁을 하지 않을 것이고, 무엇보다도 힘 있는 자들에게 집과 밭을 빼앗겼던 이들이 "자기 포도나무 아래와 자기 무화과나무 아래에 앉을 것이다"(4:4).

이런 회복은 베들레헴 에브라다에서 나올 "이스라엘을 다스릴 자"에 의해 이루어질 것이다(5:2). 그는 여호와의 능력과 그분의 이름에 의지해 백성을 다스리면서 그 땅에 평강을 가져올 것이다. 앗수르가 유다를 침공하면, 그가 일어나 유다 백성을 그들의 손에서 건져낼 것이다. 하지만 이스라엘을 다스릴 자가 그런 일을 해나가는 동안 백성 스스로 해야 할 일들이 있었다. 미가는 유다 백성을 향해 이렇게 외친다. "내가 무엇을 가지고 여호와 앞에 나아가며 높으신 하나님께 경배할까. 내가 번제물로 일년 된 송아지를 가지고 그 앞에 나아갈까. 여호와께서 천천의 숫양이나 만만의 강물 같은 기름을 기뻐하실까. 내 허물을 위하여 내 맏아들을, 내 영혼의 죄로 말미암아 내 몸의 열매를 드릴까. 사람아, 주께서 선한 것이 무엇임을 네게 보이셨나니, 여호와께서 네게 구하시는 것은 오직 정의를 행하며 인자를 사랑하며 겸손하게 네 하나님과 함께 행하는 것이 아니냐"(6:8).

희생제사가 나쁘다는 것이 아니다. 그러나 하나님과 그리고 이웃과 적절한 관계를 맺지 않은 상태에서 드리는 제물은 소용이 없다.[6] 미가는 이사야와 달리 남왕국이 어떤 상황에서든 이방 민족에게 망하는 일은 없을 것이라고 믿지 않았다. 심지어 그는 예루살렘 성전마저 훼파될 것을 예견했다. 그럼에도 또한 그는 그 나라가 어떤 상황에서든 회복될 것이라고 믿었다. 그 회복은 베들레헴 에브라다에서 나올 이스라엘을 다스릴 자에 의해 주도될 것이다. 하지만 그의 다스림을 받는 자들은 정의를 행하고, 인자를 사랑하고, 하나님과 동행하려는 뜻을 지녀야 한다. 그러면 하나님이 그들을 구원에 이르게 하실 것이다. 왜냐하면 그분은 사람의 죄악을 용서하시고, 진노하시되 그 노여움을 언제까지나 품고 계시지는 않고, 기꺼이 한결같은 사랑을 베푸시는 분이기 때문이다(7:18).

주전 7세기의
예언자들

나훔, 하박국, 스바냐

주전 701년에 있었던 앗수르의 유다 침공은 실패로 끝났다(사 36, 37; 왕하 18:13~19:37). 주전 7세기에 들어와 앗수르 제국은 급속히 약화되기 시작했다. 앗수르의 위기는 바벨론으로부터 시작되었다. 바벨론은 주변 나라들과 힘을 합쳐 앗수르에 맞서기 시작했다. 주전 612년, 마침내 바벨론이 서부 이란 지역의 메데인과 말 타기에 능숙한 스키타이인과 손잡고 앗수르의 수도 니느웨를 공격해 함락시켰다. 앗수르 군대는 제국의 서쪽 변방에 있는 하란으로 물러났다. 그들은 그곳에서 애굽의 후원을 받아 니느웨를 탈환하려 했으나, 주전 610년에 바벨론 군대에 의해 패하고 말았다. 디글랏빌레셋 3세의 등장 이후 1백 년 넘게 이스라엘을 괴롭혔던 앗수르 제국이 역사의 뒤편으로 사라진 것이다.

남왕국 유다는 주전 701년 이후에도 여전히 앗수르의 영향권에서 벗어나지 못했다. 히스기야의 뒤를 이어 유다를 다스린 므낫세(주전 696-642년)는 치세 기간 내내 앗수르의 봉신 노릇에 충실했다. 역대기에 따르면, 그는 한때 앗수르 군대에 체포된 적이 있었다(대하 33:10, 11). 하지만 이것이 그가 앗수르에 반대하는 정책을 펼쳤다는 증거가 되지는 않는다. 어쩌면 그는 앗수르가 애굽을 정벌하는 데 적극 참여하지 않은 것 때문에 앗수르 왕으로부터 추궁을 당했던 것일 수도 있다. 어쨌거나 므낫세는 히스기야와 달리 앗수르에 맞서지 않았다. 않았다기보다는 못했을 것이다. 전통적 강국인 애굽조차 앗수르에게 점령당하던 시절이었지 않은가!

그러나 요시야의 치세(주전 640-608년)는 앗수르의 쇠퇴기였다. 그로 인해 요시야는 외부의 간섭 없이 강력한 개혁을 추진할 수 있었다. 그는 재위 18년째인 주전 622년에 성전에서 율법책을 발견했고 그 율법에 근거해 남왕국 유다를 개혁해 나갔다(왕하 23:1-25). 하지만 그는 주전 608년에 멸망 직전에 있던 앗수르의 패잔병들을 돕기 위해 북상하던 애굽 군대와 맞서 싸우다가 전사했다(왕하 23:29). 요시야 이후 유다는 전통적 강국인 애굽과 신흥 제국인 바벨론의 꼭두각시 왕들에 의해 번갈아 가며 통치되었으나, 당시 중동의 대세는 이미 바벨론으로 넘어가고 있었다. 우리는 이런 어지러운 상황을 배경으로 주전 7세기와 6세기에 남왕국에서 활동했던 예언자들을 만나게 된다.

나훔

주전 7세기의 예언자 나훔에 대해서는 알려진 것이 거의 없다. 나훔은 다른 예언자들과 달리 이스라엘 백성의 죄악이나 그로 인한 심판에 대해 말하지 않는다. 오히려 그는 이스라엘을 괴롭혀 왔던 앗수르가 패망하리라는 예언에 집중한다. 그의 예언의 주제는 처음부터 분명하게 드러난다. 그에게 이스라엘의 하나님은 "질투하시며 보복하시는 하나님"이시다(1:2). 그뿐 아니라 그분은 자신의 대적을 벌하기에 충분한 능력을 갖고 계시다. 선하신 그분은 자기에게 피하는 자들을 보호하시지만, 자기에게 대적하는 자들을 흑암 속으로 쫓아내실 수도 있다(4-8절).

여호와께서 이처럼 강한 분이며 질투하고 보복하는 분이라는 사실은 그분에게 속한 자들에게는 아주 큰 위로가 된다. 나훔의 위로의 대상은 하나님의 백성 유다다. 나훔은 다른 예언자들과 달리 유다가 하나님께 반역해서 벌을 받고 있다고 말하지 않는다. 오히려 유다가 하나님께 대적하는 앗수르 때문에 억울하게 고통당하고 있는 것처럼 말한다. 그는 고난 중에 있는 유다 백성에게 회복을 선포한다(1:12, 13). 반면에 앗수르는 철저하게 패망할 것이다. 그 나라의 이름은 다시는 널리 전파되지 않을 것이고, 그 백성이 섬기는 신들은 모두 멸절할 것이다. 그러므로 이제 유다 백성은 그동안 앗수르 때문에 할 수 없었던 일들을 하게 될 것이다. 무엇보다도 그들은 여호와께서 정하신 절기를 지키고 고통 중에 있을 때 서원했던 것들을 이행할 수 있게 될 것이다.

이어서 나훔은 앗수르의 수도 니느웨가 어떻게 패망할지를 마치 자신이 그 광경을 직접 목도하고 있는 것처럼 생생하게 묘사한다(2~3장). 당시에 니느웨는 강한 성이요 난공불락의 요새였다. 그런 까닭에 니느웨의 주민들은 자신들의 성이 무너지리라고는 꿈에도 생각하지 않았다. 그러나 나훔은 그 성읍의 강함이 그들을 지켜주지 못할 것이라고 말했다. 그는 그런 주장의 근거로 약 50여 년 전에 앗수르의 군대가 애굽의 고도이자 강력한 성이었던 노아몬(테베)을 함락시킨 것을 예로 들었다(3:8-11). 니느웨에 대한 나훔의 예언의 요지는 분명했다. 앗수르가 노아몬을 멸망시킨 것처럼, 다른 누군가가 그들을 멸망시키리라는 것이다. 또한 멸망의 양상이 아주 끔찍하리라는 것이다.

여호와께서 보복하시는 날에 니느웨가 믿고 의지하는 것들은 아무 소용이 없을 것이다. 니느웨의 장정들은 여인 같을 것이고, 성문들은 넓게 열릴 것이고, 빗장들은 불에 타 없어질 것이다. 산성을 보강하기 위해 흙 벽돌을 찍어내려고 하면 벽돌 가마의 불이 그들을 삼킬 것이고, 군사의 수를 메뚜기 떼만큼 늘려놓으면 모든 군사가 메뚜기 떼처럼 날아가 버릴 것이다. 방백과 장수들조차 요리조리 눈치를 살피다가 도망칠 것이다. 앗수르 왕은 흩어져 도망치는 백성을 다시 모을 수 없을 것이다.

마지막으로 나훔은 니느웨가 멸망할 때 그들에게서 고통당했던 자들이 기쁨을 얻으리라고 말한다. "네 상처는 고칠 수 없고 네 부상은 중하도다. 네 소식을 듣는 자가 다 너를 보고 손뼉을 치나니 이는 그들이 항상 네게 행패를 당하였음이 아니더냐"(3:19). 이사야에 따르면 앗수르는 하나님의 백성을 징계하기 위해 사용된 그분의 "진노의 막대기"였다. 하지만 이것은 앗수르가 아무 의지 없이 하나님에 의해 이용당했음을 의미하지 않는다. 앗수르는 원래 교만하고 포악한 민족이었다. 하나님은 자기 백성을 징계하기 위해 그들의 포악함을 이용하셨을 뿐이다. 앗수르는 여러 나라를 고통스럽게 했다. 그 나라들 중에는 하나님의 백성 이스라엘이 포함되어 있었다. 이스라엘을 비롯해 오랫동안 앗수르 때문에 고통당했던 민족들은 앗수르의 패망 소식에 기뻐할 것이다.

하박국

하박국은 유다 왕 요시야가 므깃도에서 전사한 직후부터 예언자로 활동하기 시작했다. 그가 활동할 무렵에 중동의 패권은 급속하게 바벨론으로 넘어가고 있었다. 하박국의 예언은 독특하게 시작된다. 다른 예언자들과 달리 그는 당시의 어지러운 상황에 대해 여호와께 한탄한다(1:3, 4).[1] 당시 유다에서는 요시야에 의한 강력한 종교개혁이 있었음에도 율법이 해이해지고 있었다(4절). 구약에서 율법(토라)은 단순히 모세가 전해 준 여러 가지 법전만을 의미하지 않는다. 토라는 그런 법전들은 물론이고 이스라엘의 역사를 통해 드러난 하나님의 뜻과 제사장과 예언자들을 통해 새롭게 전해지는 가르침 등을 모두 포함하는 아주 폭넓은 개념이다. 그러므로 남왕국에서 율법이 해이해졌다는 것은 그 백성이 그들의 하나님 여호와와 상관없는 삶을 살아가고 있다는 지적인 셈이다. 실제로 그 나라에서는 주님께서 자기 백성에게 요구하신 정의가 시행되지 않았다. 그 나라에서는 겁탈과 강포, 변론과 분쟁이 끊이지 않았다. 그런 상황에서 악인들로 인해 정의가 굽어지고 있었다.

하박국은 여호와께서 속히 개입하셔서 그런 혼탁한 상황을 끝내주시기를 간청했다. 마침내 여호와로부터 응답이 왔다. 그런데 그 응답은 그가 기대했던 것과는 크게 달랐다. 그분은 이제 곧 자신이 모두가 놀랄 만한 일을 하겠노라고 말씀하셨다. 그런데 그분이 계획하신 일은 앗수르보다 더 포악한 한 민족을 일으키는 것이었다(1:6-8). 주님이 일으키실 바벨론(갈대아) 사람들은 다른 나라 백성을 모래 긁어모으듯 사로잡아 모을 것이다. 그들은 열방의 왕들을 무시하고, 방백들을 조롱하고, 견고한 성들을 허물 것이다. 그들은 자신들의 힘에 의지해 온갖 악한 일을 행할 것이다.

하박국은 여호와의 말씀의 의미를 간파했다. 그분의 말씀은 유다 백성이 여전히 정신을 못 차리고 죄악을 밥 먹듯 하고 있으니 자신이 어떻게 그들을 구해 주겠느냐는 것이었다. 지금 그들에게 필요한 것은 구원이 아니라 징벌이며, 그런 이유로 자신이 바벨론을 일으켜 유다를 심판하려 하신다는 것이었다. 하박국은 여호와의 의도를 이해했고 또한 수긍했다(12절). 그럼에도 그는 여호와께서 악을 척결하기 위해 더 큰 악을 사용하시는 것은 모순이며 부당하다고 여겼다. 그래서 그는 다시 여호와께 호소한다. "주께서는 눈이 정결하시므로 악을 차마 보지 못하시며 패역을 차마 보지 못하시거늘 어찌하여 거짓된 자들을 방관하시며 악인이 자기보다 의로운 사람을 삼키는데도 잠잠하시나이까"(13절). 하박국은 비록 소수이기는 하나 아직 유다에 의로운 자들이 남아 있다고 여겼다. 그런데 주님께서 유다의 악을 심판하시기 위해 바벨론이라는 악한 세력을 끌어들이신다면 그 의로운 자들은 어찌 될 것인가?

그 타당한 질문에 주님은 다음과 같이 응답하셨다. "이 묵시는 정한 때가 있나니 그 종말이 속히 이르겠고 결코 거짓되지 아니하리라. 비록 더 딜지라도 기다리라. 지체되지 않고 반드시 응하리라. 보라 그의 마음은 교만하며 그 속에서 정직하지 못하나 의인은 그의 믿음으로 말미암아 살리라"(2:3, 4). 해석이 쉽지 않은 이 말씀의 요지는, 하박국이 기다림을 배워야 할 필요가 있다는 것이다.[2] 하박국은 악인에 대한 하나님의 징벌이 자신이 원하는 방식으로 신속하게 이루어지기를 바랐다. 하지만 하나님께는 그분의 계획이 있었다. 우선은 패역한 유다 백성에 대한 징벌이 이루어져야 한다. 그 후에 징벌의 도구에 대한 징벌이 이루어질 것이다. 그러므로 그는 약속과 성취 사이에서 기다리며 살아야 한다. 그러나 단순히 기다리기만 해서는 안 된다. 여호와의 약속이 이루어지리라는 믿음을 갖고 그 시간을 견뎌내야 한다.

이어서 하나님은 당시에 온 세상을 소란스럽게 하고 있던 바벨론에 대해 말씀하셨다. 이때 바벨론은 온갖 악을 행하는 자로 의인화되어 묘사된다(2:5-12). 그들에게 심판이 임할 것이다. 자기들이 행한 모든 악한 일과 피가 그들에게 돌아갈 것이다. 바벨론 사람들은 자기들의 우상을 의지하려 하겠지만, 그것들은 그들에게 아무 도움도 되지 않을 것이다. 우상은 사람들이 손으로 만든 것에 불과하기 때문이다. 나무나 돌을 다듬어 만든 우상은 인간에게 아무것도 제공하지 못한다. 그 속에는 그 어떤 생기도 없기 때문이다. 우상들의 허망함이 드러날 때 온 세상 사람은 천상천하에 참된 신은 오직 예루살렘 성전에 계신 여호와 한 분뿐임을 알게 될 것이다.

하박국의 예언은 여호와께 바치는 기도로 마무리된다. 우선 그는 여호와께서 말씀하신 악한 자들에 대한 심판이 속히 이행되기를 기도한다(3:2). 기도 후에 그는 주님께서 주신 환상을 본다. 무엇보다도 주님께서 번쩍이는 화살과 창으로 여러 나라를 정복하시고 악한 족속의 우두머리를 치시고 그 집의 기초를 바닥까지 드러내시는 것을 본다. 여기에서 악인의 집은 바벨론을 가리킨다. 여호와께서는 바벨론을 머리부터 발끝까지 철저하게 파멸시키실 것이다.

악인의 심판과 파멸에 대한 이처럼 두려운 소식을 들은 하박국은 우리가 성경에서 발견할 수 있는 가장 아름다운 신앙의 찬가들 중 하나를 부른다. "비록 무화과나무가 무성하지 못하며 포도나무에 열매가 없으며 감람나무에 소출이 없으며 밭에 먹을 것이 없으며 우리에 양이 없으며 외양간에 소가 없을지라도 나는 여호와로 말미암아 즐거워하며 나의 구원의 하나님으로 말미암아 기뻐하리로다. 주 여호와는 나의 힘이시라 나의

발을 사슴과 같게 하사 나를 나의 높은 곳으로 다니게 하시리로다"(3:17-
19).

하박국이 처해 있던 현실은 조금도 변하지 않았다. 유다는 여전히 죄
악과 패역에 물들어 있고, 정의는 실종되었고, 제국의 위협은 계속되고
있고, 의인들은 악인들에게 에워싸인 채 고통을 당하고 있다. 그러나 하
박국은 이제 더는 탄식하며 부르짖지 않는다. 오히려 벅찬 감격에 휩싸여
기뻐하며 노래한다. 모든 혼란과 고통의 배후에 자기 백성을 위해 자신의
선한 계획을 차근차근 이행해 가고 계시는 여호와 하나님이 계시다는 것
을 알게 되었기 때문이다. 그 계획은 더딜지라도 반드시 이루어질 것이다
(2:3). 그 사실을 믿을 수만 있다면, 의로운 자들은 지금의 고통이 아무리
클지라도 믿음에 의지해 살아갈 수 있을 것이다.

스바냐

스바냐는 히스기야의 현손, 즉 유다의 왕족이다. 스바냐서는 그의 활
동 시기를 요시야 시대로 적시한다(1:1). 그러나 그가 주전 622년에 시
작된 요시야의 개혁에 대해 언급하지 않는 것을 보면, 아마도 그는 주
전 630년경에 활동했을 가능성이 크다. 그 무렵은 사악한 왕 므낫세(주전
696-642년)와 아몬(주전 642-640년)의 통치기에 누적된 종교적·사회적 문
제들이 유다 왕국을 극심한 혼란 속으로 몰아가던 시기였다. 특히 므낫세
로 인한 영향이 컸는데, 그는 히스기야가 헐었던 산당들을 다시 세우고,
예루살렘 성전 안에 일월성신을 위한 단을 쌓고, 자기 아들을 불 가운데
로 지나게 했으며, 신접한 자와 박수를 곁에 두었다. 왕이 그 모양이니 백

성의 삶 역시 온전할 수 없었다.

스바냐의 예언은 아주 과격한 심판 선언으로 시작된다. "내가 땅 위에서 모든 것을 진멸하리라. 내가 사람과 짐승을 진멸하고 공중의 새와 바다의 고기와 거치게 하는 것과 악인들을 아울러 진멸할 것이라. 내가 사람을 땅 위에서 멸절하리라"(1:2, 3). 이사야와 미가도 유다에 대한 여호와의 심판을 선언했었다. 하지만 스바냐의 심판 선언은 그 어느 때보다 강력한 표현을 담고 있었다. 주님은 자신이 땅 위에 있는 모든 것을 진멸하고 멸절할 것이라고 위협하셨다. 표현된 말씀대로라면, 거의 노아 시절의 홍수 사건에 버금가는 대재앙을 내리시겠다는 것이었다. 이것은 유다 백성의 죄악이 그분을 얼마나 진노하시게 했는지를 보여 주는 것일 수 있다.

심판을 선포한 후에 스바냐는 유다 백성에게 이제라도 여호와를 찾으라고 권한다. 그 권면에는 몇 가지 구체적인 지침이 포함되어 있었다(2:1–3). 첫째, 유다 백성은 이제라도 한데 모여야 했다. 아마도 함께 모여 금식하며 회개하라는 요청이었을 것이다. 둘째, 그들은 여호와를 찾아야 했다. 그들은 그분의 뜻을 묻고 그 뜻대로 살기로 결단할 필요가 있었다. 셋째, 그들은 올바르고 겸손하게 살아야 했다. 만약 유다 백성이 스바냐의 권고를 따른다면, 그들은 여호와의 심판을 면할 수 있을지도 모른다.

여호와의 날에 이루어질 심판의 일차적인 대상이 유다와 예루살렘인 것은 분명하다. 그러나 심판은 또한 세상의 모든 민족에게도 미칠 것이다. 가사와 아스글론을 비롯한 블레셋의 주요 성읍들, 모압과 암몬, 구스, 그리고 그때까지도 유다를 괴롭히던 앗수르 등 세상의 모든 나라가 여호와의 심판을 받게 될 것이다.

이후 스바냐의 예언은 다시 예루살렘을 향한다. 이번에는 그의 음성에 노기가 서려 있다. 그는 예루살렘을 "패역하고 더러운 곳, 포학한 그 성읍"이라고 부른다(3:1). 그 도성의 주민들은 주님을 의뢰하지도 그분께 가까이 나아가지도 않는다. 성읍의 지도자들은 하나 같이 악하다. 방백들은 굶주린 사자와 같고, 재판관들은 이리와 같고, 선지자들은 경솔하며 간사하고, 제사장들은 성소를 더럽히고 율법을 범하고 있다. 주님은 백성을 옳은 길로 돌이키기 위해 모든 노력을 기울이셨다. 그러나 그들은 계속해서 부끄러운 짓을 했다. 그분은 여러 나라를 파멸시킴으로 그들에게 교훈을 주셨으나, 그들은 부지런히 모든 행위를 더럽게 하였다. 그리고 이제 여호와께서는 패역한 백성을 향해 이렇게 말씀하신다. "내가 일어나 벌할 날까지 너희는 나를 기다리라. 내가 뜻을 정하고 나의 분노와 모든 진노를 쏟으려고 여러 나라를 소집하며 왕국들을 모으리라"(8절).

이어서 스바냐는 그 두려운 심판의 날이 임한 후에 일어날 일들에 대해 말한다. 그날이 오면, 세상의 여러 민족의 입술이 깨끗해질 것이고, 그들 모두는 한 목소리로 여호와의 이름을 부르게 될 것이다. 먼 곳에서부터 여러 민족이 예물을 들고 여호와를 찾아올 것이다. 그분의 성산에서 모든 교만한 자들이 제거될 것이다. 대신 곤고하고 가난한 자들이 살아남아 여호와의 보호를 받으며 살아갈 것이다(9–12절). 그들은 여호와께서 원하시는 방식의 삶을 살 것이고, 그로 인해 아무것도 거칠 것이 없게 될 것이다. 여호와의 날은 두려운 날이다. 그러나 그분께 신실한 이들에게는 복된 구원의 날이 될 것이다.

그러나 스바냐의 마지막 예언은 기쁨으로 넘친다. 그는 여호와께서 그분의 심판 이후에 이루실 일들을 내다본다. 그 모습에 감격한 스바냐는 자기 백성을 향해 기쁨의 노래를 부르라고 권한다. 시온은 무엇 때문에 기뻐해야 하는가? 여호와께서 그들의 형벌을 제하시고, 그들의 원수를 쫓아내시고, 그들 가운데서 그들을 다스리실 것이기 때문이다. 그들 가운데 만군의 주 여호와께서 계시기에 이제 더 이상 아무것도 두려워할 필요가 없기 때문이다(15절).

그런데 도대체 여호와께서는 왜 그들에게 이런 은혜를 베푸시는 것일까? 놀랍게도, 본문에 따르면, 사랑 때문이다! 여호와께서는 그토록 오랫동안 자기를 배반하며 진노를 불러일으켰던 백성을 세상 그 무엇보다도 큰 사랑으로 사랑하셨다. 스바냐는 백성을 향한 여호와의 사랑을 이렇게 노래한다. "너의 하나님 여호와가 너의 가운데에 계시니 그는 구원을 베푸실 전능자이시라. 그가 너로 말미암아 기쁨을 이기지 못하시며 너를 잠잠히 사랑하시며 너로 말미암아 즐거이 부르며 기뻐하시리라"(3:17).

절망 중에 부르는
희망의 노래

예레미야

예레미야는 요시야 재위 13년째인 주전 627년에 예언자로 부르심을 받았다(1:2). 요시야가 종교개혁을 추진하기 5년 전이었다. 예레미야는 베냐민 땅 아나돗 출신이다(1:1). 그의 조상들 중 가장 유명한 사람은 아비아달이다. 그는 다윗의 최측근이었고 사독과 함께 예루살렘의 최고위급 제사장이었다. 하지만 다윗의 통치가 끝나갈 무렵에 아도니야의 반란에 가담했고, 그로 인해 솔로몬이 집권한 후 아나돗으로 낙향해야 했다(왕상 2:26, 27). 예레미야의 예언에서 발견되는 다윗 왕조와 예루살렘 성전에 대한 비판적 태도는 아마도 그런 영향 때문일 것이다.

∥ 심판의 선언과 갈등

예레미야의 초기 예언의 요지는 북쪽으로부터 재앙이 다가오고 있다는 것이었다.[1] 재앙의 원인은 하나님에 대한 이스라엘의 반역이었다. 이스라엘은 그들을 애굽에서 **빼내** 자기 백성으로 삼으신 여호와 하나님을 배반하고 우상을 섬겼다. 여호와께서는 북방에서 한 민족을 불러들여 그들을 심판하려 하셨다. 그 심판은 유다를 황무지로 만들 것이다(4:23-31). 성경에 명시되어 있지는 않으나, 예레미야는 자기 백성에게 심판을 선포하기 전에 여호와께 그 계획을 거두어 주시기를 탄원했던 것 같다. 그러나 그분은 예레미야의 탄원을 받아들이지 않으셨다. 그분은 이렇게 말씀하셨다. "너는 이 백성을 위하여 기도하지 말라. 그들을 위하여 부르짖어 구하지 말라. 내게 간구하지 말라. 내가 네게서 듣지 아니하리라"(7:16; 11:14).

여호와께서 그렇게 말씀하신 까닭은 유다 백성의 죄악이 그분이 용서하실 수 있는 한계를 넘어섰기 때문이었다. 그분은 예루살렘에서 정의를 행하고 진리를 구하는 사람을 단 한 사람도 찾으실 수가 없었다(5:1). 유다 백성은 그들에게 돌이킬 것을 권고하는 예언자들을 비웃고 무시했다. 당시의 종교 지도자들은 백성에게 인기를 얻기 위해 "평강하다, 평강하다"라고 지껄였다(8:11). 일반 백성과 지도자들 모두가 가증하고 부끄러운 일을 행하면서도 얼굴조차 붉어지지 않았다.

그들은 자기들에게 여호와의 심판이 임하지 않을 것이라고 믿었다. 두 가지 이유에서였다. 하나는 다윗 왕조였다. 유다 백성은 하나님이 다윗에게 주신 언약에 대해 알고 있었다(삼하 7:11-16). 그 언약대로라면 다윗 왕조는 절대 무너지지 않을 것이다. 다른 하나는 예루살렘 성전이었다. 솔로몬이 예루살렘 성전을 완공해 봉헌했을 때 여호와께서는 그에게 자신의 이름을 영원히 그곳에 둘 것이라고 약속하셨다(왕상 9:3). 요약하면, 시온(예루살렘)에는 하나님의 임재와 보호하심을 보여 주는 두 가지 견고한 장치인 다윗 왕조와 성전이 있었다. 그 둘은 하나로 합쳐져 시온은 어떤 일이 있어도 망하지 않는다는 이른바 "시온 신학"을 만들어냈다.

그런데 예레미야가 유다 백성의 그런 확신에 찬물을 끼얹었다. 그는 여호야김 재위 초기 어느 시점에 예루살렘 성전 문에 서서 여호와의 말씀을 선포했다. "너희는 이것이 여호와의 성전이라, 여호와의 성전이라, 여호와의 성전이라 하는 거짓말을 믿지 말라.…내가 실로에 행함 같이 너희가 신뢰하는바 내 이름으로 일컬음을 받는 이 집 곧 너희와 너희 조상들에게 준 이 곳에 행하겠고 내가 너희 모든 형제 곧 에브라임 온 자손을 쫓아낸 것 같이 내 앞에서 너희를 쫓아내리라"(7:4-15).

이것은 유다 백성이 갖고 있던 헛된 믿음에 대한 강력한 도전이었다. 예레미야 26장에는 같은 사건의 다른 버전일 가능성이 큰 이야기가 실려 있다. 예레미야는 그런 말을 한 직후 성전 제사장들에 의해 체포되어 재판에 회부되었다. 몇몇 의식 있는 종교 지도자들의 옹호가 없었다면, 그는 그때 죽임을 당했을 것이다(26:16-24).

실제로 예레미야의 목숨을 노리는 자들이 있었다. 가장 먼저 그를 노렸던 이들은 고향 아나돗의 주민들이었다. 아마도 그들은 예레미야의 매국적인 발언이 그의 친족인 자신들을 위험에 빠뜨릴 것이라고 여겼을 것이다. 그들은 한 사람을 죽여서라도 가문을 지키고자 했다. 주님이 그에게 그들의 계획을 알려 주지 않으셨다면, 아마도 그는 그때 그들의 손에 죽었을 것이다(1:18).

그런 상황에서도 예레미야는 예언을 그치지 않았다. 때로 그의 예언은 말이 아니라 행위를 통해 이루어졌다. 언젠가 그는 토기장이의 집에서 항아리 하나를 샀다(19:1). 그리고 백성의 어른들과 제사장들과 함께 힌놈의 아들 골짜기로 내려갔다. 그곳에서 그는 유다 백성이 그 골짜기에 도벳 사당을 짓고 바알에게 자녀들을 불살라 바쳤던 일에 대해 언급했다. 그리고 여호와께서 그런 죄를 지은 자들에게 재앙을 내리실 것이라고 선포한 후 토기장이의 집에서 사온 항아리를 내리쳐 깨뜨렸다. 그리고 말했다. "만군의 여호와께서 이와 같이 말씀하시되, 사람이 토기장이의 그릇을 한 번 깨뜨리면 다시 완전하게 할 수 없나니, 이와 같이 내가 이 백성과 이 성읍을 무너뜨리리니 도벳에 매장할 자리가 없을 만큼 매장하리라"(11절).

성전 총감독인 제사장 바스훌이 그 사건에 대해 보고받았다(20:1). 그는 즉시 예레미야를 체포해 때린 후 목에 고랑을 채워 감금했다. 제도권 종교의 최고위급 성직자였던 바스훌의 입장에서 보자면, 예레미야의 예언은 백성에게 불안을 일으키는 불온한 선동이었다.

패역한 나라에 대해 심판을 선포하는 예언자가 그 나라의 책임자들에게 우호적일 수는 없었다. 예레미야는 요시야에 이어 유다를 다스렸던 여호야김과 시드기야 치세에 주로 활동했다. 충분히 짐작할 수 있듯이, 그 두 왕에 대한 예레미야의 평가는 아주 나빴다. 물론 그 두 왕도 그를 좋아하지 않았다. 여호야김은 애굽이 세운 꼭두각시 왕이었다. 자기 역할에 충실했던 그는 애굽이 무깃도 전투의 배상금으로 요구한 은 1백 달란트와 금 1달란트를 지불하기 위해 백성에게 과중한 세금을 거뒀다(왕하 23:35). 또한 자신의 왕궁을 증축하기 위해 백성에게 일을 시킨 후 품삯을 주지 않았다(22:13). 예레미야는 그런 여호야김을 향해 저주를 퍼부었다. "무리가 그를 위하여 슬프다 내 형제여, 슬프다 내 자매여 하며 통곡하지 아니할 것이며, 그를 위하여 슬프다 주여, 슬프다 그 영광이여 하며 통곡하지도 아니할 것이라. 그가 끌려 예루살렘 문 밖에 던져지고 나귀같이 매장함을 당하리라"(18, 19절).

여호야김 재위 4년(주전 605년)에 예레미야는 주님으로부터 그동안 했던 모든 예언을 두루마리에 기록하라는 명령을 받았다(36:1). 예레미야는 서기관 바룩에게 그동안 자신이 선포했던 모든 예언을 받아 적게 했다. 그리고 자기 대신 성전으로 가서 유다 백성에게 그 모든 내용을 낭독하게 했다. 그런데, 우리가 보았듯이, 예레미야의 예언의 핵심은 유다가 망할 것이고, 다윗 왕조가 끝날 것이고, 예루살렘 성전이 무너질 것이고, 백성은 포로가 되리라는 것이었다. 바룩을 통해 예레미야의 예언을 들은 백성은 큰 충격에 빠졌다.

여호야김이 신하들을 통해 두루마리에 대한 소식을 들었다. 당시 그는 겨울 궁전에 머물고 있었는데, 서기관 여후디가 바룩에게서 받아온 두루마리의 서너 쪽을 낭독하면 여호야김이 칼로 그 부분을 베어내 화롯불에 던졌다(36:23). 그는 두루마리에 적힌 말을 다 들은 후 측근들에게 예레미야를 체포하라고 명했다. 예레미야와 바룩은 미리 몸을 숨긴 덕분에 체포를 면할 수 있었다. 여호야김이 두루마리를 불태웠다는 소식을 들은 예레미야는 바룩을 시켜 이전보다 더 많은 내용을 담은 두루마리를 만들었다 (32절).

‖ 거짓 예언자들과의 대결

여호야김이 애굽의 꼭두각시였다면, 유다의 마지막 왕 시드기야는 바벨론의 꼭두각시였다. 그는 주전 597년에 예루살렘을 1차로 정복했던 바벨론이 여호야김의 아들 여호야긴을 폐위하고 세운 왕이었다. 하지만 그는 바벨론의 압제에서 벗어나려고 했다. 시드기야 즉위 초에(27:1, 난하주 참고)[2] 에돔, 모압, 암몬, 두로, 시돈의 사신들이 예루살렘을 찾아왔다. 유다처럼 바벨론으로부터 과중한 조공 압력을 받은 그 나라들은 힘을 합쳐 반기를 들려 했고, 그 일을 논의하기 위해 예루살렘을 방문한 것이다. 있을 수 있는 일이고 위기에 처한 나라들로서는 마땅히 해야 할 일이기도

했다. 하지만 예레미야는 생각이 달랐다. 그가 보기에 그런 계획은 바벨론을 사용해 유다의 죄악을 심판하시려는 하나님의 계획에 맞서는 것이었다. 따라서 그는 시드기야의 계획에 찬성할 수 없었다. 어느 날 예레미야는 줄과 멍에를 만들어 목에 걸고 시드기야를 찾아가 바벨론 왕의 멍에를 매라고 간언했다(27:12, 13). 한 나라를 다스리는 왕에게 나라를 위협하는 적과 맞서지 말고 항복하라는 것이었다. 이것은 시드기야와 유다 백성은 물론이고 오늘 우리들도 수긍하기 어려운 주장이었다.

그 무렵에 예루살렘에는 예레미야와 정반대되는 예언을 하는 이들이 있었다. 그들 중에 기브온 출신의 예언자 하나냐가 있었다(28:1). 하나냐는 주전 597년에 바벨론으로 옮겨진 성전의 기물들이 2년 이내에 예루살렘으로 돌아올 것이라고 예언했다. 어느 날 예레미야가 목에 줄과 멍에를 걸고 성전 안으로 들어섰을 때 하나냐가 그의 멍에를 빼앗아 꺾으며 외쳤다. "여호와께서 이와 같이 말씀하시니라. 내가 이 년 안에 모든 민족의 목에서 바벨론의 왕 느부갓네살의 멍에를 이와 같이 꺾어 버리리라 하셨느니라"(11절). 하나냐의 당찬 예언 앞에서 예레미야는 기가 꺾였다. 그는 백성의 환호를 받으며 으스대는 하나냐를 뒤로 하고 자신의 거처로 터덜터덜 발을 옮겼다. 그때 여호와의 말씀이 그에게 임했다. 여호와께서는 예레미야에게 하나냐가 거짓 예언을 하고 있으니 돌아가서 그에게 자신의 말씀을 선포하라고 명하셨다. 선포할 내용은 하나냐가 금년에 죽으리라는 것이었다. 하나냐는 예레미야의 예언대로 그해 일곱째 달에 죽었다(17절).

당시에 유다 백성을 미혹했던 헛된 예언은 바벨론으로 끌려가 있던 포로들 사이에서도 나타나고 있었다. 그들 중에 있는 거짓 선지자들이 바벨론이 곧 무너질 것이고 그들의 포로생활도 곧 끝날 것이라고 떠들기 시작한 것이다. 바벨론 포로 공동체 안에서 그런 예언이 일어나고 있다는 소식을 들은 예레미야는 포로 공동체 사람들에게 편지를 보냈다. 그의 편지의 요지는 공연히 헛꿈 꾸다가 낭패당하지 말고 얌전히 그곳에 정착해서 살라는 것이었다(29:5-7). 지금 유다 백성이 당하고 있는 시련은 그들을 고치시려는 여호와의 날씬한 회초리가 아니었다. 오히려 그 시련은 그들의 죄악에 대한 징벌이요 심판이었다. 그들은 그 징벌과 심판을 온전하게 맛본 후에야 회복을 꿈꿀 수 있을 것이다. 예레미야는 유다에 대한 징벌과 심판 기간이 최소한 70년은 계속될 것이라고 여겼다. 지금은 징벌과 심판이 시작되는 시점이었다. 섣불리 회복에 대해 말할 때가 아니었다.

‖ 예루살렘 포위 때 선포한 예언들

동맹을 결성해 바벨론에 맞서기로 한 시드기야의 무모함이 결국 화를 자초했다. 주전 587년 1월, 바벨론 왕 느부갓네살이 대군을 이끌고 유다로 진격해 왔다(34:1). 바벨론 군대는 예루살렘을 봉쇄한 후 외곽에 있는 거점 도시들을 차례로 점령해 나갔다. 유다의 왕과 고관들과 백성 중 누구도 그 위기를 벗어날 방도를 찾지 못했다. 시온 신학에 대한 그들의 믿음은 아무 소용이 없었다.

바벨론 군대가 예루살렘 포위를 잠시 풀었을 때였다(37:11). 예레미야는 자기 문중에 속한 땅을 상속하기 위해 고향 아나돗으로 내려가려 했다. 성 밖으로 나가기 위해 베냐민 문에 이르렀을 때 그곳의 문지기 이리야가 그를 체포했다. 이리야는 예레미야의 목에서 멍에를 빼앗아 꺾었던 예언자 하나냐의 손자였다. 그는 예레미야가 바벨론 군대에 항복하러 간다는 누명을 씌워 고관들에게 끌고 갔다. 고관들은 그를 때린 후 서기관 요나단의 집 웅덩이에 처넣었다. 절망적인 예언으로 백성을 두려움에 떨게 하는 예언자에게 반역죄를 뒤집어씌워 죽이려는 속셈이었다.

그 소식을 들은 시드기야가 사람들을 보내 그를 웅덩이에서 끌어올렸다. 시드기야는 그동안 예레미야가 했던 예언들이 하나씩 성취되는 것을 보면서 혹시 그에게서 위기의 해법을 찾을 수 있지 않을까 하는 기대를 품었다. 그가 웅덩이에서 구출된 예레미야에게 은밀하게 물었다. "여호와께로부터 받은 말씀이 있느냐?" 그러자 예레미야가 답했다. "왕이 바벨론의 왕의 손에 넘겨지리이다"(17절).

실망한 시드기야는 예레미야를 감옥 뜰에 머물게 하고 매일 떡 하나씩을 주었다. 그의 예언이 못마땅하기는 했지만 그를 참된 예언자로 여겼기 때문이었다. 그러나 왕의 그런 조치에 대해 유다의 고관들이 반발했다. 그들은 왕을 찾아가 예레미야가 백성에게 끼치는 악한 영향에 관해 설명하고 그에 대한 처벌을 요구했다. 우유부단한 시드기야는 고관들의 요구를 무시할 수 없었다. 결국 예레미야는 다시 감옥 뜰에 있는 진창 구덩이에 던져졌다.

그때 왕궁의 내시 에벳멜렉이 시드기야에게 탄원했다. 예레미야를 구덩이에서 굶어 죽게 해서는 안 된다는 것이었다. 시드기야는 다시 마음을 바꿨다. 그는 에벳멜렉에게 예레미야를 구출하라고 명했다. 에벳멜렉은 예레미야를 진창 구덩이에서 끌어올려 왕의 시위대 뜰로 데려와 머물게 했다. 며칠 후 시드기야가 사람을 보내 예레미야를 데려오게 했다. 그리고 이제 자기가 어떻게 해야 할지 알려 달라고 간청했다. 아마도 그는 자신이 예레미야에게 베푼 호의로 인해 전과는 다른 말을 들을 수도 있다는 기대를 품었을 것이다. 예레미야가 그에게 여호와의 말씀을 전했다. 어서 바벨론에 항복하고 목숨이라도 건지라는 것이었다(38:17, 18).

시드기야는 절망했다. 이제는 그 어떤 가망성도 없음을 알게 된 것이다. 그는 살기 위해 항복을 택하고 싶었으나 고관들과 백성이 두려웠다. 그는 예레미야에게 그가 자기에게 한 말을 다른 누구에게도 알리지 말라고 명한 후 예루살렘이 함락되는 날까지 시위대 뜰에 머물게 했다.

‖ 절망 중에 부르는 희망의 노래

예레미야는 예언자로서 40년 넘게 활동했다. 그 오랜 세월 동안 그가 선포한 예언은 한결같이 비관적이었다. 그로 인해 왕과 고관들은 물론 백성들로부터도 핍박을 받아야 했다. 언젠가 그는 자기에게 맡겨진 과업의 무게에 짓눌려 자신의 생일을 저주하기까지 했다(20:14, 15). 의문이 든다. 도대체 예레미야는 어떻게 그 긴 세월을 그토록 비관적인 메시지와 그로 인한 핍박과 더불어 살아갈 수 있었을까? 도대체 사람이 그렇게 오랫동안 부정적이고 암울한 생각을 하면서 모진 박해를 견디며 살아가는 것이 가능한 것일까?

고난의 삶을 살아가는 이들에게 가장 필요한 것은 희망이다. 희망이 없는 사람은 죽은 것이나 다름없다. 인간을 지으신 하나님은 그것을 알고 계셨고, 그래서 모진 세월을 살아가는 예레미야에게 남들이 알지 못하는 희망의 메시지를 주셨다. 아마도 그런 메시지가 그로 하여금 극한의 상황을 견디면서 사명을 감당할 수 있게 해주었을 것이다. 언젠가 예레미야는 자신이 여호와의 말씀을 통해 기쁨과 즐거움을 얻고 있음을 슬며시 내비친 적이 있다. "내가 주의 말씀을 얻어 먹었사오니 주의 말씀은 내게 기쁨과 내 마음의 즐거움이오나"(15:16).

그래서였을까? 비관적인 심판의 말들로 가득 찬 예레미야서에는 같은 사람이 한 말이라고 여기기 어려울 만큼 찬란한 희망의 메시지들이 포함되어 있다. 메시지는 예레미야 30~33장에 집중적으로 배치되어 있다. 그 메시지의 핵심적 요지는 이스라엘과 유다의 포로들의 귀환이었다. 남왕국은 북왕국처럼 망할 것이다. 그리고 백성은 포로가 되어 이방 땅으로 끌려갈 것이다. 하지만 그것이 이야기의 끝은 아닐 것이다. 그들이 충분히 징계받았을 때, 주님이 그들을 옛 땅으로 돌아오게 하실 것이다. 예레미야는 포로지에서 돌아온 백성이 영위할 삶의 모습을 다음과 같이 그려낸다. "여호와께서 말씀하시니라. 보라 내가 야곱 장막의 포로들을 돌아오게 할 것이고 그 거처들에 사랑을 베풀 것이라. 성읍은 그 폐허가 된 언덕 위에 건축될 것이요 그 보루는 규정에 따라 사람이 살게 되리라. 그들에게서 감사하는 소리가 나오고 즐거워하는 자들의 소리가 나오리라. 내가 그들을 번성하게 하리니 그들의 수가 줄어들지 아니하겠고 내가 그들을 존귀하게 하리니 그들은 비천하여지지 아니하리라"(30:18, 19).

그런데 이스라엘 백성이 고국으로 돌아오기만 하면 모든 것이 끝나는 것일까? 큰 심판을 겪었으니 그 후로는 죄에 빠지지 않고 바르게 살아갈 수 있을까? 결론부터 말하면, 그럴 가능성은 희박했다. 그들의 조상들은 출애굽 직후에 시내산에서 언약을 맺고 하나님의 백성이 되었다. 하나님은 그들에게 율법을 주시고 그것을 따라 살아가라고 명하셨다. 하지만 그들은 줄곧 그것을 무시했다. 그들이 율법을 지켰다면, 오늘과 같은 처참한 상황은 발생하지도 않았을 것이다. 그런 습성을 지닌 백성이니, 설령 그들이 포로 상태에서 풀려나 고국으로 돌아올지라도, 그들이 하나님의 법을 지키며 그분의 백성답게 살 것이라고 누가 보장할 수 있겠는가? 만약 그들이 심판에서 회복된 후에도 다시 율법을 지키지 않고 죄악에 빠진다면, 주님은 그들을 또다시 심판하셔야 하는가?

주님은 그런 타당한 의문에 대해 답을 주셨다. 예레미야가 받은 답은 이러했다. "보라 날이 이르리니 내가 이스라엘 집과 유다 집에 새 언약을 맺으리라. 이 언약은 내가 그들의 조상들의 손을 잡고 애굽 땅에서 인도하여 내던 날에 맺은 것과 같지 아니할 것은 내가 그들의 남편이 되었어도 그들이 내 언약을 깨뜨렸음이라.…그러나 그 날 후에 내가 이스라엘 집과 맺을 언약은 이러하니 곧 내가 나의 법을 그들의 속에 두며 그들의 마음에 기록하여 나는 그들의 하나님이 되고 그들은 내 백성이 될 것이라.…그들이 다시는 각기 이웃과 형제를 가리켜 이르기를 너는 여호와를 알라 하지 아니하리니 이는 작은 자로부터 큰 자까지 다 나를 알기 때문이라. 내가 그들의 악행을 사하고 다시는 그 죄를 기억하지 아니하리라"(31:31-34).

자기 백성의 연약함을 아시는 주님께서 율법을 그들의 마음 판에 새기심으로써 이후로는 그들이 절대로 그 법을 잊지 않게 하시겠다는 것이다. 즉 그들 자신의 의지나 힘이 아니라, 자신이 그들에게 제공하는 힘으로 살아가게 하시겠다는 것이다. 주님으로부터 회복에 대한 말씀을 들어서였을까? 바벨론 군대가 예루살렘을 에워싸고 있던 어느 날, 예레미야가 엉뚱한 일을 했다. 그동안 줄기차게 나라가 망할 것이라고 외쳤던 그가 자기 지파에 속한 땅을 매입한 것이었다(32:6-15). 그는 고향 아나돗에 있는 숙부의 아들 하나멜의 땅을 은 칠십 세겔을 주고 매입한 후 매매 증서를 작성해 봉인했다. 예레미야는 그의 이런 행위에 놀라는 이들을 향해 이렇게 말했다. "만군의 여호와 이스라엘의 하나님께서 이와 같이 말씀하시느니라. 사람이 이 땅에서 집과 밭과 포도원을 다시 사게 되리라 하셨다"(15절).

‖ 마지막 메시지

예레미야가 시위대 뜰에 감금되어 있던 주전 586년 7월, 마침내 바벨론 군대가 예루살렘 성을 함락했다(39:2). 시드기야는 한밤중에 측근들과 함께 성을 빠져나와 도망치다가 바벨론 군사들에게 붙들렸다. 그는 립나에 있는 느부갓네살 앞으로 끌려가 심문을 당했다. 느부갓네살은 그의 아들들과 고관들을 그가 보는 앞에서 죽이고 그의 두 눈을 뽑았다. 그리고 바벨론으로 끌고가 감금했다. 시드기야는 그곳에서 죽었다(52:1~11).

느부갓네살은 시드기야 대신 유다의 고관들 중 하나였던 그다랴를 총독으로 임명했다. 느부갓네살이 전처럼 꼭두각시 왕조차 임명하지 않고 비다윗 계열의 총독을 세운 것은 남왕국 유다가 완전히 멸망했음을 의미했다. 주전 722년에 북왕국이 앗수르에 망해 없어진 데 이어 남왕국마저 바벨론에 패망함으로 이스라엘 민족은 독립 국가의 백성이라는 지위를 완전히 잃었다.

예레미야는 사위대 뜰에서 바벨론 군인들에 의해 체포되었다(40:1). 그러나 바벨론 군사령관 느부사라단이 그를 풀어주었다. 아마도 예레미야가 유다의 왕과 백성에게 바벨론에 항복하라고 권했던 사실을 알았기 때문일 것이다. 그는 예레미야에게 다른 포로들과 함께 바벨론으로 가든 유다에 남든 마음대로 하라고 했다. 예레미야는 유다에 남는 쪽을 택했다. 자신이 유다에서 할 일이 있다고 여겼기 때문일 것이다.

바벨론이 임명한 총독 그다랴가 백성을 잘 다스렸음에도 백성 중 일부는 여전히 자신들의 상황을 받아들이지 못했다. 그 와중에 왕족인 이스마엘이라는 자가 그다랴를 살해하고 달아나는 사건이 발생했다(41:2). 유다에 남은 자들은 바벨론의 보복이 두려웠다. 그들은 예레미야의 만류에도 불구하고 예레미야와 백성을 이끌고 애굽으로 내려갔다(43:2~7). 출애굽을 통해 형성된 하나님의 백성이 다시 애굽에서 종살이를 시작한 것이다.

애굽에서 유다 백성은 또다시 우상을 섬기기 시작했다(44:17). 예레미야는 그 형편없는 자들을 상대로 다시 예언 활동을 했다. 그의 마지막 예언은 주님이 그들이 의지하는 애굽의 왕을 대적의 손에 넘기시리라는 것이었다. 예레미야의 예언은 마지막까지도 우울했다. 그런 점에서 예레미야는 이스라엘의 여러 예언자 중에서도 가장 불행한 사람이었다. 예언 활동 내내 그는 아무도 들으려 하지 않는 말을 해야 했고, 그로 인해 사람들로부터 핍박을 받았다. 그의 모든 예언이 성취되었음에도 사람들은 그를 존경하거나 두려워하지 않았다. 그는 하나님의 백성이 되기를 포기한 이들과 함께 원하지 않는 곳으로 끌려갔다. 그리고 그곳에서조차 아무도 들으려 하지 않는 예언을 하다가 생을 마감했다.

도대체 왜 하나님은 자신의 충실한 종을 마지막까지 그렇게 모진 상황 속으로 몰아넣으셨을까? 예레미야는 어째서 그런 상황에서조차 그분에게 그토록 충성했을까? 게르하르트 폰 라트는 이 문제를 놓고 고민하다가 전자를 "하나님께 속한 신비", 그리고 후자를 "예레미야에게 속한 신비"라고 표현했다.[3] 옳다, 사실 "신비"라는 말 외에는 이런 상황을 설명할 방법이 없다. 그러나 그 신비와 관련해 기억해야 할 것이 하나 있다. 그것은 하나님이 그 형편없는 사람들, 즉 이제 더 이상 아무런 가망성도 없는 사람들 가운데 예레미야를 남겨 놓으셨다는 사실이다. 어쩌면 이것은 그분이 마지막 순간까지도 그들을 포기하지 못하셨음을 보여 주는 징표일 수 있다.

희망의 이유

에스겔

에스겔이 여호와의 부르심을 받은 것은 그의 나이 서른 살 되던 해였다(1:1). 그해는 유다 왕 여호야긴이 포로가 된 지 5년째인 주전 593년이었다. 그 무렵에 유다는 마지막 남은 숨을 몰아쉬고 있었다. 아직 명맥은 유지되고 있었으나 나라의 핵심 인물들은 모두 바벨론에서 포로살이를 하고 있었다. 그리고 에스겔은 그 포로 공동체 안에서 예언자로 부르심을 받았다. 그는 단순한 예언자가 아니라 포로 공동체의 목회자이기도 했다.[1]

에스겔은 자신을 "부시의 아들 제사장 나 에스겔"이라고 소개한다(3절). 아마도 그는 5년 전 여호야긴과 함께 바벨론으로 끌려왔을 때 이미 제사장이었거나 한창 제사장 수업을 받고 있었을 것이다. 아마도 그것이 그의 예언에서 자주 성전이 언급되고 예언서 끝부분에서 새 성전에 대한 아주 상세한 묘사가 나타나는 이유일 것이다.

‖ 예언자의 실어증

에스겔이 여호와의 부르심을 받은 곳은 그발 강가, 즉 바벨론 포로들의 집단 거주지 중 하나인 닙푸르 근처 관계 수로 곁에 있던 텔아비브였다. 에스겔은 폭풍과 큰 구름과 불 가운데서 인간의 언어로는 형용하기 어려운 네 생물의 모습을 보았다(1:4 이하). 그 모습을 보고 땅에 엎드린 에스겔에게 여호와의 말씀이 임했다. 그분은 자신이 그를 반역하는 족속인 이스라엘에게 보내고자 한다고 말씀하셨다. 그분이 그를 보내시는 이유는 그들 가운데 예언자가 있음을 알게 하시기 위함이었다(2:5).

에스겔의 초기 예언에는 백성을 향한 설득이나 권면이 거의 나타나지 않는다. 아마도 설득이나 권면의 시기가 이미 끝났기 때문일 것이다. 예레미야와 에스겔이 활동하던 때는 심판과 징계의 시기였다. 특히 에스겔이 활동을 시작한 제1차 바벨론 포수 이후는 하나님의 심판이 이행되는 시기였다. 에스겔의 예언의 목적이 설득과 권면이 아니라는 사실은 그가 예언자로 부르심을 받은 직후 벙어리가 되었던 것을 통해 분명하게 드러난다(3:22-27). 어느 날 주님이 에스겔을 들판으로 불러내셨다. 그분은 다시 한번 그에게 자신의 영광을 보이신 후 집으로 돌아가 문을 닫아걸고 칩거하라고 명하셨다. 또 주님은 자신이 그의 혀를 입천장에 붙게 해 말을 하지 못하게 하실 것이라고 하셨다. 그를 예언자로 임명하신 분이 그의 입을 막으시겠다는 것이었다. 에스겔은 오직 하나님이 그에게 말씀하실 때만 입을 열어 말할 수 있었다. 하지만 그는 말을 하지 못하는 동안에도 몇 가지 기묘한 행위를 통해 백성에게 깨우침을 주어야 했다(4~5장). 그런 행위는 모두 예루살렘의 철저한 멸망에 관한 것이었다.

‖ 성전에서 자행된 우상숭배

에스겔이 부르심을 받은 후 1년쯤 지난 주전 592년 늦여름이었다(8:1). 그가 자기 집에서 바벨론 포로 공동체의 장로들과 함께 있을 때 여호와의 권능이 그에게 임했다. 그는 그 권능에 의해 예루살렘 성전의 북문으로 옮겨졌다. 아마도 일종의 환상 체험이었을 것이다. 에스겔은 그곳에서부터 시작해 성전 경내를 돌아다니며 그 안에서 벌어지고 있는 일들을 목격했다. 그가 그곳에서 본 것은 우상숭배였다. 이스라엘 백성이 성전에서 자행한 우상숭배는 그 종류도 다양했다. 유다 백성은 예루살렘 성전 안에서 "질투의 우상", "온갖 벌레와 불결한 짐승들과 이스라엘 족속의 모든 우상", "담무스", "동쪽 태양" 등을 향해 절하고 있었다.

그 모든 것을 보이신 후에 주님이 에스겔에게 말씀하셨다. "인자야, 네가 보았느냐 유다 족속이 여기에서 행한 가증한 일을 적다 하겠느냐.… 그러므로 나도 분노로 갚아 불쌍히 여기지 아니하며 긍휼을 베풀지도 아니하리니 그들이 큰 소리로 내 귀에 부르짖을지라도 내가 듣지 아니하리라"(17, 18절).

말씀을 마치신 주님은 성읍을 벌할 자들을 소환하셨다(9:1). 그분은 그들에게 예루살렘을 순행하며 사람들을 쳐서 죽이라고 명하셨다. 에스겔이 엎드려 부르짖으며 용서를 간구했으나 주님은 들어주지 않으셨다. 그분은 소환된 자들 중 서기관 복장을 한 자에게 숯불을 가져다가 성읍 위에 뿌리라고 명하셨다(10:2). 예루살렘을 초토화시키라는 명령이었다!

그들이 임무를 수행하기 위해 떠남과 동시에 지성소 안에 머물러 있던 여호와의 영광이 떠올라 기드론 골짜기를 지나 동쪽에 있는 감람산으로 이동해 그곳에 머물렀다. 에스겔은 여호와의 영광이 예루살렘 성전을 떠나시는 것을 목격한 후에 다시 그분의 권능에 의해 텔아비브에 있는 그의 집으로 옮겨졌다. 그곳에서 그는 자기가 본 것을 사람들에게 말해 주었다(11장).

‖ 이스라엘의 반역의 역사

바벨론 포로 공동체 사람들은 에스겔이 전하는 말을 듣고도 조국 유다의 현실을 인정하지 않았다. 여전히 그들은 자기들이 곧 고국으로 돌아갈 것이라고 믿었다. 하지만 그런 태도는 그들에 대한 하나님의 심판을 거부하는 것이나 다름없었다. 지금 그들에게 필요한 것은 헛된 희망이 아니라 엄중한 현실을 인정하고 받아들이는 것이었다.

포로 공동체 사람들이 헛된 희망을 품은 것은 그들 가운데 희망 전도자들이 있었기 때문이다. 그들은 "허탄한 묵시를 보며 거짓된 점괘를 말하는"(13:7) 자들이었다. 그들은 사람들이 원하는 것에 맞추어 묵시를 지어내 들려주는 사기꾼이었다. 거짓 예언자들 중에는 사람들의 불안한 마음을 이용해 부적을 만들어 팔아먹는 여자들도 있었다. 또한 공동체 내의 어떤 이들은 자기들은 아무 잘못도 없는데 조상들이 지은 죄 때문에 억울하게 고통을 당한다고 불평했다(18:2). 또한 어떤 이들은 주님이 의인과 악인을 무차별하게 심판하시는 것은 불공평하다고 투덜거렸다(25절).

주전 591년 8월 어느 날(20:1), 에스겔을 찾아온 포로 공동체의 장로들 역시 그런 거짓말에 솔깃해 있었다. 그들은 자기들이 언제쯤 포로 상태에서 풀려나 고국으로 돌아갈 수 있는지 알고 싶어 했다. 에스겔이 장로들과 함께 앉았을 때 여호와의 말씀이 그에게 임했다. 그가 받은 말씀은 엉뚱하게도 이스라엘의 역사에 대한 설명이었다. 주님은 이스라엘의 역사를 애굽 시절, 광야 시절, 가나안 시절로 나누어 설명하시면서 그 모든 시절을 통해 그 백성이 자신을 배반하고 우상을 숭배했음을 지적하셨다. 심지어 그 백성은 주님께 벌을 받아 포로가 된 상태에서도 여전히 포로지의 우상들을 숭배하는 유혹에 빠져들고 있었다. 주님은 그 패역한 자들을 향해 다음과 같이 말씀하셨다. "이스라엘 족속아, 너희가 내게 묻기를 내가 용납하겠느냐. 주 여호와의 말씀이니라. 내가 나의 삶을 두고 맹세하노니 너희가 내게 묻기를 내가 용납하지 아니하리라"(31절).

사실 주님은 그 전에도 이스라엘 백성의 가증함에 대해 말씀하신 적이 있었다(16:1-34). 그 말씀에 따르면, 이스라엘 백성은 태어나자마자 버려진 여아(女兒)와 같았다. 주님이 발견하셨을 때 그 아이는 탯줄도 잘리지 않은 채 피투성이가 되어 길가에 버려져 있었다. 주님은 그 아이를 데려다 먹이고 입히셨다. 아이가 자라 처녀가 되자 그분은 그녀에게 귀한 옷을 입히시고 온갖 패물로 치장하신 후 그녀와 결혼하셨다. 그런데 그녀는 결혼 직후부터 음욕을 드러내기 시작했다. 그녀는 세상의 모든 자와 더불어 음행했다. 주님이 보시기에 그녀는 돈을 벌기 위해 몸을 파는 창기만도 못했다.

그로 인해 이스라엘에 대한 심판은 돌이킬 수 없는 일이 되었다. 이미 그들은 용서받을 수 없는 지경에 이르러 있었다. 주님은 에스겔에게 유다의 최종적인 멸망을 선포하게 하셨다. 이제 주님이 이스라엘을 대적해 칼을 뽑으실 것이다. 그 칼은 위협용이 아니라 죽이기 위한 칼이다. 주님은 자신이 계획하신 일을 마치실 때까지 칼을 칼집에 꽂지 않으실 것이다. 여호와의 인내와 용서의 시기는 끝나고 심판의 시기가 이른 것이다(21장).

유다가 심판에 처하게 된 것은 물론 백성 모두의 잘못 때문이었다. 예루살렘과 유다 사람 모두가 죄인이었고, 모두가 벌을 받아야만 했다. 그러나 가장 큰 책임은 그동안 유다를 다스려왔던 이들의 몫이었다. 지금껏 온갖 부귀와 영화를 누리며 백성을 이끌어 왔던 이들이 큰 심판 앞에서 백성들과의 공동 책임을 주장한다면, 그것은 면목 없는 짓이다. 에스겔은 그런 상황에 대해 책임 있는 자들을 맹렬하게 비난했다.

에스겔의 첫 번째 비난은 유다의 마지막 왕 시드기야를 향했다(17:1-10). 에스겔은 시드기야가 어리석은 판단으로 유다 백성을 멸망에 이르게 했다고 비난했다. 에스겔은 시드기야를 크고 화려한 깃털을 가진 큰 독수리(바벨론)가 레바논의 아름다운 백향목을 뽑아내고 그 자리에 심어 놓은 포도나무에 비유했다. 이는 그가 바벨론이 유다 왕 여호야긴을 잡아가고 대신 남겨 놓은 꼭두각시였음을 가리키는 것이다. 그러므로 당연히 시드기야는 자기를 왕으로 삼은 큰 독수리에게 충성을 바쳐야 했다. 하지만 그는 그렇게 하지 않았다. 그는 다른 독수리(애굽)가 날아와 얼쩡거리자 그에게 눈이 팔렸고 큰 독수리 대신 새 독수리를 향해 몸을 돌렸다. 이것은 시드기야가 애굽을 의지해 바벨론에 반역한 것을 지적하는 것이다. 에스겔은 어리석은 결정을 한 시드기야가 곧 뿌리가 뽑힐 것이라고 선언했다.

에스겔의 두 번째 비난은 유다의 모든 지도자들을 향했다(22:6-12). 그가 말하는 지도자들은 제1차 바벨론 포수(주전 597년) 이후에 예루살렘에 남겨진 백성의 지도자들이었다. 그들은 상처투성이가 된 백성을 보듬고 위로하면서 어려운 시기를 견디도록 도와야 했으나 그렇게 하지 않았다. 오히려 보살펴야 할 백성을 학대했다. 그들은 백성의 늙은 부모를 업신여기고, 나그네와 고아와 과부로 대표되는 약자들을 학대하고 수탈했다. 또 온갖 불의와 우상숭배와 성범죄와 뇌물 수수와 압제에 빠져들었다.

에스겔의 세 번째 비난은 유다의 종교 지도자들인 예언자와 제사장들을 향했다(22:23-31). 그들은 역사상 가장 어려운 시기를 맞이한 백성을 돌보아야 할 책임이 있는 자들이었다. 그들은 세상의 모든 일이 잘못된 방향으로 나아갈지라도 꿋꿋이 여호와의 진리를 따르는 모범을 보여야 했다. 하지만 그들은 그렇게 하지 않았다. 오히려 앞장서 여호와의 율법을 위반하며 불의를 행했다.

‖ 예루살렘의 포위

주전 587년 1월 15일, 주님은 에스겔에게 그날을 기록해 두라고 명하셨다(24:1). 그날은 바벨론 군대가 예루살렘을 포위하기 시작한 날이었다. 이어서 주님은 에스겔에게 한 가지 행위 예언을 하게 하셨다(3-14절). 에스겔은 녹슨 가마를 걸고, 그 안에 물을 붓고, 양 한 마리를 골라 각을 뜨고, 모든 고기를 그 안에 넣고 삶아야 했다. 그는 가마 속의 고깃덩어리를 뼈가 무르도록 삶은 후 하나씩 꺼냈다. 고기를 꺼낸 후에도 계속 불을 피워 국물을 다 조리고, 뼈들을 태우고, 가마의 놋까지 달궈 없애 버렸다. 이것은 예루살렘에 대한 심판이 얼마나 철저할 것인지에 대한 무서운 예시였다.

에스겔이 해야 할 행위 예언이 하나 더 있었는데, 그것은 그가 감당하기 어려울 만큼 고통스러운 것이었다. 주님은 그에게 그의 아내가 죽을 것인데, 그런 상황에서도 아내를 위해 곡을 하거나 장례 음식을 만들어 먹지 말라고 명령하셨다. 그가 그런 기이한 행동을 하자 사람들이 그에게 이유를 물었다. 에스겔이 그들에게 여호와의 말씀을 전했다. "주 여호와의 말씀에 내 성소는 너희 세력의 영광이요 너희 눈의 기쁨이요 너희 마음에 아낌이 되거니와 내가 더럽힐 것이며 너희의 버려둔 자녀를 칼에 엎드러지게 할지라. 너희가 에스겔이 행한 바와 같이 행하여 입술을 가리지 아니하며 사람의 음식물을 먹지 아니하며 수건으로 머리를 동인 채, 발에 신을 신은 채로 두고 슬퍼하지도 아니하며 울지도 아니하되 죄악 중에 패망하여 피차 바라보고 탄식하리라"(24:21-23).

말씀의 의미는 분명했다. 이제 곧 그들이 자랑하는 예루살렘 성전이 무너지고 성 안에서 살던 자녀들이 살해당하는 비통한 일이 일어날 것이다. 그러나 그 충격이 워낙 크고 전면적이어서 아무도 다른 이를 위해 슬퍼할 여유를 갖지 못할 것이다. 자기 백성에 대한 하나님의 인내가 컸던 만큼이나 그분의 진노와 심판 역시 상상을 초월할 것이다.

‖ 땅의 소유권에 대한 언급

바벨론 포로 공동체 사람들이 예루살렘의 함락 소식을 들은 것은 주전 585년 1월이었다(33:21). 예루살렘이 멸망한 것이 주전 586년 7월이었으니, 그들은 조국이 망한 소식을 6개월이 지나서야 들었던 셈이다. 그 소식이 전해지기 전날 저녁에 주님이 에스겔의 입을 풀어주셨다. 그때부터 그는 입을 열어 하나님의 말씀을 전하기 시작했다(22절).

이번에도 수많은 포로가 바벨론으로 끌려왔지만, 여전히 유다에는 사람들이 남아 있었다. 그들은 바벨론이 그 땅을 경작하도록 남겨 놓은 가난한 사람들이었다(렘 40:12). 그런데 그들과 바벨론으로 끌려온 사람들 사이에서 분쟁이 발생했다. 유다에 남겨진 이들이 무주공산(無主空山)이 된 땅에 대해 소유권을 주장했기 때문이다(11:15; 33:24). 사실 그들의 주장은 무리한 것이 아니었다. 나라는 망했고, 땅의 원주인들은 바벨론으로 끌려갔고, 무엇보다도 바벨론 군대가 그 땅을 남아 있는 자들에게 분배했기 때문이다(렘 39:10).

그런데 에스겔은 그런 주장을 하는 자들에게 비난을 퍼부었다. 그는 주님께서 그들이 그 땅을 차지할 수 없게 하실 것이고 지금 그들이 차지하고 있는 땅을 황무지로 만드실 것이라고 말했다(33:26-28). 선뜻 이해하기 어려운 대목이다. 나라는 이미 망했고 땅의 원주인들은 포로가 되어 끌려갔다. 그렇다면 이미 모든 것이 끝난 셈인데, 그런 상황에서 땅의 주인이 누가 되는지가 왜 그렇게 중요한 문제가 되었을까?

이 문제는 이스라엘 백성에게 땅이 갖는 함의를 알아야 이해할 수 있다. 이스라엘 백성에게 땅은 그들의 조상 아브라함이 하나님께로부터 받은 약속, 즉 그의 후손들이 큰 민족을 이루게 하시리라는 약속의 징표였다(창 12:1-3, 7). 또한 땅은 모세가 부르심을 받았을 때 그에게 약속된 것이기도 했다(출 6:8). 여호수아는 가나안 진입 직전에 다시 한번 땅에 대한 약속을 받았다(수 1:2-4). 즉 이스라엘 백성에게 땅은 단순한 부동산이 아니라 그들과 하나님 사이의 관계를 보증하는 증표였던 것이다. 이스라엘 백성에게 땅의 상실은 곧 하나님과의 관계의 단절을 의미했다. 에스겔이 예루살렘의 멸망에 관한 소식을 들은 직후 이제는 누구의 것이 되든 상관없어 보이는 이스라엘 땅에 대해 언급한 이유가 바로 거기에 있었다. 이스라엘 땅은 포로가 되어 그 땅을 떠난 사람들은 물론이고 남아 있는 자들의 소유도 될 수 없었다. 하나님과의 관계가 깨어진 이상 이스라엘 백성이 소유권을 주장할 수 있는 땅은 어디에도 남아 있지 않았다. 이제 그 땅은 어느 누구에게도 속하지 않은 황무지가 되어야 했다. 주님이 그 땅을 다시 회복하실 때까지.

‖ 선한 목자에 대한 예언

예루살렘의 멸망 소식을 들은 후부터 에스겔은 이전과는 다른 목소리를 내기 시작했다. 어느 때엔가 그는 이스라엘 백성을 이끌 새로운 목자에 대해 말했다. 당시에 이스라엘 백성은 목자 없는 양처럼 이리저리 흩어져 있었다. 사실 그들이 그렇게 가련한 처지에 놓이게 된 것은 그들의 목자들 때문이었다. 목자들에 대한 에스겔의 비판은 정곡을 찌른다. "너희가 살진 양을 잡아 그 기름을 먹으며 그 털을 입되 양 떼는 먹이지 아니하는도다"(34:3).

에스겔은 이제 주님이 악한 목자들의 손에서 자신의 양떼를 되찾으려 하신다고 말한다. 그분은 다시는 자신의 양떼가 목자들의 먹잇감이 되지 않게 하실 것이다. 더 나아가 그분은 양떼를 그들의 본토로 이끌어 가실 것이다(12-14절). 이어서 에스겔은 시편 23편의 목가적인 모습을 떠올리게 하는 예언을 통해 여호와가 이끄실 양떼의 새로운 미래상을 그려낸다. 그 미래상은 주님이 이스라엘 백성에게 과거의 탐욕스러운 목자를 대신할 새로운 목자를 약속하시는 데서 정점에 이른다. "내가 한 목자를 그들 위에 세워 먹이게 하리니 그는 내 종 다윗이라. 그가 그들을 먹이고 그들의 목자가 될지라. 나 여호와는 그들의 하나님이 되고 내 종 다윗은 그들 중에 왕이 되리라"(23, 24절).

앞에서 우리는 예레미야와 에스겔이 포로 공동체 안에 만연해 있던 헛된 희망과 싸웠던 것을 살펴보았다. 그렇다면 지금 에스겔이 하는 말은 헛된 희망과 어떻게 다른 것일까? 얼핏 보면 다를 게 없다. 사실 어느 쪽이든 쉽게 믿을 수 있는 말이 아니다. 그러나 한 가지 차이가 있다. 거짓 선지자들이 퍼뜨린 헛된 희망은 주님에게서 오지 않았고, 에스겔의 말은 주님에게서 왔다. 물론 그런 사실이 입증되기 위해서는 오랜 시간이 필요하다. 그러나 바벨론 포로 공동체의 목회자였던 에스겔은 공동체 구성원들이 모든 희망을 포기했을 때, 그동안 헛된 희망을 퍼뜨리며 공동체를 혼란스럽게 했던 거짓 선지자들마저 입을 다물어야 했을 때, 비로소 주님이 주도하시는 회복에 관한 이야기를 시작했다.

‖ 새 영과 새 마음

이스라엘의 회복은 심판을 전제하고 있다. 하나님이 이스라엘의 죄를 심판하지 않은 채 그들을 다시 자신의 백성으로 삼으시는 것은 불가능하다. 그렇다면, 그들이 심판을 통과하면 모든 문제가 해결되는 것일까? 무엇보다도 그들은 심판 이후에는 예전과 같은 죄를 짓지 않고 거룩한 백성으로 살아갈 수 있을까? 그들의 전력(前歷)으로 미루어 보건대, 아마도 불가능할 것이다. 그렇다면 어떻게 해야 하는가?

이 의문에 대해 예레미야는 주님이 이스라엘 백성의 마음 판에 "새 언약"을 새겨 넣으실 것이라는 말로 답했다(렘 31:31-34). 그런데 에스겔은 예레미야보다 한 걸음 더 나아간다. 그는 주님이 그분의 백성을 이스라엘 땅으로 돌이키신 후에 그들에게 행하실 일을 다음과 같이 묘사했다. "맑은 물을 너희에게 뿌려서 너희로 정결하게 하되 곧 너희 모든 더러운 것에서와 모든 우상숭배에서 너희를 정결하게 할 것이며 또 새 영을 너희 속에 두고 새 마음을 너희에게 주되 너희 육신에서 굳은 마음을 제거하고 부드러운 마음을 줄 것이며 또 내 영을 너희 속에 두어 너희로 내 율례를 행하게 하리니 너희가 내 규례를 지켜 행할지라"(36:25-27).

주님이 그들에게 "새 영"과 "새 마음"을 주실 것이다. 그들의 "굳은 마음"을 제거하고 "부드러운 마음"을 주실 것이다. 그리고 그 부드러운 마음에 자신의 율법을 새김으로써 그들이 자신에게 기꺼이 순종하게 하실 것이다. 이것은 이제 그들과 자신의 언약 관계가 과거와는 전혀 다른 토대 위에 세워지리라는 말씀이었다. 그분은 그들의 존재의 본질을 바꿔서라도 그들이 자기를 사랑하고 따르게 하실 참이었다.

그런데 이처럼 멋진 일은 어떻게 가능한 것일까? 당시 그들의 상황은 누가 봐도 아무 가능성도 없는 절망 그 자체였다. 에스겔의 고민과 의심을 간파하셨던 것일까? 어느 날 주님은 그를 마른 뼈들로 가득 찬 골짜기로 이끌어가셨다. 그리고 그 뼈들이 살아나 큰 군대가 되는 모습을 환상으로 보여 주셨다(37:1-14). 사실 이스라엘의 회복은 그들 자신의 힘으로는 불가능했다. 그러나 온 우주의 창조주이자 역사의 주관자이신 주님은 인간이 보기에 도저히 불가능한 일을 이루실 수 있는 분이다. 그리고 그분은 심판을 받아 마른 뼈나 다름없게 된 그분의 백성을 일으켜 세우려 하셨다.

‖ 완전한 회복

어느 날 에스겔은 막대기 둘을 가져다가 하나에는 "유다와 그 짝 이스라엘 자손"이라고 쓰고, 다른 하나에는 "에브라임의 막대기 곧 요셉과 그 짝 이스라엘 온 족속"이라고 썼다(37:16). 그리고 그 둘을 합쳐 하나가 되게 했다. 사람들이 그 행위가 무엇을 의미하는지 물었다. 에스겔은 그것이 북왕국 이스라엘 백성이 돌아와 남왕국과 하나가 된다는 뜻이라고 말했다. 사람들은 이미 오래전에 사라진 북왕국 백성을 잊었을지 모르나, 주님은 그들을 잊지 않으셨다.

이어서 에스겔은 이스라엘 백성이 통일을 이루고 평화롭게 살아가는 미래의 어느 날에 일어날 일에 관해 이야기한다. 그들을 시기하는 적들이 쳐들어온다. 적들의 지도자는 "마곡 땅에 있는 로스와 메섹과 두발 왕 곧 곡"이라는 자다(38:2). 곡이 이끄는 군대는 이스라엘 백성이 평안히 거주하는 지역을 광풍처럼 덮친다. 그때 주님이 일어나 그들을 막으시고 멸하신다. 새와 짐승들이 그들의 시체를 살진 숫양이나 어린 양이나 염소나 수송아지들을 먹듯이 먹어치운다(39:18). 곡으로 대표되는 악한 세력은 심판을 통과하고 회복된 이스라엘을 집어삼키려 하지만 성공하지 못한다.

왜냐하면 회복된 이스라엘, 즉 시련과 분열의 시기를 통과해 다시 하나가 된 이스라엘은 예전과는 전혀 다른 나라이기 때문이다. 앗수르와 바벨론 이 그랬던 것처럼 이스라엘을 집어삼키려 하는 곡은 이스라엘을 지키시는 주님으로 인해 철저히 파멸된다.

반면에 주님은 유다가 멸망했다는 소식을 듣고 절망에 빠진 이스라엘 백성을 향해 다음과 같이 말씀하셨다. "전에는 내가 그들이 사로잡혀 여러 나라에 이르게 하였거니와 후에는 내가 그들을 모아 고국 땅으로 돌아오게 하고 그 한 사람도 이방에 남기지 아니하리니 그들이 내가 여호와 자기들의 하나님인 줄을 알리라. 내가 다시는 내 얼굴을 그들에게 가리지 아니하리니 이는 내가 내 영을 이스라엘 족속에게 쏟았음이라"(28, 29절). 이 말씀 속에서 우리는 주님이 회복된 이스라엘 백성에게 다시 그분의 얼굴을 보여 주실 것이라는 약속을 발견한다. 아마도 예루살렘에서 성전 예배가 회복될 것을 가리키는 말씀일 것이다.

‖ 새 성전과 회복된 땅

예루살렘 성전은 주전 586년에 훼파되었다. 제사장이었던 에스겔은 무너진 성전 재건 없이는 이스라엘의 온전한 회복을 꿈꿀 수 없었다. 그래서였을까? 주님은 그에게 마지막 환상을 통해 회복된 성전의 모습을 보여 주셨다. 주전 573년 어느 날, 여호와의 권능이 에스겔에게 임했다 (40:1). 그는 권능에 사로잡혀 다시 한번 이스라엘 땅으로 인도되어 환상 여행을 한다. 그곳에서 그는 한 안내자의 인도를 받아 재건된 성전 곳곳을 돌아보면서 성전의 구조와 치수들을 꼼꼼하게 기록한다. 이어서 그는 여러 해 전에 그곳을 떠나셨던 하나님의 영광이 동쪽으로부터 돌아오는 모습을 목격한다(43:1-5). 이것은 이스라엘이 다시 그들 안에 거룩하신 하나님을 모실 수 있을 만큼 완전히 회복되었음을 보여 주는 징표였다.

이어서 그는 성전 제사와 관련된 온갖 설명을 듣고 기록한다. 거기에는 레위인과 제사장에 대한 규례와 규정들도 들어 있었다(43:13~44:31). 또 그는 성전 주변의 땅을 제사장, 레위인, 왕에게 분배하는 문제(45:1-8), 이스라엘의 통치자들을 위한 규정(9-17절), 각종 절기 및 제사와 관련된 문제(45:18~46:15), 군주가 그의 기업을 아들에게 물려주는 문제(16-18절), 그리고 성전의 부엌과 관련된 온갖 소소한 문제(19-24절)에 대한 설명을 들었다.

오늘 우리가 읽기에 지루하기 짝이 없는 이 모든 설명은 심판을 통과하고 회복된 이스라엘 백성이 그들 가운데 하나님을 모시기 위해 꼭 필요한 것들이었다. 에스겔이 속해 있던 제사장 집단에게 성전 및 성전 제사와 관련된 규례와 규정은 이스라엘 백성의 온전한 회복을 위한 필수적인 요소였다. 포로기 시절의 제사장들은 그런 문제에 민감할 수밖에 없었다. 그들은 자기들이 나라를 잃고 포로생활하는 것은 자기들이 여호와의 율법과 규례를 어겼기 때문이라고 믿었기 때문이다.

에스겔은 안내자의 인도를 받아 성전 문에 이른다. 그리고 성전 문지방 밑에서 물이 솟아오르는 것을 본다(47:1). 그 물은 처음에는 겨우 발목에 찰 정도였으나 점차 깊어지면서 큰 강이 되더니 결국에는 사해로 흘러들었다. 그 물이 흐르는 곳 주변에서는 온갖 과실수가 자라났다. 과실수는 사철 시들지 않고 열매를 맺었다. 물이 흘러든 사해는 소금물이 변해 큰 물고기들이 살 수 있게 되었다. 이것은 하나님의 영광이 되돌아온 성전에서 흘러나오는 그분의 은혜가 온 세상을 충만한 생명으로 채우게 될 것을 보여 주는 것이었다.

마지막으로 에스겔은 주님으로부터 이스라엘 열두 지파에게 땅을 나누어 주는 문제에 대한 설명을 듣는다(47:13~48:35). 물론 포로기 이후 시대에도 그런 식의 땅 분배는 이루어지지 않았다. 아마도 그런 일은 세상 끝날까지도 이루어지지 않을 것이다. 그렇다면 우리는 이것을 문자적으로 받아들일 것이 아니라, 회복된 이스라엘의 미래상에 대한 "유토피아적 선언"이라고 보는 것이 옳을 것이다.[2] 아마도 이런 설명에는 포로기에 회복된 이스라엘의 모습을 꿈꾸었던 에스겔서 편집자의 꿈도 섞여 있을 것이다.

하나님의 새 일

제2이사야

바벨론 포로지에서 활동했던 제2이사야에 대해서는 알려진 게 거의 없다. 그는 에스겔로부터 한 세대가 지난 시점에 등장하는데 우리는 그의 이름조차 알지 못한다. 그는 철저하게 그의 예언 뒤에 숨어 있다. 그래서 학자들은 그를 지칭하기 위해 "제2이사야"라는 어색한 이름을 고안해 내야 했다. 이사야 40~55장의 저자를 그렇게 부르는 까닭은 거기에서 선포되는 예언의 배경이 이사야 1~39장에 실려 있는 아모스의 아들 이사야의 예언의 그것과 완전히 다르기 때문이다. 제2이사야의 활동기는 주전 8세기가 아니라 주전 6세기이며, 그가 말하는 이스라엘의 적은 앗수르가 아니라 바벨론이다.[1]

제2이사야를 비롯한 복수의 예언자들[2]인 "너희"가 하나님에게 받은 말씀은 포로지에 있는 그분의 백성을 위로하라는 것이었다(40:1). 복수의 예언자들에게 그분의 말씀을 전했던 이는 보다 구체적으로 이렇게 말한다.

"외치는 자의 소리여, 이르되 너희는 광야에서 여호와의 길을 예비하라. 사막에서 우리 하나님의 대로를 평탄하게 하라. 골짜기마다 돋우어지며 산마다, 언덕마다 낮아지며 고르지 아니한 곳이 평탄하게 되며 험한 곳이 평지가 될 것이요, 여호와의 영광이 나타나고 모든 육체가 그것을 함께 보리라"(3-5절).

‖ 여호와의 종

제2이사야의 사역이 시작되었다. 그는 명령받은 대로 바벨론 포로 공동체 사람들에게 복역 기간이 끝났으니 이제부터 여호와께서 하실 일에 대해 준비하라고 선포했다(40:2-5). 그러나 그 예언에 대한 포로 공동체 사람들의 반응은 시큰둥했다. 그들의 반응의 일단이 제2이사야가 인용하는 그들의 말을 통해 드러난다. "내 길은 여호와께 숨겨졌으며 내 송사는 내 하나님에게서 벗어난다"(27절). 한마디로, 그동안 우리에게 관심도 보이지 않던 여호와가 이제 와서 무슨 말씀을 하시는 거냐는 것이었다.

이런 시큰둥함보다 더 심각한 문제는 여호와의 능력에 대한 그들의 불신이었다. 설령 그분이 마음을 바꾸시고 우리를 돕기로 작정하셨을지라도, 도대체 그분이 무슨 힘이 있어서 그렇게 하시겠는가? 지금 우리는 여호와를 이긴 강력한 신 마르둑이 보호하는 바벨론에서 포로살이를 하고 있지 않은가? 도대체 여호와가 무슨 수로 그 신을 제압하고 우리를 돕겠는가?

제2이사야는 이런 의문을 제기하는 이들을 향해 이스라엘의 하나님이 온 세상을 지으신 창조주이심을 지적했다(12-26절). 그분에게 뭇 나라는 두레박에서 떨어지는 한 방울 물이나 저울 위의 티끌과 같을 뿐이다. 레바논의 삼림은 그분을 위한 제단의 장작더미밖에 되지 않으며 그곳의 짐승들조차 그분께 바칠 번제물 정도밖에 되지 않는다. 여호와에 비하면 바벨론의 우상들은 대장장이가 부어 만들고 도금장이가 금과 은을 입혀 놓은 허깨비에 불과하다.

제2이사야가 그렇게 설득했음에도 포로 공동체 사람들은 그의 말을 믿으려 하지 않았다. 아마도 그런 말은 하나님의 자기주장일 뿐 객관성이 없어 보였을 것이다. 그러자 하나님은 이스라엘 백성의 그런 의심을 깨뜨리려 하셨다. 그분이 택하신 방법은 논쟁이었다. 제2이사야가 전하는 바에 따르면, 그분은 정중한 어조로 열방의 모든 우상을 법정으로 초청하셨다(41:1). 모두가 모였을 때, 여호와께서 그들에게 물으셨다. "누가 동방에서 사람을 일깨워서 공의로 그를 불러 자기 발 앞에 이르게 하였느냐"(2절). 분명히 이것은 페르시아 왕 고레스(주전 559–530년)를 염두에 두고 하신 말씀이었다. 당시에 고레스는 가는 곳마다 승리를 거두며 영토를 넓혀가고 있었기 때문이다.

묵묵부답이었다. 법정에 모인 자들 중 아무도 입을 열지 못했다. 그러자 주님은 더 기다릴 것도 없다는 듯 스스로 그 질문에 답하셨다. "나 여호와라"(4절). 포로 공동체 사람들을 위해 다시 움직이기 시작하신 하나님은 온 세상의 창조주이자 역사의 주관자이셨다. 그분은 자기가 원하는 때에 자기가 원하는 사람을 택해 세계사의 흐름을 바꿀 수 있는 분이었다.

‖ 첫 번째 종의 노래: 공의

여호와께서는 이스라엘을 회복하기로 작정하셨다. 하지만 그분의 계획은 단순히 그 정도에서 그치지 않았다. 그분은 회복된 이스라엘 백성을 자신의 종으로 삼아 자신이 계획하고 계신 큰일에 투입하고자 하셨다. 그분은 앞으로 그들이 해야 할 일을 설명하시기 위해 제2이사야의 입을 빌려 첫 번째 "종의 노래"를 부르신다(42:1-4).[3] 이 종이 누구인지에 대해서는 많은 논란이 있으나, 대개는 선지자나 왕 같은 개인이나 신실한 믿음의 공동체 둘 중 하나로 압축되고 있다.[4]

여호와께서 기뻐하시는 종은 온 세상에 "공의"를 베풀어야 한다(1절). 그러나 종이 그 일을 이루는 데 필요한 수단은 힘이 아니라 희생과 인내여야 한다. 종은 겸손하게 낮은 목소리로 말해야 하고(2절), 상한 갈대나 꺼져가는 등불 같은 처지에 있는 자들을 섬세하게 돌봄으로 "공의"를 시행해야 하고(3절), 거짓으로 가득 찬 세상에 "공의"를 세우기 위해 애쓰다가 고통당할지라도 낙심하지 말고 인내해야 한다(4절). 짧은 노래 안에 "공의"라는 단어가 세 번이나 반복된다. 이것은 주님이 계획하신 일이 온 세상을 공의롭게 만드시는 것임을 보여 준다. 그분은 온통 폭력이 지배하는 세상을 근본적으로 혁신하고자 하셨다.

그런데 도대체 이것이 말이 되는 소리일까? 지금 이스라엘 백성은 세상을 변혁하기는커녕 포로살이에서 벗어나는 것조차 어려운 처지 아닌가? 설령 포로살이에서 벗어난다고 한들, 그들이 무슨 능력으로 세상을 바꿀 수 있겠는가? 야수들에게 먹히지나 않으면 다행이지 않은가? 제2이사야는 그런 의문으로 냉소하며 좌절하는 이들에게 다시 한번 그들의 하나님을 바라볼 것을 권한다. 세상의 변혁은 그들의 힘으로는 불가능하지만, 천지만물을 창조하신 하나님이 함께하시면 가능할 것이기 때문이다(5-7절).

‖ 보배로운 존재

오래전에 여호와께서는 아모스의 아들 이사야의 입을 빌려 이스라엘 백성이 그들의 주님인 자신을 알아보지 못한다고 탄식하셨다(1:3). 처음부터 그들은 소나 나귀보다도 못한 미련하고 둔한 백성이었다. 안타깝게도 동일한 상황이 지금도 반복되고 있었다. 그 백성은 자기들을 위한 여호와의 계획에 대해 듣고도 응답하지 않았다. 그로 인해 그분은 또 다시 탄식하실 수밖에 없었다(42:19, 20).

그럼에도 그분의 뜻은 확정되어 있었다. 하나님은 그 형편없는 자들을 기어이 구속하기로 작정하셨다. 또한 그들이 자신의 계획에 적극적으로 호응하지 못하는 이유가 현실에 대한 두려움 때문이라는 것을 알고 계셨다. 지금 그들은 바벨론 제국의 심장부에서 포로살이를 하는 중이다. 그러니 그들에게 여호와의 계획은, 듣기에는 그럴듯하지만, 사실은 아주 위험한 일이 될 수도 있었다. 그분은 현실에 짓눌려 두려움에 빠진 자들에게 용기를 불어넣기 위해 제2이사야를 통해 이렇게 말씀하셨다. "너는 두려워하지 말라. 내가 너를 구속하였고 내가 너를 지명하여 불렀나니 너는 내 것이라"(43:1).

한 가지 의문이 든다. 도대체 왜 그분은 그 형편없는 이스라엘 백성을 "지명하여" 부르신 것일까? 도대체 왜 그 반역적인 백성을 향해 "너는 내 것이라"고 말씀하시는 것일까? 이런 의문에 대한 그분의 대답은 우리를 놀라게 한다. "네가 내 눈에 보배롭고 존귀하며 내가 너를 사랑하였다"(4a절). 맙소사, 그분은 그 형편없는 백성을 사랑하셨던 것이다! 얼핏 보아도 결함투성이인 그들이 그분의 눈에는 보배롭고 존귀하게 보인 것이다. 그분은 동정심이나 책임감 때문에 그들에게 집착하신 것이 아니라, 그들이 사랑스러워서 쫓아다니신 것이다. 자기 백성에 대한 하나님의 사랑은 우리가 생각하는 것 이상으로 진지하고 뜨거운 것이었다.

‖ 새 일

그러나 이스라엘에 대한 여호와의 사랑은 특정한 대상에 대한 편집증적 집착이 아니었다. 그분이 그 형편없는 백성을 그토록 신실하게 사랑하신 이유는 그 사랑을 통해 세상에 자신의 신실하심을 알리기 위함이었다. 그런 의미에서 이스라엘 백성은 그분에게 "나의 증인, 나의 종"(43:10)이었다. 그리고 그분은 그 백성을 자신의 증인과 종으로 삼기 위해 놀라운 일을 계획하셨다. 그것은 이스라엘 백성을 억류하고 있는 바벨론 제국을 파멸시키고 그곳에서 그들을 끌어내는 것이었다(14절).

아마도 포로 공동체 사람들은 다시 한번 옛날의 모세 같은 지도자가 나타나 자기들을 해방시켜 주기를 바랐을 것이다. 그러나 다른 한편으로 그들은 그런 기적은 불가능하다고 여기며 절망했을 것이다. 과거와 지금의 상황이 크게 달랐기 때문이다. 과거에 이스라엘 백성은 억울한 종살이를 했으나, 지금 그들은 자신들의 죄 때문에 심판받는 중이었다. 즉 그들은 예전과 같은 해방을 기대할 만한 처지에 있지 않았던 것이다. 하지만 그보다 더 큰 문제는 애굽과 바벨론의 차이였다. 출애굽 당시에 애굽은 크고 강한 나라였으나 바벨론 같은 대제국은 아니었다. 출애굽 때 이스라엘 백성은 홍해만 건너면 그들의 손아귀에서 벗어날 수 있었고 원하는 곳으로 가서 정착할 수도 있었다. 하지만 바벨론의 경우에는 사정이 달랐다. 당시에 바벨론의 영토는 메소포타미아는 물론이고 팔레스타인과 아라비아 반도까지 아우르고 있었다. 한마디로 온 세상이 바벨론이었다. 그런 상황에서 출애굽 같은 사건이 다시 일어나는 것은 논리적으로 불가능했다. 그들은 부처님 손바닥에 있는 손오공 신세였던 것이다.

하지만 그것은 인간의 생각에 불과했다. 천지를 지으시고 세상의 모든 역사를 주관하시는 이스라엘의 하나님 여호와께서는 그들이 상상조차 하지 못할 일을 계획하셨다. 그분은 이전 일에 대한 절망적인 동경에 사로잡혀 있는 자들을 향해 이렇게 말씀하셨다. "너희는 이전 일을 기억하지 말며 옛날 일을 생각하지 말라. 보라 내가 새 일을 행하리니 이제 나타낼 것이라. 너희가 그것을 알지 못하겠느냐. 반드시 내가 광야에 길을 사막에 강을 내리니…"(18, 19절).

이스라엘 백성은 이전 일에 얽매일 필요가 없었다. 이제 곧 이전 일보다 놀라운 "새 일"이 나타날 것이다. 바벨론과 예루살렘 사이에 길이 날 것이고, 그 길이 지나는 사막에 강물이 넘쳐흐를 것이다. 그 일이 믿기지 않을 만큼 놀라워서 승냥이와 타조 같은 들짐승들마저 하나님께 찬송을 드릴 것이다. 그러나 결국 그 일은 들짐승이 아니라 여호와의 손으로 지으심을 받은 그분의 백성 이스라엘을 위한 일이 될 것이다.

제2이사야는 하나님이 이스라엘 백성을 해방시키기 위해 페르시아 왕 고레스를 택하셨다고 주장했다. 더 나아가 고레스를 "그의 기름 부음을 받은 자"라고 부르기까지 했다(45:1). 이스라엘에서 기름 부음은 어떤 이에게 특별한 공적 지위와 위엄을 부여하기 위해 실시하는 의식이었다. 그러므로 이스라엘 백성에게 "기름 부음을 받은 자"는 하나님이 그 백성을 위해 택하신 공식적인 지도자를 의미했다. 그런데 제2이사야가 그런 귀한 칭호를 이방인인 페르시아 왕 고레스에게 부여한 것이었다.

포로 공동체 사람들은 당황했다. 그들은 자기들을 구원할 자가 이방인이라는 주장에 동의할 수 없었다. 하나님은 떨떠름해 하는 그들에게 자신이 이스라엘뿐 아니라 온 세상의 창조주이자 주님이심을 재차 강조하셨다(12, 13절). 그들은 모세 같은 민족 지도자가 아니라 그들과 아무 상관은 없으나 하나님이 그들을 위해 택하신 이방인 고레스를 통해 해방될 것이다.

‖ 우상과 제국의 허망함

하나님의 뜻은 확정되었다. 이스라엘 백성은 그 뜻을 받아들이고 그분의 지시를 따르기만 하면 되었다. 하지만 지금 그들을 지배하고 있는 것은 하나님이 아니라 바벨론의 신들과 그 신들이 보호하는 바벨론 제국이었다. 바벨론 사람들은 신년 축제 때마다 주신 "벨"(마르둑의 다른 이름)과 지혜의 신 "느보"의 신상을 수레에 싣고 거리를 행진했다. 이스라엘 백성은 그 광경을 볼 때마다 자신들의 신 여호와를 제압한 신들의 위엄을 절감하며 절망했다.

하지만 창조주 하나님께 그런 것은 아무것도 아니었다. 하나님은 포로 공동체 사람들이 실상을 똑똑히 볼 수 있도록 그들의 눈을 열어주기로 하셨다. 그분은 이스라엘 백성을 압도하는 신상들의 행진과 관련해 익살을 부리신다. "벨은 엎드러졌고 느보는 구부러졌도다. 그들의 우상들은 짐승과 가축에게 실렸으니 너희가 떠메고 다니던 그것들이 피곤한 짐승의 무거운 짐이 되었도다"(46:1). 한껏 허세를 떨며 행진하던 신상들이 수레가 덜컹거리자 쿵 소리를 내며 넘어진 것이다. 바벨론의 수호신이라는 것들이 백성을 지키고 보호하기는커녕 소나 말이 끄는 수레에 짐짝처럼 실려 운반되다가 중심을 잡지 못하고 나자빠진 것이다.

이어서 하나님은 바벨론 제국에 대해서도 언급하셨다. 바벨론은 사람들의 눈에는 대단해 보일지 모르나 인류의 모든 역사를 주관하시는 분의 눈에는 쓰다가 버리는 막대기에 불과했다. 이미 그분은 바벨론을 치기 위해 또 다른 막대기를 마련해 두고 계셨다. 천하무적 같은 바벨론은 이제 곧 망할 것이다. 그들을 태워 없앨 거대한 불길이 다가오고 있었다. "보라 그들은 초개 같아서 불에 타리니 그 불꽃의 세력에서 스스로 구원하지 못할 것이라. 이 불은 덥게 할 숯불이 아니요 그 앞에 앉을 만한 불도 아니니라"(47:14). 하나님 앞에서는 바벨론 제국 역시 그들이 섬기는 우상만큼이나 아무것도 아니었다. 이스라엘 백성은 그것을 두려워할 필요가 없었다.

여호와의 "새 일"은 역사의 물줄기를 바꾸는 방식으로 이루어질 것이다. 이제 곧 그분이 사랑하는 자가 와서 그분이 기뻐하시는 뜻을 바벨론에 행할 것이다. 그분이 그 사랑하는 자를 부르고 인도하실 것이다. 이스라엘 백성을 억류하고 있는 바벨론은 하나님의 종 고레스에 의해 몰락할 것이다. 그는 여호와의 뜻을 받들어 행하는 모든 일에서 형통할 것이다 (48:14, 15).

그렇다면 바벨론이 무너질 때 포로 공동체 사람들은 어떻게 해야 하는가? 여호와께서 그들을 위해 "새 일"을 행하실 때 그들은 그분을 위해 무엇을 해야 하는가? 제2이사야에 따르면, 그들은 우상과 죄악으로 가득 찬 바벨론에서 나와 그들의 옛 땅으로 돌아가야 했다. 그렇게 함으로써 주님이 자기 백성을 구속하셨음을 세계만방에 선포해야 했다(20절). 사실 어떤 이들에게 여호와의 "새 일"은 달갑지 않을 수도 있었다. 특히 그곳에서 큰돈을 모았거나 고위 관직에 오른 이들에게 그것은 그들이 얻은 모든 것을 포기하는 것을 의미했다. 그럼에도 그들은 그 모든 것을 버리고 그곳을 박차고 나와야 했다. 왜냐하면 주님이 그들을 바벨론에서 해방시키시기로 하신 것은 그들을 자신의 증인과 종으로 삼아 온 세상에 자신의 신실함을 알리시기 위함이었기 때문이다.

‖ 두 번째 종의 노래: 성실한 증인

새 일을 준비하시는 여호와께 필요한 것은 그분을 도울 만한 힘을 가진 이들이 아니었다. 그분은 온 세상의 창조주이자 역사의 주관자이기에 더 이상의 힘이 필요하지 않았다. 그분에게 필요한 것은 힘센 일꾼이 아니라 성실한 증인이었다. 그런 까닭에 그분은 포로 공동체 사람들에게 증인의 역할에 대해 가르치고자 하셨다. 이제 그분은 스스로 증인의 입장이 되어 두 번째 "종의 노래"를 부르신다(49:1-6).

여호와의 종은 그분에 대해 증언하기 위해 세상을 향해 외쳐야 한다(1절). 주님은 자신의 영광에 대해 증언할 종의 입을 날카롭게 해주실 것이다(2, 3절). 때로 종은 그의 일에서 실패할 것이다(4절). 그럼에도 그는 증언을 계속함으로써 흩어진 야곱과 이스라엘의 남은 자들을 그분에게로 모아야 한다(5절). 종이 해야 할 참으로 중요한 일은 이방의 빛이 되어 온 세상에 하나님의 구원에 관한 복된 소식을 전파하는 것이다(6절).

‖ 세 번째 종의 노래: 훈련과 준비

바벨론 포로들의 사정은 출애굽 당시 이스라엘 백성의 그것보다도 못했다. 무엇보다도 그들은 그들의 죄악 때문에 모든 것을 잃고 주저앉은 자들이었다. 그런 이들이 여호와의 종이라는 역할을 감당하기 위해서는 특별한 훈련과 준비가 필요했다. 여호와께서는 그들을 준비시키기 위해 세 번째 "종의 노래"를 부르신다(50:4-9).

여호와의 종은 "학자들의 혀"를 지녀야 한다(4a절). 개역개정역이 "학자"로 번역하는 히브리어는 "학자"보다는 "제자"나 "학생"에 가깝다. 그러므로 학자들의 혀를 지닌다는 것은 가르침을 받아 다른 이들에게 전하는 것을 가리킨다. 여호와께서 아침마다 그의 "귀를 깨우치신다"(4b절)는 표현 역시 그런 맥락에서 이해할 수 있다. 여호와께 가르침을 받은 종은 그분을 거역하거나 뒤로 물러서지 말아야 한다(5절). 세상의 온갖 세력으로부터 모진 괴롭힘을 당할지라도(6절), 여호와의 종은 그분의 도우심을 힘입어 그 모든 것을 이겨내야 한다(7절). 여호와께서 지원하시기 때문에 그에게는 적수가 없을 것이다(8절). 그를 대적하는 자들은 옷처럼 해어지고 좀이 슬 것이다(9절).

‖ 깨어 일어나라

제2이사야의 이런 선포에 대한 포로 공동체의 반응은 두 가지로 나타났다. 한 부류의 사람들은 그 메시지를 경외하고 청종했다(50:10). 그들은 비록 지금은 흑암 중에 있을지라도 하나님을 의지하며 그분의 뜻을 청종하고자 했다. 그러나 다른 부류의 사람들은 그분의 말씀을 따르기보다 현재의 삶을 지속하고자 했다(11절). 하나님은 그들 중 자신을 의지하는 이들을 격려하고자 하셨다. 그분은 그들에게 아브라함과 사라의 경우를 상기시키셨다(51:1, 2). 아브라함과 사라는 늙도록 자식을 갖지 못했다. 그러나 아브라함은 모든 희망이 사라진 때에도 바라면서 믿었다(롬 4:18 참조). 그로 인해 결국 자식을 얻었고 이스라엘 민족의 조상이 될 수 있었다. 주님이 포로 공동체 사람들에게 그 오래된 이야기를 거론하시는 이유는 분명했다. 너희가 처한 현실에 매몰되지 말고 나의 약속을 믿고 의지하라!

그 말씀에 힘을 얻은 포로 공동체 사람들 중 일부가 여호와께 자신들에게 능력을 베풀어 주시기를 간구했다. 그들은 여호와를 라합을 저미시고 용을 찌르신 이요, 넓고 깊은 물을 말리시고 바다 깊은 곳에 길을 내시는 분이시라고 불렀다(51:9, 10). 참으로 오랜만에 여호와의 백성의 입에서 터져 나온 신앙고백이었다. 그 고백에 감격하신 주님이 다시 한번 그들에게 해방을 약속하시며 격려하셨다. "시온이여, 깰지어다, 깰지어다. 네 힘을 낼지어다. 거룩한 성 예루살렘이여, 네 아름다운 옷을 입을지어다. 이제부터 할례 받지 아니한 자와 부정한 자가 다시는 네게로 들어옴이 없을 것임이라. 너는 티끌을 털어 버릴지어다. 예루살렘이여, 일어나 앉을지어다. 사로잡힌 딸 시온이여, 네 목의 줄을 스스로 풀지어다"(52:1, 2).

여호와의 계획은 확정되었고 필요한 준비도 끝났다. 이제 남은 것은 그 백성이 깨어 일어나 자기들의 목을 감고 있는 줄을 푸는 것이었다. 포로들이 자신들의 목에서 줄을 풀기 위해서는 큰 용기가 필요했다. 그것은 지금 그들을 사로잡고 있는 자들에 대한 반역을 의미했기 때문이다. 여호와께서는 자기 백성에게 용기를 요구하셨다. 만약 그들이 지금 자기들에게 말씀하시는 분을 믿는다면, 그들은 용기를 낼 수 있을 것이다. 그러므로 지금 그들에게 필요한 것은 용기가 아니라 "믿음"이었다.

▌ 네 번째 종의 노래: 순종과 보상

이제 포로 공동체 사람들을 향한 여호와의 위로와 권면은 막바지로 치닫는다. 이즈음에 그분의 관심사는 그들의 해방이 아니라 그들이 해방된 후에 감당해야 할 일 쪽으로 옮겨가 있었다. 포로살이에서 해방된 자들은 주님이 계획하신 보다 크고 중요한 일에 투입될 것이다. 여호와께서는 그 일을 위해 다시 한번 그들을 준비시키고자 하셨다. 이제 그분은 그 준비를 위해 네 번째이자 마지막 "종의 노래"를 부르신다(52:13~53:12). 이번 노래는 그분과 포로 공동체의 대표자격인 제2이사야가 함께 부르는 이중창이었다.

먼저 여호와께서 노래하신다(52:13-15). 여호와의 종은 그에게 맡겨진 일을 마친 후 존귀하게 될 것이다(13절). 그는 그 일을 하는 과정에서 고난을 당하겠지만(14절), 결국에는 세상의 모든 이들이 그가 이룬 일을 보고 놀랄 것이다. 그 일은 지금까지 그 누구도 보거나 듣지 못한 일이 될 것이다(15절).

이어서 제2이사야가 답가를 부른다. 그는 "우리"라는 복수 인칭대명사를 취한다. "우리"는 종의 모습과 사역을 과거의 것으로 상정하고 노래한다(53:1-11a). 처음에는 아무도 "우리"가 전하는 말을 믿지 않았다(1절). 그럴 만도 한 것이, 그 종은 겉보기에는 주님을 대신할 만한 존재가 아니었을 뿐 아니라, 사람들에게 온갖 고초를 겪어 모습이 상한 까닭에 바라보기조차 힘들었기 때문이다(2, 3절). 그러나 그가 고초를 겪은 것은 자신의 잘못이나 약함 때문이 아니었다. 오히려 그것은 "우리"의 죄를 대신해 참혹한 일을 겪은 것이었다. "우리"는 그가 고통을 겪었기에 나음을 얻을 수 있었다. 주님은 "우리"가 당해야 할 고난을 그에게 지우셨던 것이다(4-6절). 하지만 그는 고난을 당하면서 불평하거나 신음을 내지 않았다(7절). 자신에게 가해진 고통을 너무나 순순히 받아들였기에 사람들은 그가 마땅히 받아야 할 것을 받고 있다고 여길 정도였다(8절). 그러나 그는 고통당할 만한 일을 한 적이 없었다. 그래서 죽임을 당한 후에 부자의 무덤에 묻힐 수 있었다(9절). 주님이 아무 죄가 없는 그에게 고통을 안기신 것은 그를 온 세상을 위한 속건제물로 삼으시기 위함이었다. 따라서 그는 자기에게 주어진 일을 마친 후에 자손을 보는 기쁨을 누릴 것이고(10절), 자기의 수고가 헛되지 않았음을 깨닫고 만족을 얻게 될 것이다(11a절).

이제 여호와께서 제2이사야의 노래를 이어받아 다시 노래하신다(53:11b, 12). 그분은 그 종을 "나의 의로운 종"이라고 부르신다. 그 종은 하나님의 계획에 대한 올바른 지식과 순종을 통해 많은 이를 의롭게 하고 그들의 죄악을 씻었다(11b절). 이제 그분은 그에게 자신이 그를 높이시고 그가 행한 일에 합당한 보상을 하겠노라고 약속하신다(12절).

제2이사야서 전체의 문맥에 비추어 보면 이 "고난받는 종"은 하나님의 새 일을 위한 종으로 택하심을 받은 바벨론 포로 공동체 사람들로 보인다. 하지만 그들이 이 노래가 찬양하는 종과 완전히 일치하는 것은 아니다. 왜냐하면 그들은 아무 죄 없이 고난당한 것이 아니기 때문이다. 하지만 그럴지라도 그들을 배제하고 다른 누군가를 그 종으로 상정하는 것 역시 무리다.

‖ 나의 길은 너희의 길과 다르다

바벨론 포로기의 예언자였던 제2이사야는 하나님께로부터 받은 모든 말씀을 그분의 백성에게 전했다. 포로 공동체 사람들은 그가 전한 말씀을 듣고 놀랐다. 도대체 그런 일이 어떻게 가능할 수 있는가? 도대체 하나님은 어떻게 우리처럼 패역한 자들을 용서하고 회복시킬 생각을 하실 수 있는가? 무엇보다도 그분은 어떻게 그 엄청난 일을 하시려는 것인가? 그 어떤 답도 찾을 수 없어 당황하는 이들을 향해 여호와께서 말씀하셨다. "이는 내 생각이 너희의 생각과 다르며 내 길은 너희의 길과 다름이니라.… 이는 하늘이 땅보다 높음 같이 내 길은 너희의 길보다 높으며 내 생각은 너희의 생각보다 높음이니라"(55:8, 9).

하나님은 우주의 창조주이자 역사의 주관자이시다(40:28). 그분은 무에서 유를 창조하시고 세계사의 흐름을 자신의 뜻대로 바꾸는 분이시다. 그럼에도 그분은 자기가 지으신 백성을 세상 그 무엇보다 존귀하고 보배롭게 여기셨다(43:4). 그분은 자기 백성에 대한 사랑 때문에 그들로서는 상상조차 할 수 없는 일을 계획하고 추진하셨다. 주전 538년, 여호와의 종 고레스가 바벨론 제국을 무너뜨리고 페르시아 시대를 열었다. 이듬해에 그는 바벨론 포로 공동체 사람들에게 그들의 조국 예루살렘으로 돌아가 성전을 건축하고 그들의 하나님을 섬기라고 명했다(스 1:1-4). 사람과 다르게 생각하시고 사람이 상상조차 할 수 없는 수많은 길을 알고 계신 분께서 스스로 공언하신 일을 마침내 이루신 것이다.

포로기 이후의
예언자들

제3이사야, 학개, 말라기

주전 538년에 고레스의 칙령이 반포되자 바벨론 포로들 중 일부가 유다로 귀환했다(에스라–느헤미야). 그러나 당시 유다의 상황은 만만치 않았다. 우선 이스라엘 백성이 떠난 자리를 차지해 살고 있던 이들의 집요한 방해가 있었다. 그들은 유다로 귀환한 이들이 성전을 재건하고 세력을 키워나가는 것을 원하지 않았다. 성전 재건에 필요한 물자와 인력을 확보하는 것 역시 문제였다. 유다로 귀환한 이들은 성전을 재건하겠다는 의지는 있었지만, 그 일을 해낼 만한 인적 · 물적 자원이 턱없이 부족했다. 귀환한 백성과 이방인의 통혼 역시 심각한 문제였다. 그 문제는 점점 더 심각해져서 귀환 공동체의 정체성을 뒤흔들 정도가 되었다. 그로 인해 그 공동체의 지도자였던 에스라는 백성에게 이방인 배우자와 그들과의 사이에서 태어난 자식들을 내쫓으라는 기막힌 명령을 내려야 했다. 포로기 이후의 예언자들의 활동은 그런 상황을 배경으로 이루어졌다.

제3이사야

우리는 제2이사야만큼이나 제3이사야에 대해서도 알지 못한다. 그는 바벨론에서 귀환한 이들 틈에 섞여 있던 제2이사야 자신이거나, 제2이사야의 학생이나 제자였을 것이다.[1] 이 책에서는 그 둘의 실제 관계가 어떠하든 그들의 예언 활동의 배경이 바뀐 것에 초점을 맞추어 "제3이사야"라는 용어를 사용할 것이다. 제3이사야의 활동 공간은 고레스의 칙령 이후 유다로 돌아온 귀환 공동체였다.

‖ 귀환 공동체 내의 다른 목소리

예루살렘으로 귀환한 이들에게는 두 가지 목표가 있었다. 하나는 성전을 재건하는 것이었고, 다른 하나는 민족 공동체의 순수성을 지켜내는 것이었다. 전자는 공동체가 귀환한 실제적인 이유이자 명분이었고, 후자는 그들이 만들어 가고자 하는 세상에 대한 꿈이었다. 그런데 놀랍게도 제3이사야는 자신이 속한 공동체의 그런 목표에 관심이 없어 보인다. 단순히 관심이 없는 정도가 아니라, 노골적으로 목표를 거스르는 것처럼 보인다.

그의 예언자로서의 취임 일성은 이스라엘 왕정 시대 내내 그의 선배 예언자들이 외쳤던 것과 같았다. 그는 귀환 공동체 사람들에게 "정의"와 "공의"를 행하고 "안식일을 지키고 악을 행하지 말라"고 외쳤다(사 56:1, 2). 그 무렵에 스룹바벨과 여호수아, 그리고 학개나 스가랴 같은 이들은 숱한 난관에도 불구하고 어떻게든 성전을 건축하기 위해 노심초사하고 있었다. 그러니 그들이 제3이사야의 말을 들었다면, 그가 참 한가로운 소리를 한다고 여겼을 것이다.

이어서 그는 귀환 공동체 사람들, 특히 그 공동체의 지도자들이 들으면 기겁할 만한 발언을 한다. 당시 그들은 유대인과 결혼한 이방인 아내와 그의 소생들을 공동체에서 내쫓고(스 10장), 고자(鼓子)처럼 신체적 결함이 있는 자들을 이스라엘의 총회에서 배제시켰다. 모두 유다 공동체를 순수하고 거룩하게 유지하기 위함이었다. 그리고 그 모든 것은 율법에 따라 이루어진 일이었다. 그런데 제3이사야는 그런 조치를 정면으로 거부하고 비웃었다. 그는 여호와께서 안식일을 굳게 지키는 고자들에게 영원한 이름을 주어 그들이 세상에서 끊어지지 않게 하실 것이라고 했다. 또한 이방인들을 자신의 성산으로 인도하시고 그들이 드리는 제사를 기쁘게 받으실 것이라고 했다. 제3이사야에게 성전은 유대인만이 아니라 "만민이 기도하는 집"이었다(56:7).

당시에 귀환 공동체의 중심은 성전을 재건하고 율법을 준수함으로써 다윗 시절의 영광을 되찾고자 하는 열정적이고 보수적인 민족주의 지도자들이었다. 그러나 그들이 이끄는 공동체의 실상은 그들의 꿈과 크게 달랐다. 지도자들 중 일부는 게으르고 무지하고 탐욕스러웠다. 백성들은 귀환 후에도 여전히 옛 습성에서 벗어나지 못해 우상숭배에 빠져들었다(57장). 잘못된 종교적 열정도 문제였다. 그 무렵에 귀환 공동체 안에서는 전에 없던 종교의식 하나가 성행하고 있었다. 금식이었다. 귀환 공동체 사람들은 정기적으로 금식하면서 여호와께서 곤고한 자신들에게 은혜를 베풀어 주시기를 간구했다(58:3). 제3이사야는 그들의 금식이 허례와 허식에 불과한 것에 실망하고 분노했다. 그는 여호와께서 그들에게 기대하시는 금식이 어떤 것인지 알려 주었다. 그것은 "흉악의 결박을 풀어 주며 멍에의 줄을 끌러 주며 압제 당하는 자를 자유하게 하며 모든 멍에를 꺾는 것"이었다(6절).

‖ 일어나라, 빛을 발하라

기대한 일들은 이루어지지 않고 고통만 계속되자 백성은 점차 여호와를 원망하기 시작했다. 무엇보다도 그들은 여호와의 무능력 혹은 무관심에 초점을 맞추었다. 그분이 자기들을 구해 낼 만한 능력이 없거나 자기들의 고통에 관심이 없다는 것이었다. 하지만 그것은 사실이 아니었다. 그들이 심판을 받아 나라를 잃고 포로살이를 한 것도, 그분이 약속하신 놀라운 일들을 경험하지 못하는 것도 그분의 무능력이나 무관심 때문이 아니라 그들의 잘못 때문이었다(59:1-3). 그뿐 아니라 귀환 공동체 안에는 공정한 재판도 진실된 재판관도 없었다. 모두가 거짓을 말하고 악한 일을 도모했다. 그로 인해 곳곳에 황폐와 파멸이 널려 있고, 모든 길이 굽어 있고, 평강이 자취를 감추었다.

그런데 놀랍게도 암울한 공동체 한구석에서 자신들의 죄를 고백하고 탄식하는 소리가 들려 왔다. 자신들을 "우리"라고 칭하는 그들은 암울한 현실 앞에서 가슴을 치며 탄식했다. "정의가 우리에게서 멀고 공의가 우리에게 미치지 못한즉 우리가 빛을 바라나 어둠뿐이요, 밝은 것을 바라나 캄캄한 가운데에 행하므로 우리가 맹인 같이 담을 더듬으며, 눈 없는 자 같이 두루 더듬으며, 낮에도 황혼 때 같이 넘어지니, 우리는 강장한 자 중에서도 죽은 자 같은지라"(59:9, 10). 그들은 여호와의 심판을 겪고 옛 땅으로 돌아온 귀환 공동체에 속해 있으면서 공동체의 여전한 죄악에 대해 탄식하며 여호와께 부르짖는 자들이었다. 그야말로 아모스의 아들 이사야가 말한 "남은 자" 혹은 "그루터기"들이었다(4:3; 6:13).

여호와께서는 그들을 향해 이사야서 전체 혹은 성경 전체에서도 가장 강력하고 장엄한 위로의 말씀을 선포하셨다. "일어나라, 빛을 발하라. 이는 네 빛이 이르렀고 여호와의 영광이 네 위에 임하였음이니라. 보라, 어둠이 땅을 덮을 것이며 캄캄함이 만민을 가리려니와, 오직 여호와께서 네 위에 임하실 것이며 그의 영광이 네 위에 나타나리니, 나라들은 네 빛으로, 왕들은 비치는 네 광명으로 나아오리라"(60:1-3). 심판받아 무너진 공동체 안에서 자신들의 죄악에 대해 탄식하며 여호와께 부르짖는 소수의 남은 자들에게 느닷없이 찬란한 빛이 쏟아져 내렸다. 그 빛은 "여호와의 영광"이었다. 사실 그들은 빛을 받아 되비추는 반사체 역할을 하기에도 부족한 자들이었다. 그래서 제2이사야는 여호와의 새 일을 위해 택함받은 종(이스라엘)을 "고운 모양도 없고 풍채도 없은즉 우리가 보기에 흠모할 만한 아름다운 것이 없도다"(53:2)라고 묘사한 바 있다. 그러나 이제 그런 자들이 빛을 발하게 될 것이다. 그것은 그들 위에 여호와의 영광이 임함으로써 가능할 것이다. 그들이 세상의 빛이 되는 날, 세상의 모든 나라와 왕들이 그들을 향해 나아올 것이다.

그렇다면 이처럼 놀라운 위로와 약속을 받은 이들은 앞으로 어떤 모습으로 살아야 하는가? 그들의 마음을 가득 채우는 기쁨과 감격은 어떤 식으로 표출되어야 하는가? 그들이 세상을 향해 "빛을 발한다"는 것은 도대체 무엇을 의미하는가? 제3이사야는 그것을 다음과 같이 설명했다. "주 여호와의 영이 내게 내리셨으니 이는 여호와께서 내게 기름을 부으사 가난한 자에게 아름다운 소식을 전하게 하심이라. 나를 보내사 마음이 상한 자를 고치며 포로된 자에게 자유를, 갇힌 자에게 놓임을 선포하며, 여호와의 은혜의 해와 우리 하나님의 보복의 날을 선포하여 모든 슬픈 자를 위로하되, 무릇 시온에서 슬퍼하는 자에게 화관을 주어 그 재를 대신하며 기쁨의 기름으로 그 슬픔을 대신하며 찬송의 옷으로 그 근심을 대신하시고 그들이 의의 나무 곧 여호와께서 심으신 그 영광을 나타낼 자라 일컬음을 받게 하려 하심이라"(61:1-3).

‖ 새 하늘과 새 땅

이어서 제3이사야는 얼핏 문맥과 상관없어 보이는 이야기 하나를 전한다. 어떤 이가 에돔에서 나아오는데 그의 화려한 의복은 붉은 피로 물들어 있다(63:1). 그는 에돔 사람들을 살육하고 나오는 중이었다. 에돔은 바벨론이 유다를 침공했을 때 바벨론 쪽에 가담해 유다 백성을 괴롭히고 그들을 붙잡아 바벨론 군대에 넘겨주었다(옵 1:10-14). 한마디로, 에돔 사람들은 유다 백성의 철천지원수였다. 그런데 화려한 의복을 입은 자가 유다 백성을 대신해 에돔 사람들에게 처절한 죽음의 복수를 가했던 것이다.

우리에게는 뜬금없는 소리처럼 들릴지 모르나, 제3이사야에게서 그 이야기를 들은 귀환 공동체 사람들은 그렇지 않았을 것이다. 사실 당시에 그들은 자신들이 당한 고난으로 인해 피눈물을 흘리고 있었다. 그럼에도 이 세상에서 그들을 신원(伸冤)해 줄 존재는 어디에도 없었다. 그런 상황에서 제3이사야가 그들을 대신해 원수에게 보복하시는 여호와에 대한 이야기를 전한 것이다. 그들은 혼자가 아니었다. 그들을 대신해 분노하며 두 팔을 걷어붙이고 나서는 분이 계셨다. 그분은 적들을 밟으시고 그들의 피를 땅에 쏟을 수 있을 만큼 강력한 분이셨다.

제3이사야는 여호와께서 자기들에게 베푸신 놀라운 은혜를 찬양한 후 감당할 수 없을 만큼 큰 어려움에 빠져 있는 귀환 공동체 사람들을 도와달라고 여호와께 간절하게 탄원했다(63:15~64:). 참으로 오랜만에 터져 나온 예언자의 강력한 탄원이었다. 전에 여호와께서는 자기 백성을 심판하기로 작정하신 후 예레미야에게 더 이상 백성을 위해 간구하지 말라고 명하신 바 있다(렘 7:16). 그런데 제3이사야가 그 명령을 어기고 이스라엘의 남은 자들을 위해 간곡한 탄원을 올린 것이다.

예언자의 탄원을 받으신 그분은 어떤 형식으로든 답하셔야 했다. 먼저 그분은 귀환 공동체 사람들 중 여전히 우상숭배에 빠져 있는 자들을 "너희"라고 칭하시며 그들에게 저주를 선포하셨다. 이어서 그분은 자신들의 잘못과 무력함을 한탄하는 남은 자들을 "나의 종들"이라고 부르시며 그들의 상황이 우상숭배에 빠진 "너희"와 분명하게 다를 것이라고 선포하셨다. "보라, 나의 종들은 먹을 것이로되 너희는 주릴 것이니라. 보라, 나의 종들은 마실 것이로되 너희는 갈할 것이니라. 보라, 나의 종들은 기뻐할 것이로되 너희는 수치를 당할 것이니라. 보라, 나의 종들은 마음이 즐거우므로 노래할 것이로되 너희는 마음이 슬프므로 울며 심령이 상하므로 통곡할 것이다"(65:13, 14).

여호와의 이 말씀은 당시 귀환 공동체 안에 두 부류의 사람들이 존재했음을 보여 준다. 하나는 "너희"라고 불리는 이들로 무너진 성전의 재건이라는 거룩한 목표를 지니고 돌아왔음에도 여전히 죄악에 빠져 있는 자들이다. 다른 하나는 "나의 종들"이라고 불리는 이들로 자신들의 죄를 고백하고 회개하며 여호와께서 자신들의 상황에 개입해 주시기를 간구하는 자들이다. 그들은 이스라엘이라는 울창한 숲이 다 베어진 후에도 여전히 남아 있는 그 땅의 그루터기였다.

이제 여호와께서는 제3이사야를 통해 자신이 그 보잘것없는 그루터기들을 위해 이루실 새 일의 궁극을 다음과 같이 선언하신다. "보라 내가 새 하늘과 새 땅을 창조하나니 이전 것은 기억되거나 마음에 생각나지 아니할 것이라. 너희는 내가 창조하는 것으로 말미암아 영원히 기뻐하며 즐거워할지니라"(65:17, 18). 여호와께서 계획하신 새 일은 새 하늘과 새 땅의 창조를 통해 완성될 것이다. 그분은 잘난 자들이 아니라 자신들의 가슴을 치며 애통해하는 자들을 "나의 종"이라고 부르셨다. 그리고 그들을 통해 새 일을 이루고자 하셨다. 그분의 일에는 세상의 위대한 자들의 강력한 힘이 필요하지 않았다. 처음부터 그분은 온 세상을 지으신 창조주이셨기 때문이다.

‖ 마지막 경고

아마도 성경 독자들은 제3이사야의 예언, 아니 주전 8세기의 이사야로부터 시작되어 제3이사야까지 이어진 방대한 예언이 새 하늘과 새 땅에 대한 장엄한 비전으로 끝났기를 바랄 것이다. 그러나 유감스럽게도 제3이사야는 예언의 결론 부분을 미래에 대한 벅찬 비전이 아니라 경고의 말로 맺는다. 그의 경고는 아이러니하게도 귀환 공동체 사람들이 자신들의 최우선 사명이라고 여긴 성전 재건에 대한 것이었다. "여호와께서 이와 같이 말씀하시되, 하늘은 나의 보좌요 땅은 나의 발판이니, 너희가 나를 위하여 무슨 집을 지으랴. 내가 안식할 처소가 어디랴"(66:1).

놀라운 말씀이었다. 귀환 공동체는 여호와께서 그분의 종 고레스를 통해 성전 재건 명령을 내리심으로 형성되었다(스 1:2). 즉 성전 재건은 여호와께서 그 공동체에게 주신 사명이었다. 그런데 이제 와서 그분이 엉뚱한 말씀을 하고 계신 것이다. 어찌 된 일인가? 도대체 왜 그분의 마음이 바뀌신 것일까? 분명한 이유가 있었다. 그분이 보시기에 당시에 성전을 재건하려던 자들의 태도에는 심각한 문제가 있었다. 성전은 거룩하신 하나님이 자기 백성 가운데 임재하고 계심을 알리는 엄중한 징표였다. 그러므로 성전을 재건하고자 하는 자들은 마땅히 거룩하신 하나님께 합당할 만큼 거룩해야 했다. 적어도 잘못임을 알면서도 짓는 파렴치한 죄에서는 떠나야 했다. 그런데 여호와께서는 당시의 귀환 공동체가 파렴치한 죄악에 물들어 있다고 여기셨다. 무엇보다도 그분은 그들이 자신의 뜻을 따라 살고자 하는 의지 없이 그저 형식적인 종교 행위에만 몰두하는 것에 상심하셨다(66:3).

성전이 없어도 여호와께서 계획하신 새 일, 즉 시온을 회복하시고 시온을 통해 온 세상을 자신에게 이끄시는 일은 성취될 것이다. 성전이 세워지든 말든, 이웃 나라와 민족들의 방해가 있든 말든, 공동체 안에 여호와의 뜻을 거스르며 죄악을 쌓고 있는 자들이 있든 말든, 시온은 여호와를 영화롭게 할 자식들을 낳을 것이다. 시온이 낳을 여호와의 백성은 평강을 누리고, 풍성한 젖을 빨고, 여호와께 안기고, 그분의 무릎에서 놀 것이다. 그러나 여호와께서 불에 둘러싸여 오시는 날이 있을 것이다. 그날 그분은 불과 칼을 사용해 모든 사람을 심판하실 것이고, 그 심판으로 인해 많은 이가 죽임을 당할 것이다. 죽임당할 자들 중에는 경건함을 가장한 채 온갖 더럽고 역겨운 짓을 했던 이들이 포함될 것이다(15~17절).

반면에 시온에서 여호와의 영광을 목격한 이방인들이 세계 전역으로 파송되어 자기들이 본 것을 전파할 것이다. 그들은 형제들을 예루살렘으로 데려와 여호와께 예물로 바칠 것이다. 그들 중에는 제사장이나 레위인으로 임명되는 자들도 있을 것이다. 한마디로, 이스라엘 백성이나 이방인 할 것 없이, 모든 사람이 여호와의 백성이 될 것이다(18~21절). 그리하여 여호와께서 주전 8세기에 아모스의 아들 이사야의 입을 통해서 하신 말씀이 성취될 것이다. "말일에 여호와의 전의 산이 모든 산꼭대기에 굳게 설 것이요, 모든 작은 산 위에 뛰어나리니, 만방이 그리로 모여들 것이라. 많은 백성이 가며 이르기를, 오라 우리가 여호와의 산에 오르며 야곱의 하나님의 전에 이르자, 그가 그의 길을 우리에게 가르치실 것이라. 우리가 그 길로 행하리라 하리니, 이는 율법이 시온에서부터 나올 것이요, 여호와의 말씀이 예루살렘에서부터 나올 것임이니라"(2:2, 3).

학개

학개는 "다리오 왕 제이년 여섯째 달 곧 그 달 초하루에" 여호와께로부터 말씀을 받았다(1:1). 오늘날의 월력으로 계산하면 주전 520년 8월 29일이다. 학개의 예언은 그날부터 시작해 그해 12월 18일에 끝난다. 그러니그는 약 5개월간 예언자로 활동한 셈이다.[2]

학개의 예언의 초점은 성전의 재건이었다. 그는 당시 성전 재건의 책임을 맡고 있던 총독 스룹바벨과 대제사장 여호수아를 다그쳤다. 백성이경제적 어려움을 이유로 성전 건축을 미루고 있는데, 사실은 그들이 성전건축을 미루는 것이야말로 그들의 경제적 어려움의 이유라는 것이었다.즉 학개는 당시의 천재지변을 그 백성이 성전 재건 작업을 중단한 것에대한 하늘의 벌로 여겼다.

원인이 분명했기에 해결책도 분명했다. 학개는 유다의 지도자들과 백성에게 해결책을 제시했다. "너희는 산에 올라가서 나무를 가져다가 성전을 건축하라. 그리하면 내가 그것으로 말미암아 기뻐하고 또 영광을 얻으리라. 여호와가 말하였느니라"(8절). 총독 스룹바벨과 대제사장 여호수아그리고 귀환 공동체의 모든 백성이 학개가 전한 여호와의 말씀에 순종했다.

유다 백성은 스룹바벨과 여호수아의 감독하에 본격적으로 하나님의전을 세우기 위한 터 잡기 작업에 돌입했다. 그런데 솔로몬이 지은 옛 성전의 위용을 기억하는 이들이 새 성전의 터가 협소한 것을 보고 탄식했다(2:3). 우리는 스룹바벨이 재건한 예루살렘 성전의 정확한 규모에 대해 알지 못한다. 당시의 어려운 사정을 고려하면, 그 성전은 이스라엘 왕국의전성기에 솔로몬이 세웠던 성전과는 비교가 되지 않았을 것이다. 백성이 새 성전의 터가 협소함을 보고 한탄할 때 여호와의 말씀이 학개에게 임했다. "너희 가운데에 남아 있는 자 중에서 이 성전의 이전 영광을 본 자가 누구냐. 이제 이것이 너희에게 어떻게 보이느냐. 이것이 너희 눈에 보잘 것없지 아니하냐. 그러나 여호와가 이르노라. 스룹바벨아, 스스로 굳세게 할지어다. 여호사닥의 아들 대제사장 여호수아야, 스스로 굳세게 할지어다. 여호와의 말이니라. 이 땅 모든 백성아, 스스로 굳세게 하여 일할지어다. 내가 너희와 함께 하노라. 만군의 여호와의 말이니라"(2:3, 4).

여호와께 새 성전의 규모는 의미가 없었다. 그분에게 필요한 것은 백성의 마음이었다. 그들이 자신을 자기들의 주님으로 여기고 자신을 위해 집을 마련하고자 하는 마음만 있다면, 성전의 규모가 얼마나 되는지는 전혀 중요하지 않았다. 그래서 그분은 그 백성에게 눈에 보이는 것에 연연하지 말고 성전 재건 작업을 계속하라고 권하신 것이다.

성전 재건 작업이 시작된 지 석 달쯤 지났을 때, 보다 정확하게는 주전 520년 12월 18일에, 여호와의 말씀이 학개에게 임했다. 여호와께서는 그에게 제사장을 찾아가 율법에 관해 물어보라고 명하셨다. 그가 물어야 할 질문은 성결법과 관련되어 있었다. "사람이 옷자락에 거룩한 고기를 쌌는데 그 옷자락이 만일 떡에나 국에나 포도주에나 기름에나 다른 음식물에 닿았으면 그것이 성물이 되겠느냐.⋯시체를 만져서 부정하여진 자가 만일 그것들 가운데 하나를 만지면 그것이 부정하겠느냐"(2:12, 13). 전자는 거룩한 고기를 싼 천이 다른 물건들도 거룩하게 할 수 있느냐는 것이었고, 후자는 어떤 일로 인해 부정해진 자가 거룩한 고기를 만지면 그 고기 역시 부정해지느냐 하는 것이었다. 제사장들은 전자에 대해서는 "아니오"로, 후자에 대해서는 "예"로 대답했다.

이 질문과 대답은 당시에 귀환 공동체 내에서 벌어졌던 논쟁, 즉 성전 건축 작업과 그 후에 있을 성전 제사에 이방인을 참여시킬 것인지를 두고 벌어진 논쟁을 반영하고 있다. 실제로 당시에 이방인들은 성전 재건과 제사에 참여하기를 원했다(스 4:1, 2 참조). 그 문제에 대해 학개가 예언 형식을 빌려 내놓은 답은 "아니오"였다(14절). 학개가 보기에 지금은 이방인의 도움을 받아야 할 때가 아니었다. 오히려 지금은 무엇보다도 여호와 신앙의 순수성을 보존하는 것이 급선무였다. 물론 학개는 온 세상 모든 민족이 여호와를 섬기게 될 날을 내다보았다(7절). 그러나 지금은 먼저 택함을 받은 이스라엘 백성이 바로 서야 할 때였다. 그들이 성결해지지 않은 상태에서 이방인들과 접촉하는 것은 위험할 수 있었다.

이제 여호와께서는 성전 건축에 매진하고 있는 유다 백성을 격려하고자 하셨다. 그분은 이제부터 그들의 상황이 크게 바뀔 것이라고 약속하셨다(2:18, 19). 전에 그들은 온갖 애를 쓰고도 필요한 것들을 얻지 못했다. 그들이 여호와 하나님과 그분의 성전 대신 자신들의 문제에 매달렸기 때문이다. 그러나 이제 그들이 여호와의 성전을 우선시하고 그분을 의지하고 있으니 상황이 달라질 것이다. 이제 여호와께서 그들에게 복을 내리실 것이다. 그 복의 구체적인 형태는 유다 총독 스룹바벨이 "여호와의 인장"이 되는 것이었다(23절). 고대 중동에서 왕의 인장(印章)은 왕의 뜻을 확증하는 징표였다. 이제 여호와께서 하늘과 땅을 진동시키시고 왕국들의 보좌를 뒤엎으실 것이다. 그 혼란의 와중에 유다가 여호와의 처소가 될 것이고, 그곳에서 스룹바벨이 여호와 인장의 역할을 할 것이다. 스룹바벨이 여호야긴의 손자였음을 감안하면, 이것은 다윗의 후손의 왕적 지위가 회복되리라는 약속의 말씀이었다.

성전 재건과 관련된 학개의 예언은 동시대의 예언자인 제3이사야의 그것과 상반된다. 학개는 성전 재건이 귀환 공동체가 가장 시급히 해결해야 할 문제라고 여겼던 반면, 제3이사야에게 그 일은 그다지 중요하지 않았다. 학개는 성전 건축에 이방인이 참여하는 것이 옳지 않다고 본 반면, 제3이사야에게 성전은 "만민이 기도하는 집"이지 배타적으로 유대인만을 위한 장소가 아니었다.

우리는 예언자들 사이에서 나타나는 이런 상반된 입장을 어떻게 이해해야 할까? 둘 중 하나가 거짓말을 한 것일까? 아닐 것이다. 아마도 그들은 동일한 사안을 보는 관점이 서로 달랐을 뿐이다. 두 사람 모두 귀환 공동체의 재건과 유지라는 동일한 목표를 갖고 있었으나 그 목표를 이루기 위한 방법론에서 견해차를 드러낸 것일 수 있다. 그렇다면 그들이 다른 예언자들과 마찬가지로 거듭해서 자기들이 여호와의 말씀을 전한다고 주장했던 것은 어떻게 보아야 할까? 혹시 그들은 그런 관용적 표현을 통해 자신들의 생각에 신적 후광을 입혔던 것일까? 오늘날 많은 설교자가 자기들의 말을 하나님의 뜻으로 여기듯이 말이다. 매우 조심스럽기는 하나, 나는 그럴 가능성을 배제하지 않는다. 그러면 왜 안 되는가? 왜 하나님이 그분의 참된 종들의 치열한 사고의 결과물을 자신의 뜻을 전하는 수단으로 사용해서는 안 되는가?

말라기

말라기는 예언서의 대미를 장식하는 예언자다. 말라기서가 예언서뿐 아니라 구약 성경 전체의 마지막에 놓여 있다는 사실은 그의 예언과 더불어 구약 시대가 끝났음을 보여 준다. 실제로 말라기 이후로 이스라엘에서 예언자는 더는 나타나지 않는다. 신약 시대의 세례자 요한의 때까지.

그가 한 예언의 내용에 비추어보건대, 말라기는 성전이 재건된 주전 515년 이후에 그리고 에스라가 유대인들에게 이방인과의 결혼을 파기하라고 명령했던 주전 458년 이전에 활동했던 것으로 보인다. 아마도 그가 활동한 시기는 느헤미야가 귀환 공동체를 개혁하던 무렵일 것이다.[3]

그 시절에 유대인은 하나님에 대한 믿음이 없었다(1:2). 성전이 재건되어 제사를 드리기는 했으나, 그것은 제사장들의 밥벌이 수단이었을 뿐 하나님이 받으실 만한 것이 아니었다(8절). 말라기는 유다의 상황을 그렇게 만든 제사장들을 질책한다(2장). 그리고 그들이 무시하는 여호와께서 오실 것이라고 강조한다. 그분이 오시는 날 그동안 그분을 멸시했던 자들은 감당하기 어려운 일을 당할 것이다(3:2). 그러나 그분을 경외하는 자들에게는 공의로운 해가 떠올라서 치료하는 광선을 비출 것이고 그로 인해 그들은 마치 외양간에서 나온 송아지 같이 뛰놀 것이다(4:2).

구약 시대를 마감하는 예언자 말라기가 하나님의 백성을 향해 선포한 그분의 마지막 말씀은 이전의 모든 예언자의 메시지를 요약하는 것이나 다름없었다. "너희는 내가 호렙에서 온 이스라엘을 위하여 내 종 모세에게 명령한 법 곧 율례와 법도를 기억하라"(4:4). 결국 모든 문제는 거기에 있었던 것이다. 여호와께서 자기 백성을 위해 마련하신 율례와 법도를 지키는 것에.

4부

복음서

거침없는 사자

마가복음

말라기의 예언 이후에 하나님은, 마치 그분이 바벨탑 사건 이후 아브라함의 때까지 그러셨던 것처럼, 길고도 깊은 침묵에 빠지신다. 그분이 침묵하시는 사이에 이스라엘은 세계사의 격랑에 휩쓸린다. 이스라엘 백성에게 고국으로 돌아갈 기회를 주었던 페르시아 제국은 주전 331년에 알렉산더 대왕이 이끄는 마케도니아에 의해 멸망했다. 그때부터 지중해와 중동 전역이 헬레니즘 시대에 돌입했는데 이스라엘 역시 그 영향을 받을 수밖에 없었다.

주전 323년에 알렉산더가 죽자 마케도니아 제국은 알렉산더 휘하에 있던 두 장군인 프톨레마이오스와 셀레우코스에 의해 양분되었다. 두 사람은 각각 자신의 제국을 세우고 중동 지역을 차지하기 위해 각축을 벌였다. 이스라엘은 처음에는 프톨레마이오스 제국의 지배를 받았으나(주전 311-198년) 나중에는 셀레우코스 제국의 지배를 받았다(주전 198-164년).

유대인은 셀레우코스의 안티오쿠스 에피파네스 4세 시절에 봉기해 독립을 쟁취하고 하스모니아 왕조를 세웠다. 하지만 그 상황은 오래 가지 않았다. 한창 제국으로 부상하던 로마가 주전 63년에 이스라엘을 점령해 식민지로 삼았기 때문이다. 그 후 로마는 그 지역을 분봉왕(分封王)과 총독을 두어 다스렸다. 로마의 통치는 폭압적이었다. 자칭 타칭 메시아들이 일어나 로마에 맞섰으나 번번이 로마 군대에 의해 잔인하게 제압되었다.

그렇게 엄혹한 상황 속에서 유대인의 공식 종교가 된 유대교 안에서 몇 개의 분파가 나타났다. "바리새파"는 율법에 매달렸다. 그들은 유대인이 살 길은 율법을 준수해 스스로를 거룩하게 함으로써 하나님의 은혜를 입는 것뿐이라고 여겼다. "에세네파"는 바리새파보다 훨씬 더 강경한 율법주의자들이었다. 그들은 이방인들에 의해 더럽혀진 예루살렘의 바깥에 있는 쿰란에서 제의적 정결을 유지하며 살았다. "사두개파"는 현실과 타협했다. 그들은 로마의 지원을 받는 유대교의 공식적인 대표자들로 주로 성전을 중심으로 활동했다. "열심당"은 이스라엘의 독립을 되찾기 위해 무력을 불사하는 과격파였다. 그들은 로마에 협조하는 유대교 지도자들을 암살하기 위해 단검을 지니고 다녔다. 예수의 제자 중에도 열심당원이 한 명 있었다.[1]

예수는 그런 혼란한 상황 속에서 태어나 활동하다가 죽었다. 그는 어느 유서 깊은 대학의 고요한 연구실이나 깊은 숲속의 한가로운 오두막에서 오랜 묵상을 통해 구원에 이르는 비밀을 깨닫고 그렇게 깨달은 것을 세상에 전하다가 늙어 죽은 게 아니다. 그는 주전 1세기에 로마의 식민지에서 태어나 그 시대의 상황과 맞서 싸우다가 젊은 나이에 그 시대의 가장 잔혹한 사형 방법으로 죽임을 당했다.

예수의 제자들은 그의 삶과 가르침을 기억하고 보존하기 위해 그에 관한 이야기를 썼다. 초대교회 안에는 예수에 관한 이야기들이 여럿 있었다. 그중 네 개가 교회에 의해 채택되어 정경 복음서가 되었다. 그렇다면 왜 어떤 이야기들은 채택되고 어떤 이야기들은 버려진 것일까? 또한 어째서 하나가 아니라 네 개의 이야기가 채택되었을까?[2] 여기서 우리가 신약의 정경화에 관한 복잡한 이야기를 할 수는 없다. 그러나 사복음서를 읽기 전에 한 가지는 꼭 짚고 넘어가야 할 것 같다. 그것은 사복음서는 예수의 말과 행적에 관한 단순한 수집물이 아니라 각각의 복음서 저자들의 신학적 사유의 결과물이라는 것이다. 그런 까닭에 네 개의 복음서는 공통의 이야기를 담고 있으면서도 조금씩 강조점이 다르고 심지어 세부사항에서도 얼마간 차이를 드러낸다. 그런 의미에서 그것들은 예수에 관한 이야기이면서 동시에 각 복음서 저자들의 이야기이기도 하다. 즉 사복음서역시 창세기만큼이나 "사상적 영감"에 의한 작품이라는 것이다.

‖ 공관복음의 얼개

신약 성경의 처음 세 책을 "공관복음(共觀福音)"이라고 부른다. 그 세 개의 책 모두가 예수의 삶에 대해 동일한 관점을 유지하고 있기 때문이다. 학자들에 따르면, 그 책들 중 가장 먼저 쓰인 것은 마가복음이다. 주지하다시피, 마가는 사도가 아니다. 하지만 그는 사도 베드로와 아주 가까웠다(벧전 5:13). 그가 쓴 예수 이야기의 주된 출처는 베드로였을 것이다. 물론 그는 처음부터 교회의 일원이었기에(행 12:12) 다른 신자들로부터도 예수의 삶에 관한 이야기를 들었을 것이다. 그러므로 그가 예수의 열두 제자 중 하나가 아니기에 복음서를 쓸 자격이 없다고 말하기는 어렵다. 그럼에도 마가가 예수의 공생애 동안 그와 동행했던 이가 아니라는 사실은 그의 복음서가 엄밀한 역사적 기록이 아니라는 증거이기도 하다. 학자들은 마가복음이 예수가 죽은 후 40여 년이 지난 시점에 쓰였다고 여긴다.

오랫동안 교회는 사복음서를 네 개의 생물로 상징해 왔다.[3] 마가복음을 상징하는 생물은 "사자"다. 실제로 마가복음은 다른 복음서들에 비해 선이 굵고 거침이 없다. 마가의 예수는 소소한 문제들 앞에서 머뭇거리지 않는다. 그는 백수의 왕 사자처럼 누구의 눈치도 보지 않고 거침없이 말하고 행동한다. 예컨대, 마가복음은 예수의 출생에 대해 말하지 않는다. 심지어 예수는 어린 시절에 관한 이야기조차 없이 곧장 성인의 모습으로 등장한다. 그리고 복음서 첫머리에서 단도직입으로 "하나님의 아들 예수 그리스도"라고 선언된다(1:1). 세례자 요한에게 세례를 받고, 광야에서 40일간 시험을 받고, 복음 전파 사역을 시작하고, 제자들을 부르는 일련의 중요한 과정이 겨우 스무 구절 안에서 모두 처리된다.

그 후의 사정도 마찬가지다. 마가의 예수는 마태나 누가의 예수처럼 사람들을 가르치는 일에 공을 들이지 않는다. 물론 그는 하나님 나라를 선포하고(14, 15절) 사람들은 그의 가르침에 놀란다(21, 22절). 하지만 마가는 예수의 가르침의 내용을 구체적으로 설명하지 않는다. 우리가 마가복음에서 읽을 수 있는 예수의 가르침은 단지 네 개의 비유뿐이다. 씨뿌리는 자의 비유, 비밀리에 성장하는 씨앗의 비유, 겨자씨의 비유, 그리고 포도원 농부의 비유.

대신 마가는 예수의 활발한 움직임을 분주하게 따라다닌다. 예수는 하나님 나라의 복음을 전파하고 사람들을 치유하면서 이곳저곳으로 거침없이 움직인다. 가버나움, 거라사와 데가볼리, 갈릴리, 나사렛, 게네사렛, 두로와 시돈, 달마누다, 벳새다, 가이사랴 빌립보, 다시 갈릴리와 가버나움, 그리고 마지막으로 예루살렘이 있는 유대로 발걸음을 옮긴다.[4] 이런 지역들 중 몇 곳은 이방이다. 예수는 마치 온 세상을 자신의 영토로 여기는 사자처럼 이방 지역과 갈릴리를 넘나들며 활동한다.

그렇게 이동하면서 그는 여러 가지 기적을 행한다. 마가복음에는 모두 열일곱 개의 기적 이야기가 기록되어 있다. 이 숫자는 앞서 언급한 네 개밖에 안 되는 비유와 대비된다. 이런 기적 대부분이 그가 갈릴리 지역에서 활동할 때 발생한다. 마가는 이런 기적에 대해 "강력한 행위"를 뜻하는 "두나미스(dunamis)"라는 용어를 사용하는데, "다이너마이트"라는 단어가 여기에서 파생되었다. 실제로 예수가 행한 기적들은 엄청난 파괴력을 지녔다. 그 파괴력은 기적들 자체 때문이기도 하지만, 그보다는 그것들에 내포된 의미 때문이었다. 그 의미란 기존의 질서를 뒤엎는 새로운 질서가 도래했다는 것이었다. 그로 인해 예수는 당대의 지도자들과 갈등하게 된다.[5]

가이사랴 빌립보 지역에서 활동할 때 예수는 제자들에게 사람들이 자기를 누구라고 하느냐고 묻는다. 제자들이 이러저러하다고 대답하자 그가 다시 묻는다. "너희는 나를 누구라 하느냐?" 그러자 베드로가 "주는 그리스도시니이다"라고 답한다. 예수는 그 사실을 아무에게도 말하지 말라고 명한다. 그리고 자기가 대제사장과 서기관들에게 붙들려 죽임을 당할 것이고 죽은 후 사흘 만에 살아날 것이라고 말한다(8:27-38). 그 후에 예수는 어느 높은 산에 올라가 모세와 엘리야와 더불어 말하는데, 그때 그의 모습이 영광스럽게 변화된다(9:2-8).

갈릴리 활동을 마치고 예루살렘으로 올라가는 동안 예수는 제자들에게 제자도에 대해 가르친다. 자기가 떠난 후 그들이 어떻게 살아야 할지를 미리 일러두기 위함이었다. 그의 가르침의 핵심은 다른 사람보다 앞서려고 하지 말고 서로 섬기라는 것이었다(10:32-45).

예루살렘에 도착한 예수는 "강도의 소굴"이 된 성전에서 장사꾼들을 내쫓으며 한바탕 소동을 일으킨다. 그로 인해 성전을 통해 막대한 이익을 챙기고 있던 대제사장과 서기관들의 미움을 산다(11:15–18). 예수는 낮에는 성전에서 당대의 종교 지도자들의 위선을 지적하며 비난하고, 밤에는 성 밖으로 나가 제자들을 가르치기를 반복한다. 대제사장과 사두개인과 서기관들은 예수를 잡아 죽일 방도를 찾는다. 그리고 예수의 제자 중 하나인 가룟 유다를 매수해 예수를 체포할 계획을 세운다.

예수는 제자들과 최후의 만찬을 한 후 겟세마네 동산에서 기도하다가 대제사장과 서기관과 장로들이 파견한 무리에게 체포된다(14:43–50). 예수는 공회(산헤드린)에서 심문을 받은 후 당시 예루살렘에 머물고 있던 총독 빌라도에게 넘겨진다. 빌라도는 공회원들의 압력을 이기지 못하고 예수를 처형하라고 명령한다. 예수는 십자가형을 받아 처형된 후 매장된다(15:6-47). 사흘 후, 생전에 예수를 따르던 여자들 몇이 예수가 묻힌 곳을 찾아갔다가 무덤이 비어 있는 것을 발견한다. 그들이 황망해 하고 있을 때 흰 옷 입은 한 청년이 나타나 예수가 살아나 갈릴리로 가고 계신다고 전한다. 그 후에 예수는 막달라 마리아에게 나타나고, 나중에는 제자들에게도 나타난다. 그는 제자들에게 만민에게 복음을 전파하라고 명령한 후 하늘로 올라간다(16장).

이것이 마가복음의 얼개이며 더 크게는 공관복음의 큰 얼개다. 마태와 누가는 마가가 짜놓은 얼개 안에서 자신들만의 특별한 자료들을 첨가하면서 나름의 이야기를 전개해 나간다. 그러나 요한은 이 얼개를 따르지 않고 독자적으로 이야기를 전개한다. 어쨌거나, 이 얼개에 따르면, 예수의 사역은 의외로 단순하다. 그의 사역은 다음 다섯 단계로 이루어진다. 1) 갈릴리에서 기적을 행하고 하나님 나라를 선포하며 제자들을 가르침, 2) 가이사랴 빌립보에서 베드로에게서 "주는 그리스도시니이다"라는 고백을 받은 후 변화산에 올라 모습이 변화됨. 3) 예루살렘으로 올라가 성전에서 사람들을 가르치는 과정에서 당대의 종교 지도자들과 부딪힘, 4) 종교 지도자들의 모략에 휘말려 죽임을 당함, 5) 죽임당한 후 사흘 만에 부활해 제자들에게 복음 전파의 사명을 위임한 후 승천함.

‖ 싸움

마가의 예수는 공생애를 시작하면서부터 당대의 종교 지도자들과 싸운다. 예수는 세리 노릇을 하던 레위를 불러 제자로 삼고 그의 집에서 다른 "세리와 죄인들"과 함께 식사한다. 당시 유대 사회에서 세리와 죄인들은 경건한 집단에서 배척당한 이들이었다. 전자는 정치적 혹은 도의적 이유로, 후자는 종교적 혹은 제의적 이유로 배척되었다.[6] 바리새인들이 비난하자 예수가 그들에게 답한다. "나는 의인을 부르러 온 것이 아니요 죄인을 부르러 왔노라"(2:17).

예수는 가버나움의 어느 집에서 중풍병자에게 죄 사함을 선포했다가 그곳에 있던 서기관들에게 의혹을 받는다. 그들 생각에는 사람의 죄를 사할 수 있는 이는 오직 하나님 한 분뿐이기 때문이었다. 그들의 속 생각을 간파한 예수는 자기가 죄를 사하는 것보다 훨씬 더 어려워 보이는 일, 즉 중풍 병자를 일으키는 일을 해보겠노라고 말한 후, 실제로 그렇게 한다. 자신이 하나님이시라는 것을 입증한 셈이다(2:1–12).

이어서 그는 안식일에 밀 이삭을 잘라 먹은 것과 회당에서 손 마른 사람을 고친 것 때문에 바리새인들에게 비난을 받는다. 두 가지 모두 안식일에 금지된 일이었다. 하지만 예수는 그런 비난에도 굴하지 않고 맞선다(2:23~3:6). 한번은 예루살렘에서 파견된 바리새인과 서기관 중 몇이 예수의 제자들이 손을 씻지 않고 음식 먹는 것을 보고 정결례를 어겼다고 지적했다. 그러자 예수는 오히려 그들이 장로들의 전통은 준행하면서 정작 사람을 귀히 여기고 사랑하고 돌보라는 하나님의 계명은 어기고 있다고 맞받아쳤다(7:1-23).

그러나 갈릴리의 바리새인들과의 싸움은 별게 아니었을 수도 있다. 그것은 기껏해야 교리와 해석의 문제일 수도 있었다. 정말 심각한 싸움은 당대의 공식적인 종교 지도자들, 즉 예루살렘 성전을 중심으로 활동하며 막강한 지위와 부를 독점하고 있던 대제사장들과의 싸움이었다. 예수에 대한 정말로 위험한 적대감의 근원은 예루살렘이었다.[7] 예수는 예루살렘에 입성한 직후 성전으로 가서 장사하는 이들을 내쫓았다(11:15-18). 그 장사치들은 모두 대제사장들과 결탁되어 있었다. 그러니 그들에 대한 비난과 공격은 곧 대제사장들에 대한 비난과 공격을 의미했다.

분개한 대제사장과 서기관과 장로들이 예수에게 나아와 도대체 그가 무슨 권위로 이런 일을 하느냐고 따졌다(11:27, 28). 그러자 예수는 그들에게 세례자 요한이 베푼 세례가 하늘로부터 온 것이냐 아니면 사람으로부터 온 것이냐고 되물었다. 그들은 답할 수 없었다. 그들은 요한이 외쳤던 "회개에 합당한 열매들"(눅 3:1-17 참조)에 대한 말들을 기억하고 있었다. 만약 그들이 요한의 세례가 하늘로부터 왔다고 답하면, 너희는 왜 그렇게 하지 않느냐는 질문을 받을 것이고, 사람으로부터 왔다고 답하면, 요한을 참된 예언자로 여기는 사람들에게 비난받게 될 것이다. 그들은 자기들이 알지 못한다고 답했다. 그러자 예수는 자신도 그들의 질문에 답하지 않겠노라고 응수한다. 종교 지도자로 자처하던 이들이 백성 앞에서 제대로 망신을 당한 것이었다.

거룩한 독서를 하는 이들은 대개 마가복음 13장에 나오는 재난에 관한 예수의 말들을 세상의 마지막에 관한 예언이라고 여긴다. 심지어 그 장에

"소묵시록"이라는 심각한 이름을 붙이기까지 한다.[8] 그러나 맥락상 그것은 세상의 종말에 관한 예언일 수 없다. 만약 그것이 세상의 종말에 관한 묵시록이라면, 그것의 위치는 참으로 뜬금없다. 문맥을 살펴보면, 그것은 예수와 유대교의 공식적인 지도자들과의 연속된 갈등 끝에 나온 말이다. 그렇다면 그것은 세상이 아니라 예루살렘 성전의 종말에 관한 예언인 셈이다.[9]

이런 싸움이 누적되면서 대제사장을 비롯한 당대의 종교 지도자들은 심각한 위기의식을 갖게 되었다. 그들은 예수로 인해 자신들의 지위가 뿌리째 흔들릴 것이라고 여겼다. 그리고 예수를 죽이지 않으면 그 상황을 타개할 길이 없다고 여겼다. 결국 그들은 예수를 죽일 방도를 찾기 시작했다(14:1).

‖ 대속의 죽음

마가의 예수는 수많은 기적을 행했다. 갈릴리 시절에 그는 가르치는 일보다 사람들을 치유하는 일에 훨씬 더 많은 공을 들였다. 그는 귀신들린 사람, 열병에 걸린 자, 나병 환자, 중풍 병자, 손 마른 사람, 혈우병 걸린 여자, 시각장애인, 그리고 자기에게 나아오는 모든 병자를 고쳤다. 예수의 이런 능력 때문에 사람들은 그를 "권위 있는 자"로 여겼다(1:2-28). 그 자신도 그렇게 여겼다. 실제로 그는 자신이 하는 일을 사탄처럼 강한 자를 결박하고 그의 집으로 들어가 세간을 강탈하는 것으로 묘사했다(3:26-20). 교회가 오랫동안 "사자"로 상징해 온 마가의 예수는 사람들에게 자신의 강함을 숨기려 하지 않았다.

하지만 예수는 단순히 사람들을 고치기만 한 게 아니었다. 그는 공생애를 시작하면서부터 제자들을 불러모았다(1:16-20). 그리고 그들을 훈련

시켜 자신이 맡긴 일을 수행하게 했다(6:7-13). 예수에게는 무언가 아주 큰 계획이 있는 것처럼 보였다. 그러니 사람들이 그를 어떻게 생각했을지는 불문가지다. 제자들 중 세베대의 아들 야고보와 요한은 예수가 무리를 이끌고 예루살렘으로 향해 갈 때 그가 예루살렘을 탈환하고 새로운 왕국이라도 세울 것이라고 여겼다. 그래서 예수에게 은밀하게 다가와 그가 영광을 얻을 때 자기들을 그의 양 옆에 앉혀 달라고 부탁했다(10:35-37). 제자들만 그런 게 아니었다. 그가 예루살렘에 입성할 때 수많은 이들이 나와서 그의 발밑에 자기들의 겉옷과 들에서 벤 나뭇가지를 펴며 환호했다. "찬송하리로다. 오는 우리 조상 다윗의 나라여 가장 높은 곳에서 호산나"(11:10). 당대의 지도자들 역시 마찬가지였다. 그들은 예수가 이스라엘 백성이 꿈꿔왔던 메시아가 아닌지 궁금했다. 그들은 재판 과정에서 그에게 물었다. "네가 찬송 받을 이의 아들 그리스도냐"(14:61).

제자들, 백성들, 그리고 지도자들 모두가 그를 메시아(그리스도)라고 여겼거나 그렇지 않을까 궁금해했다. 물론 예수는 그리스도였다. 그 자신도 그렇게 시인했다(8:30; 14:62). 그러나 그가 그리스도, 즉 하나님의 기름 부음을 받은 자로서 사람들을 구원하는 방법은 사람들이 생각하거나 기대했던 것과 같지 않았다. 그는 자신이 그리스도임을 시인한 직후부터 줄곧 제자들에게 자기가 예루살렘에서 종교 지도자들에 의해 죽을 것이라고 말했다(8:30-38; 9:31, 32; 10:32-34). 그리고 실제로 그렇게 죽었다.[10]

예수의 이런 죽음을 어떻게 이해해야 할까? 도대체 마가는 왜 자신이 "하나님의 아들"(1:1)이라고 선언한 예수가 그렇게 죽어야 한다고 여겼던 것일까? 말했듯이, 마가복음은 워낙 설명이 없는 책이다. 그런 마가복음이 유일하게 예수 자신의 입을 빌려 그의 죽음의 의미를 설명하는 구절이 있다. 거기에서 예수는 이사야 53장을 인용하며 이렇게 말한다. "인자가

온 것은 섬김을 받으려 함이 아니라 도리어 섬기려 하고 자기 목숨을 많은 사람의 대속물로 주려 함이니라"(10:45).

제자와 백성과 유대교의 지도자들이 이해를 하든 못하든, 마가복음을 읽는 우리가 이해를 하든 못하든, 마가의 예수는 자신의 죽음을 "많은 사람의 대속물"이라고 여겼다. 대속은 전쟁포로나 죄인들의 자유를 돈으로 살 수 있었던 세상에서 나온 용어다. 그런 목적으로 지불된 금액이 대속물이다. "대속물"이라는 용어는 신약 성경에서 오직 이 구절과 이 구절에 대한 마태복음의 평행구에서만 나온다(마 20:28).[10] 마가의 예수는 자신의 죽음이 세상의 많은 이들을 자유롭게 하기 위한 것으로 여겼다.

예수의 삶과 죽음의 의미에 관한 성경의 수많은 진술들 중에서도 이 구절은 그리스도인들에게 특별한 감동을 준다. 그동안 많은 이들이 이 구절에서 유대 지방의 어느 한적한 길 위에서 세상의 대속물이 되기 위해 자신의 죽음을 향해 성큼성큼 걸어가고 있는 예수의 모습을 발견해 왔다.[11] 아무도 대적할 수 없는 사자가 다른 존재들을 위해 스스로 자기 목숨을 내어놓는 아이러니. 마가의 예수는 그래서 슬프고, 아름답고, 경이롭다.

‖ 부활의 역사성 문제

마가복음의 부활 이야기는 아주 간략하다. 예수가 죽은 후 사흘째 되는 날 새벽에 막달라 마리아, 야고보의 어머니 마리아 그리고 살로메가 예수의 몸에 향품을 바르기 위해 그의 무덤을 찾아간다. 여자들은 무덤의 문이 열려 있음을 발견하고 놀란다. 무덤 안에 앉아 있던 흰 옷 입은 청년 하나가 여자들에게 말한다. "그가 살아나셨고 여기 계시지 아니하니라"(6절). 그는 여자들에게 베드로에게 갈릴리로 가서 부활한 예수를 만나라고 전하라고 말한다. 그러나 여자들은 그런 말을 듣고도 놀람과 두려움에 떨 뿐이다(16:1-8). 이 이야기에서 여자들은 낯선 이로부터 예수가 부활했다는 증언만 들었을 뿐 실제로는 부활한 예수를 만나지 못한다. 이것이 마가복음의 "짧은 결말"이다.

성경 독자들에게 마가복음의 이런 짧은 결말은 당혹스러울 수밖에 없다. 그래서 훗날 성경의 필사자들은 마가복음 끄트머리에 "더 긴 결말"(16:9-20)을 덧붙여 넣었다.[12] 그 "더 긴 결말"에서는 부활한 예수가 막달라 마리아에게 그리고 열한 제자들에게 출현한다. 부활한 예수는 제자들의 믿음 없음과 완악함을 꾸짖고, 그들에게 복음 전파의 사명을 맡기고 승천한다. 이로써 성경 독자들의 당혹스러움이 어느 정도 가라앉는다. 특히 다른 복음서들을 통해 예수의 부활 후 출현에 관한 보다 상세한 이야기를 알고 있는 독자들에게 그러하다.

그러나 문제는 이 "더 긴 결말"을 어떻게 볼 것이냐 하는 것이다. 만약 그 부분이 후대의 첨가이기에 사실일 수 없다고 거부하면, 정경의 복음서들 중 최초로 쓰인 것으로 알려진 마가복음에서 예수의 육체적 부활은 주장만 있을 뿐 실체가 없는 것이 될 수 있다. 실제로 오늘날 과학적이고 이성적인 사고로 무장한 이들은 예수의 육체적 부활을 인정하지 않는다.[13] 그리고 그들이 그런 부정을 위한 근거로 내세우는 것 중 하나가 마가복음의 이런 결말이다. 최초의 복음서인 마가복음의 짧은(원래의) 결말이 부활한 예수의 모습을 보여 주지 않는다는 것이다.

예수의 부활의 역사성에 대해 상세하게 논하는 것은 이 책의 범위를 벗어난다. 다만 마가복음 독자들이 유념할 것이 하나 있다. 앞서 언급했듯이, 전통적으로 마가의 예수는 "사자"로 상징되었다. 실제로 그는 복음서 첫머리에서 대뜸 "하나님의 아들"(1:1)로 불리며 등장한 후 책의 종결

부에 이르기까지 사자처럼 거침없이 자기의 길을 걸어왔다. 그리고 사자를 닮은 마가의 예수는 그의 부활의 역사성을 따지고 드는 오늘날의 독자들에게도 별 신경을 쓰지 않는 듯 보인다. 그저 날카롭게 번득이는 눈으로 한번 그들을 흘끗 쳐다본 후 다시 성큼성큼 자기의 길로 나아갈 뿐이다. 마치 그런 문제는 너희들끼리 알아서 하라는 듯.

지혜로운 선생

마태복음

마태복음은 마가복음보다 조금 늦은 주후 80년경에 쓰였다. 그렇다면 마태복음의 저자는 예수의 제자 세리 마태가 아닐 수도 있다. 그럼에도 교회가 그 이름을 붙인 것은 그가 어떤 형태로든 예수의 제자인 세리 마태에게서 영향을 받았기 때문일 것이다. 그동안은 마태가 주로 유대 그리스도인을 상대로 복음서를 썼다고 알려져 왔다. 하지만 최근에는 다른 의견들이 나타나고 있다. 학자들 중에는 그가 유대인과 이방인들이 뒤섞인 안디옥 디아스포라 공동체를 위해 복음서를 썼다고 믿는 이들이 있다.[1] 그렇게까지 확신하지는 않으나, 어떤 이들은 마태가 그동안 간주되었던 것과 달리 유대인뿐 아니라 이방인 그리스도인에게도 아주 큰 관심을 기울였다고 여긴다.[2] 그럼에도 마태복음에 유대적 색채가 강한 것은 부인하기 어렵다.

마태복음을 상징하는 생물은 "사람"이다.[3] 특히 그는 지혜로운 선생으로 표현된다. 실제로 마태복음에는 마가복음과 달리 예수의 가르침에 관한 서술이 많이 포함되어 있다. 마가의 예수가 자신의 영토 안에서 성큼성큼 걷는 사자라면, 마태의 예수는 자기 자리에 앉아서 주변에 모여든 이들에게 가르침을 베푸는 선생의 모습이다. 앞서 말했듯이, 신약 성경의 처음 세 책인 마태, 마가, 누가복음은 관점이 같아서 공관복음이라고 불리며, 공관복음의 얼개는 마가복음에 드러나 있다. 마태복음도 그 얼개를 따른다. 마태의 예수 역시 갈릴리에서 사역하다가 가이사랴 빌립보에서 베드로에게 "그리스도"라는 고백을 들은 후 예루살렘으로 올라간다. 그리고 그곳에서 성전을 중심으로 활동하는 종교 지도자들과 논쟁하다가 붙들려 죽임을 당하고, 장사한 지 사흘 만에 부활한다. 그러나 마태복음은 그 얼개 안에서 마가복음이나 누가복음과 차이를 보인다. 마태복음에서 나타나는 주된 특징은 예수의 가르침이다. 그의 가르침은 다섯 개의 강화(講話) 단락에 집중적으로 배치되어 있다(5~7, 10, 13, 18, 23~25장). 마태복음의 핵심 주제 역시 그 단락들에서 나타난다. 그러나 마태복음에는 예수의 가르침 외에도 살펴볼 것들이 몇 개 더 있다.

‖ 탄생 이야기

마가와 달리, 마태는 예수의 탄생에 대해 상세하게 언급한다. 아마도 그의 책의 주된 독자인 유대인에게 예수가 그들이 기다려왔던 메시아(그리스도)였음을 알리기 위함일 것이다. 마태의 예수는 베들레헴 출신이다(2:1). 마태는 누가처럼 예수의 부모가 나사렛에서 베들레헴을 찾아왔다가 예수를 낳았다고 말하지 않는다. 마태는 분명히 예수의 가족을 베들레헴의 거주자로 제시한다. 그리고 예수가 베들레헴 출신인 것을 주전 8세기의 예언자 미가가 했던 "이스라엘을 다스릴 자"에 대한 예언과 연결시킨다(2:6, 미 5:2 참조). 그러니 예수는 이스라엘이 오랫동안 기다려온 구원자인 셈이다.

그러나 마태의 예수 탄생 이야기에는 다른 복음서에는 나오지 않는 동방박사들이 등장한다. 분명히 그들은 이방인이다. 놀랍게도 그들이 "유대인의 왕으로 나신 이"에 대해 관심을 보이는 최초의 사람들이다. 반면에 유대인들은 처음부터 예수에게 적대적이다. 유대 왕 헤롯은 동방박사들의 말을 들은 후 아기 예수를 잡아 죽이려 한다. 예수의 가족은 애굽으로 도망친다. 그리고 헤롯이 죽은 후 돌아와 북쪽 갈릴리의 나사렛이라는 동네로 가서 산다. 조금 후에 마태는 이사야의 말을 인용하면서 갈릴리를 "이방의 갈릴리"(4:15; 사 9:1, 2 참조)라고 부른다. "유대인의 왕으로 나신 이"가 이렇게 저렇게 이방과 엮인다. 그뿐 아니라 앞서 언급한 족보에는 네 명의 여인이 등장하는데, 그들은 모두 이방인과 관계가 있다. 다말은 가나안 여인이고, 라합은 여리고 여인이고, 룻은 모압 여인이고, 솔로몬을 낳은 우리야의 남편은 헷 사람이다.[4]

‖ 광야 시험

마가와 달리, 마태는 예수의 광야 시험에 대해 상세하게 설명한다(4:1-11). 예수는 유대 광야에서 예언자 노릇을 하던 세례자 요한을 찾아가 세례를 받는다. 그리고 곧장 성령에 이끌려 광야로 들어가 40일간 금식한 후에 마귀에게서 세 가지 시험을 받는다. 마귀의 시험은 돌로 떡을 만들어 먹으라는 것, 성전에서 뛰어내려 하나님의 능력을 시험해 보라는 것, 자기에게 엎드려 절하라는 것이었다. 셋 다 오래전에 이스라엘이 광야에서 겪었던 일들과 상관이 있다. 첫 번째 시험은 먹을 것이 없을 때 겪은 것이고(출 16:1-4), 두 번째는 므리바에서 여호와의 능력을 시험했던 것이고(17:1-7), 세 번째는 모세가 그들에게 거듭해서 강조했던 가르침이다(신 6:13, 14). 광야 시절에 이스라엘 백성은 그 세 가지 시험 모두에서 실패했다. 그러나 예수는 그 모든 시험에서 마귀를 이겼다. 그는 이스라엘과 동일한 시험을 겪으면서도 그 시험에 굴복하지 않음으로써 이스라엘 백성 전체에 대한 우위를 확보했다. 그들의 선생 노릇할 자격을 확보한 것이기도 했다.

시험을 통과한 후 예수는 갈릴리로 가서 사람들의 병을 고치며 천국 복음을 전파하기 시작한다. "회개하라 천국이 가까이 왔느니라"(4:17). 마태가 "천국"이라고 부르는 것을 다른 복음서 저자들은 "하나님의 나라"라고 부른다. 이것은 마태가 주로 유대인 신자들로 구성된 공동체를 향해서 글을 쓰고 있기 때문이다. 당시에 경건한 유대인들은 "하나님"이라는 단어를 감히 입에 올리려 하지 않았다. 그래서 마태는 그들을 고려해 "하나님"이라는 단어 대신 그분이 계신 곳을 상징하는 "하늘"을 거론했다. 그러니 마태는 실재하는 하늘나라(천국)에 대해 말한 것이 아니다. 우리말과 영어 복음서에서 "하나님의 나라(kingdom of God)"로 번역되는 헬라어 바실레이아 투 데우(basileia tou theou)는 사실은 "하나님의 통치(reign of God)"라는 개념에 가깝다. 하나님의 통치가 임하고 있다는 사실은 사람들에게 특별한 결단을 요구했다. 그리고 예수는 사람들이 그렇게 하기를 바랐다.

‖ 첫 번째 강화: 산상수훈

마태복음 초반에 예수는 자기를 좇는 허다한 무리를 이끌고 산 위로 올라간다. 그리고 그들에게 가르침을 펼친다. 이른바 산상수훈(5~7장)이다. 물론 산상수훈은 예수가 산 위에서 단 한 차례 했던 설교에 대한 기록이 아니다. 마태는 예수가 공생애 동안에 했던 설교를 모아서 다섯 개의 강화 단락을 만들었는데, 산상수훈이 그중 첫 번째 단락이다.

산상수훈의 주제는 "천국의 윤리"다.[5] 산상수훈의 첫 부분(5:1~12)은 천국, 다시 말해, 하나님이 통치하시는 세상에서는 어떤 이들이 복을 받는가에 대한 설명이다. 예수의 설명은 기존의 질서를 뒤흔든다. 그곳에서는 세상에서 도무지 복을 받을 것 같지 않은 이들이 복을 받는다. 그렇게 질서가 전복되는 곳에서는 새로운 윤리가 필요하다. 그러나 그 윤리는 기존의 윤리를 폐기하지 않는다. 오히려 더 철저한 윤리가 요구된다. 천국 시민으로 살아가려는 자들은 서기관과 바리새인보다 더 나은 의를 지녀야 한다(20절). 그것은 엄청난 요구이지만, 그 요구의 밑바탕에는 온갖 희생과 실패를 무릅쓰고 어리석어 보이는 일을 하는 이들에게 복이 있을 거라는 약속이 있다.

‖ 두 번째 강화: 파송

가르침을 마치고 산에서 내려온 예수는 다시 예전처럼 사람들의 병을 고치며 천국 복음을 전파한다(8~9장). 그중에서도 그가 로마의 백부장의 하인을 고친 이야기가 두드러진다. 백부장은 예수가 자기 집으로 오는 것을 감당하지 못하겠으니 그저 말씀만 해달라고 부탁한다. 그러자 예수가 그의 믿음을 칭찬하며 사람들에게 말한다. "내가 진실로 너희에게 이르노니 이스라엘 중 아무에게서도 이만한 믿음을 보지 못하였노라. 또 너희에게 이르노니 동서로부터 많은 사람이 이르러 아브라함과 이삭과 야곱과 함께 천국에 앉으려니와 그 나라의 본 자손들은 바깥 어두운 데 쫓겨나 거기서 울며 이를 갈게 되리라"(8:10~12). 반면에 예수가 중풍 병자를 고칠 때 그 자리에 있던 서기관들(유대교의 지도자들)은 속으로 그에 대해 의혹을 품는다(9:1-8).

예수는 다니는 모든 성과 촌에서 사람들이 목자 없는 양처럼 유리하는 것을 보고 민망해한다. 그는 그런 곳으로 추수할 일꾼을 파송해야 할 필요가 있다고 여긴다(9:35-37). 그리고 제자들 중 핵심에 해당하는 열둘을 불러 권세와 권능을 위임한 후 각 성과 촌으로 보낸다. 예수가 그들을 보내면서 했던 말이 10장에 실려 있다. 이른바 "파송 강화"다. 파송 강화의 핵심은 보냄을 받은 자들은 불완전한 상황 속으로 들어가야 한다는 것이었다. 그들은 가난을 면치 못할 것이다. 이리 가운데 있는 양처럼 위태로울 것이다. 총독과 임금들 앞으로 끌려갈 것이다. 온갖 미움과 핍박을 받을 것이다. 그럼에도 그들은 더 나은 상황을 기대해서는 안 된다. 왜냐하면 제자가 그 선생보다, 종이 그 상전보다 높지 못할 것이기 때문이다. 예수를 따르며 천국의 도래를 바라는 자들은 누구나 자기의 십자가를 져야한다(38절).[6]

‖ 세 번째 강화: 천국에 대한 비유들

옥에 갇혀 있던 세례자 요한이 예수의 활동 소식을 접하고 제자들을 보내 물었다. "오실 그 이가 당신이오니이까"(11:3). 예수는 그들에게 자신이 하고 있는 일들을 열거하며 새로운 시대가 열리고 있음을 알렸다. 자신이 바로 그 사람이라는 뜻이었다.

그러나 사람들은 예수의 말과 행동에 열광하기는 하나 그가 요구하는 것은 하려고 하지 않았다. 즉 그들은 천국(하나님의 통치)을 맞이하는 데 필요한 회개를 하지 않았다(20-24절). 아마도 그의 메시지가 지닌 급진성과 전복성 때문일 것이다. 결국 사람들은 그를 의심하기 시작한다. 그리고 당대의 주류 세력은 단순한 의심을 넘어 그를 적대시하기 시작한다. 바리새인들은 예수가 공개적으로 안식일 규정을 어기는 것에, 그리고 자기의 활동에 문제를 제기하는 것을 성령을 훼방하는 것으로 규정하는 것에 분개한다. 그들이 보기에 그런 일들은 신성모독이었다. 결국 그들은 그를 죽이려고 모의하기까지 한다(12:14).

그런 상황에서 예수는 바닷가로 몰려든 사람들을 향해 그의 세 번째 설교를 시작한다(13장). 그 설교를 통해 예수는 천국의 비유들을 전한다. 네 종류의 땅에 뿌려진 씨, 겨자씨와 누룩, 가라지, 밭에 감추어진 보화, 값진 진주를 구하는 장사꾼, 그물에 걸린 물고기 등에 관한 비유다. 모두 천국이 천천히, 비밀스럽게, 그러나 아주 분명하게 성장하고 진척된다는 것을 가르치는 비유였다. 상황이 어렵더라도 천국의 도래에 대해 의심하지 말라는 것이었다.

‖ 교회를 세움

그즈음에 그의 선구자였던 세례자 요한이 죽임을 당한다(14:1-12). 예수 자신의 운명에 대한 전조였다. 하지만 예수는 그런 상황에 굴하지 않는다. 오히려 떡 다섯 개와 물고기 두 마리로 오천 명을 먹임으로써 자신의 능력과 천국의 아름다움을 예시한다(13-21절). 음식 먹을 때 손을 씻지 않은 문제로 바리새인과 서기관들로부터 비난을 받자 예수는 그들의 위선을 날카롭게 비난하며 되받아친다(15:1-9). 긴장이 높아져서였을까? 예수는 갈릴리를 떠나 두로와 시돈 지방으로 들어간다. 그곳에서 그는 어느 가나안 여자의 귀신 들린 딸을 고쳐주고 그녀의 믿음을 칭찬한다. "여자야, 네 믿음이 크도다"(28절). 앞서 예수는 로마 백부장의 믿음을 칭찬한 바 있었다(8:10-12). 이스라엘 사람들은 그를 배척하고 이방인들이 그를 믿는 상황이 반복되고 있는 것이다.

이방 땅인 가이사랴 빌립보에서 예수가 제자들에게 묻는다. "너희는 나를 누구라 하느냐?" 그 질문에 베드로가 답한다. "주는 그리스도시요 살아 계신 하나님의 아들이시니이다." 그러자 예수가 말한다. "바요나 시몬아, 네가 복이 있도다. 이를 네게 알게 한 이는 혈육이 아니요 하늘에 계신 내 아버지시니라. 또 내가 네게 이르노니 너는 베드로라. 내가 이 반석 위에 내 **교회**를 세우리니 음부의 권세가 이기지 못하리라. 내가 천국 열쇠를 네게 주리니 네가 땅에서 무엇이든지 매면 하늘에서도 매일 것이요 네가 땅에서 무엇이든지 풀면 하늘에서도 풀리리라"(16:17-19). 이때 예수는 최초로 "교회(ekklesia)"라는 단어를 사용한다. 복음서 저자들 중 교회라는 단어를 사용하는 이는 마태뿐이다. 마태는 예수가 베드로의 신앙고백 위에 교회를 세웠다고 말한다. 베드로의 신앙고백 이후 예수가 자신의 수난과 죽음과 부활에 대해 말한 것을 고려한다면(16:21; 17:23), 아마도 이때 예수는 "자신의 죽음과 죽은 자의 마지막 부활 사이에 있을 그의 "운동"의 미래에 대해" 생각했을 것이다.[7] 아마도 그는 자신이 없는 동안 교회가 미래에 완성될 천국(하나님의 통치)을 예시하는 징표로 남게 되리라고 여겼을 것이다.

‖ 네 번째 강화: 교회의 규범

가이사랴 빌립보에서 갈릴리로 돌아온 후 어느 때에 제자들이 예수에게 천국에서는 누가 크냐고 물었다(18:1). 이 질문에 대한 답변 형식으로 나온 것이 예수의 네 번째 강화다. 표면적으로는 제자들의 질문에 대한 예수의 답변 형식을 갖고 있으나, 실제로는 초대교회의 질문에 대한 마태의 답변일 가능성이 크다. 적어도 강화의 일부분은 틀림없이 그럴 것이다. 왜냐하면 이 강화에 대한 병행구들(막 9:33-37, 42-48; 눅 9:46-48;

15:3-7; 17:1-2)에는 "교회"에 대한 언급(17절)이 나오지 않기 때문이다. 아마도 마태는 교회 공동체를 유지하는 데 적용할 수 있는 여러 가지 규범을 한데 모아 이 강화 단락을 썼을 것이다.[8]

예수는 천국에서는, 좀 더 정확하게 천국의 예시인 교회에서는, 어린아이처럼 자기를 낮추는 자들이 큰 자라고 답한다. 그러므로 교회는 어린아이로 대표되는 약자들을 존중해야 한다(3-10절). 교회는 그런 약자를 잃어버리지 않기 위해 애써야 하며, 혹시라도 잃어버린 이가 있다면 포기하지 말고 끝까지 찾아오려고 애써야 한다(12-14절). 교회 공동체의 유지를 위해 가장 필요한 것은 서로를 용서하는 것이다. 용서하지 않는 자들은 하나님께 용서를 얻지 못한다(15-35절).

‖ 다섯 번째 강화: 신실함에 대한 권고

이제 예수는 갈릴리를 떠나 유대로 향한다(19:1). 그의 최종 목적지는 예루살렘이다. 그곳으로 가는 과정에서도 그는 계속해서 사람들에게 가르침을 베푼다. 이때 가르침을 받는 자들은 갈릴리에서처럼 그를 따라다니던 무리가 아니라 그의 제자들이다. 예수는 자신이 떠난 후 세상에 남게 될 제자들에게 가능한 한 많은 것을 가르치고자 했다(19~20장).

마침내 예수의 무리는 예루살렘에 입성한다(21:1-11). 예루살렘에서 예수는 마가가 설명했던 것과 동일한 과정을 밟아나간다. 그는 성전에서 소란을 피우고, 유대교 지도자들과 논쟁하며 그들을 비난하고, 그들에 의해 체포되고, 빌라도에 의해 처형된다. 그리고 부활한다. 마태의 예수가 마가의 예수와 다른 점은 그런 와중에도 여전히 사람들을 가르친다는 것이다. 그 가르침의 일부가 예수의 다섯 번째 강화(23~25장)를 이룬다.

23장에서 예수는 서기관과 바리새인들을 통렬하게 꾸짖는다. 그는 서기관과 바리새인들을 말만 하고 행하지 않는 자들, 사람들에게 무거운 짐을 지우면서 자기들은 손가락 하나도 까딱하지 않는 자들, 사람들 앞에서 천국 문을 닫아버리는 자들, 소경된 인도자들, 외식하는 자들, 선지자들의 피를 흘리는 자들, 독사의 새끼들, 살인자들이라고 부른다. 이런 강경한 표현은 예수가 당시의 종교 지도자들을 어떻게 보았는지를 알려준다. 그에게 이스라엘을 대표하는 지도자들은 사회악 그 자체였다.

24~25장에서 예수는 그 무렵에 유행하던 묵시문학적 표현을 빌려 임박한 종말에 대해 예언한다. 이 단락은 해석하기가 매우 복잡하며 그런 해석을 시도하는 것은 이 책의 범위를 벗어난다. 다만 한 가지 지적해 둘 것은 이런 묵시적 강화의 목적이 신자들에게 "신실함"을 권고하려는 것이지 "천상의 비밀"을 드러내는 것이 아니라는 것이다. 그것은 "신실한 기다림에 대한 비유들에 할애된 지면뿐 아니라 강화 여기저기에 산재한 수많은 명령문"을 통해서도 드러난다.[9] 실제로 예수는 신실한 기다림과 관련해 세 가지 비유를 든다. 책임을 맡은 종의 비유(24:45-51), 열 처녀의 비유(25:1-13), 그리고 달란트의 비유(25:14-30)가 그것이다.

다섯 번째 강화의 마지막 부분에 실려 있는 마지막 때의 심판에 관한 말은 의미심장하다. 그때 심판의 기준은 서기관과 바리새인들이 강조하는 각종 율법의 준수 여부가 아니라, 주린 자, 목마른 자, 나그네 된 자, 벗은 자, 병든 자, 옥에 갇힌 자들을 돌보았느냐 하는 것이다. 그들을 돌보지 않은 자들은 영원한 벌에, 그들을 돌본 자들은 영원한 생명에 들어갈 것이다(25:31-46).

‖ 수난과 부활 그리고 위임

마태의 수난 이야기는 마가의 것과 거의 같다. 마태의 것이 조금 더 상세하지만, 그런 미세한 차이를 논하는 것은 별 의미가 없다. 다만 마태의 이야기 속에는 특별히 예수의 무덤을 지키는 경비병의 이야기가 등장한다(27:62-66; 28:11-15). 대제사장과 바리새인들은 예수가 살았을 때 자기가 죽은 후 사흘 만에 부활할 것이라고 예언했던 것을 떠올렸다. 혹시라도 예수의 제자들이 그의 시체를 훔쳐간 후 그가 부활했다고 떠버리면 곤란해질 것을 우려한 그들은 무덤 앞에 경비병을 세웠다. 하지만 경비병들은 예수의 부활의 첫 번째 목격자가 되고 만다. 이 이야기는 유대의 지도자들이 얼마나 철저하게 예수를 의심하고 우려하고 배척했는지를 보여 주는 단적인 예다. 또한 이것은 예수의 십자가 처형을 시행했던 로마의 백부장과 휘하에 있던 자들이 예수의 죽음 후에 일어난 일들을 보며 "이는 진실로 하나님의 아들이었도다"(27:54)라고 고백했던 것과도 비교된다.

마가는 예수의 부활 이야기를 아주 간단하게 처리한다. 마태의 이야기도 아주 상세하지는 않다. 그러나 마태복음에서 부활한 예수는 갈릴리에서 제자들과 조우한 후 그들에게 엄중한 명령을 내린다. "너희는 가서 모든 민족을 제자로 삼아 아버지와 아들과 성령의 이름으로 세례를 베풀고 내가 너희에게 분부한 모든 것을 가르쳐 지키게 하라"(28:19, 20). 이때 제자들에게 위임된 사역의 대상은 이스라엘이 아니라 "모든 민족"이었다. 여기에서 "모든 민족"에는 물론 이방인들이 포함되어 있다. 선교 초기에 예수는 제자들에게 "이방인의 길로도 가지 말고 사마리아인의 고을에도 들어가지 말고 오히려 이스라엘 집의 잃어버린 양에게로 가라"고 명령했다(10:5, 6). 그러나 이제 그는 제자들에게 이방인의 길로 나아가라고 명령한다. 제자들은 이방인들을 자신들과 똑같은 제자로 삼아 그들에게 세례를 베풀고 예수가 분부한 모든 것을 가르쳐서 지키게 해야 했다.

예수 사건 이후 이스라엘과 이방인의 구분은 없어졌다. 물론 그 구분선이 실제로 지워지기까지는 앞으로도 한참의 시간이 필요하겠지만, 적어도 선언적 차원에서 그것은 부활한 예수의 선교명령(28:18–20)에 의해 분명하게 지워졌다. 이제 하나님의 관심은 과거처럼 배타적으로 이스라엘에 쏠리지 않을 것이다. 이제 그분의 관심은 세상 곳곳에서 그분의 제자가 되어 세례를 받고 그분의 가르침을 따르려는 이들에게로 향할 것이다.

우직한 황소

누가복음

누가복음은 마태복음과 거의 같은 시기에 쓰였다. 아마도 마태와 누가 모두 마가가 쓴 복음서를 기본 자료로 삼고 거기에 자신들만의 특별한 자료를 덧붙여 각자의 복음서를 썼을 것이다. 누가는 안디옥에서 바울이 두 번째 선교 여행을 시작할 때 그와 동행했다. 아마도 그는 안디옥 교회의 교인이었을 것이다. 대개 학자들은 누가가 바울과 오랫동안 동행한 것에 착안해 그가 바울에게서 예수에 관한 자료를 얻었을 것이라고 여긴다. 하지만 예수의 생애에 대한 그의 지식은 바울보다는 안디옥 교회에서 왔을 가능성이 더 크다. 안디옥은 유대인과 이방인이 섞여 있는 디아스포라 교회였다. 누가복음에서 두드러지게 나타나는 하나님 나라의 보편성은 거기에서 연유한 것일 수 있다.

누가복음을 상징하는 생물은 "황소"다. 황소는 힘, 우직함, 그리고 희생을 떠올리게 하는 짐승이다. 실제로 누가의 예수는 마가의 예수처럼 거침없이 그리고 신속하게 움직이지 않는다. 대신 그는 서두르지 않고 천천히 그러나 목표를 향해 흔들림 없이 뚜벅뚜벅 걷는다. 그는 황소처럼 세상의 평범한 이들과 가까이 있다. 심지어 태어난 곳도 구유다. 그는 마가와 마태의 예수처럼 하나님 나라를 선포하지 않는다. 대신에 그 나라의 백성인 약자와 죄인들의 짐을 짊어진다. 그리고 마침내 그들을 위한 제물이 되어 바쳐진다.

‖ 나사렛

마태의 예수는 다윗의 동네인 베들레헴 출신이다. 예수의 부모는 베들레헴에서 예수를 낳아 키우다가 헤롯의 박해를 피해 애굽으로 내려갔고, 헤롯이 죽은 후 "나사렛이란 동네에 가서 살았다"(마 2:23). 반면에 누가의 예수는 갈릴리에서도 벽촌인 나사렛 출신이다. 비록 그의 부모가 베들레헴 여행 중에 그를 낳기는 했으나, 예수의 가족은 베들레헴에서 가까운 예루살렘으로 올라가 그곳 성전에서 아기를 위한 정결례를 마친 후 "갈릴리로 돌아가 본 동네 나사렛에 이른다"(눅 2:39).

누가의 예수 탄생 이야기에서는 마태복음에서처럼 헤롯이 불러일으킨 피비린내가 나지 않는다. 오히려 모든 것이 평온하고 심지어 목가적이기까지 하다. 예수를 수태한 마리아가 세례자 요한을 수태한 엘리사벳을 찾아가 문안할 때, 두 여자는 성령에 충만해 서로를 축복한다. 그때 마리아가 부른 "찬가"(Magnificat, 1:46-55)의 핵심은 하나님이 비천한 자를 높이시고 권세 있는 자들을 낮추신다는 것이었다. 이것은 훗날 마리아의 아들 예수가 할 일에 대한 예언이기도 했다.

누가의 예수 탄생 이야기에는 그 땅의 가난하고 힘없고 결함이 있는 자들이 계속해서 등장한다. 늙도록 아이를 갖지 못한 엘리사벳, 갈릴리

벽촌에 사는 가난한 부부 요셉과 마리아, 밤에 밖에서 양떼를 지키던 목자들, 성전에서 기도하는 과부 안나 등. 그들 모두는 훗날 누가의 예수가 가난하고 무력하고 억압받는 자들에게 의미 있는 존재가 될 것을 미리 보여 준다.[1] 그리고 이것은 훗날 예수가 그의 공생애 초기에 고향 나사렛의 회당에서 했던 일을 통해서도 잘 드러난다. 예수는 안식일에 나사렛 회당에서 이사야의 글을 펴서 읽는다. "주의 성령이 내게 임하셨으니 이는 가난한 자에게 복음을 전하게 하시려고 내게 기름을 부으시고 나를 보내사 포로 된 자에게 자유를, 눈 먼 자에게 다시 보게 함을 전파하며 눌린 자를 자유롭게 하고 주의 은혜의 해를 전파하게 하려 하심이라"(4:18; 사 61:1 이하 참조). 그리고 이렇게 선언한다. "이 글이 오늘 너희 귀에 응하였느니라"(21절). 앞으로 자신이 할 일이 어떤 것이 될지를 예시한 말이었다.

‖ 확대되는 하나님의 나라

예수는 나사렛 회당에서 그런 선언을 한 직후 고향 사람들에게 배척당한다. 마태와 마가 역시 예수가 고향에서 배척당했다고 전한다(마 13:53-58; 막 1:1-6). 그러나 그가 왜 배척당했는지를 설명하는 것은 누가뿐이다. 나사렛 사람들은 자기들이 너무나 잘 아는 동네 청년 예수가 그런 엄청난 선언을 하자 의심을 품는다. "이 사람이 요셉의 아들이 아니냐?" 그러자 예수가 그들의 불신을 한탄하며 말한다. "선지자가 고향에서 환영을 받는 자가 없느니라." 그러면서 그는 엘리야 시절에 시돈 땅에 있는 사렙다 과부가 그리고 엘리사 시절에 수리아 사람 나아만이 이스라엘 사람들을 제치고 하나님의 은혜를 받았던 일을 거론했다. 하나님에 대해 믿음을 가졌던 이방인들이 믿음을 갖지 않았던 이스라엘 사람들보다 나았다는 뜻이었다. 그 말을 듣고 분개한 나사렛 사람들이 폭도로 변하여 예수를 죽이려 든다. 예수는 그들을 피해 달아난다(4:22-30). 반면에, 고향 나사렛을 제외한 "이방의 갈릴리"(마 4:15)에서 예수는 사람들에게 환영을 받는다. 요한복음을 포함해 사복음서 모두가 갈릴리 시절에 예수가 사람들에게 환영과 환호를 받았다고 기록하고 있다. 예수에 관한 소설을 쓰는 게 유행이던 때에 예수의 갈릴리 시절은 "갈릴리의 봄"으로, 그리고 그것과 대조되는 예루살렘 시절은 "예루살렘의 겨울"로 표현되었을 정도다.[2]

누가복음에서 갈릴리 시절의 예수 이야기는 마태복음이나 마가복음의 그것과 별반 다르지 않다. 예수는 많은 사람을 고치고, 제자를 택하고, 가르침을 베푼다. 그러나 누가는 다른 복음서에서 언급하지 않는 몇 가지 사건을 특별히 기록한다. 하나는 나인성의 어느 과부의 죽은 아들을 살려준 사건이다(7:11-17). 그 이야기는 예수가 나사렛 회당에서 언급했던 엘리야 시절의 사렙다 과부의 이야기와 연결된다. 두 여자 모두 유일한 가족이자 유일한 생계 지원 수단이었던 외아들을 잃었다. 심리적으로 경제적으로 사람이 처할 수 있는 가장 극한 상황에 처했던 것이다. 예수는 오래전에 엘리야가 그랬던 것처럼 과부가 요청하지 않았음에도 그녀의 죽은 아들을 살려준다. 그러자 사람들이 하나님께 영광을 돌리며 말한다. "하나님께서 자기 백성을 돌보셨다"(16절).

다른 하나는 예수가 어느 바리새인의 집에서 겪은 일이다(7:36-50). 예수가 바리새인 시몬의 집에서 식사할 때 죄인(아마도 창녀)인 한 여자가 들어와 예수의 발에 향유를 붓는다. 다른 복음서에도 비슷한 이야기가 나오지만, 배경이 다르다. 마태와 마가의 경우에 이야기의 배경은 나병 환자 시몬의 집이고(마 26:6-13; 막 14:3-9), 요한의 경우에는 죽었다가 예수에 의해 살아난 나사로의 집이다(요 12:1-8). 누가의 예수는 다른 복음서의 예수처럼 서기관과 바리새인들과 더불어 다투지만, 때때로 그들의 초청을 받아 식탁 교제를 나눌 만큼 그들에 대해서도 열려 있다. 누가의 예수는 "하나님의 나라가 가까이 왔다"는 선언을 하지 않는다. 하지만 사람들에게 주의 은혜의 해(희년)를 선포하고, 삭개오 같은 세리의 집을 찾아가고, 십자가상에서 회개한 도적에게 낙원의 입장을 허락한다.[3]

그러나 누가의 이야기에서 그보다 더 중요한 것은 예수가 그 여인에게 용서를 선언했다는 것에 있다. 당시의 기준으로 보면 그녀는 분명히 죄인이었고 실제로 이 이야기에서도 그렇게 불린다. 그뿐 아니라 이야기 속에서 그녀는 죄를 회개하고 이전의 생활에서 떠났다는 그 어떤 증거도 드러내지 않는다. 사실, 먹고살 길이 없어 몸을 팔아야 했던 그녀로서는 그 생활에서 떠나는 것이 현실적으로 불가능했을 것이다. 그런데 예수가 그런 그녀에게 죄의 용서를 선언한다. "네 죄 사함을 받았느니라.…네 믿음이 너를 구원하였으니 평안히 가라." 예수는 거룩을 추구하는 그 시대의 질서가 죄인으로 간주해 배제했던 여자를 그 시대의 거룩을 대표하는 이들만큼이나, 아니 그보다 높이 여겼다.

이어서 누가는 예수의 사역에 동참해 그를 도왔던 여인들에 대해 언급한다(8:1, 2). 그들 중에는 일곱 귀신이 들렸다 나간 막달라 마리아와 헤롯의 청지기 구스의 아내 요안나와 수산나가 포함되어 있다. 이들의 실제 신분과 상태가 어떠했든 간에, 여자들이 지금처럼 존중받지 못하던 시절에 예수의 공동체 안에서는 이미 여자들이 활동하고 있었다.

‖ 여행 과정에서 베푼 가르침

앞에서 우리는 공관복음서의 구조에 대해 살폈다. 그 구조는 다섯 단계로 이루어져 있다. 1) 갈릴리에서 기적을 행하고 하나님 나라를 선포하며 제자들을 가르침. 2) 빌립보 가이사랴에서 베드로에게서 "그리스도"라는 고백을 받은 후 변화산에 올라 모습이 변화됨. 3) 예루살렘으로 올라가 성전에서 사람들을 가르치며 당대의 종교 지도자들과 부딪힘. 4) 종교 지도자들의 모략에 휘말려 죽임을 당함. 5) 죽임당한 후 사흘 만에 부활해 제자들에게 복음 전파의 사명을 위임한 후 승천함.

다른 두 복음서에서 두 번째에서 세 번째 단계로의 이행은 아주 급속하게 이루어진다. 마가복음에서 예수는 변화산에서 내려온 후 즉시 유대 지방으로 올라간다(9~10장). 마태복음에서도 그는 지체하지 않는다(17, 19장). 그러나 누가복음에서는 사정이 다르다. 누가복음에서 예수가 예루살렘으로 올라가기로 한 후(9:51) 실제로 예루살렘을 향해 출발하기까지는 (19:28) 아주 오랜 시간이 걸린다. 누가의 예수(황소)는 마가의 예수(사자)처럼 서둘지 않고 천천히 걷는다. 학자들은 누가의 이 긴 단락(9:51~19:28)을 "누가의 여행 이야기"라고 부른다.[4]

이 기간에 예수는 계속해서 사람들을 가르치고 치유하며 제자들을 훈련한다. 그가 지체하는 것은 자신의 죽음을 늦추기 위함이 아니라, 자신이 떠난 후의 일을 준비하기 위함이었다. 이 기간에 예수가 베푼 가르침 중 몇 가지가 특별히 주목할 만하다. 첫째, 예수의 일행이 사마리아의 한 촌을 통과하려 할 때였다(9:51). 그들이 예루살렘으로 가고 있음을 알게 된 사마리아인들은 그들이 자기네 마을을 통과하는 것을 허락하지 않았다. 아마도 유대인과 사마리아인 사이의 오랜 갈등 때문이었을 것이다. 화가 난 야고보와 요한은 자기들이 하늘에서 불을 내려 저들을 멸하겠다고 말한다. 그러자 예수가 그들을 꾸짖는다. 어떤 성경 사본에는 그 꾸짖음의 내용이 실려 있다. "인자는 사람의 생명을 멸하러 온 것이 아니요 구하러 왔노라"(55절 난하주). 예수에게 사마리아 사람들은 유대 백성만큼이나 소중한 생명이었다.

누가의 예수가 여행 과정에서 베푼 교훈들 중 가장 유명한 것은 단연코 "선한 사마리아인의 비유"다(10:25-37). 어느 율법사가 영생 얻는 방법을 묻는 질문에 대한 답으로 주어진 이 비유에서 예수는 이웃의 범위를 유대인들이 혐오하는 사마리아인에게까지 확대시킨다. 그런 혐오를 극복하지 못한다면 영생에 이르지 못한다는 것이었다.

여행 과정에서 예수는 계속해서 가난하고 소외된 자들에게 관심을 기울인다. "어리석은 부자에 관한 비유"에서 그는 자기를 위해 재물을 쌓아두는 것이 얼마나 어리석은지를 가르친다(12:13-21). 어느 안식일에 그는 등이 굽은 여자를 고치고, 또 다른 안식일에는 수종병 든 사람을 고친다. 그는 "탕자의 비유"가 포함된 연속된 세 가지의 "잃어버린 것에 관한 비유"를 통해 하나님이 사람들이 하찮게 혹은 탐탁지 않게 여기는 사람들에게 얼마나 큰 관심을 갖고 계신지를 가르친다(15장). 또한 "불의한 청지기 비유"를 통해 이제라도 가난한 이들을 도움으로써 미래의 삶을 얻으라고 가르친다(16:1-13). 그리고 "부자와 거지 나사로의 비유"를 통해서는 가난한 자들 곁에서 먹고 마시는 자들에게는 천국이 허락되지 않는다는 것을 가르친다(19-31절).

누가의 예수는 가난하고 약한 자들에게 그들의 하나님께 부르짖어 도움을 청하라고 가르친다. 하나님은 부유한 자가 뻐기며 바치는 십일조보다 가난한 과부의 정성 어린 헌금을 기뻐하신다고 가르친다. 당시 사회에서 약자의 대명사였던 어린아이를 받들라고 가르친다. 영생의 길을 묻는 어느 부자 관원에게는 "네게 있는 것을 다 팔아 가난한 자들에게 나눠주라, 그리하면 하늘에서 네게 보화가 있으리라"(18:22)고 가르친다. 그리고 당시의 공식적인 죄인들의 대표자 중 하나였던 세리장 삭개오가 회개하고 재산의 절반을 가난한 자들에게 나눠주겠다고 말하자, 그를 향해 "오

늘 구원이 이 집에 이르렀으니 이 사람도 아브라함의 자손임이로다"(19:9)
라고 선언한다.

누가복음에서 예수의 가르침은 매우 구체적이다. 공동체 내의 약자들
을 실제로 도우라는 것이다. 마음만이 아닌 물질을 사용해 도우라는 것이
다. 그래야 하나님께 인정받고 복을 얻을 수 있다는 것이다. 누가의 예수
가 꿈꿨던 하나님 나라는 의인들의 공동체가 아니라 회개한 죄인들의 공
동체였다. 그리고 회개의 가시적 징표는 공동체 내의 약자들을 돕는 것이
었다.

‖ 수난

"갈릴리의 봄" 시절에 예수는 바리새인들과 그럭저럭 잘 지냈다. 비록
자주 논쟁하기는 했지만, 가끔 그들의 식사 초대를 받기도 했다.[5] 누가의
예수에게 바리새인들은 더불어 옳고 그름을 다투는 맞수들이었다. 그런
이들은 서로 경쟁하기는 했으나 서로에게 적대적이지는 않았다. 그러나
예루살렘 입성과 더불어 봄이 끝난다. 예수는 예루살렘 입성 직후에 성
전에서 한바탕 소동을 일으킨다. 그러자 대제사장과 서기관과 백성의 지
도자들이 그를 죽이려고 꾀한다(19:47). "예루살렘의 겨울"이 시작된 것이
다. 성전 관리와 운영을 맡고 있는 부유하고 권세 있는 대제사장과 서기
관들은 예수의 경쟁자가 아니라 적대자들이었다. 예수도 그들도 그것을
아주 분명하게 알고 있었다.

성전에서 예수는 "포도원 농부의 비유"를 통해 하나님의 포도원을 맡
았던 자들이 하나님을 배반하고 그분이 보내신 이들을 죽였다고 질책한
다(20:9-18). 서기관과 대제사장들은 예수의 비유가 자기들을 가리키고
있음을 알아차리고 그를 잡고자 했으나 그를 좇는 백성들이 두려워 그렇

게 하지 못한다. 대신 그들은 예수를 로마 총독의 치리와 권세 아래에 붙여 처리할 계획을 세우고 그에게 "정탐들"을 붙인다. 그러는 사이에 예수의 열두 제자 중 하나인 유다에게 사탄이 들어간다. 유다는 대제사장들을 찾아가 예수를 넘겨줄 방책을 의논한다(22:3).

예수는 제자들과 최후의 만찬을 하고 감람산에서 기도를 마친 후 유다가 끌고 온 대제사장의 종들에게 붙잡힌다. 예수는 먼저 대제사장의 집으로 끌려가 심문을 받고 날이 밝은 후에는 다시 공회로 끌려가 심문을 받는다(22장). 사복음서는 예수의 심문과 처형에 관해 비슷한 서술을 한다. 그러나 누가복음은 빌라도가 예수의 처형에 좀 더 미온적이었음을 강조한다. 빌라도는 예수를 심문한 후 그에게 죄가 없다고 말하고(23:4), 예수에 대한 처결을 헤롯에게 미루고(8-12절), 대제사장과 관리와 백성에게 자기가 예수에게서 죄를 찾지 못했다고 공언하고(14절), 백성이 거듭 예수를 죽이라고 요구해도 무려 세 번씩이나 자기는 예수에게서 죄를 찾지 못했으니 그냥 때려서 놓아주겠노라고 말한다(22절). 훗날 누가는 사도행전을 쓰면서도 빌라도가 어떻게든 예수를 살려보려고 애썼음을 분명하게 밝히고 있다(행 3:13-15). 누가의 이런 서술은 예수의 죽음의 형식적 원인은 빌라도로 대표되는 로마 제국이지만, 실제적이고 근원적인 원인은 대제사장들로 대표되는 유대인들이었음을 알리기 위함이다. 아마도 이것은 신약 성경 저자들 중 유일하게 이방인이었고 또한 이방인들을 염두에 두고 복음서를 쓴 누가의 의도적인 표현일 것이다. 심지어 누가복음에서 빌라도의 군병들은 십자가에 달린 예수를 희롱하지도 않는다(마 27:27-31; 막 15:16-20 참조).[6]

‖ 이방을 비추는 빛

누가의 부활 이야기에는 엠마오로 가는 두 제자에 관한 이야기가 포함되어 있다(24:13-35). 이 이야기는 마가복음에도 실려 있으나 누가복음에서 훨씬 더 상세하게 소개된다. 부활절 저녁에 예수의 제자 둘이 예루살렘에서 엠마오로 가고 있었다. 엠마오가 어디인지는 분명하지 않으나 이야기의 흐름상 예수가 추구하고 가르쳐 왔던 삶과 상관없는 무의미하고 지루한 삶의 현장임은 분명하다. 지난 며칠간 예수와 함께 들뜬 마음으로 누비고 다녔던 예루살렘을 떠나는 제자들의 발걸음은 무거웠다. 그때 부활한 예수가 그들에게 다가와 슬퍼하고 낙담하는 이유를 묻는다. 제자들은 자기들에게 말을 걸어오는 예수를 알아보지 못한다. 그가 살아났다는 말은 들었으나 믿을 만한 소리라고 여기지 않았을 것이다. 그들이 지난 며칠간 있었던 일을 설명하자 예수가 그들과 동행하며 모세와 선지자의 글로 시작하여 성경에 기록된 내용을 바탕으로 자신에 관한 일을 차근차근 일러준다. 제자들은 어느 마을에 들어가 예수와 함께 저녁식사를 할 때에야 비로소 자기들에게 말하는 이가 부활한 예수임을 알아차린다. 제자들이 알아보자 예수는 사라진다. 이 경험 후에 제자들은 다시 예루살렘으로 돌아간다. 떠나올 때는 지친 마음에 터벅거렸으나 돌아갈 때는 숨이 가쁘도록 달음질쳤을 것이다.

두 제자가 예루살렘에 남아 있던 다른 제자들에게 자기들이 부활한 예수를 만났다고 보고할 때 예수가 그들 가운데 나타난다(24:36). 예수는 제자들에게 상한 손과 발을 보이고 그들 앞에서 생선 한 토막을 먹음으로써 자신이 환영이나 귀신이 아님을 알린다. 이어서 다시 한번 제자들에게 자신에 관한 성경의 가르침을 풀어 설명한 후 마지막 말을 남긴다. "이같이 그리스도가 고난을 받고 제삼일에 죽은 자 가운데서 살아날 것과 또 그의 이름으로 죄 사함을 받게 하는 회개가 예루살렘에서 시작하여 모든 족속에게 전파될 것이 기록되었으니 너희는 이 모든 일의 증인이라. 볼지어다 내가 내 아버지께서 약속하신 것을 너희에게 보내리니 너희는 위로부터 능력으로 입혀질 때까지 이 성에 머물라"(46–49절).

예수의 마지막 말의 요지는 두 가지다. 하나는 그들이 자신의 일에 대한 증인이 되어야 한다는 것이다. 여기서 주목할 것은 그 증언의 범위다. 예수는 "예루살렘에서 시작하여 모든 족속에게"라고 말한다. 사실 마태의 예수가 남긴 마지막 말도 그러했다. "너희는 가서 모든 민족을 제자로 삼아"(마 28:19). 예수에 관한 소식을 들어야 할 대상은 세상의 모든 족속과 모든 민족이다. 누가복음 첫머리에는 예수가 출생 직후 정결례를 받기 위해 예루살렘 성전에 올라갔을 때 그곳에 있던 의롭고 경건한 노인 시므온이 예수를 품에 안고 불렀던 노래가 기록되어 있다. 그때 시므온은 이렇게 노래했다. "내 눈이 주의 구원을 보았사오니 이는 만민 앞에 예비하신 것이요 이방을 비추는 빛이요 주의 백성 이스라엘의 영광이니이다"(2:30–32). 부활을 통해 메시아(그리스도)임이 확증된 예수는 더는 이스라엘만의 메시아가 아니었다. 이제 그는 세상의 모든 족속과 민족들의 메시아가 될 것이다.

다른 하나는 위로부터 오는 능력을 입을 때까지 예루살렘에 머물라는 것이었다. 아마도 이것은 누가가 쓴 사도행전의 사건, 즉 오순절 성령강림을 예견하는 것이다. 그 사건 이후 예수에 관한 소식은 말 그대로 천하 각국으로 퍼져나간다(행 2장). 그렇다면 결국 예수가 남긴 마지막 말은 그가 이스라엘만을 위한 메시아가 아니라 온 세상의 모든 이를 위한 보편적인 구세주가 될 것을 알려 준다. 예수는 세상 모든 사람을 위해 복이 될 것이다.

높이 나는
독수리

요한복음

요한복음은 주후 80년에서 100년 사이에 에베소에 있던 요한 공동체에서 쓰인 것으로 알려져 있다. 기본적인 자료는 예수의 제자인 세베대의 아들 요한에 의해 제공되었을 것이고, 그 후에 몇 차례 가필과 수정과 편집이 있었을 것이다. 요한복음은 여러 면에서 공관복음과 구별된다. 앞에서 보았듯이, 공관복음의 기본적인 구조는 예수의 갈릴리 사역, 베드로의 고백, 예루살렘 입성, 그리고 수난과 부활이다. 공관복음의 기록대로라면, 예수는 죽기 전에 단 한 번 유월절을 지키기 위해 예루살렘을 방문한다. 따라서 그의 공생애 기간은 일 년 남짓이다. 그러나 요한복음에서 예수는 세 차례나 예루살렘에서 유월절을 지킨다(2:13; 6:4; 11:55). 그러므로 그의 공생애 기간은 삼 년이 된다.

공관복음은 예수의 "이야기"에 집중하는 반면, 요한복음은 그의 "의미"에 집중한다.[1] 실제로 요한복음에는 예수가 "나는…이다"라고 말하는 구절들이 아주 많다(6:35; 8:12; 10:9 등등). 요한복음이 그려내는 예수의 모습도 공관복음의 그것과 사뭇 다르다. 공관복음의 예수가 매우 인간적이라면, 요한복음의 예수는 매우 신적이다. 공관복음의 예수는 체포되기 직전에 겟세마네 동산에서 고뇌에 차서 기도를 드린다. 그러나 요한의 예수는 그런 고뇌를 드러내지 않는다. 오히려 자기를 잡으러 온 이들 앞으로 당당히 나아간다. 심지어 십자가에 달린 상태에서도 아무런 고뇌를 드러내지 않는다. "내가 목마르다"라는 그의 말조차 성경을 응하게 하기 위해서 했을 뿐이다(19:28). 요한의 예수는 분명하게 이 땅에 오신 하나님이시지만, 여전히 우리가 감히 어깨를 견주기 어려울 만큼 높은 곳에 있다. 그래서였을까? 오랫동안 교회는 요한의 예수를 "독수리"로 상징해 왔다.[2]

‖ 요한복음의 구조

앞에서 우리는 책의 구조를 아는 것이 그 책을 이해하는 데 도움이 된다고 말한 바 있다. 공관복음의 구조와 다른 요한복음의 구조를 살펴보자. 요한복음은 크게 다섯 부분으로 이루어져 있다. 1) 서론(1:1–18), 2) 사역(1:19~10장), 3) 막간극(11~12:8), 4) 영광 받음(12:9~20장), 5) 부록(21장).[3]

서론에서 요한은 예수의 이야기를 시작하기 위해 태초로까지 거슬러 올라간다(1:1). 이것은 예수의 출생에 대해 아무런 언급도 하지 않는 마가나, 그의 족보를 아브라함에게까지 소급하는 마태나, 족보에 대한 언급 없이 예수의 출생에 대해 말하는 누가와 분명하게 대조된다. 요한에게 예수는 단지 "하나님의 아들"이 아니라 태초부터 계셨던 "하나님 자신"이었다. 그 하나님께서 빛으로 어두운 세상에 내려오셨다. 그러나 사람들이 그 빛을 거부했다.

사역 부분에서도 예수는 공관복음의 예수와 다른 모습을 보인다. 가장 큰 차이는 예수의 주된 활동 무대가 갈릴리가 아니라 유대와 예루살렘이라는 점이다. 그는 가끔 갈릴리에 다녀올 뿐이다. 그는 첫 번째 표적을 갈릴리 가나에서 행하지만, 그 후 곧장 예루살렘으로 돌아와 성전에서 소란을 피운다(2:12-22). 이것은 공관복음에서 성전 사건이 예수의 공생애 마지막 주간에 있었던 것과 크게 대조된다. 예수가 성전에서 두 번씩이나 소란을 피웠다고 억측하지 않는 한, 요한이 성전 사건을 예수의 공생애 초기에 배치한 것은 그의 신학적 의도 때문일 것이다. 요한의 예수는 공관복음의 예수처럼 갈릴리에서 한가로이 사람들을 가르치고 있을 만한 여유가 없었다. 예수는 공생애 초기부터 세상을 향해 아주 분명한 메시지를 던진다. 그가 성전에서 소란을 피운 것은 당대의 타락한 종교에 대한 선지자적 항거를 넘어 그 종교의 종말을 선포하는 표식이었다.[4]

요한은 예수가 행한 수많은 기적 중 일곱 개만 소개하는데, 주목할 만하게도 그것들을 "기적"이 아니라 "표적"이라고 부른다. 즉 가나에서 물로 포도주를 만든 일(2:1-11), 병든 아이를 일으킨 일(4:46-54), 38년 된 병자를 일으킨 일(5:1-9), 오병이어 사건(6:1-14), 물 위를 걸은 일(6:16-21), 날 때부터 눈이 먼 사람을 고친 일(9:1-12), 죽은 나사로를 살린 일(11:1-44)은 모두 그 엄청난 일을 행한 이가 누구인지 알려주는 역할을 하는 표적들이다.

표적 뒤에는 대개 긴 강화(講話)가 이어진다. 강화의 주된 내용은 공관복음에서처럼 "하나님 나라"가 아니라 그 나라의 왕이신 "예수 자신"이다. 예컨대, 오병이어 사건 직후에 예수는 자기를 쫓아온 군중에게 생명의 떡에 대한 강화를 펼치는데, 강화의 결론은 자기야말로 하나님이 세상에 보내신 참된 떡이라는 것이다(6:22-58). 그 말을 들은 사람들은 수군거리기 시작하고 그들 중 많은 이가 예수의 곁을 떠난다. 그런 상황이 걱정되었는지 예수가 제자들에게 묻는다. "너희도 가려느냐?" 그러자 시몬 베드로가 답한다. "주여 영생의 말씀이 주께 있사오니 우리가 누구에게로 가오리이까. 우리가 주는 하나님의 거룩하신 자이신 줄 믿고 알았사옵나이다"(68, 69절). 어쩌면 이것은 요한복음이 쓰일 무렵의 교회 상황을 반영하는 것일 수 있다. 예수 사건 후 50년에서 70년쯤 지난 시점에 교회는 요한이 그의 복음서에서 "유대인"이라고 부르는 이들과 결별한 상태였고, 그리스도인들 내부에도 몇 가지 분파가 생겨났다. 그런 분열의 중심에는 틀림없이 예수가 누구인가 하는 문제가 있었을 것이다. 요한의 예수가 거듭해서 "나는…이다"라고 말하며 자기에 관해 설명하는 것은 그런 이유 때문일 것이다.

요한복음의 막간극은 예수가 죽은 나사로를 살리는 것으로 시작된다 (11장). 이는 유대인들이 의심하고 반대하는 예수가 실제로 어떤 존재인지를 보여 주는 가장 강력한 사건이었다. 그런데 요한은 바로 그 사건이 예수가 죽음에 이르는 화근이 되었다고 여긴다. 예수가 죽은 나사로를 살려 내자 대제사장과 바리새인들이 근심에 빠진다. 예수를 그대로 놔두면 결국 모든 사람이 그를 믿고 따를 것이고, 그렇게 되면 민중 봉기를 우려하는 로마인들이 유대를 파멸시킬 것이라고 여겼기 때문이다. 결국 그들은 예수 한 사람을 죽여서 온 민족을 살려야 한다는 결론을 내린다(45-53절).

모의가 진행되는 중에 예수는 베다니에 있는 나사로의 집에서 사람들과 더불어 잔치를 벌인다. 그때 나사로의 누이 마리아가 예수의 발에 기름을 붓는다. 예수는 그 행위를 자신의 죽음을 준비하는 것으로 규정한다 (12:1-8). 베다니에서 잔치를 마친 예수는 예루살렘으로 향한다. 군중은 종려나무 가지를 흔들고 호산나를 외치며 예수를 환영한다. 그가 죽은 나사로를 살려냈다는 소문이 예루살렘까지 퍼져 있었던 것이다. 군중은 예수가 자신들을 로마의 압제에서 구해낼 메시아라고 여겼다. 그러나 예수는 그런 환호 속에서 자신의 죽음에 대해 생각한다. 특이하게도 요한의 예수는 그 죽음을 "영광"이라고 부른다. "인자가 영광을 얻을 때가 왔도다"(12:23; 28절 참조).

공관복음의 예수는 예루살렘에 입성한 직후에 성전을 찾아가 소란을 피운다. 하지만 요한의 예수는 그 일을 그의 사역 초기에 이미 했다(2:13-22). 그래서인지 요한은 예수가 예루살렘에 들어간 후에 그곳의 백성들과 성전 관리자들을 상대로 한 일들에 대해 보고하지 않는다. 대신 예수가 체포되기 전날 제자들과 최후의 만찬을 나누고, 제자들의 발을 씻기고, 그들에게 긴 강론을 하는 모습을 상세하게 기록한다(13~17장). 그 강론을 통해 예수는 제자들에게 "서로 사랑하라"는 새 계명을 준다. 자신이 "길이요 진리요 생명"이라고 선언한다. 자신이 "포도나무"이고 그들은 "가지"이니 자기 안에 거하라고 권한다. 그들이 자기 안에 거하는 방법은 "아버지의 계명을 지키는 것"이라고 가르친다. 세상이 그들을 핍박할지라도 끝까지 견디라고 권한다. 그들이 견딜 수 있도록 아버지께서 보혜사를 보내실 것이라고 일러준다. 그리고 자기가 떠난 후 세상에 남게 될 제자들을 위해 기도드린다.

그렇게 제자들과 마지막 시간을 보낸 후 예수는 기드론 시내 건너편에 있는 동산으로 간다. 그곳에서 그는 유다가 이끌고 온 이들에게 붙잡힌다(18:1-11). 예수는 공관복음에서처럼 먼저 대제사장에게 심문을 받은 후 로마 총독 빌라도에게 넘겨진다. 빌라도는 예수를 살려주기 위해 자신에게 그를 살리거나 죽일 수 있는 권세가 있음을 거론한다. 하지만 예수는 그에게 이렇게 답한다. "위에서 주지 아니하셨더라면 나를 해할 권한이 없었으리라"(19:11). 요한의 예수는 빌라도가 아무리 애를 써도 도달할 수 없을 만큼 높은 하늘에서 맴도는 독수리였다.

빌라도가 예수를 놓아주려 한 것을 안 유대인들이 그를 협박했다. 예수가 자기를 왕이라고 칭했으니 로마 황제에 대한 반역이라는 것이었다. 종교적인 문제는 어떻게든 빠져나갈 수 있었던 빌라도도 황제에 대한 반역에는 눈감을 수 없었다. 결국 그는 예수를 군병들에게 넘겨 십자가에 못 박게 했다. 예수는 자기의 십자가를 지고 골고다 언덕까지 가서 그곳에서 십자가에 달린다. 요한의 표현대로 "영광"을 받은 것이다(12:23). 요한의 예수는 십자가에 달린 상태에서도 고통을 드러내지 않는다. 오히려 그런 절박한 상태에서도 자신의 어머니 마리아를 사랑하는 제자에게 의탁한다. 요한의 예수가 십자가에서 남긴 마지막 말은 "엘리 엘리 라마 사박다니"(마 27:46)라는 고통에 찬 부르짖음이 아니라, "다 이루었다"라는 승리에 찬 선언이었다(19:30).

요한의 부활 기사 역시 공관복음의 그것과는 분위기가 사뭇 다르다. 공관복음에서는 부활한 예수를 목격한 자들의 두려움과 놀람이 자주 표현되지만, 요한복음의 분위기는 아주 차분하다. 예수는 막달라 마리아, 제자들, 특별히 도마와 더불어 대화를 나누면서 그들의 믿음을 굳게 한다(20장). 요한은 예수의 십자가 사건을 수난이 아니라 영광으로 여기기에 부활 역시 수난의 역전이나 패배로부터의 회복으로 묘사하지 않는다. 오히려 그것은 예수의 제자들로 하여금 그분과의 깨어진 관계를 회복하고 새로운 출발을 하게 하는 사건이다.[5]

요한복음의 부록은 어색하다. 요한의 예수 이야기의 실질적인 결말은 20장에서 이루어진다(30, 31절). 그런데 21장에서 다시 예수가 디베랴 바다에서 고기잡이하는 일곱 명의 제자에게 나타난다. 놀랍게도 그때 제자들은 예수를 알아보지 못한다. 예수가 그들에게 많은 물고기를 잡게 해준

후에야 비로소 그를 알아본다. 예수는 제자들과 함께 아침식사를 한 후에 특별히 베드로에게 세 번에 걸쳐 "내 양을 먹이라"는 지시를 내린다. 그리고 앞으로 그가 어떻게 죽을지에 대해 알려준다. 그 말을 들은 베드로가 예수 곁에 있던 다른 제자(아마도 요한)는 어찌 될 것이냐고 묻자 예수가 답한다. "내가 올 때까지 그를 머물게 하고자 할지라도 네게 무슨 상관이냐. 너는 나를 따르라"(21:22).

예수의 이야기의 결말이라고 보기에는 너무 어색한 이 부록은 아마도 편집상의 고육지책(苦肉之策)이었을 것이다. 뒤늦게 덧붙여진 부록의 목적은 그리스도인 공동체에 주어진 선교의 사명을 강조하고 공동체 내에서 서로 다른 임무를 맡고 있는 베드로와 요한의 특별한 역할을 설명하기 위함이었을 것이다.[6]

‖ 유대인

요한복음에는 "유대인"이라는 표현이 66번이나 등장한다. 대부분 부정적인 의미로 사용된다. 요한에게 유대인은 제도화된 종교를 대표하면서 예수에게 반대하는 자들이다.[7] 그들은 처음부터 예수에게 의심을 품고 그의 활동에 적대감을 드러낸다(2:18). 그들은 예수를 죽이려고 한다(5:18; 7:1). 그들은 예수를 따르는 자들을 박해한다(9:22). 그들은 예수를 빌라도에게 고소해 십자가형을 받게 한다(19:12).

예수와 유대인이 갈등하는 주된 이유는 예수가 유대인의 관원이자 바리새인인 니고데모와 나눈 대화에서 잘 드러난다(3:1-21). 니고데모가 예수가 행한 표적들에 대해 경의를 표하자 예수는 뜬금없이 "하나님의 나라"에 대해 말한다. "진실로 진실로 네게 이르노니 사람이 거듭나지 아니하면 하나님의 나라를 볼 수 없느니라." "하나님의 나라"라는 표현은 공관복음에서는 자주 등장하지만 요한복음에서는 여기서만 나온다. 니고데모가 "거듭남"이라는 말을 이해하지 못하자 예수가 한심한 듯 그를 나무란다. 그리고 자신의 임박한 죽음에 대해 언급한 후 이렇게 말한다. "하나님이 세상을 이처럼 사랑하사 독생자를 주셨으니 이는 그를 믿는 자마다 멸망하지 않고 영생을 얻게 하려 하심이라"(16절).

니고데모와 예수의 대화는 계속해서 겉돈다. 선뜻 이해되지 않는 이 대화의 요지는 무엇일까? 예수의 말에 집중하며 대화를 따라가 보면 이렇다. 유대인들은 예수가 무언가 특별한 일을 하고 있다는 것을 인식하고 있다. 하지만 그 일이 무엇인지는 모른다. 예수는 그 일이 하나님의 나라를 세우는 것이며 그 나라는 오직 거듭난 사람들만 볼 수 있다고 말한다. 그런데 유대인들은, 심지어 유대인의 선생들조차, 거듭남의 길을 알지 못한다. 그 길은 오직 하나님이 세상을 구원하기 위해 보내신 예수를 믿고 따르는 것이다. 그러나 유대인들은 그렇게 하지 않는다. 세상에 빛으로 오신 하나님의 아들 예수보다 자신들이 속해 있는 어둠을 더 좋아하기 때문이다. 훗날 예수의 장례에 도움을 줄 정도로 그를 존경했던 니고데모조차 유대인이라는 범주에서 벗어나지 못한다. 어쩌면 그는 유대인과 그리스도인 사이의 경계선에서 흔들리는 사람일 수도 있다. 어쨌거나 요한복음에서 유대인은 예수를 통해 드러나고 있는 하나님의 나라(통치)에 맞서는 자들이다. 그런 맞섬은 그 나라를 끌어들이고 있는 예수에 대한 맞섬으로 구체화된다. 실제로 그들은 예수를 곤경 속으로 몰아넣고 결국 그를 죽인다.

물론 요한복음에 등장하는 예수와 유대인 사이의 갈등은 요한복음이 쓰일 무렵에 있었던 그리스도인과 유대인들 사이의 갈등을 반영한다. 실제로 예수가 니고데모에게 했던 "우리는 아는 것을 말하고 본 것을 증언하노라. 그러나 너희가 우리의 증언을 받지 아니하는도다"(11절)라는 말 속에 등장하는 "너희"와 "우리"는 그런 갈등 상황을 보여 주는 것일 수 있다.

‖ 서로 사랑하라

자주 요한은 "사랑의 사도"라고 불린다. 그가 그의 복음서와 편지들에서 자주 사랑을 강조했기 때문이다. 실제로 요한은 그의 복음서에서 "사랑"이라는 단어를 39번 사용하는데, 이는 공관복음서 전체에서 사용된 횟수보다 많다.[8] 그런데 요한의 예수가 "사랑"이라는 단어를 집중적으로 언급하는 것은 그가 예루살렘에 입성한 후 제자들에게 했던 마지막 강론에서다(13~17장).

그 강론에서 예수는 제자들에게 새 계명을 준다. 그는 이렇게 말한다. "새 계명을 너희에게 주노니 서로 사랑하라. 내가 너희를 사랑한 것 같이 너희도 서로 사랑하라. 너희가 서로 사랑하면 이로써 모든 사람이 너희가 내 제자인 줄 알리라"(13:34, 35). 문맥상 이때 예수가 말하는 "너희"는 당연히 그의 발치에 앉아 그의 말을 듣고 있는 제자들이다. 그렇다면 이때 예수는 세상의 모든 사람이 추구해야 할 보편적 사랑이 아니라, 자기를 믿고 따르는 제자들 사이의 사랑에 대해 가르치고 있었던 것이다. 사실, 죽음을 앞둔 예수가 자기가 떠난 후 세상에 남겨질 제자들에게 최후의 권면을 하는 자리에서 인류의 보편적 사랑에 대해 말하는 것은 어색하다. 물론 예수의 말을 그렇게 확대하지 말아야 할 이유는 없다. 그러나 요한복음의 문맥에서 예수가 강조하는 사랑은 그의 제자들 사이의 사랑이다. 예수 없이 세상에서 살아가야 할 제자들의 상황은 쉽지 않을 것이다. 그때 그들을 지켜 줄 것은 그들이 속한 공동체가 그들에게 보여 주는 사랑일 것이다.

여기에서 다시 한번 우리는 예수와 유대인들 사이의 갈등의 심각성을 엿볼 수 있다. 예수는 자신이 부활한 후에도 유대인들이 입장을 바꾸지 않을 것을 내다보았을 것이다. 유대인들은 예수의 제자들을 묶어서 그들이 바라지 않는 곳으로 끌어갈 것이다(21:18). 그리고 제자 중 많은 이가 죽임을 당할 것이다(19절). 그런 상황에서 필요한 것은 같은 믿음을 지니고 살아가는 이들의 사랑이다. 그래서 예수는 그들에게 "서로 사랑하라"는 엄중한 명령을 내린 것이다.

‖ 교회 공동체

앞에서 잠깐 언급했던 부록 이야기로 돌아가자. 요한은 복음서 본문에서 그의 주님이신 예수와 관련된 핵심적 메시지를 모두 전했다. 그러나 예수를 따르는 제자들이 중심이 되어 형성된 교회 공동체 안에는 여러 가지 문제가 있었다. 그중 가장 심각한 것은 리더십에 관한 것이었다. 사도들의 지위는 거듭해서 의문시되었다. 사도들 사이에도 문제가 있었다. 그들 중 누가 더 크냐 하는 것이었다(막 9:34; 눅 9:46; 22:24). 아마도 요한복음의 부록은 그런 문제들에 대한 요한복음 편집자의 해답일 것이다. 그는 부활한 예수가 사도들에게 거듭 나타났음을 상기시켰다. 특히 베드로가 예수를 세 번 부인했던 일(요 18:15-27)을 상쇄하기라도 하려는 듯 세 차례에 걸쳐 그에게 "내 양을 치라"고 당부했음을 상기시켰다. 또한 베드로에게는 베드로가 해야 할 일이 있고, 다른 사도에게는 그가 해야 할 다른 일이 있음을 상기시켰다.

예수의 일은 그의 죽음과 부활을 통해 끝난 게 아니었다. 세상에는 그가 시작한 일을 이어나갈 사명을 받은 한 무리의 신자들이 남아 있었다.

교회였다. 그 어린 교회에는 교회를 위해 일할 사람들이 필요했다. 아마
도 요한은 그 문제가 자신이 생각했던 것보다 훨씬 더 중요하다는 것을
뒤늦게 깨달았던 것 같다. 그래서 이미 끝내 놓은 복음서에 어색함을 무
릅쓰고 제자들에 관한 부록을 덧붙였을 것이다.

5부

사도행전과
바울 서신

이스라엘을
넘어서

사도행전

사도행전은 누가복음의 저자인 누가의 작품이다. 애초에 누가복음과 사도행전은 두 권으로 이루어진 하나의 연속적인 작품이었다. 실제로 누가는 그의 복음서와 사도행전을 모두 데오빌로라는 사람에게 헌정하며, 또한 사도행전 첫머리에서 자기가 "먼저 쓴 글"을 언급하면서 이번 글이 먼저 쓴 글의 후속편임을 밝힌다(눅 1:1-3; 행 1:1-3). 누가복음과 사도행전이 하나의 연속된 작품이라는 사실은 의미심장하다. 그것은 예수 사건과 교회의 탄생과 전파가 사실상 하나의 연속된 이야기임을 의미한다.[1]

‖ 오순절 성령 강림

사도행전은 교회의 설립에 관한 이야기로 시작된다. 복음서에서 예수는 이미 자기를 중심으로 한 공동체를 만들었다. 그러나 복음서들은 그 공동체를 "교회"라고 부르지 않는다. 마태가 예수의 입을 빌려 그 단어를 두 번 사용하기는 하나(마 16:18; 18:17), 그것은 훗날의 교회에 대한 언급일 가능성이 크다.

실제 교회는 예수가 승천한 후 그를 따르던 무리가 마가의 다락방에 모였을 때 시작되었다. 무리가 알았든 몰랐든, 바로 그들이 이 세상에 나타난 최초의 교회였다. 그들은 예수가 승천하기 직전에 남긴 마지막 명령을 따라(1:8) 성령이 임하기를 기다렸다. 그러면서 땅끝까지 이르러 증인이 되기 위해 무너진 조직을 정비했다(12-26절). 드디어 오순절 날에, 기다리던 성령이 그들에게 임했다. 성령을 받은 그들은 다른 방언으로 말하기 시작했다(2:1-4). 그날 그들이 했던 방언은 오늘 우리가 경험하는 것처럼 알아들을 수 없는 방언이 아니라 서로 다른 언어를 사용하는 여러 지역의 말들이었다. 오순절을 기념하기 위해 천하 각국에서 온 디아스포라 유대인들이 그 무리가 하는 방언을 자기들이 태어난 지역의 말로 알아들었으니 말이다(5-13절).

그날 베드로가 예루살렘에 모여든 이들에게 설교했다. 그의 설교의 요지는 유대인들이 십자가에 달아 죽인 예수가 부활했으며, 이를 통해 그가 이스라엘이 기다려왔던 메시아임이 입증되었다는 것이었다. 베드로의 설교에는 놀라운 힘이 있었다. 그의 설교를 들은 이들 중 삼천 명이 회개하고 세례를 받았다(2:41). 아마도 그들 중 많은 이가 자신들의 거주지로 돌아가 그곳에서 예수의 일을 전했을 것이다.

‖ 교회의 확장

예루살렘 교회는 기사와 표적, 재산의 공유를 통해 사람들의 칭송을 받았다. 사람들이 날마다 교회로 몰려들었다(2:43-47). 어느 날 베드로가 성전 문에 앉아 구걸하던 앉은뱅이를 일으켰다. 그 광경을 보고 놀란 사람들이 모여들자 베드로가 그들을 향해 설교했다. 이번에도 그의 설교의 주제는 예수의 부활이었다. 설교 중에 베드로는 부활한 예수에게 여러 가지 의미심장한 칭호를 붙였다. "그 종", "거룩하고 의로운 자", "생명의 주", "그리스도", "선지자" 등(3:1-26). 기독교의 신학이 시작되는 순간이었다.

예수에 관한 사도들의 설교를 듣고 믿는 자들이 늘어가자 예루살렘의 종교 지도자들이 불안에 빠졌다. 결국 그들은 사도들을 잡아 가둔 후 그들에게 예수의 이름으로 말하지도 가르치지도 말라고 명령했다. 하지만 사도들은 그 명령을 정면으로 거부했다(4:19, 20). 유대교 지도자들은 백성들이 두려워 그들을 석방하지 않을 수 없었다.

한편, 신자들은 모든 물건을 통용하는 공동체를 만들었다. 모든 신자가 자기 재물을 공동체를 위해 내놓았다. 그로 인해 공동체 내에 가난한 자들이 없어졌다(4:32-37). 오래전 하나님이 자기 백성 이스라엘에게 바라셨던 일이 교회 안에서 일어나고 있었던 것이다. 교회의 체계도 잡히기 시작했다. 사도들은 집사 일곱을 선출해 그들에게 신자들을 구제하는 일을 맡기고 자기들은 말씀을 전하고 기도하는 일에 전념했다. 신자들의 수가 더욱 늘어났고 제사장 중에서도 신자가 되는 이들이 있었다(6:1-7).

그러던 중에 일곱 집사 중 하나인 스데반이 회당에서 어떤 이들과 논쟁하는 일이 벌어졌다. 논쟁의 원인은 스데반이 나사렛 예수가 모세의 율법을 폐지했다고 주장한 것이었다. 분개한 유대인들이 대제사장에게 고소했다. 스데반은 대제사장이 주재하는 공회 앞에서 자신의 주장을 펼쳤다. 그의 주장의 핵심은 이스라엘이 율법에 충실하지 않아서 메시아이신 예수가 율법을 완성하기 위해 오셨는데 백성이 그 메시아마저 죽였다는 것이었다(7:1-53). 그 말을 듣고 분개한 군중이 스데반을 돌로 쳐죽였다.

당시 유대인들에게 사형 집행권이 없었음을 감안한다면, 아마도 그것은 공식적인 처형이 아니라 폭도들의 사적인 린치였을 것이다.[2] 스데반이 살해되는 현장에 다소 출신의 바리새인 사울이 있었다(58절).

이 사건을 빌미로 예루살렘 교회에 대한 박해가 시작되었다. 박해의 물결은 거셌다. 신자들은 박해를 피해 예루살렘을 떠나 유대와 사마리아의 여러 지역으로 흩어졌다(8:1). 그러나 사도들은 죽음을 각오하고 예루살렘에 남았다. 그곳이 그들의 운동 본부였기 때문이다. 신자들이 흩어지는 사이에 사울이 각 집을 돌아다니며 남은 신자들을 잡아다 옥에 가뒀다.

하지만 박해는 교회를 파괴하기보다 확장시켰다. 사마리아로 내려간 빌립이 복음을 전하자 사람들이 반응을 보였다. 그 소식을 들은 베드로와 요한이 그곳으로 내려가 사람들에게 안수하자 그들에게 성령이 임했다. 그 후 빌립은 주의 사자로부터 남쪽으로 내려가라는 지시를 받았다. 그는 예루살렘에서 블레셋의 가사로 내려가는 길에서 에디오피아 여왕의 국고를 맡은 관리를 만났다. 빌립은 그가 선지자 이사야의 글을 읽고 있음을 발견하고 그에게 말을 걸었다. 관리는 빌립을 자신의 병거에 오르게 해서 대화를 나눴다. 대화 끝에 관리는 예수를 믿게 되었고 물가에서 세례를 받았다. 그 후 빌립은 해안선을 따라 북쪽으로 올라가면서 여러 성에서 복음을 전했다(8장).

사도행전이 담담한 어조로 전하는 이런 사건들은 아주 중요하다. 구약 시대에 이스라엘은 하나님의 선민(選民)이었다. 하나님은 온 세상의 주님이지만, 특별히 이스라엘을 자기 백성으로 삼으셨다. 그리고 구약 성경에 따르면, 하나님은 오로지 그 백성에게만 집중하셨다. 그 백성이 자신의 뜻을 따라 살기만 하면 다른 나라와 민족들은 자연히 그들을 통해 자신에게로 돌아올 것이라고 여기셨기 때문이다. 그러나 이제 상황이 달라졌다. 교회가 설립된 후 이스라엘은 그분의 시야에서 사라진다. 적어도 신약 성경 안에서는 그러하다. 이제 그분은 이스라엘이 아니라 교회에 집중하신다. 교회는 더 이상 이스라엘에 국한되지 않는다. 교회는 점차 이방 세계로 뻗어 나간다.

‖ 사울의 회심

교회가 이방에 복음을 전하기 시작할 즈음에 한 가지 중요한 사건이 발생한다. 누구보다 앞장서 교회를 핍박하던 바리새인 사울이 회심한 것이었다. 사울은 다메섹에 있는 신자들을 잡으러 가던 중에 부활한 그리스도를 만난다. 그 사건 직후 그는 다메섹의 신자들과 교제하며 기독교 신앙을 받아들이고 그 신앙의 전도자로 변신한다(9:1-22).

그로부터 얼마 후에 사울은 바나바의 주선으로 예루살렘 교회를 방문한다. 갈라디아서에 따르면, 그때 사울은 그곳에 15일간 머물면서 베드로와 야고보와 교제를 나눴다(갈 1:18, 19). 주후 36년 즈음의 일이다. 사울이 입장을 바꿨음을 안 예루살렘의 유대인들이 그를 죽이려 했다. 예루살렘의 신자들은 사울을 은밀하게 그의 고향 다소로 돌려보냈다(9:30). 사울은 다소에서 여러 해 동안 숨어 지냈다.

사울이 그런 경험을 할 즈음에 베드로 역시 특별한 일을 겪었다. 그가 욥바에 머물러 있을 때 가이사랴에서 사람들이 찾아왔다. 그곳에 주둔하고 있던 로마 군대의 백부장 고넬료가 보낸 이들이었다. 그들은 베드로에게 고넬료의 집을 방문해 달라고 청했다. 유대법에 따르면, 유대인이 이방인과 교제하는 것은 금지된 일이었다. 하지만 베드로는 그들이 찾아오기 직전에 이미 환상을 통해 그들과 함께 가라는 지시를 받은 상태였다.

고넬료의 집을 방문한 베드로가 그곳에 모여 있던 이방인들에게 예수의 일을 전하자 그들에게 성령이 임했다. 베드로는 그들에게 예수 그리스도의 이름으로 세례를 베풀었다(10장).

스데반 사건 후에 예루살렘을 떠나 흩어진 자들 중 일부가 안디옥에서 헬라인들에게 복음을 전했다. 헬라인들이 복음을 듣고 예수를 믿었다는 소문을 들은 예루살렘 교회는 바나바를 안디옥으로 파견했다. 바나바는 다소에 머물고 있던 사울을 만나 안디옥으로 데려왔다. 바나바와 사울은 함께 안디옥의 신자들을 가르치며 교회를 세워 나갔다(11:19-26). 안디옥이 여러 종족이 모여 살아가는 국제 도시였음을 고려하면, 아마도 그 교회에는 유대인보다 이방인들이 많았을 것이다.

‖ 제1차 선교 여행

안디옥 교회가 어느 정도 안정되자 성령께서 교회의 지도자들에게 선교를 명령하셨다. 교회는 바나바와 사울을 선교사로 파송했다. 바울(이제부터 그는 더는 사울이라고 불리지 않는다)의 제1차 선교 여행이 시작된 것이다(13~14장). 주후 47년의 일이었다.[3] 두 사람은 바나바의 고향인 구브로, 바울의 고향 다소가 속해 있는 소아시아 남쪽 해안의 비시디아 안디옥, 그곳에서 남동쪽으로 약 160킬로미터 떨어진 이고니온, 그리고 그곳에서 다시 남쪽으로 약 38킬로미터 내려간 곳에 있는 루스드라와 더베 등지에서 복음을 전했다. 모두 지중해의 북동쪽이자 소아시아의 남부 해안 지역에 있는 소도시와 성읍들이었다.

선교 여행 중에 바나바와 바울은 주로 유대인들이 모이는 회당에서 복음을 전했다. 그때마다 유대인들의 반대에 직면했다. 이유는 분명했다. 그들이 전하는 복음이 유대인들이 목숨처럼 소중히 여기는 율법을 부정하고 전통을 업신여기는 것처럼 보였기 때문이다(13:38, 39). 그것은 이방 땅에서나마 율법을 지키며 하나님의 백성으로 살아가고자 했던 경건한 유대인에게는 충격일 수밖에 없었다. 그래서인지 이방인들은 바울의 설교를 듣고 믿음을 얻었으나, 유대인들은 분노로 가득 차 바울과 바나바를 핍박했다(48–52절).

‖ 예루살렘 회의

바울과 바나바가 선교 여행을 마치고 안디옥으로 돌아와 사역하던 중에 교회에서 논쟁이 벌어졌다(15:1, 2). 어떤 유대인 신자들이 이방인 신자들에게 그들도 모세의 법을 따라 할례를 받아야 구원 얻을 수 있다고 주장했기 때문이다. 안디옥 교회는 이 문제를 해결하기 위해 바울과 바나바를 비롯해 몇 사람을 예루살렘으로 보냈다. 그들과 예루살렘 교회 지도자들 사이에 논쟁이 벌어졌다. 역사적인 "제1차 예루살렘 공의회"였다. 주후 49년의 일이었다.

그 회의에서 베드로는 참석자들에게 자신이 고넬료의 집에서 겪은 일을 상기시켰다. 할례받지 않은 이방인들에게 성령이 임한 것은 하나님이 그들을 있는 그대로 받아들이신다는 징표라는 것이었다. 바나바와 바울은 자신들이 1차 선교 여행 때 겪은 일, 즉 이방인들 사이에서 표적과 기사가 일어났던 일에 대해 보고했다. 그들의 결론 역시 베드로와 같았다. 마지막으로 그 무렵에 예루살렘 교회의 수장 역할을 하던 예수의 형제 야고보가 일어나 말을 이었다. 그는 예언자 아모스의 말을 인용했다. 하나님이 "다윗의 무너진 장막"을 다시 세우실 때 이방인들이 거기에 포함되리라는 예언이었다(암 9:11, 12 참조).

회의의 결론이 내려졌다. 이방인 신자들에게 모세의 율법을 강요해서는 안 된다는 것이었다. 다만 회의 참석자들은 이방인 신자들에게 유대인 신자들의 마음을 상하게 할 수 있는 몇 가지 사항을 금하도록 권고하기로 했다. 우상숭배와 음행과 목매어 죽인 것과 피를 멀리하라는 것이었다. 이것은 구원이 오직 믿음과 은혜로만 이루어지는 것임을 확증하면서도 동료 신자들의 양심을 존중해 달라는 권고였다.[4] 율법 수호파와 폐지파가 한 걸음씩 양보해 대타협을 이룬 것이었다.[5] 그러나 무엇보다도 중요한 것은 이 회의를 통해 교회가 유대교라는 울타리에서 벗어나는 데 필요한 신학적 발판이 마련된 것이었다.

‖ 제2차 선교 여행

그로부터 얼마 후, 바울과 바나바는 2차 선교 여행을 떠나기로 했다. 그런데 바나바의 조카 마가를 데려가는 문제로 두 사람 사이에 갈등이 일어났다. 바울이 마가가 1차 여행 때 중도 포기했던 것을 지적하며 그의 동행에 반대했기 때문이다. 그 문제로 크게 다툰 바나바와 바울은 갈라섰고 따로 선교 여행을 떠났다. 바나바는 마가와 함께 구브로로, 바울은 실라와 함께 수리아와 길리기아로(15:36~41).

바울은 루스드라에서 디모데에게 할례를 주고 제자로 삼은 후에 그를 데리고 소아시아 지역을 돌아볼 생각이었다. 그런데 성령께서 그의 계획을 바꾸셨다. 그는 환상 중에 마게도냐 사람 하나가 건너와서 자기들을 도와 달라고 청하는 모습을 보았다. 바울은 그것을 하나님의 계시로 여기고 순종했다. 마게도냐로 건너간 바울 일행은 빌립보, 데살로니가, 베뢰아를 거쳐 아가야로 내려가 아덴과 고린도에서 복음을 전하고 교회를 세웠다(16~18장). 예루살렘에서 시작된 교회가 소아시아를 넘어 유럽까지 퍼져 나간 것이다.

바울의 2차 여행 패턴 역시 1차 때와 유사했다. 그는 먼저 유대인의 회당을 찾아가 전도했으나 그때마다 유대인들은 그를 핍박했다. 바울 일행은 데살로니가, 베뢰아, 고린도에서 유대인들의 훼방을 받았다. 그러나 고린도에서는 회당장 그리스보가 회심하는 신나는 일이 벌어지기도 했다. 바울은 고린도 사역을 마치고 브리스길라와 아굴라 부부와 함께 에베소로 건너갔다. 하지만 그곳에 오래 머물지는 않았다. 바울 일행은 가이사랴에서 상륙해 그곳에서 100킬로미터쯤 떨어진 예루살렘 교회[6]를 방문한 후 안디옥으로 돌아갔다(18:18-22).

‖ 제3차 선교 여행

하지만 바울은 이번에도 안디옥에 오래 머물지 않았다. 얼마 후 그는 갈라디아와 브루기아 땅을 차례로 다니며 자신이 세운 교회들을 살피기 시작했다(18:23). 3차 선교 여행이 시작된 것이다. 주후 52년이었다. 바울은 2차 여행 때 잠깐 들렀던 에베소를 방문했고 그곳에 석 달간 머물면서 하나님 나라에 대해 강론했다. 덕분에 많은 이가 복음을 받아들였다(19:1-20). 그 후에 바울은 마게도냐로 건너갔다. 예루살렘 교회의 가난한 형제자매들을 돕기 위한 헌금을 거두기 위해서였다(24:17 참조). 마게도냐에 있는 빌립보, 데살로니가, 베뢰아 교회를 방문한 후 바울은 아가야에 있는 고린도 교회를 찾았다. 바울은 고린도에 석 달간 머물렀다(20:1, 2).

고린도에서 겨울을 보낸 후 바울은 빌립보로 올라가 배를 타고 소아시아 드로아로 건너갔다. 이때 그는 베뢰아, 데살로니가, 더베, 아시아의 교회들을 대표하는 일곱 사람과 함께했는데, 아마도 그들은 바울이 개척한 교회의 대표자들로 각 교회에서 거둔 예루살렘의 신자들을 위한 헌금을 지니고 있었을 것이다.[7] 바울 일행은 그곳에서 이레를 보낸 후 밀레도에 이르렀다. 그곳에서 바울은 에베소로 사람을 보내 교회의 장로들에게 자기를 찾아오게 했다. 모두가 마지막을 예감했던 것일까? 바울과 에베소 장로들은 마지막 인사를 나누며 서로 끌어안고 울며 기도했다(17–38절).

바울 일행이 가이사랴에 이르러 일곱 집사 중 하나인 전도자 빌립의 집에 머물 때였다. 선지자 아가보라는 이가 와서 바울이 예루살렘에서 유대인들에게 체포되어 이방인들에게 넘겨질 것이라고 예언했다(21:10, 11). 그 말을 들은 이들은 바울에게 예루살렘으로 올라가지 말라고 권했다. 하지만 바울은 자기가 죽음을 각오했음을 밝히며 예루살렘행을 고집했다. 결국 그들은 예루살렘으로 올라가 야고보를 비롯한 예루살렘 교회 형제들의 영접을 받았다. 주후 57년이었다.

‖ 로마로

바울은 야고보의 권고를 받아들여 성전에서 정결례를 행하려 했다. 그때 유대인들이 그를 붙잡았다. 정결례를 위해 그와 동행한 신자들 중에 이방인이 섞여 있다고 여겼던 것이다. 유대인들이 소란을 피운다는 소식을 들은 로마 군대의 천부장이 군사를 보내 바울을 체포했다(21:27–34). 바울은 공회 앞에 세워져 재판을 받았다. 심문 과정에서 그가 부활에 대해 언급하자 공회원들 중 부활을 믿지 않는 사두개인과 부활을 믿는 바리새인들 사이에 분쟁이 일어나 재판 자체가 흐지부지되고 말았다.

재판에서 실패한 유대인들이 바울을 죽이려 모의한다는 소식을 들은 천부장이 그를 가이사랴에 있는 총독에게 보냈다(23:12–36). 총독 벨릭스는 재판 과정에서 바울의 말에 매력을 느껴 재판을 연기하고 옥에 가둔 후 자주 그를 불러 이야기를 들었다. 그렇게 2년의 세월이 흐른 후 총독이 교체되었다. 신임 총독 베스도가 바울을 불러 새롭게 심문하는 과정에서 바울이 가이사에게 상소했다(25장). 자신이 예루살렘에서는 공정한 재판을 받을 수 없다는 것을 알았던 것이다.[8] 바울이 예루살렘으로 호송되기 직전에 베스도를 찾아온 헤롯 아그립바가 바울을 만나 보기를 원했다. 바울은 다시 한번 로마 총독과 분봉왕 앞에서 자기를 변명해야 했다(26장). 유쾌한 상황은 아니었으나, 복잡하고 어수선한 재판 과정을 통해 당대 최고위층 사람들에게 그리스도의 복음을 전파할 기회를 얻은 것이다.

바울은 파선의 위기를 겪으며 로마로 압송되었다. 그가 로마에 도착한 것은 주후 60년이었다. 로마에서 그는 한 사람의 군인과 함께 지내도록 허락받았다(28:16). 죄인의 신분이었으나 꽤 자유롭게 지낼 수 있었다. 바울은 로마에 거주하는 유대인들을 자신의 거처로 초청했다. 그리고 아침부터 저녁까지 강론하며 하나님의 나라를 전파하며 주 예수 그리스도에 관해 가르쳤다. 2년 동안이나 그렇게 했음에도 아무도 금하는 사람이 없었다(30, 31절).

누가는 바울의 최후에 대해 전하지 않는다. 전해지는 바에 따르면, 그는 잠깐 석방되었다가 주후 64년에 유죄 판결을 받아 처형되었다. 그의 마지막 꿈인 서바나(스페인) 선교의 꿈을 이루지 못하고 산화한 것이었다(롬 15:22-24 참조). 하지만 그는 하나님이 그를 위해 계획하신 일, 즉 이방인에게 복음을 전하고 이방 세계에 교회를 세우는 일을 충분히 하고 죽었다. 그는 이스라엘에 국한되어 있던 하나님 백성의 범위를 이방 세계로까지 넓힌, 그래서 하나님의 통치를 위한 전진기지를 온 세상으로 확산시킨 중요한 인물이었다.

바울의 싸움

데살로니가전서, 갈라디아서

성경에서 가장 많이 논의되는 책들은 단연코 바울의 서신들이다. 앞서 말했듯이, 바울 연구자들은 로마서에 관한 책들만 모아도 도서관 하나를 채울 수 있다는 농담을 한다. 도대체 신학자와 목회자들은 왜 그렇게 바울의 서신들에 관해 쓰는 것일까? 왜 그들은 예수를 다루는 복음서보다 바울 서신에 대해 더 많이 쓰는 것일까? 혹시 복음서는 누구라도 쉽게 이해할 수 있는 반면, 바울 서신은 어려워서일까? 물론 그럴 수도 있다. 그러나 성경에는 바울 서신보다 어려운 책들이 얼마든 있다. 구약의 예언서들이 그러하고, 신약의 히브리서나 요한계시록도 그러하다. 그럼에도 그런 책들에 관한 주석이나 강해서는 바울 서신의 그것들만큼 많지는 않다.

그렇다면 혹시 바울 서신이 다른 책들보다 중요하기 때문일까? 그것들이 기독교의 진리를 특별히 잘 설명해 주기 때문일까? 그럴 수도 있다. 실제로 기독교 역사상 많은 이가 바울 서신을 통해 기독교 복음의 진리를 깨달았다. 어거스틴, 마르틴 루터, 존 웨슬리, 칼 바르트 같은 위대한 신학자와 목회자들이 바울의 서신들을 통해 기독교 진리에 대한 크나큰 통찰을 얻었다. 평범한 신자들도 마찬가지다. 성경을 통해 기독교의 진리를 깨달았다고 주장하는 많은 이들이 바울의 편지를 거론한다. 분명히 바울 서신에는 기독교의 진리에 대한 특별한 통찰들이 들어 있다.

그럼에도 우리는 한 번쯤 의심해 볼 필요가 있다. 바울 서신의 깊이 때문에 그 많은 해석이 나오는 것일까, 아니면 그 많은 해석 때문에 바울 서신에 깊이가 더해지는 것일까? 과연 우리는 마틴 로이드 존스가 쓴 여덟 권짜리 에베소서 강해나 열두 권짜리 로마서 강해를 읽은 후 에베소서나 로마서를 더 깊이 이해하게 되는가? 혹시 그 많은 해석 때문에 길을 잃지는 않는가?

아래에서 우리는 바울의 서신 중 몇 개를 거룩하지 않은 독서의 방식으로 살펴볼 것이다. 거룩한 독서는 바울의 편지에 쓰인 단어와 문장과 표현 하나하나에서 깊은 의미를 찾아낸다. 그러나 거룩하지 않은 독서는 바울의 편지가 쓰인 이유와 그것의 줄거리에 주목한다.

데살로니가전서

데살로니가전서는 바울의 편지들 중에서도 가장 이른 시기의 것으로 알려져 있다. 대개 50년에 쓰였다고 추정된다. 바울이 그 편지를 쓴 목적은 데살로니가 교회의 신자들을 격려하기 위해서였다. 데살로니가 교회는 바울이 2차 선교 여행 때 세운 교회였다(행 17장). 그는 그곳에서 유대인들의 핍박을 받았다. 유대인들은 바울뿐 아니라 그의 말을 듣고 믿음을 갖게 된 그곳의 신자들까지도 핍박했다. 데살로니가 교인들은 밤중에 바울과 실라를 베뢰아로 보냈다. 그들은 베뢰아와 아덴을 거쳐 고린도에 이르렀다. 고린도에서 활동하면서도 바울은 데살로니가 교회의 소식에 촉각을 곤두세웠다. 계속되는 핍박 때문에 어린 교회가 소멸하지 않을까 걱정되어서였다.

다행히 데살로니가 교인들에 관한 좋은 소문이 들려왔다(1:7, 8). 그들은 계속되는 핍박 가운데서도 믿음을 지키고 있었다. 바울은 그런 상황에 감사한 후 자신이 데살로니가에서 사역했던 때를 회고한다. 그때 그는 어려운 여건 가운데서도 거룩하고 옳고 흠 없이 행하며 복음을 전했다. 데살로니가 사람들은 그가 전하는 말을 하나님의 말씀으로 받아들였다. 바울은 그 말씀이 그들 가운데서 역사하고 있음을 강조하며 지금 그들이 받는 핍박에 굴하지 말라고 격려한다(2:1-16).

바울은 몇 번이나 데살로니가 교인들에게 가고자 했으나 사탄의 방해 때문에 그럴 수 없었다. 그래서 아덴에 머물 때 자기 대신 디모데를 그들에게 보냈다. 바울은 자기가 그들에게 가기 위해 기도하고 있다는 말을 전함으로써 자신이 여전히 그들을 생각하고 있음을 알리고자 했다(3장).

‖ 어린 교회를 향한 권면

이어서 바울은 자기가 들은 데살로니가 교회에 관한 근심스러운 소식을 거론하며 그들에게 몇 가지 권면을 한다. 그가 들은 소식은 주로 데살로니가 신자들의 잘못된 종말론과 관련되어 있었다. 사실 잘못된 종말론은 오늘날에도 교회에 심각한 문제가 되고 있다. 그러니 세상에 갓 태어난 어린 교회의 상황은 오죽했겠는가!

바울의 권면은 첫째, 음행하지 말라는 것이었다(4:3-8). 바울은 데살로니가전서를 고린도에서 썼는데, 당시 고린도와 데살로니가 두 도시는 모두 성적 문란함으로 명성이 높은 곳이었다.[1] 데살로니가 신자들은 복음을 받아들인 후에도 과거의 악한 행습에서 벗어나지 못하고 있었다. 바울이 말하는 음행은 정상적이지 않은 성관계를 가리킨다. 바울은 데살로니가 교인들에게 하나님은 침실에서 일어나는 은밀한 일까지 신원하신다고 강조했다. 그러니 누군가를 성적으로 착취하거나 부정한 성관계를 맺지 말라는 것이다. 하나님이 그들을 불러 자신의 자녀로 삼으신 것은 부정하게 하심이 아니라 거룩하게 하심이었다. 그러므로 거룩을 저버리는 것은 곧 그들을 거룩하게 하신 하나님을 저버리는 것이다(7절).

둘째, 자기 손으로 일해서 먹고 살라는 것이었다(9-12절). 당시 데살로니가 교인들 중에는 일하지 않으면서 믿음의 형제들에게 기대어 살아가는 이들이 있었다. 그들이 그렇게 살아가는 까닭은 종말에 대한 잘못된 인식 때문이었다. 당시에 그들은 일종의 "종말론적 흥분" 혹은 "재림 히스테리"에 빠져 있었다.[2] 곧 종말이 올 것이니 주님 맞을 준비를 해야지 일은 해서 무엇하겠는가! 얼핏 옳은 소리 같다. 하지만 그렇게 지내는 동안 그들은 자신의 삶을 땀흘려 일하는 형제들에게 의존할 수밖에 없었다. 바울은 그런 이들에게 형제에 대한 사랑을 언급한다. 스스로를 부양함으로써 형제들의 짐을 덜어주라는 것이었다.

셋째, 죽은 자들에 대해 걱정하지 말라는 것이었다(13-18절). 당시 데살로니가 교인들은 예수가 곧 재림할 것이라고 믿었다. 아마도 바울에게서 그렇게 배웠기 때문일 것이었다. 그런 믿음을 가진 이들은 예수가 재림할 때 사별한 가족들이 자기들과 함께 구원에 이르지 못할까 걱정하고 있었다. 그들로서는 당연한 걱정이었다. 바울은 그들에게 예수가 재림할 때는 죽은 자들이 먼저 일어나 그분을 맞이하게 될 것이라며 그들을 안심시켰다.

넷째, 깨어 근신하라는 것이었다(5:1-11). 데살로니가 교인들은 예수가 언제 재림할지에 신경을 곤두세우고 있었다. 바울은 그들에게 예수가 했던 말을 되풀이했다. 그 때와 시기에 관해서는 자기도 알지 못하며 그 날은 밤에 도적같이 이를 것이다(막 13:32; 마 24:44 참조). 그러니 쓸데없이 날짜 알아맞히기에 몰두할 것이 아니라, 언제든 주님을 맞이할 수 있도록 깨어 있어야 한다. 종말을 기다리는 이들에게 필요한 것은 그때를 헤아리는 것이 아니라, 그리스도의 구원을 확신하며 믿음의 형제자매와 더불어 피차 권면하고 덕을 세우며 사는 것이다.

얼핏 평범하고 지루한 조언들로 가득 차 보이는 이 짧은 편지는 세상에 갓 태어난 하나님의 교회를 향한 바울의 애정어린 관심과 보살핌을 잘 보여 준다. 바울은 그 어린 교회가 마주한 현실적인 문제들을 꼼꼼하게 챙겼던 것이다.

‖ 믿음 안에서 형제된 자들

마지막으로 우리는 바울이 이 편지에서 데살로니가 교인들에게 사용하고 있는 호칭에 주목할 필요가 있다. 바울은 데살로니가 교인들을 줄곧 "형제들"이라고 불러왔다(1:4; 2:1, 9, 17; 3:7; 4:1, 10, 13; 5:1). 그리고 마지막 단락에서는(12–28절) 그 용어를 무려 다섯 차례나 사용한다(12, 13, 25, 26, 27절). 데살로니가 교인들 대부분은 이방인이었다. 그런데 히브리인 중의 히브리인이었던 바울이 그 이방인들을 스스럼없이 자신의 "형제"라고 부르고 있는 것이다.

바울이 그의 편지에서 사용하는 "형제들"이라는 용어는 사회사가(社會史家)들이 "생물학적 가족(biological family)"과 구별해 "만들어진 가족(fictive family)"이라고 부르는 것을 가리킨다.[3] 바울이 활동했던 로마의 대도시들에서는 잦은 이주와 높은 사망률 때문에 생물학적 가족이 흩어지고 해체

되는 경우가 많았다. 바울은 자신이 세운 교회들이 그런 황폐한 도시 안에서 새로운 가족으로서 대안 공동체가 되기를 바랐다. 바울은 편지 끝자락에서 그 대안 공동체의 형제들을 향해 이렇게 인사한다. "평강의 하나님이 친히 너희를 온전히 거룩하게 하시고 또 너희의 온 영과 혼과 몸이 우리 주 예수 그리스도께서 강림하실 때에 흠 없게 보전되기를 원하노라"(23절). 험악한 상황 속에서 어린 교회의 형제들이 온전하게 보전되기를 바라는 바울의 마음이 절절하다. 아마도 이것은 바울을 통해 드러난 하나님 자신의 마음이었을 것이다.

갈라디아서

갈라디아서는 바울이 2차 선교 여행을 하던 주후 50년이나 51년에 고린도에서 쓰였다.[4] 바울은 고린도에서 사역하던 중에 자신이 세운 갈라디아 교회에 문제가 생겼다는 소식을 들었다. 갈라디아 교회는 그가 1차 선교 여행 때 갈라디아 남부 지역에 속한 비시디아 안디옥, 이고니온, 루스드라, 더베 등에 세웠던 교회들일 것이다(행 13~14장 참조).

갈라디아서는 갈라디아 교회에서 발행한 문제를 정확하게 밝히지 않는다. 다만 바울이 그 문제에 반응하는 말을 통해 간접적으로 드러낼 뿐이다. 갈라디아 교회의 문제는 두 가지였다. 하나는, 예루살렘에서 내려왔을 어떤 이들이 바울의 사도직에 대해 의혹을 제기한 것이었다. 다른 하나는, 유대주의자들(기독교 신앙을 받아들였음에도 여전히 유대교의 율법을 고수하는 이들)이 갈라디아 교인들에게 구원을 얻으려면 예수를 믿는 것에 더하여 모세의 율법을 지켜야 한다고 주장하는 것이었다.

바울은 그 두 가지 문제에 대해, 특히 그중에서도 두 번째 문제에 대해 아주 격렬하게 대응했다. 이유는 분명했다. 유대주의자들의 의도는 갈라디아에 세워진 교회들을 유대교의 틀 안에 가두려는 것이었는데, 그것은 예수 그리스도의 십자가 사건을 모세의 율법 아래에 놓는 결과를 초래할 것이기 때문이었다. 바울은 그런 주장에 대해 두 가지 방식으로 대응했다.

‖ 복음의 충분성

우선 그는 자신이 예수 그리스도에 의해 택함을 받아 임명된 "사도"라고 주장했다(1:1). 이 짧은 서신에서 그는 자기가 사도가 된 배경(11-24절), 예루살렘 공의회를 통해 다른 사도들에게서 이방인을 위한 사도로 인정받은 과정(2:1-10), 그리고 안디옥에서 사도들의 우두머리격인 베드로의 잘못을 꾸짖은 일을 상기시켰다(11-14절). 그러니 유대주의자들이 그가 예루살렘의 사도들보다 못하며 그리스도의 복음을 전할 자격을 갖추지 못했다고 주장하는 것은 억지라는 것이었다.

다음으로 바울은 갈라디아서의 핵심 주제인 기독교 복음의 충분성이라는 문제를 다룬다. 그는 사람이 의롭게 되는 것은 "율법의 행위"가 아니라 오직 "그리스도에 대한 믿음"으로만 가능하며 율법의 행위를 통해서는 어느 누구도 의롭게 되지 못한다고 주장했다(16-21절). 아마도 이것은 기독교 역사에서 나타난 최초의 명문화된 구원론일 것이다.

바울은 자기의 주장을 입증하기 위해 세 가지 논증을 펼친다. 첫째, 아브라함이 하나님께로부터 의롭다 하심을 받은 것은 율법을 지켜서가 아니라 믿음 때문이었다(3:6-9). 그러니 이방인 신자들 역시 율법이 아니라 믿음으로 의롭다 하심을 받을 수 있다. 둘째, 율법의 저주가 그리스도에 의해 속량되었다(10-14절). 신명기는 "율법의 말씀을 실행하지 아니하는 자는 저주를 받을 것이라", "나무에 달린 자는 하나님께 저주를 받았음이니라"고 말하는데, 저주받은 자처럼 십자가에 달려 죽은 그리스도가 부활함으로써 율법을 지키지 못하는 이들을 저주에서 구해 냈다. 셋째, 약속이 율법보다 중요하다(15-18절). 즉 하나님이 아브라함에게 주신 약속은 율법이 나오기 430년 전의 일이었으니 뒤에 나온 율법이 그보다 앞선 하나님의 약속을 폐하거나 더하거나 할 수 없다.

그렇다면 이스라엘에게 주어진 율법은 왜 존재하는가? 바리새인으로서 오랫동안 율법을 연구했던 바울은 율법의 역할을 "우리를 그리스도께로 인도하는 초등교사"라고 정의한다(24절). 이때 그가 말하는 율법은 하나님이 애초에 이스라엘 백성에게 주신 율법 전체가 아니라 할례와 절기를 지키는 것 같은 유대교화된 율법이다. 바울은 갈라디아 교인들에게 그들이 전에는 율법 아래에서 종노릇했으나 예수 사건 후 성령을 통해 하나님의 유업을 잇는 자녀가 되었음을 강조한다. 그러면서 그들이 유대주의자들의 꼬임에 빠져 자신의 신분을 잊고 다시 율법의 종노릇을 하고 있음을 안타까워한다.

바울은 다시 한번 성경의 한 토막을 인용한다. 그는 아브라함이 하갈과 사라에게서 낳은 두 아들인 이스마엘과 이삭의 이야기를 거론한다(4:21-31). 아브라함이 하갈에게서 낳은 이스마엘은 육체를 따라 낳은 아들이고 사라에게서 낳은 이삭은 약속을 따라 낳은 아들인데, 결국 이삭이 태어난 후 하갈과 이스마엘이 아브라함의 집에서 쫓겨났다는 것이다(창 16, 21장 참조). 다소 복잡하기도 하고 세부적으로 애매한 면도 있지만, 바울의 논점은 분명하다. 이삭(믿음)이 나타나면 이스마엘(율법)은 쫓겨나야 한다는 것이다.[5]

‖ 교회, 하나님의 이스라엘

이어지는 두 장에서 바울은 앞서 논의한 내용을 바탕으로 갈라디아 교인들에게 진지한 권면을 한다. 권면의 핵심은 이러하다. "그리스도께서 우리를 자유롭게 하려고 자유를 주셨으니 그러므로 굳건하게 서서 다시는 종의 멍에를 메지 말라"(5:1). 쉽게 말해, 갓 태어난 어린 교회를 유대교의 틀 안에 묶어 두고자 하는 유대주의자들의 주장에 넘어가지 말고, "성령님을 통해 믿음으로"(5절, 현대인의 성경) 얻은 하나님의 자녀라는 신분을 지켜나가라는 것이었다.

하지만 바울은 이런 말이 방종에 대한 허락이 아님을 지적한다. 그는 신자들에게 하나님의 자녀로서 누리는 자유를 주신 성령이 또한 그들의 육체의 욕심을 제어하시는 분임을 강조한다. 그러므로 그들이 정말로 성령을 따라 살아가는 하나님의 자녀라면, 마땅히 그들은 음행과 더러운 것과 호색과 우상숭배와 술수 같은 잘못된 삶에서 벗어나야 한다(16–26절).

또한 그들은 믿음을 따라 하나님의 자녀가 된 자들로서 그들의 공동체를 온전하고 거룩하게 유지해야 한다(6:1–10). 만약 공동체 구성원 중 어떤 이가 죄를 지으면 온유한 마음으로 그를 권면해 상황을 바로잡아야 한다. 공동체 내의 어려운 이들을 돌보면서 그들의 짐을 나눠 지려고 해야 한다. 다른 이들을 비판하기보다 자신의 부족함을 살펴야 한다. 공동체를 이끄는 이들을 부양해야 한다. 무엇보다도 현재의 어려움에 굴하지 말아야 한다. 아무리 어려운 상황이 닥쳐도 낙심하지 말고 서로 격려하며 공동체를 지켜나가야 한다. 그러기 위해서는 공동체의 구성원들에게 선을 베풀어야 한다.

이어서 바울은 다시 한번 갈라디아 교인들을 잘못된 길로 이끄는 거짓 교사들에 대해 경고한다(11–13절). 이때 바울은 경멸을 섞어 그들을 "겉치

레만을 일삼는 사람들"이라고 부른다. 바울이 보기에 그들은 율법 전체에 나타난 하나님의 도덕적 요구에 순종하는 이들이 아니라, 할례 같은 율법의 행위로 자기를 돋보이게 하려는 교만한 자들에 불과하다.[6] 그렇다면 바울은 갈라디아 교인들에게 율법을 부정하라고 가르친 것이 아니다. 다만 이웃 사랑 같은 율법의 핵심은 무시한 채 율법의 겉모양만 취하는 이들을 거부하라고 권했던 것이다.

마지막으로 바울은 자신이 자랑할 것은 오직 "우리 주 예수 그리스도의 십자가"뿐이라고 말한다(14-17절). 이것은 단순히 바울의 개인적 신앙고백이 아니라 어린 교회를 향한 절실한 호소일 수 있다. 교회의 근거는 모세의 율법이 아니라 그리스도이며, 특히 그분이 지셨던 십자가다. 그리스도는 세상에서 하나님의 뜻을 따라 살다가 그를 감당하지 못했던 이들에 의해 십자가형을 받아 죽었다. 교회 역시 그렇게 살아야 한다. 그렇게 살지 않는 교회는 교회가 아니다.

그러므로 중요한 것은 할례나 무할례가 아니라 그리스도를 따라 "새로 지으심을 받는 것"이다(15절). 그렇게 지으심을 받은 교회는 "**하나님의 이스라엘**"이라는 자격을 얻는다(16절). 바울에게 교회는 오래전 하나님이 세상을 구원하기 위해 택하신 이스라엘과 같은 존재였다. 새로운 이스라엘의 자격은 모세의 율법을 지킴으로써 얻어지지 않는다. 하나님의 새로운 이스라엘의 근거는 그리스도의 십자가뿐이다(14절). 세상 속에서 하나님의 뜻을 따라 살아가다가 핍박받는 것, 그러다가 십자가를 지고 죽을 각오를 하는 것이야말로 하나님의 이스라엘인 교회에 주어진 사명이다. 바울은 자신이 세운 어린 교회의 신자들이 유대주의자들이 강조하는 율법이 아니라 그리스도가 모범을 보이신 십자가에 주목하기를 바랐다.

교회의 하나 됨

고린도전서, 에베소서

신약 시대에 하나님은 이스라엘을 대신할 새로운 공동체를 만드셨다. 교회였다. 하지만 그분은 교회가 어떻게 살아야 하는지에 대해 구체적인 지침을 주지 않으셨다. 예수가 그의 제자들에게 준 "새 계명"은 "서로 사랑하라"(요 13:34) 하나뿐이었다. 오순절 성령강림 후 세상으로 퍼져나간 교회들은 구약 시대의 율법 같은 공동체를 위한 지침 없이 각자가 처한 다양한 상황 속에서 알아서 살아가야 했다. 실제로 복음서에도, 사도행전에도 교회를 위한 율법은 등장하지 않는다.

그럼에도 신약 성경에서는 교회를 위한 이런저런 지침들이 발견된다. 우리가 신약 성경에서 그런 지침들을 발견하는 것은 주로 바울의 편지에서다. 그가 교회에 관해 한 말들 중 일부는 부활한 그리스도에게서 받은 것이었다. 하지만 대부분은 교회에 대한 그 자신의 사유의 결과일 수 있다. 창세기의 저자들이 하나님의 마이크나 타자기가 아니었듯이, 바울도 그러했다. 바울의 꿈이 하나님의 그것과 완전히 같을 수는 없겠지만, 그가 교회를 위해 꾸었던 꿈은 하나님 자신의 꿈이었을 수 있다.

고린도전서

고린도 교회는 바울이 2차 선교 여행 때 세운 교회다(행 18장). 아가야 지방에 속한 고린도는 두 개의 항구를 가진 교역 중심의 국제 도시였다. 덕분에 고린도는 매우 번창했으나 대부분의 항구 도시가 그러하듯이 매우 음란한 도시이기도 했다. 또한 고린도는 서양철학의 본산지인 아덴(아테네)과 가까웠다. 그래서 고린도에는 지혜와 지식을 자랑하는 이들이 아주 많았다. 그뿐 아니라 고대에는 철학과 주술이 밀접하게 연결되어 있었기에 고린도에는 주술적 신앙을 가진 이들도 많았다. 바울은 그 도시에 50년 3월경에 도착했고, 51년 9월까지 머물면서 교회를 세우고 신자들을 양육했다. 그러다가 3차 선교 여행 때, 아마도 53년에서 54년 사이에 에베소에서 고린도 교회에 관한 좋지 않은 소식을 듣고 몇 차례에 걸쳐 편지를 썼다. 지금 우리가 갖고 있는 고린도전·후서는 그 여러 통의 편지를 편집한 결과물이다. 그중 고린도전서를 살펴보자.

‖ 지혜와 자랑

바울이 고린도 교회에 관해 들은 첫 번째 소식은 그 교회가 분쟁에 빠졌다는 것이었다(1:10-17). 얼마 안 되는 교인들이 바울파, 아볼로파, 게바파, 그리고 그리스도파로 나뉘어 갈등하고 있었다. 아마도 그 분열은 심각한 신학적 견해차 때문이라기보다는 자기들이 선호하는 특정한 교회

지도자에 대한 충성심 때문이었을 것이다.[1] 하지만 바울은 겉으로 드러난 그런 분열된 충성심의 배후에는 그들의 지혜에 대한 자랑이 있다고 보았다. 즉 자신들의 지혜를 자랑하고자 하는 욕망이 특정한 지도자에 대한 충성으로 나타났다고 본 것이다. 그래서였을까? 바울은 고린도 교회의 분열에 대해 언급한 후 곧바로 지혜와 자랑의 문제를 거론한다(18-31절). 먼저 그는 하나님의 지혜가 사람이 보기에는 미련해 보이는 십자가를 통해 드러났음을 강조한다. 또한 애초에 하나님이 그들의 지혜와 강함이 아니라 약함을 보시고 그들을 부르셨음을 상기시킨다. 그렇다면 그들이 자랑해야 할 것은 자신들의 지혜와 강함이 아니라 약함이었다.

이어서 바울은 고린도 교인들이 자랑하는 "이 세상의 지혜"를 "하나님의 지혜"와 대비시킨다(2:6-16). 이 세상의 지혜는 세상의 구주이신 영광의 주님을 십자가에 못 박았다. 그러나 하나님의 지혜는 십자가를 통해 세상에 구원을 초래했는데, 그 십자가는 하나님이 자기를 사랑하는 자들을 위해 예비하신 것이었다(9절). 하나님의 지혜는 사람의 지혜로는 알 수 없고 오직 성령을 통해서만 알 수 있다. 그러므로 이 세상에 속한 지혜를 자랑하는 것은 소용없고 성령의 가르치심을 좇는 것이 중요하다.

바울은 지혜를 자랑하는 고린도 교인들을 "어린아이"(3:1)로 여기면서 문제의 본질로 돌아간다. 그들이 파당을 지어 추종하는 바울이나 아볼로나 게바 같은 교회 지도자들은 아무것도 아니고 오직 그들을 통해 자신의 교회를 이뤄 가시는 하나님 한 분만 중요하다. 심지어 바울은 자신에 대한 고린도 교인들의 평가마저도 중요하지 않다고 말한다. 바울에게 중요한 것은 고린도 교인들이 아닌 하나님의 판단이다(4:1-5). 바울이 이렇게 말하는 것은 그들을 부끄럽게 하려는 것이 아니라 자녀같이 권하기 위함이다. 그에게 고린도 교인들은 단순한 제자가 아니라 자식들이다. 바울은

자기가 기회가 되는 대로 고린도를 다시 찾을 것인데 그때 자기가 그들을
질책하지 않게 되기를 바란다(14-21절).

‖ 자유와 권리

고린도 교회에는 분쟁 말고도 다른 문제들이 있었다. 교인들 중 어떤
이들은 음행에 빠져 있었다(5장). 그들은 복음을 받아들이고 신자가 되었
음에도 과거의 습관을 고치지 못했다. 심지어 어떤 이는 아버지의 아내,
즉 자신의 계모와 관계하는 사람까지 있었다. 바울은 고린도 교인들에게
왜 그런 자를 교회에서 내쫓지 않느냐고 나무란다. 교회는 교회의 온전함
을 무너뜨리는 이들을 쫓아내야 한다. 그런 징계를 통해 죄를 지은 자도
구원의 기회를 얻고 교회의 건강성도 지켜나갈 수 있기 때문이다.

또한 고린도 교회에는 교인들끼리 송사하는 일이 있었다(6장). 아마도
주로 재물과 관련된 송사였을 것이다. 고린도 교인들은 그런 문제를 자체
적으로 해결하지 못하고 서로 멱살을 잡아 세상의 법정으로 끌고 갔다.
바울은 그들을 향해 혀를 찬다. 그런 못난 짓을 해서 교회 공동체를 허무
느니 차라리 손해를 보는 것이 낫지 않겠느냐면서. 바울은 고린도 교인들
에게 그들이 무엇이든 할 수 있는 자유와 권리를 갖고 있으나 그 모든 것
이 다 유익한 것은 아님을 상기시킨다.

이어서 바울은 고린도 교인들이 자신에게 제기한 몇 가지 질문에 답한
다. 첫째는 혼인에 관한 것이었다(7장). 당시 고린도 교회에는 만연한 성
적 방종에 대한 반발로 금욕을 추구하고 주장하는 이들이 있었다. 그들
로 인해 혼인과 성관계에 관한 여러 가지 질문이 제기되었다. 둘째는 우
상에게 바친 제물을 먹는 문제에 관한 것이었다(8장). 당시 로마 전역에서
는 우상에게 바친 짐승의 고기가 시장에서 유통되었고 시민들은 그것을

사다 먹었다.[2] 그로 인해 교회 안에서 논쟁이 일어났다. 교인들 중 지식이 있는 어떤 이들은 우상은 실재하지 않으므로 그런 고기는 먹든 안 먹든 상관없다고 주장했다. 반면에 믿음이 "약한 자"들은 그런 고기를 사먹는 것은 곧 우상숭배에 참여하는 것이라고 여겼다. 바울은 이에 대해 몇 가지 답을 준다. 그런 답들 중 일부는 그가 주님께로부터 받은 것이었고(7:10, 12), 다른 일부는 그 자신의 의견이었다(6, 25절).

답을 제시한 후에 바울은 갑자기 화제를 바꿔서 자신의 삶에 대해 언급한다(9장). 그는 자기가 참된 사도임에도 다른 사도들처럼 아내를 데리고 다니며 신자들의 지원으로 살고 있지 않음을 거론했다. 그의 말의 요지는, 자기에게는 사도로서 그렇게 할 수 있는 권리가 있지만, 혹시라도 그것이 복음을 전하는 일에 누가 될까 염려되어 그렇게 하지 않는다는 것이었다. 즉 자신은 선한 목적을 위해 자신이 마땅히 누릴 수 있는 권리를 포기했다는 것이었다. 이것은 바울이 편지 전체를 통해 고린도 교인들에게 주는 권면의 핵심이었다.

자기에 대한 말을 마친 후 다시 그는 우상숭배의 문제를 언급한다(10장). 고린도 교인 중에는 기독교 신앙을 받아들인 후에도 전처럼 이교의 신전에서 열리는 잔치에 참여하는 이들이 있었다. 아마도 그들은 자신들이 받은 세례와 성찬이 이교도 제사에 참석해서 생길 수도 있는 해를 막아줄 거라고 여겼던 것 같다.[3] 바울은 그들의 잘못을 강하게 비판했다. 무엇보다도 그들의 태도가 교회 안에 있는 믿음이 약한 자들을 혼란스럽게 할 수 있음을 지적했다. 그의 권면의 핵심은 이렇게 요약될 수 있다. "모든 것이 가하나 모든 것이 유익한 것은 아니요, 모든 것이 가하나 모든 것이 덕을 세우는 것은 아니니, 누구든지 자기의 유익을 구하지 말고 남의 유익을 구하라"(23, 24절).

‖ 사랑

이어서 바울은 예배와 관련된 문제들에 대해 말한다. 고린도 교회에서 어떤 여자들은 예배 때 머리를 가리지 않으려고 했다(11:2-16). 아마도 그것은 여자들이 예배 때 머리를 풀어헤쳤음을 의미할 것이다.[4] 이는 당대의 사회적 풍습에 반하는 것으로 어쩌면 그 여자들은 기독교 신앙을 통해 얻은 자유와 권리를 내세우며 교회 안에서도 여전히 계속되고 있던 남성 위주의 문화에 저항했던 것일 수도 있다. 그러나 바울은 그들에게 질서를 지킬 것을 권한다. "만일 여자가 머리를 가리지 않거든 깎을 것이요, 만일 깎거나 미는 것이 여자에게 부끄러움이 되거든 가릴지니라"(6절). 종종 페미니스트들은 바울의 이 말을 여성을 억압하는 것으로 여긴다. 하지만 바울이 실제로 한 말은, 요즘 식으로 말하면, "남자들이 드레스를 입고 교회에 오거나 여자들이 가슴을 열어젖히고 교회에 와서는 안 됩니다" 하는 정도였다.[5]

이어서 바울은 고린도 교회에서 이루어지는 성만찬에 대해 강하게 비난한다(17-34절). 초대교회의 예배에는 예배 참여자들이 함께 식사하는 순서가 있었다. 그런데 교인들 중 여유가 있는 이들은 예배에 일찍 와서 가져온 음식을 배부르게 먹은 반면, 가난한 이들은 예배에 늦게 참석할 뿐 아니라 먹을 음식조차 가져오지 못하는 경우가 있었다. 바울은 이런 상황을 개탄한다(22절). 이 문제에 대한 바울의 권면은 이러했다. "그런즉 내 형제들아 먹으러 모일 때에 서로 기다리라"(33절). 가난한 자들이 올 때까지 기다렸다가 그들과 함께 먹으라는 것이었다. 그렇다면 바울이 이 단락에서 다루는 것은 "성례전의 신학"이 아니라 공동체 내에 존재하는 "사회적 관계의 문제"였다고 할 수 있다.[6]

이어서 바울은 성령의 역사에 대해 말한다(12장). 본래 이교적 배경을 갖고 있었던 고린도 교회의 신자들 중에는 영성이 풍부한 자들이 많았다. 그런 이들은 수시로 황홀경이나 무아경에 빠져들었다(1절). 그런 상황은 대개 성령의 현시로 간주되었고 그런 체험을 하는 이들의 영적 세련됨과 능력에 대한 징표로 여겨졌다.[7] 그로 인해 혼란이 발생했다. 특별하고 신비한 영적 체험을 하는 이들이 신앙의 표준처럼 여겨지기 시작한 것이다. 바울은 잘못된 상황을 바로잡기 위해 교회 안에는 여러 가지 은사가 존재하며 그 모든 은사가 교회를 교회답게 하는 요소라고 강조했다. 다시 말해, 교회에는 방언을 하거나 환상을 보는 사람들만 있는 것이 아니라, 다른 이들을 가르치거나, 섬기거나, 남들이 꺼리는 일을 맡아 하는 사람들도 있는데, 그 모든 이가 교회를 아름답게 한다는 것이었다. 바울은 이것을 여러 지체로 이루어진 하나의 몸이라는 비유를 들어 설명했다(12–30절). 그리고 나서 그는 이제 자기가 그들에게 교회에서 가장 큰 은사가 무엇인지 알려주겠노라고 말했다(31절).

그가 말한 가장 큰 은사는 "사랑"이었다(13장). 고린도전서 13장은 흔히 "사랑 장"이라고 불린다. 그러나 사랑 장은 고린도전서의 맥락 안에서 쓰인 것이지 바울이 교회 문제를 논하다가 펼친 뜬금없는 사랑학 강의가 아니다. 바울은 신자들이 교회에서 다른 교우들과 살아갈 때 가장 필요한 은사가 사랑이라고 보았다. 그는 파당으로 나뉘어 갈등하는, 자유와 권리를 내세우며 욕망을 추구하는, 자신을 드러내기 위해 교회의 질서를 어지럽히는 고린도 교회의 신자들을 향해 이렇게 말했다. "내가 사람의 방언과 천사의 말을 할지라도 사랑이 없으면 소리 나는 구리와 울리는 꽹과리가 되고…사랑은 오래 참고 사랑은 온유하며 시기하지 아니하며 사랑은 자랑하지 아니하며 교만하지 아니하며…모든 것을 참으며 모든 것을 믿으며 모든 것을 바라며 모든 것을 견디느니라"(13:1, 4, 7). 물론 사랑 장을 고린도전서의 맥락에서 읽지 않는다고 해서 문제가 될 것은 없다. 하지만 그럴 경우 그 장의 아름다운 말들은 구체성을 잃은 채 그저 듣기 좋은 말이 될 수도 있다.

‖ 질서

이제 바울은 다시 은사의 문제로 돌아간다. 특히 그는 방언과 예언에 대해 언급한다(14장). 앞서 말했듯이, 고린도 교회에서는 남들이 알아듣지 못하는 방언을 하는 것이 특별히 귀한 은사로 간주되고 있었다. 아마도 방언을 성령의 특별한 역사라고 여겼기 때문일 것이다. 그러나 바울은 방언보다는 예언을 앞세운다. 이때 바울이 말하는 예언은 미래에 대한 예측이 아니라 모든 사람이 알아들을 수 있는 말을 하는 것이다.[8] 바울에게 중요한 것은 개인을 드러내는 특별한 은사가 아니라 공동체를 세우는 은사였다. 공동체를 세우지 못하거나 무너뜨리는 은사는 통제될 필요가 있다. 모든 것은 적당하고 질서 있게 이루어져야 한다(40절).

고린도전서 15장은 부활의 문제를 다룬다. 고린도 교회의 어떤 이들이 부활이 없다고 주장했기 때문이다(12절). 부활에 대한 바울의 답은 단순히 부활의 역사성에 대한 주장에 그치지 않는다.[9] 바울은 고린도 교인들에게 자신이 그들에게 전한 말을 굳게 지키라고 강조한다(2절). 복음의 진리에 대한 "믿음"이 이성적인 "회의"보다 앞서야 한다는 말이었다. 그는 예수의 부활이 없다면, 그들의 모든 믿음은 헛것이 될 것이라고 말한다. 그리스도의 부활은 모든 잠자는 자들의 첫 열매이며 그분의 뒤를 이어 각각 차례대로 모든 사람이 부활을 경험하게 될 것이다. 그러니 신자들은 방종하지 말고 깨어 의를 행하며 죄를 짓지 말아야 하며(34절), 흔들리지 말고 항상 주의 일에 더욱 힘써야 한다(58절).

‖ 하나의 교회

16장에서 바울은 고린도 교회 교인들에게 예루살렘 교회를 위한 연보를 준비하라고 당부한다. 연보는 오랫동안 궁핍한 상태에 처해 있는 예루살렘 교회를 지원하기 위한 것이었다. 고린도 교회의 신자들 중에 예루살렘 교회와 연관된 이들은 거의 없었지만, 그들은 주 안에서 하나인 예루살렘 교회 교인들을 단순히 기도뿐 아니라 물질로도 도와야 했다. 바울은 이 마지막 장에서 갈라디아, 유대, 마게도냐, 아가야, 아시아에 있는 교회들에 대해 언급한다. 바울에게 고린도 교회 교인들은, 그들의 사정과 형편이 어떠하든, 한몸의 지체들이었다(11:12-30). 또한 세상에 있는 모든 교회들 역시, 그들의 형편이 어떠하든, 그리스도를 주님으로 모시는 하나의 교회였다.

에베소서

바울은 제3차 선교 여행 때 에베소에서 2년 3개월여 동안 사역하며 교회를 세웠다(행 19장). 에베소서는 바울이 로마의 감옥에 갇혀 있던 62년이나 63년에 쓰였다. 하지만 에베소서는 에베소 교회의 어떤 문제를 해결하기 위해 보낸 지휘 서신이 아니라 에베소 일대의 교회들에게 신앙적 도움을 제공하기 위해 보낸 회람용 편지였다. 그런 까닭에 에베소서에서는 바울의 신학이 꽤 질서정연하게 드러난다. 에베소서의 주제는 하나님이 그리스도를 통해 만들어 가시는 "새로운 사회"다.[10]

‖ 비밀

먼저 바울은 하나님이 그리스도를 통해 하신 일에 대해 언급한다(1:3-14). 그분은 그리스도 안에서 우리를 택해 자신의 자녀로 삼으셨다. 또한 우리에게 모든 지혜와 총명이 넘치게 하사 "자기의 뜻의 비밀"을 알게 하셨다(9절). 그 비밀은 하나님이 유대인과 이방인을 포함해 하늘과 땅에 있는 모든 것을 그리스도 안에서 통일시키신다는 것이다. 바울은 에베소 교인들이 그런 하나님과 그분의 역사에 대해 밝히 알게 되기를 기도한다(15-23절). 하나님의 역사는 그분의 능력을 드러낸다. 그리스도는 바로 그 능력 때문에 죽음에서 부활해 하나님 오른편에 앉으셨고 만물과 교회의 머리가 되셨다.

전에 에베소 교인들은 다른 모든 사람과 마찬가지로 허물과 죄로 죽은 자들이었다(2:1). 그러나 하나님이 그분의 크신 사랑으로 그리스도를 통해 그들을 살려내셨다. 하나님이 그렇게 하신 목적은 그들이 그리스도 안에서 선한 일을 하게 하시기 위함이었다(10절). 그러므로 그들은 자기들을 위해 죽은 그리스도를 본받아야 한다. 그리스도는 그의 죽음과 부활을 통해 세상 모든 사람을 하나님의 구원에 이르게 하는 길이 되었다. 전에는 오직 유대인만 그들의 율법을 지킴으로써 구원에 이를 수 있었으나, 이제는 인종과 국적에 상관없이 누구나 그리스도를 믿는 믿음으로 구원에 이르게 되었다. 그로 인해 유대인과 이방인을 갈라놓았던 막힌 담이 허물어졌고 율법은 폐기되었다. 그렇게 그리스도가 모퉁이 돌이 되심으로 세상 모든 이가 서로 연결되어 함께 성전이 되어가고 있다(20-22절).

이제 바울은 화제를 바꿔서 자신에 관한 이야기를 시작한다(3:1). 그는 하나님이 자기를 사도로 삼으신 것은 자기가 앞서 말한 비밀을 이방인에게 전하게 하심이라고 말한다. 이 단락에서 바울은 여러 차례 "비밀"이라는 단어를 사용한다(3, 4, 9절). 이때 사용된 헬라어 "미스테리온(mystērion)"은 숨겨진 비밀이 아니라 드러난 비밀이다.[11] 바울은 그 비밀을 이렇게 설명한다. "이방인들이 복음으로 말미암아 그리스도 예수 안에서 **함께** 상속자가 되고 **함께** 지체가 되고 **함께** 약속에 참여하는 자가 됨이라"(6절). 바울은 그 비밀이 에베소 교회 안에서 온전하게 성취되기를 기도한다(14-21절).

‖ 하나 됨

편지 후반부(4~6장)에서 바울은 지금껏 설명해 온 것에 비추어 에베소 교인들을 권면한다. 그의 권면은 앞서 강조했던 "하나 됨"이라는 기반 위에서 이루어진다. 그들은 사랑 가운데 서로 용납하면서 성령이 하나 되게 하신 것을 힘써 지켜야 한다. 그들 모두가 한 소망 안에서 부르심을 받았기 때문이다. 그뿐 아니라 그들 모두의 주도 하나이고, 믿음도 하나이고, 세례도 하나이고, 만유의 아버지이신 하나님도 한 분이시다. 그러므로 직분과 역할은 다를지라도, 그들 모두는 하나님의 아들을 믿고 아는 일에 하나가 되어 그리스도의 장성한 분량이 충만한 데까지 이르러야 한다(4:1-16). 또한 그들은 더는 이방의 풍습을 따라 살아서는 안 된다. 오히려 하나님의 거룩한 교회의 일원으로 의와 진리의 거룩함으로 지으심을 받은 새 사람처럼 살아야 한다(17-24절).

그들은 과거에는 어두움이었으나 지금은 주 안에 존재하는 빛이다(5:8). 그러므로 이제 그들은 빛의 자녀답게 살아야 한다. 그들이 빛의 자녀가 되었다는 사실은 삶의 모든 영역에서 드러나야 한다. 무엇보다도 교회 안에서 빛의 자녀답게 살아야 한다. 세월을 아끼고, 술 취하지 말며, 성령의 충만함을 받아야 한다. 동료 신자들과 더불어 시와 찬미와 신령한 노래로 서로 화답하며 주께 감사와 찬양을 드리고 그리스도를 경외함으로 피차 복종해야 한다(15–21절).

그들의 자녀 됨은 가정생활에서도 나타나야 한다(5:22~6:9). 아내는 남편에게 교회가 그리스도께 복종하듯 복종해야 하고, 남편은 아내를 그리스도가 교회를 사랑하시는 것처럼 사랑해야 한다. 자녀들은 부모를 공경해야 하고, 부모는 자녀를 주의 교양과 훈계로 양육해야 한다. 종은 그리스도께 순종하듯 상전에게 순종해야 하고, 상전은 종을 인간답게 대우해야 한다. 그들의 하나님이 하늘에 계시기 때문이다.

마지막으로 그들은 자신들이 영적 전투에 임하고 있음을 인식하며 싸울 준비를 해야 한다(10–17절). 그들의 싸움은 혈과 육이 아니라 마귀와의 싸움이다. 마귀는 하나님이 그리스도를 통해 새로운 세상을 이루어 가시는 것을 보고 있지만 않는다. 그들은 무슨 수를 써서라도 하나님이 세상을 다스리는 것을 막으려 한다. 그들의 일차 공격 대상은 그분의 부르심을 입어 하나가 된 교회다. 그러므로 하나 된 교회의 일원인 신자들은 자신들의 싸움이 마귀에 대한 것임을 알고 하나님의 전신갑주를 입어야 한다.

편지를 마무리하면서 바울은 에베소 교인들에게 자신을 위해 기도해 줄 것을 부탁한다. 그들이 기도해야 할 것은 그가 계속해서 "복음의 비밀"(6:19)을 전할 수 있게 해달라는 것이었다. 그 비밀은 더 넓은 세상으로 퍼져 나가야 했다. 온 세상이 그리스도 안에서 하나가 될 때까지.

온 세상을 위한
복음

로마서

고린도에서 바울이 로마에 있는 신자들에게 편지를 쓴 것은 3차 선교 여행 막바지인 56년 혹은 57년경이다. 로마 교회는 바울이 개척한 교회가 아니었다. 바울은 예루살렘에 들렀다가 서바나(스페인)로 선교 여행을 떠나기 전에 로마에 들를 계획이었다. 그는 그때 로마에 있는 신자들과 교제하고 서바나 선교를 위한 후원을 받고자 했다. 로마서는 그 계획을 위한 사전 작업으로 쓰인 자천(自薦)의 글이다. 그러므로 로마서에는 선교사 바울의 신학이 오롯이 담겨 있다. 특히 바울은 이 편지에서 하나님의 구원이 유대인과 이방인에게 차별 없이 제공된다는 것을 강조한다. 로마서는 우리가 어떻게 해야 구원을 얻을 수 있는가에 관한 책이 아니라, 하나님이 우리를 어떻게 구원하시는가에 관한 책이다.

바울이 로마서에서 펼치는 논증은 치밀하고 정교하다. 대학 도시 다소에서 성장하며 그리스 철학을 공부한 탓인지 바울은 로마서에서 철학적 분위기를 풍긴다. 로마서는 어느 특정한 교회의 특정한 문제들에 대한 조언을 담고 있는 실무적인 편지가 아니라, 오랜 세월 선교사이자 신학자로 살아온 바울의 원숙한 사상을 표현하는 글이다. 그런 글을 동화책 읽듯 쉽게 읽을 방법은 없다. 바울의 로마서를 바르게 이해할 수 있는 유일한 길은 그의 복잡하고 치밀한 논증을 끈질기게 따라가는 것뿐이다. 이제 그 작업을 시작해 보자.

‖ 하나님의 능력

로마서 첫머리에서 바울은 자기가 이 편지에서 "하나님의 복음"에 대해 말하리라는 것을 밝힌다(1:1, 2). 바울은 그 복음을 "모든 믿는 자에게 구원을 주시는 하나님의 능력"이라고 정의한다. 이때 "모든 믿는 자"에는 유대인뿐 아니라 이방인들까지 포함된다. 복음이 구원을 가져다주는 능력이 되는 까닭은 그 안에서 "하나님의 의"가 나타나기 때문이다. 그 의는 하나님이 우리에게 요구하시는 것이며, 그리스도의 십자가 희생을 통해 이루어진 것이며, 우리가 그리스도를 믿을 때 우리에게 제공되는 것이다.[1] 얼핏 말꼬리를 무는 듯한 이 말의 의미는 보기보다 단순하다. 그리스도에 대한 믿음을 통해 우리에게 주어지는 하나님의 의는 우리를 구원에 이르게 하는 그분의 능력이기에 유대인이나 이방인이나 할 것 없이 누구라도 그리스도를 믿으면 그 능력을 통해 구원에 이른다는 것이다(16, 17절).

‖ 율법

그러나 하나님의 의는 불경하고 불의한 자들에게는 제공되지 않는다. 인간의 마음에는 본능적으로 하나님에 대한 지각이 존재한다.[2] 그러므로 그 누구도 하나님의 뜻을 모른다고 말할 수 없다(1:18-20). 하나님은 그런 이들을 억지로 자신에게 돌이키려 하시기보다 그냥 내버려두심으로 그들에게 벌을 내리신다. 하나님의 뜻을 거스르며 살아가는 것 자체가 무엇보다도 큰 벌이기 때문이다(24-27절).

그러므로 중요한 것은 무엇을 아느냐 혹은 갖고 있느냐가 아니라 무엇을 하느냐다. 실제로 하나님에 대해 아느냐 혹은 하나님의 율법을 갖고 있느냐보다 중요한 것은 율법을 알든 모르든 본성으로 율법의 일을 행하는 것이다(2:14). 율법을 모르는 상태에서 범죄한 자는 율법 없이 망하고, 율법을 알고도 범죄한 자는 율법 때문에 심판을 받는다. 그러므로 어떤 이가 구원을 얻는 것은 그가 유대인이냐 아니냐 혹은 율법을 갖고 있느냐 그렇지 않느냐와는 아무 상관이 없다(17-29절).

바울은 자신의 이런 주장이 로마에 있는 유대인 신자들에게 상처를 주리라는 것을 알고 있다. 그래서 한발 뒤로 물러선다. 그는 어떤 이가 유대인이고 율법을 알고 있는 것에는 나름의 의미가 있다고 인정한다. 그러나 그 의미는 유대인들이 생각하는 것과는 다르다. 그들은 자신들이 유대인이며 율법을 알고 있다는 것 자체가 자기들에게 어떤 특별한 지위와 안전을 제공한다고 믿었다. 하지만 바울은 특별한 지위와 안전 대신 "책임"을 강조한다(3:2). 율법은 하나님의 특별한 계시인데 유대인들이 그런 계시를 맡았다는 사실은 그들에게 자랑거리인 동시에 하나님의 영광을 드러내야 하는 책임을 부여한다는 것이다.[3]

그런데 유대인들은 그 책임을 다하지 못했다. 그들은 하나님의 영광을 드러내기는커녕 오히려 그분의 이름을 욕되게 했다(2:24). 그렇다면 그런 이유 때문에 하나님의 신실하심이 폐하여질까? 즉 유대인들이 신실하지 못한 것이 그들과 언약을 맺으신 하나님의 신실하심을 폐할까? 바울은 단호하게 말한다. "그럴 수 없느니라"(3:4). 사람은 모두 거짓되지만 하나님은 참되시기 때문이다. 그분은 인간의 신실함 여하에 좌우되시는 분이 아니다. 하지만 그분은 심판하시는 분이다. 그러므로 하나님의 신실하심을 믿고 악을 행하는 것은 어리석다.

하나님의 심판은 유대인과 헬라인 모두에게 임한다(9절). 혹시라도 유대인이 자기들에게는 율법이 있기에 심판을 면할 것이라고 여긴다면 큰 착각이다. 그 누구도 율법의 요구를 온전하게 충족시키지 못하기 때문이다. 율법은 인간에게 그들의 죄를 깨닫게 해줄 뿐이다(20절). 이것은 인간이 처한 심각한 곤경을 보여 준다.[4]

‖ 이신칭의

그렇다면 우리가 하나님과 화해할 수 있는 길은 없는 걸까? 있다. 전에는 하나님께 이르는 길이 율법뿐이었는데 이제 새로운 길이 나타났다. 그것은 "예수 그리스도를 믿음으로 말미암아 모든 믿는 자에게 미치는 하나님의 의"로서 차별이 없다. 즉 과거에 율법은 유대인에게 국한된 차별화된 의였으나, 예수 그리스도를 통해 얻는 의는 유대인이든 이방인이든 상관없이 모든 믿는 자에게 열려 있다(21-31절).

바울은 하나님의 의가 율법을 가진 유대인에게 국한되어 있지 않음을 보이기 위해 유대인의 조상인 아브라함의 예를 든다(4:1). 아브라함이 하나님께 의롭다고 인정된 것은 그의 행위가 아니라 믿음을 통해서였다. 실제로 그는 하나님께서 그에게 하늘의 뭇별처럼 많은 자손을 주시겠노라고 약속하셨을 때 그 약속을 믿었고 그로 인해 의롭다 하심을 얻었다(창 15:1-6 참조). 즉 그는 아무 일도 하지 않았을 뿐 아니라 유대인이 그토록 자랑하는 율법이 나타나기도 전에 하나님의 약속을 믿음으로써 의롭다는 인정을 받은 것이다. 그렇다면 이신칭의(以信稱義)는 바울이 만들어낸 신종 교리가 아니라 역사 시대 초입부터 있었던 하나님과 인간의 관계 방식이었다고 할 수 있다. 그리고 바울은 그것을 확인했을 뿐이다.

그러므로 유대인이든 이방인이든 인간이 하나님과 더불어 화평을 이루는 길은 하나님의 의가 되시는 예수 그리스도를 믿는 것이다(5:1). 그리스도는 우리가 죄인이었을 때 우리를 하나님과 화해시키기 위해 십자가에서 화목제물이 되어 죽으셨다. 오래전 아담 한 사람이 죄를 지어 온 세상에 죄와 함께 죽음이 들어왔던 것처럼, 이제 그리스도 한 분이 우리를 위해 죽으심으로써 우리의 죄가 용서되고 우리에게 생명이 임했다(12–21절).

‖ 죄

여기까지 말한 후 바울은 자신의 이런 주장에 대한 반론을 가정한다. 만약 그리스도의 은혜로 우리의 죄가 용서된다면, 우리가 죄를 지으면 그분의 은혜가 드러나지 않겠느냐는 것이다(6:1). 바울은 그런 반론을 간단하게 일축한다. 그리스도를 믿는 자들은 그와 연합하여 세례를 받는다. 그리고 그 세례를 통해 그리스도와 함께 죽었다가 그분과 함께 다시 살아난다. 그리스도와 함께 죽는다는 것은 죄에 대하여 죽는 것이고, 그분과 함께 살아난다는 것은 하나님에 대하여 산다는 것이다(11절). 그러므로 우리가 그리스도와 연합해서 얻는 용서는 우리에게 칭의뿐 아니라 성화도 가져다준다.

그렇다면 우리가 그리스도와 연합해서 살아가는 동안 율법은 어떤 역할을 하는가? 율법은 구시대의 유물로 폐기되어야 하는가? 아니다. 그리스도와 연합한 우리는 죄에 대해서 죽은 것처럼(6:2) 율법에 대해서도 죽는다(7:4).[5] 따라서 이제 율법은 더는 과거처럼 우리를 구속하지 못한다. 그럼에도 율법에는 여전히 중요한 가치와 역할이 남아 있다. 주지하다시피, 율법은 하나님이 그분의 언약 백성에게 주신 삶의 규범이었다. 즉 율법은 하나님의 백성을 향한 그분의 뜻에 대한 계시였다. 이스라엘 백성은 율법을 통해 무엇이 옳은지 혹은 그른지 알 수 있었다(7절). 그리고 지금도 여전히 그러하다. 우리는 율법을 통해 우리가 어떻게 살아야 하는지 알 수 있다. 그러므로 율법은 폐기되어야 할 악이 아니다. 오히려 율법은 선하다(16절). 다만 우리를 죄에서 구원해 줄 만큼 유능하지 못할 뿐이다. 문제는 율법이 아니라 우리 안에 있는 죄다(20절). 그 죄가 우리에게 하나님의 법 대신 죄의 법을 섬기게 하는 것이다(25절).

‖ 성령

그리스도 안에 있는 이들은 더는 죄에 빠지지 않는다(8:1). 예수 안에 있는 "생명의 성령의 법"이 그들을 죄와 사망의 법에서 해방시키기 때문이다. 성령은 율법이 무능해서 할 수 없는 일을 한다. 그것은 우리가 "육신"이 아닌 "영"의 일을 추구하도록 함으로써 우리를 생명과 평안에 이르게 한다(6절). 이때 바울이 말하는 "육신"은 하나님에 대한 불순종에 의해 결정된 자아를, 그리고 "영"은 하나님과의 긍정적인 관계에 의해 결정된 자아를 가리킨다.[6] 그렇다면 성령의 역할은 우리가 육신의 약함 때문에 하지 못했던 일, 즉 우리와 하나님을 화목하게 하는 율법을 지키는 일을 가능하게 해주는 것이다. 그리고 이것은 오래전에 에스겔이 했던 예언, 즉 우리의 마음에 "새 영"이 새겨지고 그 영이 우리가 하나님의 법을 지키게 할 것이라는 예언의 성취를 가리킨다(겔 36:26, 27 참조).[7]

우리가 성령을 통해 하나님을 "아버지"라고 부를 때, 우리는 하나님의

"자녀"가 되고, 그로써 하나님의 "상속자"가 된다(14-17a절). 즉 우리가 하나님의 나라(통치)를 유업으로 얻는 것은 율법을 지킴으로써가 아니라, 하나님을 우리의 아버지로 믿고 고백하는 것을 통해 이루어진다는 것이다. 그럴 때 우리에게는 영광만이 아니라 고난도 다가온다(17b절). 세상이 우리가 더는 세상이 아니라 하나님의 나라에 속해 있음을 알아차리기 때문이다. 하지만 그런 고난은 장차 우리에게 나타날 영광과 비교하면 아무것도 아니다. 결국에는 우리를 포함해 피조물 전체가 하나님의 영광에 이르게 될 것이다. 그 과정에서 성령께서 우리를 도우실 것이다. 그분은 지금도 우리를 위해 말할 수 없는 탄식으로 하나님께 간구하신다. 그러므로 "하나님을 사랑하는 자 곧 그의 뜻대로 부르심을 입은 자들에게는 모든 것이 합력하여 선을 이룬다"(28절). 이것은 하나님의 미래가 우리의 현재에 영향을 준다는 것을 알려준다. 우리는 결국 구원에 이르리라는 확신 때문에 현재의 고난을 견딜 수 있다.

‖ 하나님의 계획

로마서 9~11장은 바울이 지금껏 전개해 온 논의(1~8장)에 대한 결론이다. 먼저 바울은 이스라엘의 문제를 거론한다. 아브라함의 후손인 이스라엘 백성은 세상에 하나님의 복을 매개하는 축복의 통로였다(창 12:3). 그런데 이제 예수에 대한 믿음을 통해 구원에 이르는 새로운 길이 나타났다면, 하나님이 택하신 언약 백성 이스라엘은 어찌되는가? 그분이 이스라엘과 맺으신 언약은 폐기되는 것인가? 바울은 그렇지 않다고 단언한다(9:6). 대신 그는 하나님 약속의 파트너였던 이스라엘 자체를 다시 정의한다. 이스마엘과 이삭은 모두 아브라함의 자손이지만, 그들 중 약속의 자손인 이삭만 아브라함으로 씨로 인정받았다. 또한 이삭에게서 태어난 두 아들 에서와 야곱 중에서는 야곱(이스라엘)만 이삭의 씨로 인정받았다. 그것도 그들이 아직 태어나지도 않아서 그들 중 아무도 아직 아무 일도 하지 않은 상태에서 그렇게 선택되었다. 바울의 요점은, 하나님의 백성 이스라엘은 "혈통"이 아니라 그분의 "선택"과 상관이 있다는 것이다(7-13절). 그뿐 아니라, 애초의 이스라엘 백성은 스스로 그분의 백성되기를 거부했다. 그런 까닭에 하나님은, 호세아가 예언했던 것처럼(호 2:23), 자기 백성이 아닌 이방인들을 불러 자기 백성으로 삼으셨다(25, 26절). 다만 그분은 넘치는 은혜 때문에 이스라엘 중 일부를 남기심으로써 그들이 소돔과 고모라처럼 멸망해 없어지지 않게 하셨다(29절).

이어서 바울은 이스라엘이 추구했던 "율법의 행위를 통한 의"와 이방인들이 선물로 얻은 "믿음에서 난 의"를 대비한다. 이스라엘은 자신들에게 주어진 율법을 지키는 것으로 의롭다 하심을 얻고자 했으나 실패했다(31, 32절). 이때 바울이 말하는 것은 포로기 이후에 나타난 유대교가 추구했던 율법주의의 실패를 가리킨다.[8] 유대인들은 율법을 통해 하나님께 인정받고자 했으나, 그것은 하나님의 의가 아니라 그들 자신의 의를 세우는 것에 불과하며 결과적으로 실패하고 말았다(10:2, 3). 그것과 대비해 바울은 "믿음에서 난 의"에 대해 말한다. 그것은 예수를 주로 시인하고 하나님이 그를 죽은 자 가운데서 살리신 것을 믿고 고백함으로써 얻는 의다. 그런 의를 얻을 자격은 유대인이나 헬라인에게 차별 없이 제공된다. "누구든지 주의 이름을 부르는 자는 구원을 얻으리라"(13절).

하나님은 자기 백성 이스라엘을 버리지 않으셨다(11:1). 이스라엘인이요, 아브라함의 씨에서 난 자요, 베냐민 지파 출신인 바울 자신이 그에 대한 실례다. 하나님은 엘리야 시대에 바알에게 굴복하지 않았던 칠천 명의 사람을 남겨두셨듯이 이 시대에도 이스라엘 중에 남은 자를 숨겨 두셨다(5절). 하나님이 이스라엘에게 주신 약속은 그들을 통해 성취될 것이다. 그럼에도 이스라엘이 지금처럼 실패하는 까닭은 그분의 특별한 목적 때문이다. 이스라엘의 실패로 구원이 이방인에게 넘어갈 것이다. 그러면 이방인이 구원 얻는 것을 본 이스라엘이 시기가 나서 하나님께 열심을 낼 것이고, 그로 인해 그들도 구원을 얻게 될 것이다(11-14절). 따라서 이방인 신자들은 이스라엘의 실패를 보고 자만해서는 안 된다. 그들은 참감람나무인 이스라엘에 접붙여진 돌감람나무일 뿐이다. 그들은 이스라엘의 뿌리에서 올라오는 진액에 의지해 살아가고 있을 뿐이다. 그러므로 이방인 신자들은 우쭐대서는 안 된다. 하나님께서 참감람나무의 가지도 아끼지 않으셨다면, 돌감람나무쯤은 언제라도 잘라내실 수 있기 때문이다(17-24절).

그러나 하나님이 참감람나무를 완전히 베어내지 않으셨다는 것에 놀라운 비밀이 숨어 있다. 하나님은 아직도 그 나무에 대해 소망을 품고 계신다. 그 나무는 계속해서 성장할 것이다. 이스라엘의 남은 자들은 이방인 신자들과 더불어 계속해서 성장할 것이다. 그리고 이방인의 수가 충만한 데까지 이를 때 마침내 이스라엘도 하나님께로 돌아와 구원을 얻게 될 것이다. 아마도 그 일은 구원자이신 그리스도가 시온에서 나오셔서 경건하지 않은 자들을 돌이키실 때 이루어질 것이다(25-27절). 하나님은 이스라엘을 포기하지 않으셨다. 다만 그들의 실패를 통해 이방인에게 구원이 전파되도록 이스라엘을 불순종 상태에 두셨을 뿐이다. 이방인은 처음부터 그런 상태였으니 결국 모든 사람이 불순종 상태에 있었던 셈이다. 이는 하나님이 이스라엘과 이방인 할 것 없이 모든 사람에게 긍휼을 베푸시기 위함이다(28-32절). 바울은 하나님의 이런 지혜와 지식의 부요함을 찬양하며 감탄한다. "깊도다, 하나님의 지혜와 지식의 풍성함이여, 그의 판단은 헤아리지 못할 것이며 그의 길은 찾지 못할 것이로다"(33절).

‖ 권면

로마서 12~15장에서 바울은 지금껏 펼쳐온 논의를 신자들의 삶에 구체적으로 적용한다. 지금까지 바울은 주로 "직설법"을 사용했는데 이 부분에서는 "명령법"을 사용한다. 한 가지 유념해야 할 것은, 이때 그의 명령이나 권면이 개인 윤리가 아니라, 믿음으로 의롭다 하심을 얻은 자들이 이룬 교회 공동체의 특성을 드러낸다는 것이다.[9]

바울의 권면은 "그러므로"(12:1)라는 말로 시작된다. 이는 그의 권면이 앞서 말한 내용, 즉 하나님이 유대인과 이방인 모두에게 긍휼을 베푸셨다는 사실에 근거한 것임을 보여 준다. 바울은 단호하게 명령한다. "그러므로 형제들아 내가 하나님의 모든 자비하심으로 너희를 권하노니 너희 몸을 하나님이 기뻐하시는 거룩한 산 제물로 드리라. 이는 너희가 드릴 영적 예배니라. 너희는 이 세대를 본받지 말고 오직 마음을 새롭게 함으로 변화를 받아 하나님의 선하시고 기뻐하시고 온전하신 뜻이 무엇인지 분별하도록 하라"(1, 2절). 이는 바울이 로마의 신자들에게 주는 모든 권면을 압축하는 말이다. 하나님의 자비하심을 깨닫고 경험한 이들은 이 세대의 사람들처럼 살 수 없다. 그들은 하나님께 바쳐진 거룩한 산 제물처럼 살아야 한다. 그들은 이 세대의 풍조에 순응해서는 안 된다. 마음을 새롭게 하고 늘 하나님의 뜻에 유념하며 살아야 한다.

보다 구체적으로 그들은 각자가 받은 은사에 따라 형제를 사랑하고 존경하고 도우며 살아야 한다(3~13절). 할 수 있거든 모든 사람과 더불어 화목하게 지내야 한다(18절). 국가가 하나님의 사역자가 되어 정의와 공의를 행할 경우 국가의 권세에 복종해야 한다(13:1~7). 서로 사랑해야 한다. 사랑이야말로 율법이 완성이다(8–10절). 주님 오실 날이 가까이 왔음을 의식하고 깨어 있어야 한다. 어두움의 일을 벗고 빛의 갑옷을 입어야 한다(11–14절). 신앙 공동체 안에 있는 약한 자들, 특히 믿음이 부족해 음식 규례와 같은 율법 조항에 얽매인 채 살아가는 이들을 함부로 판단하고 정죄하지 말아야 한다. 하나님 나라는 먹는 것과 마시는 것이 아니라, 오직 성령 안에서 누리는 의와 평강과 희락이기 때문이다(14:1–23). 자기를 기쁘게 하기보다는 서로의 약점을 감당하며 선을 이루고 덕을 세워야 해야 한다(15:1, 2). 무엇보다도 그리스도 예수를 본받아 서로 뜻을 같이해야 한다. 좀 더 구체적으로, 로마 교회에 속한 유대인과 이방인들은 그리스도께서 그들을 있는 그대로 받으셨던 것처럼 서로 받아야 한다(7절).

‖ 바울의 계획과 인사

권면을 마친 바울은 자신에 관한 말을 한다. 그는 자신을 "이방인을 위하여 그리스도 예수의 일꾼이 되어 하나님의 복음의 제사장 직분"을 맡은 자로 규정한다(15:6). 원래 이방인은 성전에서 엄격하게 배제되었으며 제물을 드리는 것조차 금지되었다. 그런데 바울이 자신을 "이방인을 제물로 드리는" 제사장이라고 부르고 있다. 단순히 이방인이 제물을 드릴 수 있다는 정도가 아니라, 이방인 자체가 하나님께서 기쁘게 받으시는 순결한 제물이 될 수 있다는 뜻이었다.

이제 바울은 로마의 신자들에게 자신의 세 가지 여행 계획에 대해 언급한다(22–29절). 먼저 그는 예루살렘으로 갈 것이다. 마게도냐와 아가야에 있는 신자들이 곤경에 처한 예루살렘 교회 신자들을 돕기 위해 마련한 연보를 전달하기 위해서다. 연보의 전달은 유대인들로 이루어진 예루살렘 교회와 이방인들이 주축을 이루는 유럽의 교회들이 하나의 교회임을 알리는 일이 될 것이다. 다음으로 로마를 방문할 것이다. 그곳에서 지금 그의 편지를 읽고 있는 동료 신자들과 교제할 것이다. 그리고 그들의 후원을 받아 마지막으로, 당시에 세상의 끝이라고 알려져 있던 서바나로 갈 것이다. 물론 그것은 "땅끝까지 이르러 내 증인이 되라"(행 1:8)는 여호와의 명령을 이행하기 위해서다. 사실 바울이 로마의 신자들에게 편지를 쓰는 이유는 자신의 그런 계획을 미리 알림으로써 그들이 필요한 준비를 하게 하기 위함이었다.

마지막으로 바울은 로마 교회에 속한 신자들에게 문안 인사를 전한다 (16장). 그는 개인적으로 알고 있는 25명 이상의 사람들을 거명한다. 그들 중에는 유대인도 있고, 이방인도 있고, 가난한 노예도 있고, 권세를 지닌 관원도 있고, 부자도 있고, 여자들도 있다. 바울이 세우지 않은 교회가 그가 그의 편지를 통해 강조했던 다양한 사람들의 하나 됨을 이미 이루고 있었던 것이다. 그들 모두가 자신들의 주님으로 고백하는 한 분이신 그리스도 예수의 이름으로.

6부

공동 서신

위기에 처한 신자들을 위한 설교 (히브리서)

다시 거룩한 백성 (야고보서, 베드로전서)

위기에 처한 신자들을 위한 설교

히브리서

신약 성경에는 바울의 서신 외에도 몇 개의 서신이 더 있다. 흔히 공동 서신 혹은 일반 서신이라고 불리는 편지들이다. 특정한 교회나 개인이 아니라 교회 일반에 보낸 편지이기 때문에 그렇게 불린다. 그런데 신약 성경에는 바울 서신에도 공동 서신에도 속하지 않는 특별한 서신이 하나 있다. 바로 히브리서다. 히브리서의 지위가 애매한 것은 그 서신의 저자가 확실치 않기 때문이다. 학자들 중에는 히브리서를 바울의 것으로 보는 이들도 있고, 바울의 것일 수 없다고 여기는 이들도 있다. 이렇듯 저자의 문제 때문에 히브리서의 지위는 아직 애매하다. 이 책에서는 히브리서를 공동 서신과 함께 묶어서 다룰 것이다.

방금 말했듯이 히브리서의 저자는 확실치 않다. 어떤 이들은 그것을 바울이 썼다고 주장하지만, 다른 이들은 그렇게 보지 않는다. 바울 외에 요한, 누가, 바나바, 실라, 아볼로, 빌립 등 여러 사람이 히브리서의 잠재적 저자로 거론되고 있으나 그들 중 어떤 이도 전폭적인 지지를 받지 못하고 있다. 수신자 역시 분명치 않다. 다만 편지 내용이 히브리인이 아니면 이해하기 어려울 정도로 구약 성경에 대한 인용이 많은 것에 기초해 편지 수신자가 특정한 지역에서 살고 있던 유대 그리스도인 곧 히브리인이라고 추정될 뿐이다.

당시 히브리서의 수신자들은 극심한 박해에 직면해 있었다. 그들 중 어떤 이들은 기독교 신앙을 버리고 유대교로 돌아가려는 강렬한 유혹을 받았다. 편지의 저자는 그들에게 시련에 굴복하지 말고 믿음을 지키라고 강력하게 권고한다. 저자가 편지를 쓰는 목적이 그러했기에 글의 분위기가 시종 무겁고 진지하다. 아주 심각한 설교를 듣는 느낌이 들 정도다.[1] 또한 저자가 그런 권면을 위해 그리스도를 믿는 것이 율법을 행하는 것보다 낫다는 것을 논리적으로 입증하려 하고 있기에 글이 아주 정교하고 복잡하다. 아마도 앞에서 살펴본 로마서보다 히브리서가 훨씬 더 읽기 어려울 것이다. 앞 장에서도 말했듯이, 어렵게 쓴 글을 쉽게 읽을 방법은 없다. 그러나 글의 전체적인 내용과 구조를 미리 알아두면 어느 정도 도움이 될 것이다.

‖ 선구자 그리스도

히브리서의 저자는 마음이 급해 보인다. 그는 편지 첫머리에서 거두절미하고 그리스도를 통해 드러난 진리의 궁극성을 주장한다. 하나님은 이전에도 여러 모양으로 말씀하셨으나 마지막 때에는 그분의 아들을 통해 말씀하셨다(1:1, 2). 그 아들은 하나님의 영광의 광채이시고 그의 본체의 형상이시다. 그 아들은 천사보다 뛰어난 분이시다(3-14절). 그러므로 과거에 사람들이 천사들을 통해 주어진 율법에 불순종한 것 때문에 벌을 받았다면[2], 아들을 통해 주어진 구원에 대해서는 더욱 삼가며 조심하는 것이 마땅하다(2:1-4).

그런데 그런 하나님의 아들이 잠시 천사보다 못한 존재가 되셨다. 그것은 그가 모든 사람을 위해 죽음을 맛보고 그 죽음의 고난을 통해 많은 사람을 이끌어 자기가 누리는 것과 같은 영광에 들어가게 하기 위함이었다. 즉 아들이 잠시 천사보다 못한 존재가 된 것은 죄 때문에 죽을 운명에 처한 이들을 하나님의 아들의 자리로 이끄는 "구원의 창시자"(10절)가 되게 하기 위함이었다. 우리말 개역개정역이 "창시자"로 번역하는 헬라어 아르케고스(archēgos)는 "선구자"로도 번역될 수 있다.[3] 그렇다면 하나님의 아들이 육신을 입고 이 세상에 오신 것은 우리보다 앞서 달려가며(先驅) 구원에 이르는 길을 내기 위함이라고 할 수 있다. 히브리서 저자는 그런 하나님의 아들을 "하나님의 일에 자비하고 신실한 대제사장"이라고 부른다(17절). 예수에게 돌려진 "대제사장"이라는 호칭은 히브리서의 사상적 핵심이다.

‖ 안식에 대한 약속

히브리서 저자는 다시 그리스도의 월등함이라는 주제로 돌아간다(3:1-6). 그리스도는 히브리인들이 존경해 마지않는 모세보다 월등하다. 그리스도가 모세보다 월등한 것은 어느 집의 아들이 그 집의 종보다 월등한 것과 같다. 모세가 하나님의 집을 섬기는 종이라면, 그리스도는 그 집의 아들이시다. 그러므로 극심한 핍박을 받아 유대교로 돌아가려는 유혹에 빠진 이들은 종인 모세가 아니라 아들인 그리스도를 바라보아야 한다. "그러므로 함께 하늘의 부르심을 받은 거룩한 형제들아, 우리가 믿는 도리의 사도이시며 대제사장이신 예수를 깊이 생각하라"(1절).

이어서 저자는 시편 95편 7-11절을 인용한다. 이 시편은 오래전에 이스라엘 백성이 광야에서 하나님을 믿지 않고 그분을 시험하다가 결국 그분이 약속하신 안식에 들어가지 못한 것에 대해 말한다. 저자가 그 시편을 인용하는 목적은 옛 언약의 백성에게 일어났던 일이 새 언약의 백성에게도 일어날 수 있으니 조심하라고 경계하기 위함이다(12-19절).[4]

그러나 그런 경계 후에 저자는 자신의 편지를 읽는 자들에게 하나님의 안식에 대한 약속이 아직 남아 있음을 상기시킨다(4:1). 안식에 대한 복음을 먼저 들었던 자들이 순종치 않아 그 안식을 누리지 못했기 때문이다. 하나님께 순종함으로 안식에 들어가는 이들은 그분이 자기 일을 마치고 쉬시는 것처럼 쉼을 얻게 될 것이다. 그러므로 우리는 안식에 들어가기를 힘써야 한다. 그러기 위해서는 무엇보다도 "좌우에 날선 어떤 검보다도 예리하여 혼과 영과 및 관절과 골수를 찔러 쪼개기까지 하며 또 마음의 생각과 뜻을 판단하시는" 하나님의 말씀에 순종해야 한다(12절).

‖ 멜기세덱의 계통을 따른 대제사장

이제 저자는 앞서 언급했던 대제사장이신 예수라는 주제로 다시 돌아간다(4:14). 구약 시대에 이스라엘의 대제사장에게 주어진 특별한 임무는 일 년에 한 번 속죄일에 지성소에 들어가 제사를 드림으로 이스라엘 백성의 죄를 속하는 것이었다(레 16장). 그런 의미에서 대제사장은 하나님과 인간 사이를 중재하는 존재다. 그런데 대제사장이 그런 역할을 하기 위해서는 그 자신이 인간이어야 한다. 그가 인간이 아니라면 그는 하나님 앞에서 다른 이들을 대표할 수 없기 때문이다. 우리의 대제사장이신 예수 역시 우리와 같은 인간이셨다. 그는 우리의 연약함을 아시는 분이며 우리와 마찬가지로 시험을 받으셨다(15a절). 그런 까닭에 그분은 우리의 입장에 서서 우리를 도우실 수 있다.

그러나 이스라엘의 대제사장과 그리스도 사이에는 차이가 하나 있다. 이스라엘의 대제사장은 우리와 같은 인간이었고 따라서 우리처럼 죄를 지을 수밖에 없어서 죄를 속하기 위해 지성소 안으로 들어가기 전에 먼저 자신을 위해 속죄제를 드려야 했다(5:3). 그러나 그리스도는 모든 면에서 우리와 같으시나 "죄는 없으시다"(4:15b). 그분에게 죄가 없다는 것은 그의 존재 자체가 죄에 감염되지 않았다는 뜻이 아니다. 오히려 그분은 광야에서 마귀에게 시험당하셨을 때처럼 우리와 똑같은 죄의 유혹에 빠졌지만, 죄를 짓지 않으셨기에 죄가 없으신 것이다. 그러므로 그분은 자신을 위한 속죄제를 따로 드릴 필요가 없다.

그런데 도대체 예수는 어떻게 해서 대제사장이 된 것일까? 이스라엘 사람은 누구나 제사장직은 레위 계통의 사람들에게만 주어진다는 것을 알고 있었다. 그러나 예수는 레위가 아니라 유다 지파에 속해 있었다. 그렇다면 히브리서 저자는 무슨 근거로 예수를 대제사장이라고 부르는 것일까? 그는 이 의문에 시편(110:4)을 인용해 답한다. 그의 답은 예수가 레위 계통이 아니라 그보다 훨씬 앞선 "멜기세덱의 계통을 따라 임명된 영원한 제사장"이라는 것이다(5:6, 새번역). 창세기에서 멜기세덱은 전쟁에서 승리하고 돌아온 아브라함을 축복했던 인물이다(창 14:17-20). 그는 아브라함 시절의 사람으로 레위가 세상에 나오기도 전에 제사장 역할을 했다. 그러나 히브리서 저자는 이 중요한 주제에 대한 상세한 논의를 잠시 미룬 채 편지의 수신자들에게 몇 가지 권면을 한다(히브리서에서는 이런 형태의 진술이 반복된다).

저자에 따르면, 그리스도의 대제사장 사역은 그의 철저한 순종을 통해 이루어졌다(7-10절). 그분은 하나님의 아들이지만 아버지의 뜻에 끝까지

순종하고 고난을 받음으로써 온전하게 되셨다. 또한 그로 인해 자신에게 순종하는 모든 이에게 영원한 구원의 근원이 되셨다. 이 단락에서 분명하게 드러나지는 않지만, 그가 받으신 고난은 십자가에서의 죽으심을 의미한다. 죄가 없으신 그리스도의 대제사장직은 이스라엘의 대제사장처럼 짐승의 피를 바치는 것이 아니라 죽기까지 아버지의 뜻에 순종하는 것을 통해 이행되었던 것이다.

이런 전제 위에서 저자는 편지 수신자들에게 순종을 권한다(5:11~6:12). 이제 그들은 젖 먹는 어린아이의 상태에서 벗어나 단단한 식물을 먹어야 한다. 그들은 그리스도의 도의 기초나 닦고 있을 게 아니라 완전한 데까지 나아가야 한다. 복음을 받아들여 어둠에서 빛으로 나아온 자들은 이전의 상태로 돌아가서는 안 된다. 그것은 하나님의 아들을 다시 십자가에 못 박는 짓이다. 그들은 시련 앞에서 흔들리지 말고 믿음과 오래 참음을 통해 그들에게 약속된 복을 얻어야 한다. 히브리서 저자는 하나님이 자기를 믿는 자들에게 복을 약속하셨음을 상기시키기 위해 아브라함이 이삭을 죽여 제물로 바치려 했을 때 그에게 하신 말씀을 인용한다. "내가 반드시 너에게 복 주고 복 주며 너를 번성하게 하고 번성하게 하리라"(14절, 창 22:16 참조).

지금 우리에게 소망이 있는 것은 우리의 대제사장이신 예수가 우리보다 앞서 하나님이 계신 휘장 안으로 들어가셨기 때문이다. 물론 이는 예수가 십자가에서 죽었을 때 성전의 지성소 앞 휘장이 찢어진 것을 가리키는 말이다. 앞서 말했듯이 예수는 멜기세덱의 계통을 따르는 대제사장이시다(6:19, 20). 창세기에서 멜기세덱은 "지극히 높으신 하나님의 제사장"이라고 불린다(7:1, 창 14:18 참조). 또한 그는 "아버지도 없고 어머니도 없고 족보도 없고 시작한 날도 없고 생명의 끝도 없어 하나님의 아들과 닮았다"(3절). 멜기세덱은 이스라엘의 조상 아브라함보다 우월한 사람이었다. 그리고 "논란의 여지 없이 낮은 자가 높은 자에게서 축복을 받는다"(7절). 실제로 그는 전쟁터에서 돌아온 아브라함을 축복했다. 그런 의미에서 레위 계통의 제사장은 멜기세덱과는 비교조차 할 수 없다. 사실 멜기세덱이 아브라함을 만났을 때 레위는 아직 세상에 태어나지도 않았다.

그러므로 대제사장이신 예수는 레위 계통의 제사장보다 훨씬 더 우월하다. 사람들에게 그런 예수가 필요했던 것은 레위 계통 제사장의 역할이 충분하지 않았기 때문이다. 만약 그들이 백성의 죄를 속하기 위해 드린 제사가 온전하고 충분했다면, 예수와 같은 대제사장은 필요하지 않았을 것이다(11절). 예수가 대제사장이 되신 것은 레위 계통의 제사장이 드린 제사와 그런 제사를 요구했던 옛 계명인 율법이 폐기되었음을 의미한다. 그 대신 "더 좋은 소망"과 "더 좋은 언약"이 나타났는데, 예수가 그에 대한 보증이 되신다. 예수는 옛 계명 아래에서 불완전하게 드려진 제사를 온전한 제사로 바꾸신다. 옛 언약은 약점을 지닌 사람들을 제사장으로 세웠으나, 새 언약은 "단번에 자기를 드려" 사람들의 모든 죄를 씻어내는 아들을 제사장으로 세웠기 때문이다(18-28절).

‖ 대제사장 예수의 사역

그렇다면 예수는 대제사장으로서 어떤 역할을 하는가? 무엇보다도 그는 하늘에 있는 "참 장막"에서 섬긴다(8:1, 2). 그 장막은 모세가 광야에서 지은 성막의 원형이다. 그러므로 어느 모로 보나 예수의 대제사장직은 레위 계통 제사장들의 그것보다 훨씬 더 우월하다. 물론 히브리서 저자가 이런 말을 하는 것은 당장의 시련 때문에 유대교로 돌아가려는 유혹에 빠진 자들을 경계하고 깨우치기 위함이다.

모세가 지은 성막이 옛 언약에 속해 있다면, 예수가 섬기는 참 장막은 "새 언약"에 속해 있다(6-13절). 새 언약은 예언자 예레미야가 말했던 언약, 즉 하나님께서 회복된 이스라엘과 맺으실 것이라고 예언했던 바로 그 언약이다(렘 31:31-34 참조). 그 언약은 모세를 통해 주어진 율법처럼 돌판이 아니라 각 사람의 마음에 새겨질 것이고, 따라서 사람들은 그것을 모른 척할 수 없을 것이다. 예수는 바로 그 새 언약의 중보자이시다(6절). 그리고 새 언약이 나타났다는 것은 이제 더는 옛 언약이 필요하지 않다는 것을 의미한다(13절).

옛 언약에 속한 장막은 휘장에 의해 둘로 나뉘어 있었다. 첫 번째 장막은 "성소"로 제사장들의 매일의 활동이 이루어지는 장소였고, 휘장 뒤에 있는 장막은 "지성소"로 대제사장이 일 년에 단 한 번 속죄일에만 백성을 대신해 들어갈 수 있었다. 대제사장이 지성소에 들어가려면 우선 짐승의 피와 재를 뿌려 자신의 죄부터 속해야 했다. 그도 백성들과 동일한 죄인이기 때문이다. 그리고 그 제사가 일 년에 한 번씩 행해졌다는 것은 제사의 유효 기간이 일 년밖에 되지 않는다는 것을 의미했다. 기한이 정해져 있기에 제사는 해가 바뀔 때마다 반복해서 이루어져야 했다. 옛 언약은 그런 점에서 한계를 갖고 있었고 따라서 개혁되어야 했다(9:1-10).

반면에 대제사장 예수가 새 언약에 따라 드린 제사는 짐승의 피를 통한 제사가 아니었다. 그분은 아무 흠이 없는 그분 자신을 제물로 바치셨다. 그렇다면 그분은 제사장인 동시에 제물이 되신다. 또한 그분의 순결한 피는 짐승의 피처럼 반복해서 드려질 필요가 없었다. 그러므로 이제 더는 피 뿌림의 제사가 필요하지 않다. 이런 제사를 드리신 그분은 이제 자신을 간절히 기다리는 자들에게 충분하고 완전한 구원을 가져다주기 위해 두 번째로 나타나실 때를 기다리고 계신다(11-28절).

이제 히브리서 저자는 예수 그리스도의 대제사장 사역의 의미를 요약한다(10:1-18). 옛 언약에 속한 제사는 예수가 드린 제사의 그림자였을 뿐이다. 그것은 결코 인간의 죄를 완전하게 사하지 못하기 때문에 매년 황소와 염소의 피를 뿌려야 했다. 그러나 예수가 하나님의 뜻을 이루기 위해 오셔서 그분의 몸을 단번에 드리심으로써 모든 사람이 거룩함을 얻었다. 그리스도는 세상 모든 이들을 위하여 "한 영원한 제사"를 드리시고 하나님 우편에 앉으셨다(12절). 그러므로 이제 우리로서는 "다시 죄를 위하여 제사드릴 이유가 없다"(18절).

이런 전제하에서 히브리서 저자는 다시 한번 편지 수신자들에게 권면의 말을 전한다(19-39절). 그리스도가 자신의 피로 휘장을 찢으시고 길을 열어놓으셨으니 참 마음과 온전한 믿음으로 하나님께로 나아가자. 우리가 믿는 도리의 소망을 굳게 잡고 서로 사랑과 선행을 권하며 모이기에 힘쓰자. 진리에 관한 지식을 얻은 후 죄를 범하면 다시 속죄하는 게 불가능하고 오직 소멸할 뿐이니 넘어지지 않도록 조심하자.

‖ 믿음의 예들

극심한 박해에 처한 이들이 이런 권면을 따르려면 무엇이 필요할까? 히브리서 저자는 단연코 "믿음"이라고 여긴다. 그는 믿음을 "바라는 것들의 실상이요 보이지 않는 것들의 증거"라고 정의한다(11:1). 그러나 이것은 정의라기보다 믿음에 대한 찬양 혹은 일종의 고백이다.[5] 믿음은 몇 마디 말로 쉽게 정의될 수 있는 게 아니다. 그래서 히브리서 저자는 흔히 "믿음 장"이라고 불리는 11장에서 히브리인들이 너무나 잘 아는 믿음의 조상들의 예를 든다. 믿음의 제사를 드린 아벨, 믿음으로 죽음을 맛보지 않은 채 승천한 에녹, 믿음으로 방주를 예비한 노아, 믿음으로 갈 바를 알지 못한 채 하나님이 지시하시는 미지의 땅으로 떠났던 아브라함, 믿음으로 늙어 경수가 끊어진 상태에서 아들을 얻은 사라 같은 이들이 그들이다. 그중에서도 아브라함의 경우는 특별한데, 그는 늙어서 얻은 아들 이삭을 믿음으로 하나님께 바쳤다가 도로 얻었기 때문이다(17~19절). 히브리서 저자는 그 외에도 계속해서 이삭, 모세, 기생 라합, 기드온을 비롯한 여러 사사들, 그리고 다윗과 예언자들에 대해 언급한다. 이런 이들의 일을 모두 말하려면 시간이 부족할 정도다(32절).

히브리서 저자에게 믿음의 증인들은 구름같이 허다했다(12:1). 그러나 그 모든 믿음의 증인들 중에서도 가장 탁월한 이는 예수 그리스도였다. 그는 자기 앞에 있는 기쁨을 내다보며 십자가의 고통을 참으사 결국 하나님의 보좌 우편에 앉으셨다. 그런 까닭에 히브리서 저자는 수신자들을 향해 이렇게 외친다. "믿음의 주요 또 온전하게 하시는 이인 예수를 바라보자"(2절). 그들은 지금의 상황이 아무리 어려울지라도 예수를 바라보며 상황을 견뎌야 한다. 그럴 때 그들은 연단받은 자들에게 주어지는 "의와 평강의 열매"를 맛보게 될 것이다(11절). 그러나 만약 그들이 현재의 고통 때문에 믿음에서 떠난다면, 그들은 하나님의 은혜에 이르지 못할 것이다. 그들은 마치 죽 한 그릇에 장자의 명분을 팔았던 에서처럼 눈물을 흘리게 될 것이다(15~17절).

12장 마지막 단락에서 저자는 편지 수신자들에게 힘이 되는 말을 한다. 지금 그들은 이제 막 출애굽한 이스라엘 백성처럼 거센 불이 타오르고 흑암과 폭풍이 휘몰아치는 "시내산"에 있는 것이 아니다. 오히려 지금 그들은 살아 계신 하나님과 천만 천사와 예수께서 계신 "시온산"에 도달해 있다. 그러니 이미 오래전에 떠나온 황량하고 거친 시내산으로 돌아가려 해서는 안 된다(18~29절).

‖ 마지막 권면과 인사

히브리서 저자는 편지 마지막 장에서 신약 성경의 다른 서신들에서 흔히 발견되는 것과 같은 권면을 한다. 그런 권면 중 히브리서의 맥락에서 주목할 것은 이러하다. "여러 가지 다른 교훈에 끌리지 말라. 마음은 은혜로써 굳게 함이 아름답고 음식으로써 할 것이 아니니 음식으로 말미암아 행한 자는 유익을 얻지 못하였느니라"(13:9). 이것은 이 편지의 수신자들이 예루살렘에서 내려온 유대주의자들에 의해 예수에 대한 믿음 외에 율법의 규정, 특히 음식에 관한 규정을 지키도록 강요받고 있음을 전제하는 것일 수 있다. 히브리서 저자에게 이것은 그리스도와 그분이 드린 제사의 탁월함을 부정하는 것이나 다름없었다.

권면을 마친 저자는 아름다운 축복의 말로 편지를 마무리한다. "양들의 큰 목자이신 우리 주 예수를 영원한 언약의 피로 죽은 자 가운데서 이끌어 내신 평강의 하나님이 모든 선한 일에 너희를 온전하게 하사 자기 뜻을 행하게 하시고 그 앞에 즐거운 것을 예수 그리스도로 말미암아 우리 가운데서 이루시기를 원하노라. 영광이 그에게 세세무궁토록 있을지어다. 아멘"(20, 21절). 이 마지막 말에서 저자는 처음으로 예수의 부활을 직접 언급한다. 예수의 부활은 하나님이 그리스도의 십자가를 인간 구원의 수단으로 인정하고 비준하셨음을 보여 주는 결정적 증거였다.[6] 그리고 그것이야말로 위기에 처한 신자들을 위한 희망의 절대적 근거였다.

다시 거룩한 백성

야고보서, 베드로전서

공동 서신은 초대교회의 기둥이었던 야고보, 베드로, 요한 등이 초대 교회 전체에 보내 회람하게 한 편지들이다. 그런 까닭에 공동 서신에는 특정한 교회의 문제들 대신 교회 전체를 향한 일반적인 권면이 등장한다. 야고보서, 베드로전·후서, 요한 1, 2, 3서, 그리고 유다서가 이에 속한다. 우리는 그중 야고보서와 베드로전서를 살펴보려 한다.

야고보서

야고보서의 저자는 예수의 동생 야고보다. 야고보는 처음에는 예수를 믿지 않았고 부활한 예수가 그에게 출현한 후에 신자가 되었을 것이다 (고전 15:7 참조). 그럼에도 그는 단기간에 다른 신자들의 신임을 얻었고 결국 예루살렘 교회의 기둥 같은 지도자가 되었다(갈 2:9). 야고보서는 초대 교회의 총회장격인 야고보가 "흩어져 있는 열두 지파"(1:1)에게 보낸 회람용 편지다.[1] 예루살렘 공의회를 통해 이방인에 대한 선교가 바울에게 위임되었음을 고려한다면(갈 2:1-10), 아마도 이 편지는 디아스포라 유대 그리스도인들에게 보내졌을 것이다.

야고보서는 신자들에게 행위의 중요성을 강조한다. 그런 까닭에 종종 이신칭의를 강조하는 바울의 서신들과 대조된다. 바울에게서 신학적 영감을 얻었던 종교개혁자 루터는 야고보서가 그리스도를 나타내는 그 어떤 복음적 특징도 갖고 있지 않음을 지적하며 그것을 "지푸라기 서신"이라고 불렀을 정도다. 그러나 야고보서에 대한 이런 평가는 옳지 않다. 무엇보다도 그것은 바울을 정경 수용의 유일한 기준으로 삼는 아주 부당한 일이다.[2]

야고보서는 짧막한 격언이나 명령들로 이루어져 있고 그것들 사이의 내적 논리도 명확하지 않다. 즉 야고보서의 가르침은 무언가에 대한 치밀한 논증이 아니다. 오히려 그것은 신자의 삶을 위한 여러 가지 간결한 조언들의 모음이다.[3] 그러므로 야고보서를 바울의 서신들처럼 정교한 가르침을 제공하는 서신으로 읽으려는 이들은 실망할 수밖에 없다. 야고보서는 신학적 이론을 제공하는 서신이 아니라 서신의 형식을 빌려 기독교적 덕을 권하는 특별한 장르의 문서다.[4]

실제로 야고보서는 복잡한 신학적 주장 대신 절제, 실천적 사랑, 하나님을 향한 신실함 같은 몇 가지 권면을 담고 있다.[5] 그런 각각의 권면은 특별한 설명이 필요하지 않을 정도로 간결하고 명확하다. 무엇보다도 야고보의 권면 중에는 예수의 가르침, 특히 산상수훈의 가르침을 상기시키는 것들이 아주 많다. 가령, "내 형제들아 너희가 여러 가지 시험을 당하거든 온전히 기쁘게 여기라"(1:2; 마 5:10-12), "너희 중에 누구든지 지혜가 부족하거든 모든 사람에게 후히 주시고 꾸짖지 아니하시는 하나님께 구하라. 그리하면 주시리라"(1:5; 마 7:7, 8), "긍휼을 행하지 아니하는 자에게는 긍휼 없는 심판이 있으리라"(2:13; 마 5:7; 18:33-35), "누구든지 세상과 벗이 되고자 하는 자는 스스로 하나님과 원수 되는 것이니라"(4:4; 마 6:24), "부한 자들아 너희에게 임할 고생으로 말미암아 울고 통곡하라"(5:1; 눅 6:24) 같은 것들이다. 이것은 초대교회 안에 예수의 가르침이 아주 잘 보존되어 있었음을 보여 주는 생생한 실례다.[6]

야고보가 강조하는 행위는 율법과 관련되어 있다. 야고보는 처음부터 율법을 "자유롭게 하는 온전한 율법"이라고 부르면서 율법을 따라 사는 이들을 축복한다(1:25). 앞에서 우리는 바울이 믿음으로 의롭다 하심을 얻었던 최초의 인물로 아브라함을 꼽았던 것을 보았다(롬 4장). 그런데 놀랍게도 야고보는 아브라함이 믿음이 아니라 행위를 통해 의롭다 하심을 얻었다고 주장한다. "우리 조상 아브라함이 그 아들 이삭을 제단에 바칠 때에 행함으로 의롭다 하심을 받은 것이 아니냐"(2:21). 아브라함이 이삭을 바쳤을 때 그의 믿음이 작용한 것은 분명하지만, 그의 믿음이 온전해진 것은 이삭을 바치는 그의 행함을 통해서였다(22절). 그러므로 야고보는 이렇게 단언한다. "행함이 없는 믿음은 죽은 것이다"(26절).

이런 주장은 사람이 하나님께 의롭다 하심을 얻는 것은 "율법의 행위"가 아니라 오직 "믿음으로"라는 바울의 주장과 정면으로 배치되는 듯 보인다(롬 3:28; 갈 2:16). 그렇다면 같은 시대를 살았던 초대교회의 두 지도자인 바울과 야고보가 서로 상반되는 주장을 한 것일까? 아니다. 결코 아니다. 이것은 단지 강조점의 차이일 뿐이다.[7] 행함을 강조하는 것은 야고보의 전매특허가 아니었다. 바울 역시 행함을 강조했다. 그는 믿음은 결국 신자의 선한 행실로 이어진다고 거듭 주장했다. 그의 서신 중 행위를 무시하는 서신은 단 하나도 없다. 심지어 그는 믿음으로 구원 얻은 이들은 그들의 몸을 "거룩한 산 제사"(롬 12:1)로 드려야 한다고까지 주장했다. 이때 그가 말하는 "산 제사"는 신자의 삶 전체 곧 "행위"를 의미했다.[8] 야고보에게든 바울에게든, 거룩한 삶으로 이어지지 않는 믿음은 가짜 믿음이요 죽은 믿음일 뿐이다.

야고보서는 바울 서신보다 앞서 쓰였다. 50년 혹은 심지어 45년에 쓰인 것으로 알려져 있다. 그렇다면 야고보서는 역사상 가장 이른 시기의 기독교 공동체의 신학을 보여 주는 문서일 수 있다. 그리고 우리는 그 문서에서 할례나 식사 규례 같은 의례화된 율법을 넘어서는 신자의 거룩한 삶에 대한 강력한 요구를 발견한다. 이스라엘이 잃어버린, 그리고 몇 가지 종교적 의례에 집착하던 당시의 유대교가 회복하지 못했던 **"거룩한 백성"**(출 19:6)에 대한 하나님의 강고한 요구를.

베드로전서

베드로전서는 베드로 사도가 로마 제국의 동쪽 변두리에서 살아가는 초대교회의 신자들에게 보낸 편지다. 편지의 내용에 비추어 보면, 당시 그들은 그들이 속해 있던 공동체로부터 핍박을 받고 있었다. 그 핍박은 목숨을 위협하는 제국적 차원의 조직적 박해라기보다 공동체로부터의 따돌림이나 불이익 같은 사회적 소외였던 것으로 보인다.[9] 하지만 어쩌면 그것은 초대교회 신자들에게는 죽음 못지않게 심각한 위협일 수도 있었다. 박해를 받아 순교하는 것에는 의미라도 부여할 수 있지만, 사회적 경멸과 조롱을 통해 세상의 변두리로 밀려나는 것은 삶의 의미 자체를 잃어버리는 것일 수도 있기 때문이다.[10] 베드로는 그런 심각한 위기 상황에 있는 신자들을 위로하고 격려하기 위해 이 편지를 썼다. 편지를 쓴 시점은 네로의 박해가 시작되기 직전인 60년대 초반이었을 것이다.

‖ 제사장 나라, 거룩한 백성

베드로전서의 수신자는 이 세상에서 "흩어진 나그네"로 살아가는 자들이다. 또한 그들은 하나님의 "택하심을 입은 자들"이다(1:1-2). 이런 이중적 호칭은 그들이 처한 상황을 암시해 준다. 그들은 하나님이 택하셔서 그리스도의 역사를 통해 거듭나게 하시고, 썩지 않고 쇠하지 않을 기업을 잇게 하시고, 그분의 능력으로 보호하심을 입게 하신 자들이다. 그런데 지금 그들은 각자가 처한 곳에서 나그네 신세가 되어 여러 가지 시험을 당하고 있다(3-6절).

베드로는 그런 이들에게 지금의 어려운 상황에 굴복하지 말고 근신하라고 권한다(13절). 그들은 신자가 되기 이전처럼 사욕을 좇아서는 안 되며 오히려 그들을 부르신 분처럼 거룩해야 한다(15절). 그들을 부르신 분은 사람을 외모로 판단하지 않으시고 행위대로 심판하신다(17절). 그러므로 정말로 두려워해야 할 대상은 하나님이지 지금 그들을 핍박하는 세상이 아니다. 하나님은 그들의 믿음을 가능하게 한 그리스도를 죽은 자 가운데서 살리시고, 그분의 말씀인 복음으로 그들을 거듭나게 하신 분이기 때문이다(25절).

베드로는 편지의 수신자들에게 모든 악독과 기만과 외식과 시기와 비방하는 말을 버리고 갓난아기처럼 순전하고 신령한 젖을 사모하라고 권한다(2:1, 2). 무엇보다도 그들은 사람들로부터는 버려졌으나 하나님께 택하심을 받았던 예수 그리스도처럼 그들의 삶으로 하나님이 받으실 만한 제사를 드리는 "거룩한 제사장"이 되어야 한다(5절). 그리고 몇 문장 후에 베드로는 편지의 수신자를 다시 이렇게 부른다. "너희는 택하신 족속이요 왕 같은 제사장이요 거룩한 나라요 그의 소유가 된 백성이니"(9절). 이것은 아주 오래전 하나님이 시내산에서 이스라엘 백성과 언약을 체결하실 때 하신 말씀을 상기시킨다. "너희가 내게 대하여 제사장 나라가 되며 거룩한 백성이 되리라"(출 19:6). 예수의 으뜸 제자인 베드로가 위태로운 세상 속에서 흩어진 나그네로 살아가는 어린 신자들에게 하나님의 "**제사장 나라**"와 "**거룩한 백성**"이라는 새 이스라엘의 지위를 부여하고 있는 것이다.

‖ 유배 상황에서 살아가기

그런데 그런 신자들이 세상에서 "비방"을 당하고 있었다. 그들을 비방하는 이들은 그들이 "악행"을 한다고 주장했다(2:12). 이때 베드로가 말하는 "악행"은 실제로 그들이 어떤 악한 일을 했다는 뜻이 아니라, 그들이 당시의 타락한 세속 문화에 동조하지 않는 것에 대한 일종의 낙인이다(4:4 참조).[11] 낙인이 찍힌 이들은 물리적 폭력까지는 아니지만 자신들이 속한 공동체로부터 배제와 소외를 경험한다. 리 비치(Lee Beach)는 베드로전서가 전하는 이런 상황을 교회가 세상의 변방으로 유배된 것으로 규정한다.[12]

베드로는 유배 상황에 있는 교회를 향해 두 가지 조언을 한다. 하나는 선한 일을 행함으로 하나님께 영광을 돌리라는 것이다(12절). 특히 그들은 사회의 공적 질서를 어지럽혀서는 안 된다. 그들은 인간의 모든 제도에 순종해야 한다(13-17절). 물론 여기에는 "주를 위하여"라는 조건이 따른다

(13절). 그것이 여호와의 뜻에 부합하는 한, 신자들은 세상의 질서에 순복해야 한다. 특히 세상의 질서를 유지하는 총독과 왕에게 순종하고, 선한 행실로 어리석은 자들의 무식한 말을 막고, 자신들이 누리는 자유를 남용하지 않으면서 뭇 사람을 공경하고, 이웃을 사랑해야 한다.

다른 하나는 현재의 고난을 감내하라는 것이다(18-25절). 유배 상황에 있는 이들은 억울하고 부당한 일을 당하기 쉬우나 그런 상황에서 인내해야 한다. 그들에게는 그들을 위해 부당한 고통을 감내하신 그리스도라는 모범이 있다. 그분은 부당하게 욕을 당했으나 맞대어 욕하지 않았고, 고난을 당했으나 위협하지 않았고, 오직 모든 것을 공의로 심판하시는 분에게 맡기셨다. 바로 그분 덕분에 전에는 길 잃은 양과 같았던 그들이 영혼의 목자와 감독이 되시는 분에게 돌아올 수 있었다.

베드로는 고난 중에 인내함으로 선을 이루는 일의 본보기로 불신자 남편과 살아야 하는 아내의 예를 든다(3:1-6). 보다 구체적으로 그는 아브라함의 아내 사라의 경우를 거론한다. 사라는 하나님의 약속을 믿지 못했던 남편 아브라함이 자기를 다른 남자의 침실로 밀어 넣고, 비록 그녀 자신의 제안이기는 했으나 여종 하갈에게서 아들을 얻었던 상황에서도 하나님께 소망을 두고 끝까지 남편을 섬겼고 결국 약속의 아들 이삭을 얻을 수 있었다.[13] 그러므로 유배 상황에서 고난을 겪는 신자들은 어떤 상황에서도 소망을 잃지 말고 현재의 상황을 견뎌내야 한다.

베드로는 고난 가운데서 인내하는 문제를 좀 더 파고든다. 그는 이렇게 말한다. "악을 악으로, 욕을 욕으로 갚지 말고 도리어 복을 빌라. 이를 위하여 너희가 부르심을 받았으니, 이는 복을 이어받게 하려 하심이라"(9절). 놀랍게도 베드로는 신자들이 이 세상에서 나그네로 살아가는 주된 목적이 악을 만날 때 악을 악으로 갚지 않고 도리어 복을 빎으로써 하나님의 나라의 은혜와 진리의 강력함을 드러내는 것이라고 주장한다.[14] 하지만 그런 일은 미래에 대한 소망이 없으면 할 수 없다. 신자들의 소망은 주님이 늘 의인을 바라보시고, 그들의 간구에 귀 기울이시며, 악행하는 자들에게 보응하신다는 믿음에 근거한다. 이런 믿음을 지닌 자들은 자기들이 고난 가운데서도 소망을 품는 이유를 댈 수 있다(10-15절). 그들의 소망의 이유는 그리스도다. 그리스도께서는 고난을 받아 죽으셨으나 부활하셔서 하늘에 오르사 하나님 우편에 앉아 계신다(18-22절).

‖ 그리스도의 고난에 대한 참여

그리스도는 이미 하늘에 오르셨고 그분의 교회는 아직 세상에 남아 있다. 세상에 남아 있는 교회는 그리스도께서 하늘에 오르시기 전에 겪으셨던 것처럼 고난을 겪어야 한다. 그러므로 신자는 그리스도가 얻으신 영광에 대한 소망을 품고 고난에 임해야 한다(4:1). 하늘에 대한 소망을 품은 신자는 그들에게 남아 있는 시간을 육체의 정욕을 따라 살아서는 안 된다. 그들이 하늘의 소망을 품고 이전과 다른 삶을 살아갈 때 세상은 그들을 이상하게 여겨 비방할 것이다. 하지만 신자는 그 상황을 견뎌내야 한다. 마지막 심판의 날에 하나님 앞에서 자신이 살아온 날들에 대해 결산해야 하기 때문이다(4-6절).

그런 까닭에 베드로는 유배 상황에서 핍박당하는 이들에게 "정신을 차리고 근신하여 기도하라", "뜨겁게 서로 사랑하며 죄를 덮으라", "서로 대접하고 섬기라"고 권한다(7-11절). 베드로가 강조하는 "서로"는 신자들 사이의 상호관계를 가리킨다. 베드로의 편지 수신자들은 세상 속에서 "흩어진 나그네"로, 그러나 "택하심을 받은 자들"로 살아가던 초대교회의 신자들이다(1:1, 2). 베드로는 하나님의 목적이 거룩한 개인이 아니라 거룩한 공동체, 즉 그들의 존재가 세상에 대해 그분의 선한 통치에 대한 증거가 되는 한 백성을 창조하는 것임을 의식하고 있었다.[15]

세상 속의 교회는 다가오는 "불 시험"을 피할 수 없다. 교회는 그런 시험을 "이상한 일"이 아니라 "그리스도의 고난에 참여"하는 것으로 여기며 즐거워해야 한다. 참된 신자라면 고난을 부끄러워해서는 안 된다. 오히려 그것을 통해 하나님께 영광을 돌려야 한다(12-16절).

‖ 믿음

부활한 예수는 실패한 제자 베드로를 만나서 세 번씩이나 "네가 나를 사랑하느냐"고 물으셨다. 베드로가 "그렇다"고 답하자 그분은 역시 세 번에 걸쳐 "내 양을 먹이라"고 명령하셨다(요 21:15-17 참조). 예수에게는 자신이 떠난 후 세상에 남겨질 양 무리가 그만큼 소중했던 것이다. 그런 날카로운 기억을 갖고 있던 베드로는 편지 마지막 단락에서 수신자 교회의 장로들을 향해 이렇게 권면한다. "하나님의 양 무리를 치라"(5:1-4). 이어서 그는 좀 더 구체적으로, 첫째, "억지로 하지 말고 하나님의 뜻을 따라 자원함으로 하며 더러운 이득을 위하지 말라"고 권한다(2절). 교회 지도자들에게 요구되는 가장 중요한 덕목은 자원하는 마음, 즉 양 무리에 대한 순전한 사랑과 책임감이다. 그런 마음을 지닌 이들은 더러운 이득을 따라 움직이지 않는다. 둘째, "주장하는 자세를 하지 말고 양 무리의 본이 되라"고 권한다(3절). 교회 지도자들의 참된 권위는 주장이 아닌 모범에서 나온다.

다음으로 베드로는 교회의 젊은이들, 즉 장로들의 목양의 대상이 되는 자들에게 권한다. "장로들에게 순종하고 다 서로 겸손으로 허리를 동이라"(5절). 젊은이들이 공동체 내의 마땅한 권위에 순복하지 않으면, 그 공동체는 혼란에 빠진다. 젊은이들은 패기와 도전정신을 잃어서는 안 되지만, 다른 한편으로는 겸손하게 자신을 낮추면서 공동체의 질서를 따라야 한다.

이어서 베드로는 신앙 공동체 구성원 모두에게 이렇게 권면한다. "너희 염려를 다 주께 맡기라. 이는 그가 너희를 돌보심이라"(7절). 유배 상황에서 어려움을 겪는 이들은 근심에 빠지기 쉽다. 그러나 그것은 단순한 염려가 아니라 불신앙일 수 있다. 하나님이 돌보고 계심을 믿는 자들은 염려하지 않는다. 결국 그분이 우리를 선한 길로 이끄실 것을 믿으며 자신에게 맡겨진 일을 할 뿐이다.

마지막으로 베드로는 신자들에게 근신하고 깨어 마귀를 대적하라고 권한다(8, 9절). 지금 그들은 단순히 사나운 상황이나 사람들과 싸우는 것이 아니다. 그들의 적은 우는 사자처럼 두루 다니며 먹잇감을 찾고 있는 마귀다. 즉 지금 그들은 혈과 육이 아니라 악의 영들과 싸우는 중이다(엡 6:12 참조). 그러므로 그들은 믿음 위에 굳게 설 필요가 있다. 어떤 믿음일까? 비록 지금은 고난당하고 있을지라도, 은혜로우신 하나님께서 자기들을 온전하고 굳건하게 하시며 서 있는 터를 견고하게 하시리라는 믿음이다. 그리하여 결국 자신들이 그분의 영원한 영광 안으로 들어가게 되리라는 믿음이다(10, 11절).

‖ 거룩

베드로전서의 수신자 교회들은 유배 상황에 처해 있었다. 제국적 차원의 박해까지는 아니지만, 그들이 속한 공동체로부터 주변부로 밀려나고 있었다. 베드로가 그런 상황에 있는 교회들에게 내린 처방은 "거룩"이었다. 그는 그 교회들에게 "너희를 부르신 거룩한 이처럼 너희도 모든 행실에 거룩한 자가 되라"고 요구했다(1:15). 또한 그들을 "택하신 족속이요 왕 같은 제사장들이요 거룩한 나라요 그의 소유가 된 백성"이라고 부르기까지 했다(2:9). 이는 "**제사장 나라**"와 "**거룩한 백성**"이라는 옛 이스라엘의 정체성(출 19:6)을 교회에 적용하는 것이다.[16] 그렇게 함으로써 신약 시대의 교회가 새 이스라엘의 지위를 얻는다.[17] 예수께서 그의 고백 위에 자신의 "교회"를 세우시겠다고 하신(마 16:18) 베드로가 교회를 새 이스라엘로 규정한 것이다.

새 이스라엘의 사명은 옛 이스라엘의 그것과 다르지 않았다. 그들은 세상 속에서 하나님의 거룩한 백성과 제사장 나라로 살아가야 했다. 교회가 그 역할을 감당할 때, 비록 그들의 처지는 세상의 거류민과 나그네에 불과할지라도, 그들을 통해 세상에 하나님의 영광이 드러날 것이다(2:11, 12). 그들이 세상에서 당하는 어려운 시험조차 그분의 영광을 드러내는 수단이 될 것이다(4:12-16).

7부

계시록

하나님의 승리 (요한계시록)

하나님의 승리

요한계시록

요한계시록은 성경 전체의 결론인 것처럼 보인다. 그 책이 창조로 시작된 세상의 종말에 대해 말하는 것처럼 보이기 때문이다. 그러나, 성경의 다른 저자들도 마찬가지지만, 요한계시록의 저자도 자신이 성경을 쓰고 있다는 생각을 하지 않았을 것이고, 성경 전체의 결론을 쓰고 있다는 생각은 더더욱 하지 않았을 것이다. 그럼에도 정경을 엮은 편집자들은 요한계시록을 신약 성경 맨 끝에 놓음으로써 그것이 신·구약 성경 전체의 결론인 것처럼 보이도록 만들었다. 그리고 그것은, 우리가 그 책을 문자적으로 읽지만 않는다면, 아주 적절한 것일 수 있다.

요한계시록을 바르게 읽으려면 무엇보다도 그 책의 장르에 대한 이해가 필요하다. 사실 요한계시록 읽기가 어려운 것은 그 책이 다음과 같은 몇 가지 문학 양식을 뒤섞고 있기 때문이다.[1] 첫째로 편지다. 편지 양식은 책의 서론(1~3장)과 결론(22:6-21)에서 발견된다. 이 양식은 요한계시록이 특정한 교회들을 염두에 두고 쓰였음을 알려준다. 둘째로 예언이다. 요한계시록은 처음부터 에스겔이나 이사야 같은 예언자들이 부르심을 받는 상황과 유사한 서술을 한다(1:10-19). 그뿐 아니라 환상을 통한 신탁이라는 예언의 특성이 두드러지게 나타난다(가령, 7:14-17; 14:8-10). 그러나 우리가 구약의 예언서들을 살필 때 보았듯이, 예언은 미래에 대한 예고(豫告)라기보다 하나님의 말씀을 맡아 전하는 것(預言)을 의미한다. 물론 예언에 미래에 대한 예고가 없는 것은 아니지만, 그것은 지금 여기를 향한 하나님의 뜻을 드러내는 것에 비하면 부차적이다. 요한계시록에는 그런 의미의 예언이 풍성하다. 셋째로 묵시다. 묵시는 오늘 우리에게는 익숙하지 않으나 구약 시대 말과 신약 시대 초에 크게 유행했던 문학 양식이다. 대개 묵시는 천사급 중재자들을 통해 주어지는 환상이라는 형태로 제시되며, 현실에서 보기 어려운 상징적 이미지들을 사용하며, 역사의 종말에 관한 이야기를 전한다. 유념해야 할 것은 이런 묵시가 실제에 대한 묘사가 아니라 저자의 사상을 드러내기 위한 문학적 장치라는 점이다. 그 점을 간과한 채 묵시를 문자적으로 해석하면 독자들은 저자의 의도와 상관없는 엉뚱한 결론에 도달하기 십상이다.

이상을 고려한다면, 우리는 요한계시록을 문자적으로 읽어서는 안 된다. 가령, 예수가 피가 뿌려진 흰옷을 입고 백마를 타고 하늘에서 내려오는 것에 관한 서술(19:11)을 종말에 실제로 일어날 일로 여겨서는 안 된다. 거룩한 성 새 예루살렘이 하늘에서 내려오는 장면에 관한 서술(21:2) 역시 마찬가지다. 그것들은 미래에 실제로 일어날 일들에 대한 묘사가 아니라, 하나님의 최종적 승리와 그때 세상에 일어나리라고 기대되는 영광스러운 일들에 대한 상징적 표현일 뿐이다.

앞에서 우리는 몇 차례에 걸쳐 성경의 각 책의 구조를 아는 것이 그 책을 이해하는 데 도움이 된다고 말한 바 있다. 구조적 측면에서 보면, 요한계시록은 일곱 개의 막으로 이루어진 한 편의 대하드라마다.[2] 이제 그 각각의 막의 내용을 살펴보자.

‖ 1막: 일곱 교회에 보낸 편지

요한계시록은 "요한"이라고 불리는 이가 썼다(1:1). 요한계시록에서 그는 사도가 아니라 단순히 "그 종"이라고 불린다. "그 종 요한"이 예수의 열두 제자 중 하나인 세베대의 아들 요한일 가능성은 거의 없다.[3] 그러나 요한계시록에 나타나는 사상과 언어가 세베대의 아들 요한의 그것과 유사한 것을 보면 저자가 요한 사도에게 영향을 받은 것은 분명해 보인다. 실제로 요한계시록이 묘사하는 예수의 모습은 요한 사도가 묘사하는 예수의 그것과 흡사하다.

학자들은 요한계시록의 저작 연대를 도미티아누스 황제(재위 81-96) 치세 말쯤으로 보고 있다. 도미티아누스는 자기를 "주님이자 하나님의 통치자"라고 주장하면서 누군가 자기의 자리를 넘보는 것을 극히 꺼렸다. 그는 제국 곳곳에 세워 놓은 황제의 제단에서 예배하지 않는 그리스도인과 유대인을 못마땅하게 여겼고 그들을 핍박했다.[4] 아마도 요한은 그런 핍박 과정에서 밧모 섬에 유배되었을 것이다(9절).

요한은 유배된 상태에서 성령에 감동되어 나팔 소리처럼 큰 음성을 듣는다. 그 음성을 발한 이는 그리스도였다. 요한은 자기가 본 그리스도의 모습을 상세하게 묘사한다(12-16절). 그리스도는 요한에게 소아시아의 일곱 교회에 자신의 뜻을 담은 편지를 적어 보내라고 명령한다. 편지의 주된 내용은 그 교회들의 잘못에 대한 비판과 권면이었다(2~3장). 당시 그 교회들은 극심한 핍박을 당하고 있었고, 그로 인해 기독교 신앙을 포기하고 제국에 순응하려는 유혹을 받고 있었다. 요한은 일곱 교회 각각의 문제들을 지적하지만, 그 모든 문제를 종합해 보면 결국 하나로 귀결된다. 지금 교회를 위협하는 엄혹한 현실과 타협할 것이냐, 맞서 싸울 것이냐 하는 것이다.[5] 요한은 그들에게 현실에 굴복하지 말고 끝까지 싸워 이기라고 권한다. 이기는 자는 그리스도와 함께 하늘에 계신 아버지의 보좌에 앉을 것이다(3:21).

2막: 어린 양과 일곱 차례에 걸친 인(印) 심판

요한계시록 4장과 5장은 나눌 수 없는 한 쌍이다.[6] 이 단락에서 요한은 열린 문을 통해 하늘로 올라가 그곳의 형편을 살핀다(4:1). 그가 본 광경은 독자들에게 심리적 안정을 준다. 요한이 본 것을 통해 그들은 세상에서 벌어지고 있는 모든 무서운 일에도 불구하고 하나님이 결국 그 모든 것을 통제하신다는 확신을 얻는다.[7] 4장은 하늘 보좌실의 모습을 전한다. 하나님이 보좌에 앉아 계신다. 그 보좌를 일곱 개의 등불과 스물네 명의 장로와 네 생물이 에워싸고 있다. 장로들과 네 생물은 보좌에 앉으신 이에게 경배하며 "거룩하다, 거룩하다, 거룩하다"(8절)를 외치면서 그분께 영광과 존귀와 감사를 돌린다(9-11절).

4장의 주인공이 하나님이라면, 5장의 주인공은 어린 양이다. 요한은 보좌에 앉으신 이의 손에 일곱 개의 인(印)으로 봉인된 두루마리가 들려 있는 것을 본다(5:1). 아마도 두루마리에는 종말에 하나님이 세계를 심판하고 구원하시는 계획이 적혀 있을 것이다.[8] 누군가 두루마리를 받아 펼치기만 하면 즉각 심판과 구원이 시작될 참이다. 그러나 감히 아무도 두루마리를 펼치지 못한다. 그 상황이 안타까워 요한이 울자 장로들 중 하나가 그에게 두루마리를 펼칠 분이 계시다고 알려준다. 요한이 눈을 들어

보니 일찍이 죽임을 당한 것처럼 보이는 한 어린 양이 서 있다(6절). 그 어린 양이 보좌에 앉으신 이에게서 두루마리를 넘겨받는다. 그러자 네 생물과 이십사 장로가 거문고를 울리고 향을 피워 올리면서 어린 양께 경배를 드린다.

어린 양이 일곱 개의 인을 하나씩 뗄 때마다 세상에 대한 심판이 이행된다(6장; 8:1, 2). 심판은 우주적 차원에서 이루어진다. 여섯 번째 심판이 이행된 직후에 요한은 네 천사가 땅의 네 모퉁이에서 바람을 붙잡고 있는 것을 본다. 천사들은 세상에 대한 심판을 지연시키고 있는 중이다. 심판이 지연되는 동안 다른 천사가 하나님의 인을 들고 와서 이스라엘 각 "지파 중에서" 12,000명씩 도합 144,000명의 이마에 인을 친다(7:1–8). 이것은 이스라엘 백성이 광야 시절에 각 지파에서 전쟁에 임할 장정들을 선발했던 것을 떠올리게 한다(민 1장 참조). 그렇다면 144,000명이라는 숫자는 세상 속에서 하나님 나라를 위해 싸우는 하나님의 군대, 즉 "싸우는 교회(church militant)"를 의미할 수 있다.[9] 이어서 요한은 "각 나라와 족속과 백성들 중에서" 아무도 능히 헤아릴 수 없는 큰 무리가 흰옷을 입고 종려 가지를 들고 나아와 하나님과 어린 양께 경배하는 것을 본다(9–17절). 그들은 모두 어린 양의 피로 옷을 씻어 희어진 자들로, 온갖 환란 속에서도 그리스도의 십자가를 통해 구원에 이른 자들, 즉 "승리한 교회(church triumphant)"를 의미하는 것일 수 있다.[10] 요한이 이런 환상을 본 직후에 어린 양이 일곱 번째 인을 뗀다. 그러자 하늘이 반 시간쯤 고요해지고 그 시간에 성도들이 기도와 향연을 하나님께 올려 드린다. 그러는 사이에 하나님 앞에 있던 일곱 천사가 하나님으로부터 일곱 개의 나팔을 받는다(8:1–5).

‖ 3막: 일곱 차례에 걸친 나팔 심판

일곱 천사에게 나팔을 주신 분은 그리스도가 아니라 하나님이시다. 그러므로 이제 심판의 주체는 어린 양이 아니라 하나님이시다. 일곱 천사가 나팔을 불 때마다 철저한 심판이 이행된다(8~9장). 일곱 인 심판에 이어 일곱 나팔 심판이 이어지는 것은 종말에 있을 세상에 대한 하나님의 심판의 철저함을 보여 준다. 일곱 차례에 걸친 나팔 심판의 대상은 사탄과 사탄이 지배하는 세상이다.[11] 인 심판의 경우처럼, 여섯 번째 나팔 심판이 이행된 후에 잠시 휴지기(休止期)가 나타나고, 그동안에 세 가지 에피소드가 펼쳐진다.

첫 번째 에피소드는 "펼쳐진 두루마리"에 관한 것이다(10장). 요한은 한 천사가 하늘에서 내려오는 것을 보는데, 그의 손에는 펼쳐진 두루마리가 들려져 있다. 아마도 어린 양이 인을 떼어낸 두루마리일 것이다. 앞서 말했듯이 두루마리에는 종말에 있을 세상에 대한 하나님의 심판과 구원에 관한 비밀이 적혀 있을 것이다. 요한이 천사에게 두루마리를 달라고 하자 천사가 넘겨주면서 "갖다 먹어 버리라"고 말한다(9절). 그것을 오래전에 예언자 에스겔에게 임했던 명령과 같다(겔 3:1-3). 요한은 천사의 말대로 그것을 먹는다. 두루마리는 먹을 때는 꿀처럼 달았으나 배에서는 썼다. 아마도 그것은 그 비밀의 내용이 달콤하기는 한데 그것은 세상에 선포하는 일은 고통스러울 것을 알려주는 상징일 것이다. 아무튼 이로써 요한에게는 오래전 이스라엘의 예언자들에게 주어졌던 것과 같은 사명이 주어진 셈이다(10:11).

두 번째 에피소드는 "성전의 측량"에 관한 것이다(11:1, 2). 두루마리를 받아먹은 요한에게 명령이 전달된다. 지팡이 같은 갈대를 들고 "성전과 제단과 그 안에서 경배하는 자들을 측량하라"는 것이었다. 성전과 제단과 경배하는 자들은 각각의 의미가 있다기보다는 교회 공동체 전체를 가리키는 상징이다.[12] 요한에게 주어진 성전 측량에 대한 명령은 예언자 에스겔이 예루살렘 성전을 측량했던 것을 떠올리게 한다(겔 40~48장). 그때도 지금도 성전 측량은 건축과 보호를 의미한다. 그러나 성전의 바깥마당은 측량 대상에서 제외되어 42개월 동안 이방인들에게 짓밟히게 될 것인데, 이것은 종말에 예수의 초림과 재림 사이에 교회가 당할 고난에 대한 상징이다.

세 번째 에피소드는 "두 증인"에 관한 것이다(3-13절). 두 증인은 회개를 상징하는 굵은 베옷을 입고 1,260일, 즉 42개월 동안 예언한다. 그 두 증인은 교회 공동체 전체에 대한 상징이다.[13] 그들이 예언을 마칠 즈음에 무저갱에서 짐승이 올라와 그들을 죽인다. 아마도 짐승은 그리스도의 십자가 사건 때 무저갱에 갇혔을 것이다. 종말에 짐승은 무저갱을 빠져나와 두 증인을 공격하고 결국 그들을 죽인다. 하지만 그것이 끝은 아니다. 삼일 반 후에 하나님께로부터 생기가 나와 죽은 자들에게 들어가고 그들은 살아난다. 그리고 구름을 타고 하늘로 올라간다.

이 에피소드 후에 일곱 번째 나팔이 울리고 하늘에서 음성이 들려온다. "세상 나라가 우리 주와 그의 그리스도의 나라가 되어 그가 세세토록 왕 노릇 하시리로다"(15절). 심판이 절정에 이르는 순간 세상에 대한 하나님과 그리스도의 왕권이 온전하게 세워지리라는 선언이 터져 나온 것이다.

‖ 4막: 승리를 위한 서곡

일곱 나팔 심판에 대한 환상에 이어서 요한은 용과 두 마리 짐승에 관한 환상을 본다(12~14장). 용과 두 마리 짐승은 각각 성부, 성자, 성령에 맞서는 "거룩하지 않은 삼위일체"를 상징한다.[14] 그리고 이들의 활동은 우리가 방금 살펴보았던 종말에 있을 교회에 대한 마귀의 공격을 좀 더 상세하게 설명해 준다.

먼저 요한은 해를 옷처럼 입고 발로 달을 밟고 머리에는 열두 별이 빛나는 관을 쓰고 있는 한 여자를 보는데, 여자는 해산의 고통을 겪고 있다(12:1, 2). 하늘에서 붉은 용 하나가 여자가 산통하는 모습을 지켜보고 있다. 여자가 아기를 낳으면 즉시 삼키기 위해서다. 여자는 아들을 낳는데, 아이는 장차 철장으로 만국을 다스릴 남자다. 아마도 그 아기는 예수 그리스도를 가리킬 것이다. 다행히 아기는 용에게 먹히지 않고 하늘로 올라간다. 그러나 여자는 땅에 남아 있고 용을 피해 광야로 도망쳐 그곳에서 1,260일(42개월) 동안 머문다.

그러는 사이에 하늘에서 붉은 용과 그의 졸개들이 천사장 미가엘과 그의 천사들과 맞붙어 싸우다가 패해 땅으로 쫓겨난다. 하늘에서 쫓겨난 붉은 용은 입으로 물을 토해내 아기 낳은 여자를 익사시키려 한다. 하지만 땅이 입을 벌려 물을 받아낸다. 여자를 해치는 일에 실패한 용은 여자의 남은 자손인 교회와 더불어 싸우기 위해 바닷가 모래 위에 선다(17절).

그때 바다에서 뿔이 열이고 머리가 일곱인 짐승 하나가 올라온다. 용이 그에게 자기의 능력과 권세를 부여한다. 그 힘에 놀란 온 땅이 그를 따른다. 짐승은 42개월 동안 하나님을 모독하고 세상에 남은 성도들을 제압한다. 그로 인해 어린 양의 생명책에 이름이 기록되지 않은 모든 이가 그를 경배한다(13:1-8). 이어서 또 다른 짐승이 등장한다. 머리에 두 뿔이 달린 그 짐승은 바다가 아닌 땅에서 올라온다. 그 짐승의 주된 역할은 사람들이 첫 번째 짐승을 숭배하도록 만드는 것이다. 짐승은 사람들의 오른손이나 이마에 666이라는 숫자 혹은 표를 새겨넣는다(11-18절). 대개 학자들은 요한이 이 단락에서 말하는 붉은 용은 사탄 마귀를, 첫 번째 짐승은 로마 황제 네로를, 두 번째 짐승은 그 황제에 대한 숭배를 촉진하는 역할을 맡았던 이교의 제사장을 가리키는 것으로 여기는데, 요한의 이런 표현은 계시록이 1세기의 시대적 상황을 바탕으로 쓰였음을 고려하면 이해할 만하다.[15]

으스스하고 혼란스러운 환상에 이어 요한은 다시 하늘에 대한 환상을 본다(14:1-5). 그의 눈에 어린 양이 144,000명의 사람들과 함께 시온산에 서 있는 모습이 들어온다. 사람들의 이마에는 어린 양과 아버지의 이름이 새겨져 있다. 이것은 둘째 짐승이 사람들의 이마에 새겨넣은 표와 대조된다. 어린 양과 함께 있는 자들은 큰 소리로 구속을 찬양하는 새 노래를 부른다. 그러는 사이에 세 천사가 공중을 날면서 하나님께 영광을 돌리고, 바벨론의 파멸을 선포하고, 짐승의 표를 받은 자들에게 심판을 선언한다(6-11절). 이것은 붉은 용과 두 짐승의 준동에도 불구하고 결국 하나님이 그들을 심판하고 승리하신다는 것을 알려주는 환상이다.

‖ 5막: 일곱 차례에 걸친 대접 심판

하늘에서 또 다른 표적이 나타난다. 요한은 일곱 천사가 일곱 재앙을 손에 들고 있는 것을 본다. 그것은 앞서 진행된 일곱 차례의 인 심판과 일곱 차례의 나팔 심판의 뒤를 잇는 또 다른 일곱 차례의 심판을 예고한다. 그리고 그것은 하나님의 최종적인 심판이 될 것이다(15:1). 요한은 하늘에서 불이 섞인 유리 바다를 본다(2절). 유리 바다 곁에서 땅에서 짐승의 공격을 막아내고 승리한 자들이 손에 거문고를 들고 하나님의 종 모세의 노래 곧 어린 양의 노래를 부른다. 아마 그들은 세상에서 끝까지 믿음을 지켜낸 교회 공동체를 의미할 것이다. 그들의 노래가 끝나자 하늘의 성전이 열리고 다시 일곱 천사가 나타난다. 그러자 하나님의 보좌 앞에 서 있던 네 생물 중 하나가 그들에게 "하나님의 진노를 가득 담은 금 대접 일곱"을 나눠준다(7절). 짐승이 지배하는 세상에 대한 하나님 최후의 심판이 시작된 것이다.

명령을 받은 천사들이 땅에 대접을 쏟기 시작한다(16장). 처음 네 개의 대접은 땅, 바다, 강과 물샘, 그리고 하늘에 쏟아진다(2-9절). 이것은 하나님의 심판이 온 우주에 미치고 있음을 의미한다. 그러나 이번에 심판은 단순히 자연계에 대해서만 이루어지지 않는다. 그 안에서 살아가는 사람들, 좀 더 정확하게는 짐승의 표를 받고 짐승에게 경배하던 이들에게도 고통이 미친다. 나머지 세 개의 대접은 짐승의 보좌, 유브라데강, 그리고 공중에 쏟아진다(10-21절). 이것은 온 세상을 고통에 빠뜨리고 있는 우주적 악의 세력의 핵심에 대한 하나님의 결정적인 타격을 의미한다.

여기에서 특히 우리는 여섯 번째 대접이 유브라데강에 쏟아지는 것에 주목할 필요가 있다. 유브라데강은 로마 제국과 그 무렵에 동방에서 세력을 확장하고 있던 파르티아 제국 사이에 놓인 강으로 일종의 전선(戰線)이다.[16] 그 강에 심판의 대접이 쏟아진다는 것은 큰 전쟁이 벌어지리라는 암시다. 실제로 유브라데강에 심판의 대접이 쏟아져 강물이 마르자 동방에서 오는 왕들을 위한 길이 열린다(12절). 그러자 붉은 용과 두 짐승의 입에서 더러운 세 영이 나와 온 천하에 다니며 왕들을 부추겨 전쟁터로 집결시킨다. 전쟁터의 이름은 아마겟돈이다(16절).

그러나 세상 왕들의 저항은 소용이 없다. 일곱 번째 천사가 일곱 번째 대접을 공중에 쏟자 모든 것이 끝난다. 하늘에서 번개와 음성과 우렛소리가 들리고, 한 달란트나 되는 큰 우박이 쏟아지고, 땅에서는 지진이 일어나 모든 것이 갈라지고 무너진다. 그로 인해 섬도 없어지고 산도 사라진다. 일곱 번째 대접이 쏟아질 때 하늘에서 큰 음성이 들린다. "되었다"(17

절). 이것은 모든 것이 "끝났다" 혹은 "완성되었다"라는 뜻이다.

‖ 6막: 어린 양과 천년 왕국

하나님의 심판은 끝났다. 그렇다면 그 결과는 어떨까? 일곱 대접을 가진 천사들 중 하나가 요한에게 결과를 알려준다(17:1). 천사는 요한에게 "많은 물 위에 앉은 큰 음녀"를 보여 준다. 그녀는 당시 온 세상을 지배하던 로마 제국을 가리킨다. 이것은 그녀의 이마에 기록된 "바벨론"이라는 이름을 통해 분명해진다(5절). 바벨론은 이스라엘을 약속의 땅에서 끌어내어 유배 생활에 들어가게 했던 나라이고, 아마도 요한은 계시록을 쓸 당시 이스라엘을 비롯해 온 세상을 지배하고 있던 로마 제국을 그 이름으로 불렀을 것이다.

음녀는 붉은빛 짐승을 타고 있다. 그 짐승은 로마의 황제를 가리킨다(3절). 또한 하나님의 교회를 위협하고 있는 마귀를 가리키기도 한다. 그 짐승은 "전에 있었다가 지금은 없으나 장차 무저갱으로부터 올라와 멸망으로 들어갈 자"로 소개된다(8절). 이것은 그 짐승이 예수 이전에 활발하게 활동하다던 예수의 십자가 사건으로 결박당해 무기력한 상태가 되었으나 예수의 재림 직전에 무저갱을 탈출해 최후의 발악을 하며 다시 교회를 공격하게 될 것에 대한 설명이다.[17] 실제로 요한은 천사에게서 종말에 그 짐승이 어린 양과 더불어 싸울 것이라는 말을 듣는다. 하지만 그는 패배하도록 운명 지어져 있다(14-18절).

실제로 요한은 환상을 본 후에 다른 천사 하나가 내려와 큰소리로 "큰 성 바벨론이 무너졌도다, 무너졌도다"라고 선포하는 것을 본다(18:1, 2). 천사의 말에 따르면, 바벨론은 귀신의 처소와 각종 더러운 영과 더럽고 가증한 새들이 모이는 곳이 될 것이다(2b절). 이것은 세상 악의 소굴이 완전히 폐허가 될 것을 의미한다. 그로 인해 바벨론과 더불어 음행하던 이들, 즉 세상의 왕들과 땅의 상인들과 바다에서 일하는 자들이 애곡하게 될 것이다(9-19절). 바벨론의 멸망은 그들의 사치와 쾌락을 위한 토대가 사라졌음을 의미하기 때문이다. 반면에 하늘의 성도와 사도와 선지자들은 크게 기뻐하며 즐거워할 것이다. 그들에 대한 바벨론의 핍박이 멈출 것이기 때문이다(20절).

그 일 후에 요한은 하늘에서 혼인 잔치가 벌어지는 것을 본다(19:1-10). 아마도 혼인 잔치는 그동안 세상을 더럽히고 어지럽힌 악의 무리가 제거된 것을 기념하고 축하하는 자리일 것이다. 혼인 잔치의 주인공은 어린양이다(7절). 그의 신부는 "옳은 행실"이라는 깨끗한 세마포를 입은 성도 곧 모든 시련을 이겨내고 구속함을 받은 교회다(8절).

이어서 요한은 최후의 심판에 따르는 또 다른 결과를 목격한다. 하늘이 열리고 백마와 백마 탄 자가 내려온다(11절). 그는 피가 뿌려진 옷을 입고 있다. 정황상 그는 분명히 예수 그리스도일 것이다. 이 장면은 우리가 이사야서에서 살펴본 내용, 즉 에돔에서 붉은 옷을 입고 나오는 사람을 떠올리게 한다(사 63:1-3 참조). 그 사람은 하나님의 백성 이스라엘을 괴롭혔던 에돔 사람들에게 복수하고 나오는 중이었다. 요한이 본 사람도 그러했을 것이다. 아마도 그는 교회를 괴롭히던 자들을 섬멸하느라 옷에 피가 튀었을 것이다. 그러나 이것을 문자적으로 이해해서는 안 된다. 그가 적들을 섬멸하기 위해 사용한 것은 진짜 검이 아니라 "입에서 나오는 예리한 검"(15절), 즉 말씀이기 때문이다.[18]

이제 요한은 또 다른 천사가 무저갱의 열쇠와 큰 쇠사슬을 들고 내려오는 것을 본다(20:1). 그는 용, 옛 뱀, 혹은 마귀라고 불리는 사탄을 잡아 쇠사슬로 결박한 후 천 년 동안 무저갱에 넣어 가둔다. 이것은 예수의 십자가 사건을 통해 이루어진 일에 대한 설명일 것이다. 그렇다면 이때 언급된 천 년은 예수의 초림에서부터 재림 때까지의 기간을 의미한다.[19] 그 기간에 예수와 하나님에 대한 믿음을 지켰던 성도들이 살아나 그리스도와 더불어 세상을 다스린다. 이른바 천년 왕국의 시대다. 그러나 천 년이 지난 후 사탄은 "반드시 잠깐 놓일 것이다"(3절). 이것은 사탄이 최종적으로 파멸하기 직전에 최후의 반격을 시도할 것을 의미한다. 그는 자기편이 될 자들을 찾아내 저항한다. 하지만 하늘에서 불이 내려와 그들 모두를 태워버린다. 그리고 마귀는 불과 유황 못에 던져져 그곳에서 영원토록 고통당한다(10절).

그렇게 하나님의 최종적인 승리가 확정된 후, 모든 죽은 자들이 큰 자나 작은 자나 할 것 없이 하늘 보좌 앞으로 나아와 판결을 받는다. 생명책에 이름이 기록된 이들은 구원에 이르고, 그들의 행실이 다른 책에 기록된 이들은 심판을 받아 불못에 던져진다(11-15절).

∥ 7막: 하나님의 통치의 완성

이제 요한은 마지막 환상을 본다. 그의 눈에 "새 하늘과 새 땅"이 보인다(21:1). 처음 하늘과 처음 땅은 사라졌다. 그러나 보좌에 앉으신 이가 "내가 만물을 새롭게 하노라"(5절)고 말씀하시는 것에 비추어 보면, 처음 하늘과 처음 땅은 사라졌다기보다 새롭게 갱신되었다고 보는 편이 옳을 것이다.[20] 또한 요한의 눈에 "거룩한 성 새 예루살렘"이 보인다. 새 예루살렘은 마치 신부가 신랑을 위해 단장한 것 같은 모습이다(2절).

이런 무대를 배경으로 하늘의 보좌에서 큰 음성이 난다. "보라, 내가 만물을 새롭게 하노라"(5절). 그분이 만물을 새롭게 하시겠다는 것은 인간의 범죄로 인해 실패했던 첫 창조의 목적을 성취하시겠다는 의지의 표현이다. 그분은 자신이 지으신 만물에 대한 통치라는 애초의 계획을 포기하지 않으셨고 결국 이루실 것이다. 자신을 "알파와 오메가요 처음과 마지막"이라고 밝히신 그분은 이어서 자신이 "이기는 자"에게 생명수 샘물을 값없이 줄 것이고, "나는 그의 하나님이 되고 그는 내 아들이 되리라"고 약속하신다(6, 7절). 이때 그가 말한 "이기는 자"는 사탄 마귀와의 싸움에서 이긴 자를 가리킨다.

보좌에 앉으신 이의 말씀이 끝나자 일곱 천사 중 하나가 요한에게 다가온다. 그는 요한에게 "어린 양의 아내"를 보이겠노라고 말한다. 그가 보여 준 어린 양의 아내는 다름 아닌 "하늘에서 내려오는 거룩한 성 예루살렘"이다(10절). 이는 하늘에 있던 하나님의 교회를 상징한다. 요한계시록 전체의 문맥에서 새 예루살렘은 "교회"를 가리키고, 그 교회는 늘 하늘과 땅에 동시에 존재한다.[21] 그런데 사탄 마귀가 패배하고 새 창조가 이루어지자 땅과 하늘의 경계가 사라졌다. 그로 인해 하늘에 있던 거룩한 성 예루살렘이 땅으로 내려와 어린 양이신 그리스도와 혼인하게 된 것이다.

천사가 보여 준 거룩한 성 예루살렘은 크고, 높고, 견고하고, 빛나고, 아름답다(12-21절). 요한이 이런 구절들을 통해 묘사하는 것은 우리가 죽어서 가게 될 "천국"이 아니라 이 땅으로 내려오는 거룩한 성 예루살렘 곧 어린 양이신 그리스도의 신부인 "교회"의 모습이다. 놀랍게도 거룩한 성 안에는 성전이 존재하지 않는다. 하나님과 어린 양이 몸소 성전이시기 때문이다(22절). 또한 그 성에는 해와 달도 필요하지 않다. 하나님의 영광이 비치고 어린 양이 등불이 되기 때문이다(23절). 이 모든 것은 종말에 그리스도의 신부로서 그분과 하나가 될 교회가 어떤 모습일지를 보여 준다.

그렇다면 거룩한 성에서의 삶은 어떠할까? 요한은 하나님과 어린 양의 보좌로부터 수정처럼 맑은 생명수의 강이 흘러나와 온갖 열매를 맺는 모습을 본다(22:1, 2). 이것은 태초에 에덴에서 흘러나왔던 강물(창 2:10-14)과 에스겔이 성전에서 흘러나오는 것을 보았던 생명수 강물(겔 47:1-5)을 떠올리게 한다. 둘 다 생명을 소성케 하고 세상을 풍요롭게 하는 물이다. 그런데 그 물이 거룩한 성에서 흘러나오고 있다. 이것은 그리스도와 결합한 교회의 충만한 생명력을 보여 준다.

또한 요한은 거룩한 성 안에서 사람들이 하나님과 어린 양의 보좌 앞에서 그분들의 얼굴을 보며 섬기는 모습을 본다(3, 4절). 이것은 아담과 하와가 에덴동산에서 하나님과 대면해 교제하던 상황이 회복되었음을 의미한다. 또한 그곳에는 하나님이 몸소 빛이 되시기에 다시는 밤도 없고 따라서 등불과 햇빛도 필요하지 않다. 그로 인해 사람들은 밝은 빛 속에서 영원토록 왕 노릇을 한다(5절). 이것은 에덴동산에서 아담과 하와에게 주어졌던 만물에 대한 통치 권한이 회복되었음을 의미한다. 결국 요한이 마지막으로 본 것은 하나님이 천지를 창조하실 때 품으셨던 꿈, 즉 자신이 지으신 세상을 자기 뜻대로 다스리고자 하신 꿈이 완전하게 성취된 상태였다.

∥ 에필로그

이제 천사가 모든 환상을 본 요한에게 마지막 말을 한다. 그의 말의 요지는 요한이 보고 들은 모든 환상과 말들이 참되며 속히 이루어지리라는 것이었다(22:6). 그러니 사람들에게 그가 보고 들은 것을 지켜 행하게 하라는 것이었다(7절). 요한은 지금까지 보고 들은 모든 것을 기록해야 했는데(1:19; 14:13), 그것을 인봉하지는 말아야 했다. 그 모든 것이 실현될 때가 가까웠기 때문이다(10절). 요한이 전하는 말을 듣고 자신의 두루마기를 **빠**는 자들, 즉 자신에게서 더러운 것을 제거하고 거룩한 삶을 사는 이들은 거룩한 성에 들어갈 권세를 얻을 것이다. 그러나 여전히 더럽고 악한 삶을 사는 자들은 권세를 얻지 못해 성 밖에 머물게 될 것이다(14절).

천사가 말을 마치자 예수께서 직접 나서서 그 모든 말에 대해 권위를 부여하신다(16절). 이어서 성령과 어린 양의 신부가 나서서 요한의 메시지를 읽는 독자들을 초청한다. "듣는 자는 오라. 목마른 자도 오라. 원하는 자는 값없이 생명수를 받으라"(17절). 그리고 다시 예수께서 말씀하신다. "내가 진실로 속히 오리라." 그 말씀을 들은 요한이 외친다. "아멘, 주 예수여 오시옵소서!"

들어가는 글

1. 톰 라이트, 백지윤 옮김, 《이것이 복음이다》, IVP, 2017, 11-27쪽.

하나님의 실패 (창세기 1~11장)

1. 피터 엔즈, 김구원 옮김, 《성육신의 관점에서 본 성경 영감설》, CLC, 2006, 24-26쪽.

2. 데니스 O. 라무뤼, 김광남 옮김, "역사적 아담은 없다: 진화적 창조론," 《아담의 역사성 논쟁》, 새물결플러스, 2015, 74쪽.

3. 이상은 존 월튼, 김광남 옮김, 《아담과 하와의 잃어버린 세계》(새물결플러스, 2018), 피터 엔즈, 장가람 옮김, 《아담의 진화》(CLC, 2014), 피터 엔즈, 김구원 옮김, 《성육신의 관점에서 본 성경 영감설》(CLC, 2006) 등에 실려 있는 아트라하시스에 관한 이야기를 종합한 것이다.

4. 피터 엔즈, 54-55쪽.

5. 이 구분은 월터 브루거만, 강성열 옮김, 《현대성서주석 창세기》, 2012, 47쪽에서 빌려왔다.

6. 존 월튼, 특히 126-148쪽.

하나님의 새로운 시작 (창세기 12~50장)

1. 도날드 A. 헤그너, 이창국 옮김, 《히브리서의 신학적 강해》, 크리스챤출판사, 2008, 36-37쪽.

2. 쇠얀 키르케고르, 임춘갑 옮김, 《공포와 전율》, 도서출판 치우, 2011.

3. 월터 브루거만은 그를 "화평의 사람"으로 묘사하면서(창 26:29) 그것이 그에게 하나님의 복이 임하는 이유로 설명한다. 월터 브루거만, 강성열 옮김, 《현대성서 주석 창세기》, 한국장로교출판사, 2012, 341쪽.

4. 월터 브루거만, 523쪽.

언약 백성의 탄생 (출애굽기)

1. 스캇 맥나이트, 김광남 옮김, 《하나님 나라의 비밀》, 새물결플러스, 2016, 58쪽.
2. 나는 이 이야기를 다른 책에서 상세하게 다룬 적이 있다. 김광남, 《한국교회, 예 레미야에게 길을 묻다》, 아바서원, 2013, 295-301쪽.
3. E. 샤르팡티에, 안병철 옮김, 《구약성서의 길잡이》, 바오로딸, 2003, 82쪽.
4. 하비 콕스, 김동혁 옮김, 《성서 어떻게 읽을 것인가》, RHK, 2017, 67-102쪽.
5. 여기서 콕스는 니일 실버만과 이스라엘 핑켈스타인이 함께 쓴 《발굴된 성서》라 는 책을 주로 인용한다. 이 책은 우리나라에서 《성경: 고고학인가 전설인가》(까 치. 2002)라는 제목으로 역간되었다.
6. 하비 콕스, 97-98쪽.
7. 김영진, 《이스라엘 역사》, 이레서원, 2006, 149쪽.
8. 같은 책, 150-51쪽.
9. G. W. 앤더슨, 김찬국 옮김, 《이스라엘 역사와 종교》, 대한기독교서회, 1994, 34쪽.
10. 존 브라이트, 박문재 옮김, 《이스라엘 역사》, 크리스챤다이제스트, 2010, 158쪽.
11. 김회권, 《하나님 나라 신학으로 읽는 모세오경》, 복 있는 사람, 2017, 581쪽.
12. 같은 책, 563-64쪽.
13. 같은 책, 593쪽.
14. 김동문 글, 신현욱 그림, 《낮은 자의 하나님을 만나는 중동의 눈으로 읽는 성 경》, 선율, 2018, 92-113쪽.

언약 백성의 조건 (레위기, 민수기, 신명기)

1. 레위기, 민수기, 신명기의 구조에 대한 설명은 김회권, 《하나님 나라 신학으로 읽는 모세오경》, 복 있는 사람, 2017에서 가져왔다.
2. 같은 책, 667쪽.
3. R. N. 와이브레이, 차준희 옮김, 《오경 입문》, 대한기독교서회, 2005, 173-74 쪽. "오경의 법들이 지니는 독특한 특징은, 그것들이 언약 체결을 통하여 하나님 으로부터 백성들에게 직접적으로 전달되었다는 점이다. 대부분이 모세의 중재

를 통하기는 하지만, 그는 단지 하나님이 그에게 명한 말씀을 백성에게 반복할 따름이었다."

4. 같은 책, 182쪽. "율법은 또한 백성에게 주어진 하나님의 옛 선물이었다. 그것은 분명 이스라엘을 현재와 미래의 순종으로 의무 지우기도 하지만, 또한 그들에게 은총을 부으시는 하나님의 권능과 의지를 증거하기도 했다."

5. Yechiel Eckstein, *How Firm a Foundation*, Paraclete Press, 1997, 27, 30쪽.

6. 김은수, 《개혁주의 신앙의 기초 III》, SFC, 2010, 128-130쪽. 김은수는 이것이 Ursinus가 쓴 《하이델베르크 요리문답 해설》에 기초한 것임을 밝히고 있다.

7. 존 칼빈, 원광연 옮김, 《기독교 강요 (상)》, 크리스챤다이제스트, 2011년, 451쪽.

8. 김회권, 1079쪽.

9. 김경열, 《레위기의 신학과 해석》, 새물결플러스, 2016; 김선종, 《레위기 성결 법전의 신학과 윤리》, CLC, 2018; 성기문, 《키워드로 읽는 레위기》, 세움북스, 2016.

10. 김경열, 19쪽.

11. 김회권, 668쪽.

12. 같은 책, 1169쪽.

13. 같은 책, 811쪽.

가나안 정복 전쟁 (여호수아)

1. 김용옥, 《여자란 무엇인가》, 통나무, 1997, 264쪽.

2. 사무엘상은 이스라엘의 초대 왕 사울이 블레셋과 싸우던 무렵의 상황을 이렇게 전한다. "그때에 이스라엘 온 땅에 철공이 없었으니 이는 블레셋 사람들이 말하기를 히브리 사람이 칼이나 창을 만들까 두렵다 하였음이라.… 싸우는 날에 사울과 요나단과 함께 한 백성의 손에는 칼이나 창이 없고 오직 사울과 그의 아들 요나단에게만 있었더라"(삼상 13:19, 22).

3. 김용옥, 같은 쪽.

4. "육경의 신학"에 관한 내용은 임운규 선교사의 블로그에서 가져왔다. "육경, 신명기, 역대기사가 이해," http://blog.daum.net/_blog/BlogTypeView.do?blogid=02U5L&articleno=820948&categoryId=108837&regdt=20040702184914 (2018년 12월 6일 접속)

5. 톰 라이트, 백지윤 옮김, 《땅에서 부르는 하늘의 노래 시편》, IVP, 2017, 173쪽.

6. 하비 콕스, 김동혁 옮김, 《성서 어떻게 읽을 것인가》, RHK, 2015, 113쪽.

7. 빈센트 브래닉, 임숙희 옮김, 《구약성경의 이해—역사서》, 바오로딸, 2013, 29-32쪽.

이스라엘의 가나안화 (사사기)

1. 빈센트 P. 브래닉, 임숙희 옮김, 《구약성경의 이해 역사서》, 바오로딸, 2013,
2. 데이비드 벨드먼, 김광남 옮김, 《왕을 버리다: 사사기》, 이레서원, 2018, 44쪽.
3. 같은 책, 48-53쪽.
4. 같은 책, 86-96쪽.
5. 김회권, 《하나님 나라 신학으로 읽는 모세오경》, 복 있는 사람, 2017, 858쪽.
6. 빈센트 P. 브래닉, 67쪽.
7. 데이비드 벨드먼, 69-85쪽.

왕정 시대의 개막 (사무엘상)

1. 월터 브루거만, 차종순 옮김, 《현대성서주석 사무엘상·하》, 한국장로교출판사, 2010, 160. "사울에 대한 사무엘의 반응은 우리로서도 준비되지 못한 급작스러운 선언이었다. 사울도 또한 그와 같은 판결에 준비되어 있지 않았다."
2. 박종구, 《다윗: 야누스의 얼굴》, 서강대학교출판부, 2015, 135쪽. "사회적 위상을 염두에 둔다면, 오늘의 사무엘(예언자)은 어제의 사무엘(판관)이 아니며, 오늘의 사울(왕)은 어제의 사울(농부)이 아니었다. 달리 생각하면, 농사를 짓던 평범한 젊은이가 백성의 통치자(나기드, nagid)처럼 살아온 사무엘의 지위를 차지했고, 그 때문에 기존의 영향력을 잃게 된 사무엘은 예상하지 못한 낮추어진 사회적 위상을 겪어야 했다."
3. 빈센트 P. 브래닉, 임숙희 옮김, 《구약성경의 이해 역사서》, 바오로딸, 2013, 75-76쪽.
4. 박종구, 172쪽.
5. 성서학자들은 여호수아서, 사사기, 사무엘서, 열왕기가 그것들의 서문 역할을 하는 신명기와 밀접하게 연결되어 있음에 주목하면서 그것들을 "신명기계 역사서"라고 부른다. 이 책들의 저자들은 주전 6세기 바벨론 유배의 관점에서 출애굽 이후부터 주전 587년에 바벨론이 멸망할 때까지의 역사를 기록했다. 빈센트 P. 브래닉, 19-26쪽.
6. 사무엘하 21:19에서 이 괄호 안의 단어들은 작은 글자로 되어 있다. 이것은 그 내용이 확실하지 않다는 것을 의미한다.

7. 박종구, 196-104쪽.

8. 조나단 커시, 조윤정 옮김, 《킹 다윗》, 다른세상, 2014, 140-141쪽.

9. 같은 책 145쪽.

10. 월터 브루거만, 288쪽.

11. 조나단 커시, 168-169쪽.

하나님의 마음에 합한 자 (사무엘하)

1. 존 브라이트, 박문재 옮김, 《이스라엘 역사》, 크리스챤다이제스트, 2010, 255-
   257쪽.

2. 같은 책, 265쪽.

3. 월터 브루거만, 차종순 옮김, 《현대성서주석 사무엘상·하》, 한국장로교출판사,
   2010, 370-72쪽.

4. 존 H. 월튼, 김광남 옮김, 《아담과 하와의 잃어버린 세계》, 새물결플러스, 2018,
   86쪽.

5. 존 브라이트, 277쪽.

6. 유진 피터슨, 박성혁 옮김, 《사무엘서 강해》, 아바서원, 2013, 286쪽.

북왕국의 멸망 (열왕기)

1. 이 책에서 사용하는 북왕국 이스라엘과 남왕국 유다의 왕들의 연표는 김정주,
   《열왕기 어떻게 읽을 것인가》, 킹덤북스, 2013, 101-103쪽을 따른다.

2. 빈센트 P. 브래닉, 임숙희 옮김, 《구약성경의 이해 역사서》, 바오로딸, 2013, 136쪽.

3. 리차드 넬슨, 김회권 옮김, 《현대성서주석 열왕기상·하》, 한국장로교출판사,
   30-38쪽.

4. 같은 책, 142쪽.

5. 김정주, 130쪽.

6. 같은 책, 186쪽.

7. 리차드 넬슨, 351쪽.

8. 베가의 통치 기간은 혼란스럽다. 열왕기는 베가가 사마리아에서 20년간 다스렸
   다고 전하는데(왕하 15:27), 아마도 그것은 열왕기 저자가 베가가 왕이 되기 전 길
   르앗 지역을 장악하고 다스렸던 기간까지 그의 통치로 계산했기 때문에 발생
   한 혼란일 수 있다. 김태훈, "이스라엘 왕 므나헴과 베가의 분열 이스라엘과 그
   들의 국제 관계에 대한 연구"《신학과 사회 30(1)》 2016, http://210.101.116.28/

W_files/kiss9/6p900025_pv.pdf. (2019년 2월 4일 접속).

9. 리차드 넬슨, 168쪽. 김정주, 14-31쪽.

10. 김정주, 15쪽, 비센트 P. 브래닉, 122쪽.

11. 김정주, 26-29쪽.

남왕국의 멸망 (열왕기)

1. 김정주, 《열왕기 어떻게 읽을 것인가》, 킹덤북스, 2013, 105쪽.

2. 리차드 넬슨, 김회권 옮김, 《현대성서주석 열왕기상 · 하》, 한국장로교출판사, 141쪽.

3. 선왕인 아사와의 공동 통치 기간을 포함하고 있다. 열왕기 저자는 공동 통치 혹은 섭정 기간까지 모두 통치 기간으로 잡고 있다.

4. "웃시야," 《아가페 성경사전》, 아가페 출판사, 1991, 1359쪽.

5. 리차드 넬슨, 418쪽.

6. 유진 피터슨, 김순현 외 옮김, 《메시지》, 복 있는 사람, 2015, 582-83쪽.

유다 공동체의 형성 (에스라, 느헤미야)

1. 역대기계 역사서에 관한 내용은 빈센트 P. 브래닉, 임숙희 옮김, 《구약성경의 이해 역사서》, 2013, 189-191, 210-213쪽의 내용을 정리한 것이다.

2. 존 브라이트, 박문재 옮김, 《이스라엘 역사》, 크리스챤다이제스트, 2010, 496쪽.

3. "스룹바벨," 《아가페 성경사전》, 아가페 출판사, 1992, 915-916쪽.

4. 웨인 맥 리오드, 차명호 · 김광남 옮김, 《컴파스 바이블 스터디-역대상 · 하, 에스라, 느헤미야, 에스더》, 미션월드, 2011, 456쪽.

5. 같은 책, 473쪽.

6. 같은 책, 499쪽.

7. 존 브라이트, 534쪽.

8. 같은 책, 537쪽.

주전 8세기의 예언자들 (아모스, 호세아, 제1이사야, 미가)

1. 김회권, 《성서주석 이사야 I》, 대한기독교서회, 2006년, 108쪽.

2. 게르하르트 폰 라트, 김광남 옮김, 《예언자들의 메시지》, 비전북, 2011, 186쪽.

3. 같은 책, 200쪽.

4. 김회권, 53쪽.

5. 같은 책, 610쪽.

6. 랄프 스미드, 채천석 · 채훈 옮김, 《WBC 주석 미가—말라기》, 솔로몬 출판사, 2001, 84쪽.

주전 7세기의 예언자들 (나훔, 하박국, 스바냐)

1. 게르하르트 폰 라트, 김광남 옮김, 《예언자들의 메시지》, 비전북, 2011, 275쪽. "하박국서를 읽는 독자들은 여호와와 그 예언자의 관계에서 나타나는 변화에 놀라지 않을 수 없을 것이다. 역할이 뒤바뀐 듯 보인다. 주도권은 예언자에게 있다. 불만과 짜증을 드러내는 쪽이 예언자이기 때문이다. 반면에 여호와께서는 질문을 받는 자가 되신다."

2. 랄프 스미드, 채천석 · 채훈 옮김, 《WBC 주석 미가—말라기》, 솔로몬 출판사, 2001, 158-61쪽.

절망 중에 부르는 희망의 노래 (예레미야)

1. 게르하르트 폰 라트, 김광남 옮김, 《예언자들의 메시지》, 2011, 280쪽.

2. 우리말 개역개정역은 히브리어 원전을 따라 "여호야김이 다스리기 시작할 때에"라고 번역하고 있으나, 이 사건이 여호야김 때 일어났을 가능성은 거의 없다. 아마도 실제 시점은 시드기야 즉위 초기보다는 약간 더 늦은 시기였을 것이다. 도날드 클레멘츠, 김회권 옮김, 《현대성서주석 예레미야》, 한국장로교출판사, 2002, 248쪽.

3. 게르하르트 폰 라트, 301쪽.

희망의 이유 (에스겔)

1. 많은 학자들이 에스겔의 목회사역에 주목하고 있다. 게르하르트 폰 라트, 김광남 옮김, 《예언자들의 메시지》, 비전북, 2011, 340-346쪽. 도날드 E. 고웬, 차준희 옮김, 《구약 예언서 신학》, 대학기독교서회, 2007, 287쪽. 이희학, 《예언자들의 신앙과 삶》, 프리칭 아카데미, 2010, 289쪽.

2. 죠셉 블렌킨숍, 박문재 옮김, 《현대성서주석 에스겔》, 한국장로교출판사, 2010, 318쪽.

하나님의 새 일 (제2이사야)

1. 도널드 E. 고웬, 차준희 옮김, 《구약 예언서 신학》, 대한기독교서회, 2007, 347-48쪽.

2. 40:1-11에 등장하는 "너희"를 실체가 아니라 그저 강조하기 위한 표현으로 여기는 학자도 있다. "1-2절에 있는 동사들, 곧 '위로하다'와 '말하다' 및 '선포하다' 등으로 번역되는 히브리어 동사 형태들은 모두 복수형으로 되어 있다. 대명사 '너희'도 마찬가지이다. 1-11절에 있는 전령들은 아마도 실체가 없는 자들일 것이다. 그들은 순전히 극적인 효과를 노리기 위해 사용되고 있을 뿐이다." 로버트 치즈홀름, 강성열 옮김, 《예언서 개론》, 크리스챤다이제스트, 2014, 139-40쪽.

3. 제2이사야서에는 특별히 주님이 택하신 종에 관해 언급하는 이른바 "종의 노래"라는 것이 4편 등장한다. 그 노래들은 해석하기가 매우 복잡하지만, 주님이 원하시는 종의 모습을 그린다는 점에서 공통점을 갖는다. 네 편의 노래는 다음과 같다. 42:1-4; 49:1-6; 50:4-11a; 52:13~53:12.

4. 폴 D. 핸슨, 이인세 옮김, 《현대성서주석 이사야 40-66》, 한국장로교출판사, 2012, 81쪽.

포로기 이후의 예언자들 (제3이사야, 학개, 말라기)

1. 게르하르트 폰 라트, 김광남 옮김, 《예언자들의 메시지》, 비전북, 2001, 424쪽.

2. 도날드 E. 고웬 , 차준희 옮김, 《구약 예언서 신학》, 대학기독교서회, 2007, 382쪽.

3. 랄프 스미드, 채천석 · 채훈 옮김, 《WBC 주석 미가-말라기》, 솔로몬 출판사, 2001, 424-25쪽.

거침없는 사자 (마가복음)

1. 이상의 내용은 크레이그 바르톨로뮤 · 마이클 고힌, 김명희 옮김, 《성경은 드라마다》, IVP, 161-181쪽에서 가져왔다.

2. 이 질문에 대한 나름의 답을 제공하는 책들은 꽤 많다. 그중 쉽게 읽을 만한 것들은 다음과 같다. 리처드 A. 버릿지, 김경진 옮김, 《네 편의 복음서, 한 분의 예수?》, UCN, 2000(이 책은 최근에 비아출판사에서 《사복음서와 만나다》라는 이름으로 다시 나왔다); 피터 라잇하르트, 안정진 옮김, 《손에 잡히는 사복음서》, IVP, 2018.

3. 이에 대해서는 리처드 A. 버릿지, 48-54쪽을 보라. 사복음서를 상징하는 생물들에 대한 설명은 모두 버릿지에게 의존한다.

4. 리처드 A. 버릿지, 73쪽.

5. 같은 책, 75쪽.

6. 라마 윌리암슨, 소기천 옮김, 《현대성서주석 마가복음》, 한국장로교출판사, 2001, 120쪽.

7. 존 스토트, 김동규 옮김, 《신약의 메시지》, 아바서원, 2013, 41쪽.

8. 라마 윌리암슨, 353쪽.

9. 피터 라잇하르트, 214쪽.

10. 라마 윌리암슨, 291-92쪽.

11. 같은 책, 292쪽.

12. 대부분의 학자들은 마가복음 16:9-20을 마가의 원래의 본문으로 여기지 않는다. 라마 윌리암슨, 424쪽; 베르너 H. 켈버, 서중석 옮김, 《마가의 예수 이야기》, 1987, 118쪽.

13. 이른바 신학적 자유주의자들은 대부분 예수의 육체적 부활을 인정하지 않는다. 그런 학자들 중 대표적인 사람으로 로버트 펑크가 있다. 로버트 펑크, 김준우 옮김, 《예수에게 솔직히》, 한국기독교연구소, 2006, 394-424쪽. 존 셸비 스퐁은 애초에 마가복음에는 들어 있지 않았던 예수의 부활 후 출현 이야기가 마가복음의 "더 긴 결말"로 발전하고, 그 후에 다시 마태, 누가 그리고 요한복음을 거치면서 점점 더 풍성해지는 것을 지적한다. 즉 그의 주장은 예수의 육체적 부활은 실제 사건이 아니라 초대 교회의 신학적 작업이라는 것이다. 존 셸비 스퐁, 변영권 옮김, 《아름다운 합일의 길 요한복음》, 2018, 339-348쪽.

지혜로운 선생 (마태복음)

1. 더글라스 R. A. 헤어, 최재덕 옮김, 《현대성서주석 마태복음》, 한국장로교출판사, 2001, 25쪽.

2. 리처드 A. 버릿지, 김경진 옮김, 《네 편의 복음서, 한 분의 예수?》, UCN, 2000, 142-145쪽.

3. 같은 책, 111쪽.

4. 같은 책, 113쪽.

5. 같은 책, 128쪽.

6. 울리히 루츠, 박정수 옮김, 《마태공동체의 예수 이야기》, 대한기독교서회, 2002, 102-109쪽.

7. 더글라스 R. A. 헤어, 269-70쪽.

8. 같은 책, 291-305쪽.

9. 같은 책. 헤어, 375쪽.

우직한 황소 (누가복음)

1. 프레드 B. 크래독, 박선규 옮김, 《현대성서주석 누가복음》, 한국장로교출판사, 2010, 48-51쪽.

2. 같은 책, 89쪽.

3. 리처드 A. 버릿지, 김경진 옮김, 《네 편의 복음서, 한 분의 예수?》, UCN, 2000, 169쪽.

4. 존 스토트, 김동규 옮김, 《신약의 메시지》, 아바서원, 2013, 117쪽.

5. 리처드 A. 버릿지, 180쪽.

6. 프레드 B. 크래독, 339쪽.

높이 나는 독수리 (요한복음)

1. 그래이엄 스탠턴, 김동건 옮김, 《복음서와 예수》, 대한기독교서회, 1996, 135쪽.

2. 리처드 A. 버릿지, 《네 편의 복음서, 한 분의 예수?》, UCN, 2000, 203-213쪽.

3. 같은 책, 213쪽.

4. 레슬리 뉴비긴, 홍병룡 옮김, 《레슬리 뉴비긴의 요한복음 강해》, IVP, 2001, 55-56쪽.

5. 같은 책, 333쪽.

6. 같은 책, 350쪽.

7. 그레이엄 스탠턴, 129쪽.

8. 그 단어를 마태는 12차례, 마가는 7차례, 누가는 13차례 사용한다. 요한은 그의 서신서에서도 그 단어를 39차례 사용한다.

이스라엘을 넘어서 (사도행전)

1. 룩 존슨, 채천석 옮김, "제9장 누가-행전," 《최신 신약개론》, 크리스챤다이제스트, 1998, 272쪽.

2. 존 스토트, 정옥배 옮김, 《사도행전 강해》, IVP, 2013, 210쪽.

3. 이하의 연도는 존 스토트의 것을 따른다. 같은 책, 11쪽.

4. 같은 책, 378쪽.

5. 이종철, 《바울의 거침없이 담대하게》, 올리브북스, 2014, 81쪽.

6. 존 스토트, 462쪽. 성경 본문은 예루살렘 교회를 언급하지 않으나 스토트는 이때 바울이 방문해 안부를 물은 교회가 예루살렘 교회였을 것이라고 주장한다.

7. 이종철, 157-58쪽.

8. 존 스토트, 562쪽.

바울의 싸움 (데살로니가전서, 갈라디아서)

1. 존 스토트, 정옥배 옮김, 《데살로니가전후서 강해 복음 · 종말 · 교회》, IVP, 1993, 94쪽.

2. 같은 책, 104쪽.

3. 마커스 보그 · 존 도미닉 크로산, 김준우 옮김, 《첫 번째 바울의 복음》, 한국기독교연구소, 2013, 254–57쪽.

4. 주후 49년에 쓰였다고 주장하는 이들도 있는데 그럴 경우 갈라디아서가 바울의 가장 이른 시기의 편지가 된다. 최갑종, 《사도 바울》, 기독교연합신문사, 2001, 271쪽.

5. 권연경, 《갈라디아서 어떻게 읽을 것인가》, 성서유니온선교회, 2013, 189–196쪽.

6. 같은 책, 246쪽.

교회의 하나 됨 (고린도전서, 에베소서)

1. 리처드 B. 헤이스, 유승원 옮김, 《현대성서주석 고린도전서》, 한국장로교출판사, 2011, 82쪽.

2. 데이비드 프라이어, 정옥배 옮김, 《고린도전서 강해》, IVP, 2012, 187–88쪽.

3. 리처드 B. 헤이스, 275쪽.

4. 같은 책, 309–325쪽.

5. 같은 책, 315쪽.

6. 같은 책, 327쪽.

7. 같은 책, 347쪽,

8. 룩 존슨, 채천석 옮김, 《최신 신약개론》, 크리스챤다이제스트, 1998, 397쪽.

9. 물론 예수의 부활의 역사성이라는 문제는 아주 중요하다. 최근에 나는 1년여에 걸쳐 Michael Licona가 쓴 예수의 부활에 관한 방대한 책을 번역했다. *The Resurrection of Jesus*, IVP Academic, 2010 (새물결플러스 근간). 그 책에서 고린도전서 15장은 예수 부활의 역사성을 입증하는 가장 중요한 자료로 평가된다. 그럼에도 바울이 고린도전서 15장에서 실제로 예수의 부활의 역사성이라는 문제에 대한 체계적인 답변을 시도했다고 보기는 어렵다. 아마도 그는 그 문제 역시 고린도 교회의 문제 중 하나로 여기며 목회적 차원에서 접근했을 것이다.

10. 존 스토트는 그의 에베소서 강해의 부제목을 "하나님의 새로운 사회"(God"s

new society)라고 정했다. 존 스토트, 정옥배 옮김, 《에베소서 강해》, IVP, 2014.

11. 같은 책, 143쪽.

온 세상을 위한 복음 (로마서)

1. 존 스토트, 정옥배 옮김, 《로마서 강해》, IVP, 2013, 72쪽.

2. 존 칼빈, 원광연 옮김, 《기독교 강요 (상)》, 크리스챤다이제스트, 2011, 49-52쪽.

3. 존 스토트, 119쪽.

4. 폴 악트마이어, 김도현 옮김, 《현대성서주석 로마서》, 한국장로교출판사, 2013, 105쪽.

5. 존 스토트, 252쪽.

6. 폴 악트마이어, 199쪽.

7. 같은 책, 201쪽.

8. 그러나 이때의 율법주의는 율법을 철저히 지키려는 열정을 의미하지 않는다. 오히려 율법을 소유하고 자랑하면서도 실제로는 율법 중 특별히 제사와 정결례와 관련된 몇 가지 조항들에만 집작할 뿐 그것을 실천하지 않았던 이율배반적 태도를 가리킨다. 권연경, 《로마서 산책》, 복 있는 사람, 2010, 277-279쪽.

9. 존 스토트, 422쪽.

위기에 처한 신자들을 위한 설교 (히브리서)

1. 루크 존슨, 채천석 옮김, 《최신 신약개론》, 크리스챤다이제스트, 1998, 564쪽. "히브리서는 설교에 가장 가깝다. 히브리서 저자는 자신이 권면의 말을 썼다고 말한다(13:22). 문체도 그러한 설명과 잘 맞는다."

2. 윌리암 L. 레인, 채천석 옮김, 《WBC 주석 히브리서 1-8》, 솔로몬, 2011, 277쪽. "1세기 이전에는 천사들이 율법의 전달에서 중재적인 역할을 했다는 확신이 퍼져 있었다."

3. 도날드 A. 헤그너, 이창국 옮김, 《히브리서의 신학적 강해》, 크리스챤 출판사, 2008, 82쪽. 윌리암 L. 레인, 306쪽.

4. 같은 책, 98쪽.

5. 윌리엄 L. 레인, 채천석 옮김, 《WBC 주석 히브리서 9-13》, 솔로몬, 2007, 240쪽.

6. 같은 책, 586쪽.

다시 거룩한 백성 (야고보서, 베드로전서)

1. 채영삼, 《십자가와 선한 양심》, 이레서원, 2014, 456쪽.

2. 룩 존슨, 채천석 옮김, 《최신 신약개론》, 크리스챤다이제스트, 1998, 620쪽.

3. 같은 책, 623쪽.

4. 같은 책, 624쪽.

5. 존 스토트, 김동규 옮김, 《신약의 메시지》, 아바서원, 2013, 247-250쪽.

6. 같은 책, 245-46쪽.

7. 같은 책, 240-42쪽.

8. 권연경, 《행위 없는 구원?》, SFC, 2009, 73쪽.

9. 채영삼, 167-168쪽. "로마 사회가 공식적으로 정부 차원에서 정책적으로 기독교를 핍박한 것은 2세기경 트라얀 황제 통치 이후인데, 베드로전서의 정황은 아직 로마 정부와는 충돌하지 않고 있고(벧전 2:12, 13), 대체로 일상적이고 지역적인 차원에서 부딪히는 오해나 비방 혹은 간헐적인 핍박 정도의 차원이다."

10. 룩 존슨, 1998, 592-595쪽.

11. 존 스토트, 264쪽. 채영삼, 168쪽.

12. 리 비치, 김광남 옮김, 《유배된 교회》, 새물결플러스, 2017, 177-199쪽.

13. 채영삼, 250-255쪽.

14. 같은 책, 261쪽.

15. 리 비치, 188쪽.

16. 리 비치, 191쪽.

17. 룩 존슨, 600쪽.

하나님의 승리 (요한계시록)

1. 매튜 에머슨, 김광남 옮김, 《십자가와 보좌 사이: 요한계시록》, 이레서원, 2017, 18-28쪽.

2. 하비 콕스, 김동혁 옮김, 《성서 어떻게 읽을 것인가》, RHK, 2017, 293-95쪽.

3. 마이클 고먼, 박규태 옮김, 《요한계시록 바르게 읽기》, 새물결플러스, 2015, 78-79쪽. 존 스토트, 김동규 옮김, 《신약의 메시지》, 아바서원, 2013, 277-280쪽.

4. 마이클 고먼, 80쪽. 하비 콕스, 298쪽.

5. 마이클 고먼, 193쪽.

6. 같은 책, 204쪽.

7. 하비 콕스, 293-94쪽.

8. 마이클 고먼, 212쪽.

9. 이필찬, 《내가 속히 오리라》, 이레서원, 2006, 365쪽.

10. 같은 책, 370쪽.

11. 같은 책, 392-93쪽.

12. 같은 책, 475쪽.

13. 같은 책, 483쪽.

14. 매튜 에머슨, 71-76쪽.

15. 이필찬, 589쪽.

16. 같은 책, 678쪽.

17. 같은 책, 729쪽.

18. 마이클 고든, 292-93쪽.

19. 이필찬, 837쪽.

20. 같은 책, 873-74쪽. 마이클 고먼, 307쪽.

21. 이필찬, 879쪽.

감사의
글

책 한 권이 세상에 나오는 것은 만만치 않은 일이다. 오죽하면 많은 저자와 출판인들이 그 일을 산통(産痛)에 비유하겠는가. 이 책 역시 남다를 것까지는 아니지만 남 못지않은 산통을 겪었다. 내가 그 산통을 이겨내고 이 허술한 결과물을 내놓을 수 있었던 것은 오랫동안 이런저런 방식으로 도움을 주신 분들 덕분이다.

이 책은 집필 기간은 얼마 되지 않으나 책을 구상하고 자료들을 정리하는 기간이 꽤 길었다. 모태 신자인 까닭에 어려서부터 성경을 읽었다. 하지만 본격적으로 읽기 시작한 것은 2010년 봄, 뒤늦게 숭실대학교 기독교학대학원에 입학한 후부터였다. 대학원에서 공부하는 동안 김회권 교수에게서 구약학을, 권연경 교수에게서 신약학을 배웠다. 성경에 대한 나의 이해는 그들의 강의를 통해 완전히 부서지고 새로워졌다. 그러니 이 책의 기본적인 뼈대와 방향은 그 두 사람이 제공한 셈이다.

2014년 여름, 기독교 서적 전업 번역자 생활 8년 만에 아주 심각한 슬럼프에 빠졌다. 오래전부터 경건 서적이 아닌 신학 서적을 번역하고 싶었으나 일을 맡기는 출판사가 없었다. 답답하기는 했으나 이해할 만한 일이었다. 해외 유학을 다녀온 박사급 목사 번역자들이 즐비한 상황에서 어느 출판사가 유학 경험은커녕 목회학 석사(M.Div.) 학위도 없는 평신도 번역자에게 전문적인 신학 서적의 번역을 맡기겠는가. 상황을 이해하면서도 숨이 막혀서 허우적거리던 무렵에 새물결플러스 대표 김요한 목사를 만났다. 첫 만남 때 김 대표는 무려 다섯 시간에 걸친 대화와 간절한 중보기도를 통해 슬럼프에 빠져 있던 평신도 번역자를 격려했다. 그리고 그의 출판사에서 펴내는 신학 시리즈물 중 하나의 번역을 맡겼다. 그 시리즈물의 기존 번역자들은 모두 해외 유학을 한 박사급 목사들이었다. 나로서는 예상치 못한 행운이었으나 김 대표로서는 커다란 모험을 한 셈이었다. 죽을힘을 다해 번역하기는 했으나 내가 보아도 허술한 부분이 많았다. 그럼에도 김 대표는 그 후로도 계속 국내파 평신도 번역자인 나에게 최고 수준의 신학 서적들을 번역할 기회를 주었다. 그가 아니었다면 나는 벌써 오래전에 번역자 생활을 접었을 것이다. 이 책 곳곳에는 그런 번역 작업을 통해 얻은 새로운 지식과 통찰들이 스며 있다.

지난 몇 년간 함께 신학 서적을 읽어온 친구들이 있다. 대학원에서 함께 공부했던 김정숙, 유현미 권사, 그리고 오랜 벗 강효헌 집사가 그들이다. 우리 네 사람은 지난 8년간 매달 한두 차례씩 모여 주로 성경 주석을 읽고 토론하는 모임을 이어왔다. 처음 시작할 때는 한 서너 달쯤 하다가 말겠거니 했는데 8년이 지난 지금까지도 흔들림 없이 모임이 계속되고 있다. 내가 이 책에서 인용하는 책들 중 상당수는 그 모임에서 그들과 함께 읽은 것들이다. 그들과의 치열한 대화를 통해 얻은 통찰들이 없었다면, 이 책은 아주 빈약하고 허술한 것이 되었을 것이다.

5년 전, 어머니 뱃속에서부터 다녔던 교회를 떠나 소위 건강한 교회라고 알려진 부천 예인교회를 찾아갔다. 소문대로 교회의 여러 요소가 흥미롭고 신선했으나 무엇보다도 좋았던 것은 담임목사의 설교였다. 정성규 목사는 목사들의 설교에 매우 비판적이었던 내가 참된 마음으로 고개를 끄덕일 수 있는 설교를 했다. 아내와 나는 그의 설교를 통해 오랜 세월 도무지 동의할 수 없었던 설교를 들으며 뒤틀리고 찢겼던 신앙을 회복할 수 있었다. 우리 부부의 신앙적 회복에는 예인교회 교우들과의 교제도 큰 역할을 했다. 여러 교우들, 특히 이제는 어느덧 한 가족이나 다름없을 정도가 된 예품 아둘람 식구들과 동료 성가대원들은 나에게 신앙 생활의 기쁨을 새로이 알게 해주었다. 예인교회가 나에게 준 그런 회복과 안정과 기쁨이 없었더라면, 아마도 나는 이 책을 쓰지 못했을 것이다.

올봄에 집필을 마친 후 기독교 출판사 몇 곳에 원고를 보냈다. 유명한 출판사들 대부분이 출판을 거절했다. 어려운 출판 현실을 고려한다면 이해할 만한 일이었다. 다행히 군소 출판사 몇 곳에서 연락이 왔다. 그중 올리브북스 김은옥 대표에게서 온 연락이 인상적이었다. 첫 번째 연락이 이메일도 문자도 아닌 전화였다. 근래에 경험한 아주 낯선 일이었다. 며칠 후 부천의 어느 커피숍에서 김 대표와 마주 앉아 긴 대화를 나눴다. 대화하던 중에 느꼈다. 아, 이 사람이 나의 원고에 정말로 큰 애정을 갖고 있구나. 이번 책의 출판을 그와 함께하기로 하고 다른 출판사들과의 미팅 약속을 취소했다.

최종 원고를 넘길 즈음에 김은옥 대표가 텀블벅 이벤트를 제안했다. 텀블벅은 출판비 마련을 위한 크라우드 펀딩이었다. 쉽게 말해, 출판할 책을 인터넷을 통해 소개하고 독자들에게 사전 구매를 요청하는 것이었다. 나는 그 이벤트에 부정적이었다. 책이 눈앞에 있어도 지갑을 열지 않는 시절인데 나 같은 무명의 저자가 쓴 아직 나오지도 않은 책을 위해 누가 미리 돈을 내겠는가, 하는 걱정 때문이었다. 그러나 김 대표는 꼼꼼하게 준비해 텀블벅 이벤트를 진행했다. 그리고 놀라운 일이 일어났다. 텀블벅이 시작된 지 2주 만에 목표 금액이 걷힌 것이다. 많은 분들이 도움을 주셨다. 김 대표와 나와 아내의 친구들과 교우들이 가장 적극적으로 후원해 주었다. 특별히 감사할 대상은 나의 페이스북 친구들이다. 페이스북에서 댓글이나 달고 "좋아요"나 몇 번 눌렀을 뿐 실제로는 얼굴 한 번 본 적 없는, 그리고 앞으로도 얼굴 볼 일이 없는 많은 이들이 아직 나오지도 않은 책을 위해 기꺼이 후원금을 약정해 주셨다. 그런 호의와 후원이 이 책의 출판에 얼마나 큰 힘이 되었는지 아마도 그들은 잘 모를 것이다.

마지막으로 나의 아내를 언급해야 할 것 같다. 연초에 밥상머리에서 아내가 말했다. "당신, 내가 퇴직하면 책 쓰기 힘들어. 내가 회사에 다니는 동안 책 쓸 생각을 해봐." 그러면서 들고 다니며 글을 써 보라며 노트북을 한 대 사줬다. 그러니 내가 이 책을 쓰게 된 가장 직접적인 동기는 아내의 격려와 지원이었던 셈이다. 벌이가 시원치 않은 글쟁이 남편에게 싫은 소리 한 번 않고 늘 든든한 지지자가 되어 준 아내가 없었다면, 이 책은 물론이고 글쟁이로서의 나의 삶 자체가 없었을 것이다. 이 책 출간의 기쁨을 스무 살 때 만나 40여 년을 짝으로 살아온 아내 김은혜와 함께 누리고자 한다.

《거룩하지 않은 독서》 출간에 도움을 주신 분들

1권 후원해 주신 분들

강동헌	강미경	강민수	강현숙	고 훈	곽미양	구교황	구효은	기은희
김건우	김경민	김계완	김규형	김남희	김대희	김두현	김무성	김민철(a)
김민철(b)	김병규	김상미	김상헌	김성묵	김소영	김신애	김영준	김오연
김용수	김우림	김윤희(a)	김윤희(b)	김은지	김은혜	김재균	김준형	김 한
김해숙	김혜화	김희령	김희숙	김희영(a)	김희영(b)	나선영	모중현	마명규
모화순	민예나	박경규	박경옥	박상란	박승남	박은별	박준태	박지인
박혜전	박혜정	박화숙	방미향	서경란	서요셉	석목현	송경아	송수자
신소은	신수정	안경심	안준석	안태훈	양미선	양상윤	양지예	양지혜
엄정희	여상우	염애석	염원숙	오기성	유광혁	유화선	윤미순	윤미진
윤순길	윤용태	윤진숙	이경란	이길무	이남옥	이미숙	이범진	이비오
이상철	이선애	이성수	이성숙	이성애	이성철	이수영	이승옥	이신애
이신형	이은성	이인숙	이원도	이재원	이정인	이중철	이태희	이현갑
이현순	이혜영	이효경	장병선	장 업	장훈철	전성환	전송희	정 덕
정광식	정우조	정재준	정지호	정혜윤	조기호	차소희	차정호	최민경
최민구	최은혜	최철길	추배식	탁귀남	탁성희	하계성	하정완	한상은
한예지	한정표	홍진영	홍춘기	홍해석	황미화	황신영	황영수	

2권 후원해 주신 분들

강인구	김성이	김예슬	김정숙	김현주	남궁순철	남병선	리은주	오동근
오정섭	위성진	유영진	윤세진	이성근	이한진	임은자	정경숙	정성규
최승연	최웅호	최천봉	허현숙	홍유진				

3권 후원해 주신 분들

강대훈	구자영	박래수	유 혁	유현미	이기수	이영희	이은옥	조성용
지홍구	채영도	최숙희	한성욱	황지은				

5권 이상 후원해 주신 분들

강효헌	고건호	김민철(c)	김호식	박경희	박영춘	박정식	원영순	이호순
전재홍	정기환							

도움 주신 분들의 이름을 오래도록 기억하겠습니다.